本书由西北政法大学退役军人事务研究院资助

本著作为2018年度教育部人文社科青年基金项目"延安时期党的领导与社会保障建设相统一的实践智慧及其当代意义研究"（项目批准号：18XJC710010）、2018年度教育部社科基金重大攻关项目"近代救灾法律文献整理与研究"（项目批准号：18JZD024）阶段性成果。

革命根据地社会保障法律文献汇编与研究丛书

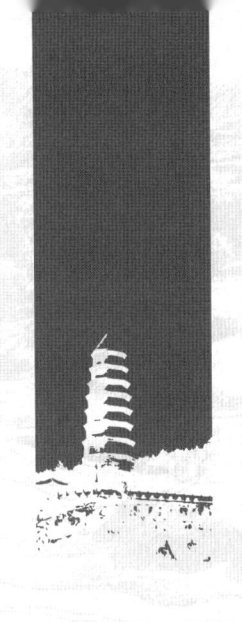

延安时期教育与儿童保育法律文献汇编

文姚丽 任娜 编著

YAN'AN SHIQI
JIAOYU YU ERTONG BAOYU
FALÜ WENXIAN HUIBIAN

陕西师范大学出版总社 西安

图书代号　SK23N1763

图书在版编目（CIP）数据

延安时期教育与儿童保育法律文献汇编 / 文姚丽，任娜编著. — 西安：陕西师范大学出版总社有限公司，2023.12

（革命根据地社会保障法律文献汇编与研究丛书）

ISBN 978-7-5695-4038-3

Ⅰ.①延…　Ⅱ.①文…②任…　Ⅲ.①革命根据地—教育法—汇编—中国—1931—1949　Ⅳ.①D922.162

中国国家版本馆CIP数据核字（2023）第251635号

延安时期教育与儿童保育法律文献汇编

YAN'AN SHIQI JIAOYU YU ERTONG BAOYU FALÜ WENXIAN HUIBIAN

文姚丽　任　娜　编著

责任编辑 /	张爱林
责任校对 /	景　明
装帧设计 /	锦　册
出版发行 /	陕西师范大学出版总社
	（西安市长安南路199号　邮编710062）
网　　址 /	http://www.snupg.com
印　　刷 /	陕西龙山海天艺术印务有限公司
开　　本 /	787 mm×1092 mm　1/16
印　　张 /	29.25
字　　数 /	580千
版　　次 /	2023年12月第1版
印　　次 /	2023年12月第1次印刷
书　　号 /	ISBN 978-7-5695-4038-3
定　　价 /	158.00元

读者购书、书店添货或发现印装质量问题，请与本公司营销部联系、调换。

电话：（029）85307864　85303629　　传真：（029）85303879

序　言

　　中国共产党领导下的百年社会保障制度及实践取得了举世瞩目的成就，建立了普惠性的社会保障制度体系，新时代中国社会保障事业进入高质量发展阶段。新民主主义革命时期中国共产党领导下的社会保障事业为新中国社会保障制度的建立奠定了深厚的根基。目前，学术界对新中国成立后的社会保障制度及实践的研究积累了丰富的经验，涌现了一大批卓有成就的研究成果。研究中国共产党领导下的百年社会保障制度及实践，需要溯本求源，系统梳理、研究新民主主义革命时期各革命根据地的社会保障制度及实践。

　　再者，中国社会保障史的研究需要建立在大量翔实而可靠的史料基础之上，因此需要整理编撰中国社会保障史史料性丛书。为了梳理和厘清中国共产党成立以来至新中国成立这一时期的相关社会保障的现实与理论逻辑，清晰了解其历史发展脉络，准确把握中国共产党社会保障的实质与内涵，更好地推动社会保障事业的科学发展，我们对截至目前公开发布的党的文献、党和国家领导人的批示和文选、档案资料进行了搜集、整理汇编。《革命根据地社会保障法律文献汇编与研究丛书》收录了中国共产党成立以来至新中国成立这一历史时期各革命根据地的社会保障法律文献。

　　本丛书的重点内容有两方面：一是搜集整理革命根据地的社会保障法律文献，形成系列法律文献汇编，为社会保障学术界广大学术爱好者及民政、人力资源与社会保障等实务部门提供中国共产党在新民主主义革命时期的社会保障历史性文献资料；二是深入研究新民主主义革命时期的社会保障制度及实践，为当代中国社会保障高质量发展提供历史镜鉴。按照社会保障的内容划分，具体包括军人及退役军人社会保障、灾荒救助、社会保险、儿童保育与教育、医疗卫生、慈善等板块。

　　本丛书所选资料来自以下几个方面：一是各档案馆馆藏革命根据地政府档案。遗憾的是由于各革命根据地档案资料的对外开放程度不一，编者对各革命根据地档案资料馆的史料未能做到全面全方位的查阅。二是学术界已出版的史料汇编。新民主主义革命时期各革命根据地的社会保障法律文献散见于各类史料汇编之中，为了便于中国近现代社会保障史研究的顺利开展，有必要对革命根据地的社会保障法律文献进行全面的整理并汇编成册。三是报纸期刊类。新民主主义革命时期的报纸、期刊，如《解放日报》《新中华报》《红色中华》《向导》《中国农村》《红旗》等涵盖了各革命根据地大量的社会保障史料。四是部分人物传记，内容涉及党和国家领导人对新民主主义革命时期社会保障制度建设和实践的批示、答复等。

需要说明的是，关于革命根据地社会保障法律文献，之前虽然未做系统的整理汇编，但部分社会保障法律文献散见于各类文献汇编之中，因此部分社会保障法律文献有多个出处，本丛书在整理汇编过程中一一列出了已查阅到的所有文献出处，以求尽可能完整体现文献的来源，便于读者相互比对、校正。

延安时期指的是中共中央在陕北的13年，具体指1935年10月19日中共中央随中央红军长征到达陕北吴起镇（今吴起县）、落户陕北到1948年3月23日毛泽东、周恩来、任弼时在陕北吴堡县东渡黄河、迎接革命胜利的曙光这段时间。陕甘革命根据地是土地革命战争后期全国硕果仅存的较为完整和稳固的根据地，是党中央和各路红军长征的落脚点，是八路军主力奔赴抗日前线的出发点；在抗日战争、解放战争时期，是党中央所在地，是中国革命的政治指导中心，是中国人民解放斗争的总后方。陕甘宁边区政府在党中央的领导下，带领边区人民与日本帝国主义、国民党反动派进行了艰苦卓绝的斗争，对支援抗日战争、解放战争做出了伟大的贡献。早在土地革命战争时期，刘志丹、谢子长、习仲勋等领导了陕甘地区的武装起义、游击战争。1934年11月，在南梁召开工农兵代表大会，建立陕甘边区工农民主政府。1935年1月25日，陕北苏区第一次工农兵代表大会在赤源县（原安定县，现子长市）白庙岔召开，正式建立了陕北省苏维埃政府。1935年2月5日，中共陕甘边特委和中共陕北特委在赤源县周家崄召开联席会议，成立了中共西北工委和中国工农红军西北革命军事委员会。1935年9月，红二十五军长征到达陕北，与西北红军第二十六军、二十七军会师，成立红十五军团和中共陕甘晋省委。同年10月，中央工农红军到达陕北。11月，中华苏维埃共和国中央执行委员会决定将西北苏区划分为陕北省、陕甘省和关中、神府两特区，由苏维埃中央政府西北办事处统一领导。1937年3月，中共中央决定将陕甘宁苏区改为陕甘宁特区。1937年9月6日，陕甘宁边区政府正式成立。1949年5月20日，西安解放；6月14日，边区政府机关迁入西安市办公；以后随着解放战争向西北地区的迅速发展，先后成立了陕西、甘肃、宁夏、青海等省政府。至1950年1月19日，西北军政委员会在西安成立，陕甘宁边区政府完成自身历史任务宣告光荣结束。因此，延安时期的社会保障法律文献核心是陕甘宁边区的社会保障法律文献，本书即涵盖了陕甘宁边区的社会保障法律文献。

《延安时期教育与儿童保育法律文献汇编》按照社会保障学的体例结构，主要收录了抗战时期和解放战争时期（1937年—1949年）陕甘宁边区政府及下辖各分区颁布施行的教育与儿童保育的法律文献，主要内容包括儿童保育、托儿所、小学教育、中等教育、社会教育、干部教育等方面的法律文献。每部分内容按照时间顺序，分别呈现陕甘宁边区及所属各分区教育方面的法律文献。本书的文献来源包括三方面：一是新民主主义革命时期的报刊，主要有《解放日报》《布尔什维克》《红旗》《斗争》《群众》《向导》《新中华报》《解放前的中国农村》《中国农村》《东方杂志》等；二是已经出版的文献史料，包括人物文集、传记等；三是已整理出版的陕甘宁边区及下辖各分区的文献。

儿童福利与教育是我国社会福利制度的重要组成部分，研究新时代儿童福利与教育的高质量发展，需要从历史的维度总结中国共产党百年来儿童福利与教育制度的变迁与历史演进。延安时期的儿童保育与教育奠定了中华人民共和国成立以来的儿童福利与教育制度及其实践的基础。目前，延安时期的儿童保育与教育法律文献散见于学术界已出版的各类文献汇编之中，考虑到社会保障学和教育学的发展，以及儿童保育与教育的高质量发展，尤其是中国共产党百年来儿童福利与教育制度及其实践经验的总结归纳，需要对延安时期的儿童保育与教育法律文献进行更为全面详细的归类整理，为儿童保育与教育高质量发展提供历史镜鉴。

延安时期的教育与儿童保育继承并发扬了中央苏区的教育经验，确立了新民主主义教育方针、教育内容、教育制度和教育方法，坚持教育为革命战争和边区建设服务，促进了新民主主义教育的发展和成熟，同时也奠定了中国共产党领导下新时代教育事业发展的根基。延安时期的教育与儿童保育在中国教育史上具有重要的意义，创造了新民主主义教育的许多原则和方法，继承和发扬延安时期的教育遗产，对于推动当前教育改革、创造性地发展具有中国特色的社会主义教育具有重要的现实意义。

中国的近现代幼儿教育始于20世纪二三十年代，当时的幼儿专家开始不断探索我国幼儿教育发展的道路，开展幼儿教育理论的研究并付诸实践，产生了很多成功的案例。1941年4月13日，我国著名教育家徐特立在《新中华报》发表了《对于边区儿童的我见》一文，认为"保育工作和儿童教育工作，应该进行科学的研究及分配有经验的、有学识的、有能力的干部去领导这一工作。保姆和小学教师，应该提高他们的学识能力。……托儿所应该有总的领导机关"。延安时期的儿童保育开创了中国共产党领导下的儿童保育事业，延安第一保育院主要保育西北局干部的子女，军队干部的子女主要由中央军委保育院保育，其他解放区、根据地干部的子女则由延安第二保育院保育。延安保育院积累了非常丰富的集体教养幼儿的经验，为建立具有中国特色的社会主义幼儿教育事业提供了可贵的借鉴。

本丛书的编纂得到了中国社会保障学会、陕西师范大学出版总社及西北政法大学人权研究中心等多方的大力支持，在此深表感谢！由于时间、精力、能力所限，短时间内编纂一套史料性丛书，对于一个非史学专业出身的青年学者来说实属不易，故文稿中疏漏、不足之处在所难免，望读者朋友指正，以求在后续的编纂过程中不断修改完善。

文姚丽

2022年6月11日

目 录

第一部分 教育综论 ··· 001

1. 教育宣传问题议决案 ··· 003
2. 边区各县半年来国防教育工作总结 ··· 007
3. 新开辟区
   ——三岔镇1938年教育工作报告（节选） ··· 011
4. 陕甘宁边区各县教育经费管理暂行办法 ··· 014
5. 陕甘宁边区各县教育经费筹措暂行办法 ··· 016
6. 中央关于开展抗日民主地区的国民教育的指示 ··· 018
7. 陕甘宁边区政府命令
   ——实施普及教育暂行条例 ··· 021
8. 曲子县1939年下学期教育工作概况（节选） ··· 023
9. 中央宣传部关于提高陕甘宁边区国民教育给边区党委及边区政府的信 ··· 025
10. 中央青委关于开展国民教育工作的决定 ··· 029
11. 陕甘宁边区民众教育馆组织规程 ··· 031
12. 陕甘宁边区政府令
    ——陕甘宁边区实施义务教育暂行办法 ··· 033
13. 陕甘宁边区政府关于推行新文字的决定 ··· 036
14. 华池县三科1940年教育工作报告（节选） ··· 037
15. 陕甘宁边区庆阳县政府工作报告（节选） ··· 039
16. 陇东教育视察报告 ··· 042
17. 陕甘宁边区政府公布《陕甘宁边区各县教育经费暂行条例》的命令 ··· 050
18. 陕甘宁边区县教育经费管理委员会组织规程 ··· 053

19. 1942年陇东分区国民教育工作总结
　　——给边区政府教育厅的报告 ··· 056
20. 陕甘宁边区政府关于整顿边区各直属学校的决定 ····················· 061
21. 陇东分区1943年教育总结 ··· 064
22. 陇东中学简史 ··· 072
23. 延安大学关于延大、鲁艺等校合并的通报 ··································· 081
24. 陕甘宁边区教育工作改革的方针 ··· 082
25. 西北局关于延安大学机构变动的决定 ··· 084
26. 关于文教工作的方向
　　——李鼎铭在陕甘宁边区第二届参议会第二次大会上的报告 ···· 085
27. 陕甘宁边区绥德分区国民教育大革新 ··· 091
28. 陕甘宁边区三边分区改造国民教育 ··· 094
29. 环县政府三年来教育工作报告 ··· 096
30. 陕甘宁边区一九四六年到一九四八年建设计划方案（节录） ····· 101
31. 陕甘宁边区政府命令
　　——令发《陕甘宁边区战时教育方案》····································· 104
32. 陕甘宁边区政府对边区第一届参议会的工作报告（节录） ········· 109
33. 陕甘宁边区政府指示
　　——关于恢复老区国民教育工作 ··· 111
34. 陕甘宁边区政府关于开展黄龙分区国民教育的指示 ··················· 114
35. 中共中央西北局关于黄龙新区学校教育的指示 ··························· 117
36. 中央关于改革平津两市学校教育的指示 ······································· 120
37. 陇东专员公署1948年度教育工作总结报告 ··································· 122
38. 陕甘宁边区政府通知
　　——为准黄龙专署开办分区干部子女学校 ······························· 128
39. 陇东专员公署1949年上半年开学工作简单报告 ··························· 129
40. 陕甘宁边区教育厅关于教育工作配合土地改革运动的指示 ······· 133
41. 陕甘宁边区中学、师范、完小教职员及杂务人员待遇暂行办法 ···· 135
42. 陕甘宁边区政府关于目前新区国民教育改革的指示 ··················· 137

第二部分　关爱妇女、儿童 ·· 141

1. 在妇女生活展览会上 ··· 143

2. 延安各界妇女"三八"节纪念大会告全边区姊妹书……………… 151
3. 民政厅规定儿童妇女待遇办法…………………………………… 153
4. 解放军和一群孤儿………………………………………………… 154
5. 保育我们后代的战士……………………………………………… 156
6. 保育会给延安党政军民学各机关同志信………………………… 158
7. 纪念儿童节和儿童工作的新任务………………………………… 160
8. 边区儿童得到了解放……………………………………………… 162
9. 纪念"四四"儿童节……………………………………………… 165
10. 我们对于孩子和母亲的态度
    ——记邓颖超同志谈话………………………………………… 167
11. 保护儿童………………………………………………………… 171
12. 陕甘宁边区政府关于收容遭受蒋胡匪灾难童的通知………… 173
13. 一个女孩子的生命……………………………………………… 175
14. 教养院的孩子们
    ——为纪念"四四"儿童节而作……………………………… 177

第三部分 儿童保育、托儿所……………………………………… 181

1. 陕甘宁边区儿童保育分会第一战时保育院概况………………… 183
2. 祝战时儿童保育会成立一周年…………………………………… 188
3. 陕甘宁边区战时儿童保育分会一年来的工作总结和今后工作的方针……… 191
4. 孩子们在欢笑着
    ——边区战时儿童保育院参观记……………………………… 196
5. 陕甘宁边区战时儿童保育分会工作概况………………………… 199
6. 保育革命的后代
    ——边区战时儿童保育院参观记……………………………… 203
7. 陕甘宁边区政府关于保育儿童的决定…………………………… 206
8. 陕甘宁边区第一保育院…………………………………………… 209
9. 陕甘宁边区的保育事业…………………………………………… 217
10. 教育儿童的经验
    ——李家庄机关托儿所教育儿童的经验……………………… 229
11. 陕甘宁边区政府通知
    ——关于保育院增收小孩及增加人员编制…………………… 235

- 3 -

12. 陕甘宁边区政府通知
　　——关于准予关中分区设托儿所一处 …… 237
13. 陕甘宁边区政府批答
　　——关于批准绥德分区中心卫生所、托儿所、市政府之组织机构编制 …… 239
14. 陕甘宁边区政府命令
　　——关于将陕甘宁边区难童教养院拨归晋南行署领导 …… 241
15. 晋绥一个机关的变工互助托儿所 …… 242
16. "接孩子" …… 245
17. 怎样开展边区的保育工作 …… 248
18. 一年来边区保育院儿童饮食改善的情形 …… 252
19. 孩子们在保育院 …… 256
20. 陕甘宁边区的儿童保育工作 …… 258
21. 替孩子们控诉
　　——记第二保育院的孩子们被迫离开延安 …… 265

第四部分　小学教育 …… 269

1. 小学教育制度暂行条例草案 …… 271
2. 教育厅关于改进与发展小学的指示
　　——四月初至六月底工作计划 …… 275
3. 陕甘宁边区抗战时期小学应该注意的几个工作的通告 …… 279
4. 中央关于积极参加国民党区的小学教育与社会教育的指示 …… 281
5. 干部子女入保育院小学暂行方法 …… 284
6. 中央宣传部关于各抗日根据地内小学教育的指示 …… 286
7. 陕甘宁边区政府指示信
　　——关于提倡研究范例及试行民办小学 …… 289
8. 陇东分区小学教育概况 …… 292
9. 陕甘宁边区中小学实施战时教育情况 …… 302
10. 陇东各县民办小学普遍发展 …… 304
11. 镇原政府关心教育　大量增设公私学校 …… 306
12. 生根和提高中的杨家湾小学 …… 307
13. 陕甘宁边区政府批答
　　——关于延市完小增添教员等 …… 312

14. 陇东教育事业的主体——小学教育 ……………………………………… 313

第五部分　中等教育 …………………………………………………… 319

　　1. 陕甘宁边区中等学校贫寒生补助暂行办法 ……………………………… 321
　　2. 陕甘宁边区政府关于各中等学校今后招生标准的指示信 ……………… 323
　　3. 陇东教育园地的新葩——中等学校教育 ………………………………… 325
　　4. 陕甘宁边区政府指示
　　　　——关于老区中等教育工作 …………………………………………… 329
　　5. 陕甘宁边区政府关于黄龙分区中等学校工作的指示 …………………… 331
　　6. 米脂中学政治课细目 ……………………………………………………… 334
　　7. 陕甘宁边区政府通令
　　　　——关于颁发中小学人员编制及待遇标准补充规定 ……………… 337
　　8. 陕甘宁边区政府通令
　　　　——关于颁发《新区中等学校贫寒生补助暂行办法》 …………… 338
　　9. 陕甘宁边区政府通知
　　　　——规定颁发《中等学校经费开支暂行办法》 …………………… 340
　　10. 陕甘宁边区政府关于中等学校改革的指示 …………………………… 342
　　11. 中共中央西北局宣传部、陕甘宁边区政府教育厅拟定中等学校新课程 …… 345

第六部分　社会教育 …………………………………………………… 347

一、社会教育综论 ………………………………………………………… 349
　　1. 陇东特委、专署等1941年关于社教工作的联合通知 ………………… 349
　　2. 延安大学教育方针及暂行方案 ………………………………………… 351
　　3. 关于培养知识分子与普及群众教育的决议 …………………………… 356
　　4. 中央关于大量提拔培养产业工人干部的指示 ………………………… 359
　　5. 面向群众、形式灵活的社会教育 ……………………………………… 361

二、社会教育的主要形式：冬学 ……………………………………… 366
　　1. 冬学运动进入新阶段（节选） ………………………………………… 366
　　2. 陕甘宁边区教育厅通令
　　　　——关于冬学问题 …………………………………………………… 368

3. 陕甘宁边区政府关于冬学的指示 …………………………………………… 372
4. 陕甘宁边区政府关于冬学工作的指示 ……………………………………… 375
5. 陇东布置冬学工作 …………………………………………………………… 377
6. 合水教干联席会决定开办冬学整顿小学，加强干部学习工作制度 ……… 378
7. 镇原的冬学（节选）………………………………………………………… 380
8. 陇东冬学工作庆阳成绩较好 ………………………………………………… 382
9. 边区政府指示各分区今年普遍开办冬学 …………………………………… 383
10. 边府发出冬学补充指示信 …………………………………………………… 386
11. 陕甘宁边区冬学教学经验介绍 ……………………………………………… 388
12. 刘家城卫生冬学 ……………………………………………………………… 396
13. 陕甘宁边区政府指示
　　——关于一九五〇年的冬学工作 ………………………………………… 401

第七部分　干部教育 …………………………………………………………… 405

1. 中央关于在职干部教育的指示 ……………………………………………… 407
2. 中央宣传部关于抗日根据地在职干部教育中几个问题的指示 …………… 409
3. 中央关于延安在职干部学习的决定 ………………………………………… 411
4. 中共中央关于延安干部学校的决定 ………………………………………… 416
5. 中共中央关于在职干部教育的决定 ………………………………………… 419
6. 中央组织部关于延安几种干部培养与使用的决定 ………………………… 423
7. 陕甘宁边区政府通知
　　——关于教育研究班增加学员一百人希拨经费 ………………………… 425
8. 从实际出发、学以致用的干部教育 ………………………………………… 427
9. 延安几所干部学校的生产劳动 ……………………………………………… 431
10. 战时干部学校教育
　　——根据陕北公学教育经验的总结 ……………………………………… 434
11. 巡回教师工作的检讨 ………………………………………………………… 450

后　记 …………………………………………………………………………… 453

第一部分
教育综论

　　延安时期的教育与儿童保育是中国共产党领导的新民主主义教育发展成熟的标志和典范，奠定了中华人民共和国教育事业的根基，在中国教育史中占有举足轻重的地位。延安时期的教育工作继承和发扬了中央苏区教育的优良传统，吸取了中央苏区教育事业的宝贵经验，确立了新民主主义教育的方针、内容、制度和方法，坚持教育为革命战争和边区建设服务，是新民主主义教育快速发展与成熟的时期。本部分主要收录陕甘宁边区的教育方针、教育方法、教育设施建设、教育宣传、教育改革、教育经费筹措及管理、教育工作人员待遇等方面的内容。此外，为了更全面地呈现延安时期的教育内容，充分展示陕甘宁边区的教育经验，本部分还收录了陕甘宁边区所辖各分区的工作总结、工作报告、视察报告及经验总结等。

1. 教育宣传问题议决案

一、宣传方针

（一）政治

最近期间可略偏重于下列几种政治上的及外交上的宣传：

1. 反对英美帝国主义之各方面的宣传。

2. 中俄亲善及承认苏俄。（以爱国主义为立足点之分数当加多：中国可以利用俄国抵制英美日；俄国实际上决不能侵略，而必须经济的政治的合作。）

3. 国民党之改组。（反对非政党说，提倡健全的国民运动的政党，当就现有的国民党着手。）

4. 反对曹吴及外交系。（当注全国目光于直系，对其他军阀不必与〔予〕以同等之攻击；不可落于普遍否认的稚气，当以竭力求变更现状为宣传的最近目标。）

5. 反对研究系——宪法派。（证明宪法非民众实力不能保证；研究系借"法律条文"投机与外交系借"西餐礼节"卖国有同等的罪。）

6. 各省的现实政治之批评。（如省区及地方组织尤当注意如山东哈尔滨等有C.P.所能支配之新闻机关者。）

7. 地方自治之实际建设。（如职业选举之类，当以能实行为前提：如哈尔滨市议会——中国、日本、俄国平民之选举权等，都可借此相机引起中国商人、工人等的政治运动。）

8. 五权宪法的研究。（应当借革命的一权说，民党所谓五权宪法，不过组织上的问题而并非"权"。）

9. 其他各殖民地及半殖民（地）的革命运动之宣传及介绍。

10. 近时德国革命形势之论述。

此中尤以反对英美及直系为最重要。

（二）劳动

劳动群众中，除上述的政治外交问题当以极浅近的口号宣传外，并须特别注意下列几项：

1. 经济斗争（须有组织有步骤之坚决斗争，勿作孤注一掷）。

2. 经济斗争与政治及外交之关系（当取中国实际经验作例，如海员、唐山、京汉等）。

3. 自然及社会科学之常识，共产主义之浅释（当与〔予〕工人以整个的科学的奋斗的人生观）。

4. 普通集会组织的方法。

5. 世界劳动运动史略及现势。

已有的《工人周刊》及《劳动周报》当尽力推销于工人及党员之间。凡能与工人接触之党员当尽力运用《前锋》《新青年》《向导》社会科学讲义等之材料，使用口语，求其通俗化（Popularization）。

当尽力编著通俗的问答的歌谣的小册子。

有可能的地方当设贫民学校。

（三）农民

农民间之宣传大致与工人中相等，但材料当取之于农民生活；尤其要指明农民与政治的关系，为具体的经济改良建议之宣传，如协作社、水利改良等，尽可以用外国译语，只求实质能推广农民运动。

（四）文化

文化思想上的问题亦当注意，这是吸取知识阶级，使为世界无产阶级革命之工具的入手方法。

1. 反对东方文化派。（纯粹的东方派是幻想的退步的思想；纯粹西方资产阶级文化是个人主义、伪慈善主义；共产派当宣传为斗争而互助，斗争乃为将来全人类之互助；无斗争即无生活。）

2. 文学的及科学的宣传主义。

3. 反对宗法社会之旧教义。

4. 反对基督教的教义及其组织（如青年会）。

5. 健全的唯物主义的宇宙观及社会观及"集体主义"的人生观。〔反对个人主义；各个人当择一宗旨，结为团体，服从其分配工作以达共同目的，亦即自己之目的；个人生活当然因此得一部分的满足，同时亦当自求生活保证，求身心的强健；结团体本是为着各个人的目的；个人的安全亦是为着团体的工作。既有团体（或社会）便有各团员间之相当关系（或新的习俗），非此不能维系；决不应以为共产主义便真是"过激主义"——蔑视一切个人私德。〕

共产党员人人都应是一个宣传者，平常口语之中须时时留意宣传，在这一时期，大家都当以上述的方针为标准去实行。至于材料，可以取之于C.P.、S.Y.之出版物。出版物及团体内的宣传教育方法亦另定暂时的办法，见教育宣传委员会的组织法。

二、教育方法

1. 各地方之政治讨论（每次大会由教育委员选择《前锋》或《向导》论文作材料）。

2. 各小组之政治讲演（除现时政治问题外，最好每组以党纲草案为根据逐段讨论研究——此于新加入之同志有大益处）。

3. 各小组之组织原理讲演（以章程为材料）。

4. 国内劳动运动及各地现实的劳动生活，每小组均当加以讨论（以《工人周刊》等为材料）。

以上各种材料及讲演员之分配当由各地方教育委员负责——每月报告中央教育委员会。

各地C.P.及S.Y.各推一教育委员合作——可以共同报告（但S.Y.所用材料当注重青年方面，如《中国青年》《青平〔年〕工人》及S.Y.之章程纲领；C.P.党纲却亦为S.Y.所必须研究。此为两团体之政治的共同精神）。

5. 各地有可能时，设社会科学的研究会（任取何名，如哈尔滨之青年学院），大致可如下法组织（亦可利用其他学会，掺入自己材料）：《新青年》，社会科学讲义，译著的关于主义之书籍为材料（党员的新译著随时报告中央）；每月召集会员几次，预指材料及问题，或请人讲演或共同问答；结果若有疑问，可寄到名义上的"社会科学会"（即中央教育委员会）令答复。再则可令会员从事实际调查各种中国现实问题如劳动状况等。

【资料来源】

《中国共产党党报》第1号，1923年11月30日出版。

中央档案馆编：《中共中央文件选集》第一册（一九二一——一九二五），中共中央党校出版社，1989年，第204—208页。

2. 边区各县半年来国防教育工作总结

一、半年来工作中的优点与缺点

总结上半年各县教育工作，我们收到了如下的成绩：

（一）数量扩大了——在半年中扩大了一百六十八处学校三千四百四十三名学生。这个数目虽没有达到原定的计划，但仍然是一个很大的收获，因为去年放学较迟，因而布置开学的工作亦较晚，到四月才开始具体布置。同时在三四月间，日寇进犯神木，隔河炮轰宋家川，致使边区形势曾一度紧张，抗战动员工作跃居了第一位。紧接着又是春耕动员工作忙迫起来。这些情形多少妨碍了扩大学校动员学生的工作，以致学校教育没有得到数量上的更大的完成。

（二）建立了模范小学与完全小学——新建立了八十五处模范小学与十一处完全小学。差不多完成了计划。

（三）改进了小学质量——这表现在以下各方面：

1. 教材方面差不多已经统一，除了极少数学校仍保留《三字经》《百家姓》一类的旧材料外，一般学校都采用教厅编印的课本。

2. 教员方面，老先生大半被洗刷了，现在教员大都受过短期训练，已开始能运用国防教育的教学法与管理法领导学生做课外的活动，读死书与打骂的现象已经很少见了。

3. 学生方面，也随着教材教员的进步而提高了他们的学习的积极性，加速了他们的进步。

（四）小学教师的生活改善了，社会地位也提高了——半年中许多地方都实行了替小学教师代耕的办法，使小学教师免除了家庭的顾虑，而能安心工作，增进了工作的效能。许多小学教员参加了各种群众团体与政府的工作，把〔使〕小学教员在社会上的地位提高了。

（五）群众拥护教育的热忱提高了——由于学校数量和质量的发展，群众对教育已渐渐有了认识，他们不但自动地将子女送上学校来，有的还自愿替学校负担经费和粮食。

所有这些成绩都是由各级教育干部及全体小学教员的艰苦努力所得来，但我们不能以这些成绩为满足，因为在我们的工作中还存在有许多严重的缺点。

首先应当指出我们的缺点，倒不是量的方面没有完成数字，而是质的方面没有达到应有的标准。在四、五、六月的工作决议上，就曾经着重指出"我们今年要特别着重质量的改善，以改善质量为发展小学的中心一环"。但是检查起来各县学校，在质量上离完善尚远。许多学校，学生都不能经常到校上课；更有少数学校，学生根本不上十人。教员的程度一般还是很低，有些教员对某些课程（算术）还不会教，对新的教学法也不能完全把握；在管理学生上，虽已很少用打骂了，但还没有能够想出很好的有效的教导学生的法子，有时甚至为学生所窘倒。课外活动还不能普遍地实行，譬如靖边县，学生除体操游戏外，再无其他课外的活动。这些都是存在于小学教育中的严重现象。

赤水在数量的完成上很差，但学校一般的质量还好，其所创办的救亡小学，在质和量两方面，在边区内仅次于边中附小。其次在评判的时候，我们同时要顾到各县的客观条件与三科长对工作上主观努力的程度。如象〔像〕华池，在边区要算是最困难的最落后的县份，但它居然完成了计划。又如环县，因为地接友区，半年来就有好几个月在土匪的扰乱中，而该县的工作不仅完成计划而且超过了计划。再如神府远处边陲，与教厅关系最为疏隔，但它竟差不多在数量上完成了计划，且改进了质量。这些成绩都是值得赞扬的。对三科长与特派员的评判，我们也分了一点高低。特派员的责任不但要使自己所直接领导的中心县的工作成为模范，而且要兼顾属于分区的其他县份，帮助他们，领导他们，因此对于特派员的评判不能不把标准放高一些。半年来，我们不能不说，各分区的特派员都没有起他应起的作用。

再说我们的态度。我们认为在这半年中，各县三科长都尽了相当的努力，都有一些成绩。我们所判定为较好的七县，并不在各方面都好，譬如延安、赤水，在数量上的完成就很差；而不在七县之内的其他各县，也有在某一方面得了很大成绩的，如延川、定边等县在数量上完成了很大的数目；又如某些县，三科长表现了很高的责任心和积极性，但因能力较弱，或经验尚少，或下面基础太差，致得不到应有成效；再如某些县，三科长以下的大多数教育工作人员及教员都非常努力，但因科长推动太少，领导不强，致使工作不能顺利向前进展，但这些个别同志的努力都是值得嘉奖的。

二、今后工作的方针

检讨了过去半年中工作的优点缺点之后，简单地提出几个原则，作为今后工作的方针：

（一）把学校质量更提高些，一面要坚持战时国防教育的方针，力求学校组织适于战争变化的局面；一面要利用各种可能的环境，使学校建设走上正规化的道路，克服过去残留下来的一切游击主义的作风。一切学校都要在国防教育的总的方针原则之下依照小学法与小学规程办理，并尽量争取模范小学的建立，使模范小学真能符合模范小学的条件，成为边区小学教育中的堡垒。

（二）大量地扩大学生，各县现有小学七百零五处，学生一万三千七百九十九人，平均每处还不到二十人，今后应把扩大学生数目的工作放在比扩大学校数目更重要万倍的地位。要扩大学生，动员工作必须切实注意。要深入动员，说服群众使之了解教育的好处，而自愿送子弟入学。要多定出具体的动员办法，如发动小学生去各家庭宣传，去吸引未入学的儿童来入校。不能对群众强迫命令，不能因为群众不送子弟入校而任意处罚群众。用行政处罚手段代替解释说服工作的官僚办法，必须严加禁止。

（三）使社教工作配合学校工作前进，社教工作应着重于：

1. 继续整理原有识字组，充实其内容，彻底消灭有名无实的空架子。
2. 创设新的社教组织，如成立民教馆、阅报室、民众娱乐社等。
3. 筹备冬学的工作。

三科长应督促社教指导员加紧工作，克服社教工作落后于学校工作的现象，使社教工作赶上学校教育的工作。

（四）把各种工作制度建立起来，第三科会议必须经常举行，按期订出计划，计划必须具体，切合于当地情形。巡视工作尤应特别加紧，每个学校至少都须巡视一遍，三科对教厅，区对三科，乡对区，都必须按期做报告。完全小学、模范小学都要按照新定的规定，经常向上级报告。

（五）爱护与培养教育干部，"干部决定一切"，尤其是在教育干部非常缺少的现在情形之下，对教育干部（包含教员）更须多方爱护，尽力培养。

1. 应当尽量使现有干部不脱离教育工作，不让其他机关任意调走。

2. 对于他们的生活必须经常关心。生活有困难，须设法帮助；如有疾病，须予治疗调养。

3. 适当地分配他们工作，如工作地点、职务大小都要适合于他们的能力与需要。

4. 尽量培养新干部，用一切可能方法动员学生入鲁迅师范或边区中学，以创造将来大批的文化教育的干部。

（六）与轻视国防教育的倾向做斗争。群众轻视教育，是由于文化程度政治认识较低，故须多用说服。干部程度较高，且应为群众模范，如干部尚轻视教育，则群众更不能相信学校了。所以我们要首先向干部中轻视教育的倾向做坚决的斗争，这也是顺利发展边区教育事业的一个不可缺少的工作。

【资料来源】

《新中华报》1938年8月25日第4版、9月5日第4版。

甘肃省社会科学院历史研究所编：《陕甘宁革命根据地史料选辑》第四辑，甘肃人民出版社，1985年，第89—92页。

3. 新开辟区
——三岔镇1938年教育工作报告（节选）

于今年11月派徐希平同志前往整理学校。在以前我们不注意这个区，我们为了统一战区，在友方认为是我们的区域，所以那里的教育工作一点未曾做。在三岔各乡学校都在念《三字经》《百家姓》、七言杂字以及《论语》等教材。在教学法上仍然是过去和私熟〔塾〕一样的，每早要拜师、背读，从早来校，对联的时间无声无息地上课外，学生一天到晚总是大声疾吼地唱读着。训导法上，打骂的现象、教员对学生之高压手段仍在运用，课外的活动除街上的小学校到下午有"瞎子摸小脚"和"老猫捕鼠"外，其他学校一点都见不到的。

教员方面，一般地说来，文化程度是较高的，大都是镇原高级小学校毕业。例如：三岔街之教员年31岁，镇原高小毕业，思想是很活泼的，在整个三岔来说是较进步的。拿其小学校教育方面来说，比较是进步的。其次是三岔回乡之教员，亦是镇原高级小学毕业，年龄24岁，在谈话当中得悉，他不是不愿意用新的教材和教学法，是知道，而这个学校为私立，同时校董请他来就是要叫讲旧书的。所以根据这种情形，徐希平同志一方面召集了校董及乡长教员商讨了新的教学法——"教学作"的教学法的好处，就用了学生们的思想、口才和生活方面来解释。教材就拿旧的和新的比较，旧的教材之不合时代等方面来说明，使得校董才采纳了我们的土教材和新的教学方法。三岔第二乡之教员，原为友区固原县派来的，其年龄42岁，在政治方面怕是一国民党员，生活方面恐其有嗜好，所以现在准备换调。

经费除街上小学教员之津贴是2元外，其他两个乡之教员均为4元。教员津贴、伙食、办公费完全从群众中动员，所以在县政府政务会议及三科科务会议上决定，从明年1月起始，归三科发给各教员之津贴、伙食，其整理教育之情况报告于后：

A. 教育之行政组织：

1. 教育委员会已经成立，其组织法是均由青年、工会、妇女、教员、自卫军等参加。

在第一乡，教育主任李维藩，年25岁，是过去的教员。在第二乡，教育主任是白兆文，年41岁。四乡教育主任是王化用，年35岁。在教育委员会成立后，即召集了一个会议。在这会议上讨论的事项：

①扩大学生。

②筹备冬学。

③成立识字组。

④切实废除旧教材。

⑤加强领导。

2. 国防教育分会未曾成立。

3. 冬学委员会未成立。

B. 小学教育：

1. 教学法——彻底改善了过去之大声疾吼地唱读，废除对对联，规定了学生之课程表，在上课时采取了启发式的教学，下午课必有分组讨论。如：第一乡即三岔街之学校，学生20名，过去教学法已完全除去，采用我们编的教材，各种表册都有，如点名册、学校组织系统表、学生年龄调查表、学生家长职业调查表都有，在下午将全校学生分为3个组，念二册的分两个组，念四册的分为1个组，进行讨论所讲课程。在教学、上课的时候采取了启发式的教学引动机。在第四乡学生16名，也同样废除了大声吼唱的读书和背书，教材已完全改用我们所编之课本，也规定了课程表。表册有了点名册、学生年龄统计表、学生家长职业调查表。每天下午将全校学生分组讨论，念三册分两组，念四册分1组，讨论所讲课程，也同样采用启发式的教学。

在第二乡之学校，学生7名，在教学方法上废除了唱读，规定了课程表和点名册子，采用了新的教学方法，在上课时采用启发式的教学，先引起学生之动机。在课毕，也同样地分组讨论。所以在教学方面他们各教员都能单独进行了。

2. 训导法——这次整理，训导方面已废除了打骂的高压手段，重新建起学生"敬"教员、教员"爱"学生的师生关系。首先，教员去掉夫子面孔，无论是上课或游戏，教员和学生打破旧的畏惧和隔阂，学生有什么样的问题敢于问，教员肯于答复。在生活上打成一片，教员时时刻刻关心着学生的学习和生活等。确实打破了教员之认为"不打而不能守纪律"的观念。

课外活动，在街上这处小学已经着手做宣传工作。在校外，如在此征募毛袜、手套，则他们特别着重了这一中心宣传工作。其次优待抗属的工作，他们也在着手调查抗属。如第一乡一村会高家湾王颜德家，有一人参加八路军在庆阳驻防，该校学生也已于每星期六的下午，去慰问或帮助一次。

其次，第四乡小学校，照样有了课外活动、外出宣传。

唯有第二乡，因为学生数目字少，没有什么组织，现正在扩大中。

3. 学校之各种组织：

除一、四乡之一学校有俱乐部和宣传队外，二乡只有一个俱乐部的3人组织，另外什么组织都没有。

在一乡除了俱乐部和宣传队组织之外，还有除〔锄〕奸小组。这个小组的组织，是以同村的学生组织之，设组长1人，该校共有2组。另外又有外交组。为什么有这个组织？因为三岔是靠近友军区，该校距直属镇原的小学校有4里路，所以我们影响其学校，不但从上层教员与教员中，而且学生与学生来影响友区小学校。本月七号十月革命节那天，特别放假一天，该校学生到友区小学校去玩，以联络感情，将来起得影响之作用。

…………

此致

敬礼

曲子县兼县长　马锡五

三科长　何继海

一九三八年十一月二十五日呈

【资料来源】

中共庆阳地委党史资料征集办公室编，刘凤阁主编：《陕甘宁边区陇东的文教卫生事业》，内部资料，1992年，第382—385页。

4. 陕甘宁边区各县教育经费管理暂行办法

（1939年8月15日边区政府公布）

一、各县依照《陕甘宁边区各县教育经费筹措暂行办法》所得之教育经费，概照本办法保管支配之。

二、各县教育经费，由各该县政府第二科保管，第三科支配，由教育经费管理委员会审核，教育厅批准。

三、各县教育经费管理委员会以五人组织之。该县县长，县政府第二科科长、第三科科长，县委宣传部长及群众团体代表一人为委员；以县长为主任，第三科科长为副主任。

四、教育经费管理委员会之职权如下：

1. 规定应募教育经费之数量。
2. 计划与推动筹募教育经费事宜。
3. 计划改善教产保管及扩充教产。
4. 审核全县教育经费之支配。

五、每年向群众劝募教育经费时，管理委员会得临时组织教育经费劝募委员会，进行募集事宜。

六、各县根据《陕甘宁边区各县教育经费筹措暂行办法》所得之教育经费，不得移作其他用途。

七、各县根据《陕甘宁边区各县教育经费筹措暂行办法》所得之教育经费，应归各县使用，不得转移他县。

八、各县教育经费，由经费管理委员会经收，除该会委托代收外，各机关、学校不得经收款项。其前已经收者，应交于教育经费管理委员会。

九、各县开支教育经费，不论经常费或临时费，必须由县政府第三科编制预算，经经费管理委员会审核，呈请教育厅批准后，方可动用。

十、各县开支教育经费已经预算批准后，如有增加，应事先编制追加预算附具说明，经经费管理委员会审核，呈请教育厅批准后，方可动用。

十一、各县教育经费管理委员会须依照教育厅批准之预算，按时发给经费。

十二、各县教育经费管理委员会征收经费，须制备三联收据（一联给出款者，一联存管理委员会，一联报教育厅）。

十三、各县教育经费管理委员会须将每月收支情形，按月造表连同单据呈报教育厅审核。

十四、各县经费管理委员会应按月造报之表件如下：

1．四柱清单（旧管、新收、开支、实存）。

2．单据粘存簿。

十五、凡未列入预算又未备案呈请之开支，概不准报销。

十六、各县教育经费管理委员会须备下列各簿随时登记：

1．现金出纳簿。

2．暂时金簿。

3．收入分类簿。

4．支出分类簿。

5．基金收支分类簿。

6．其他。

十七、本办法自公布之日起施行。

十八、本办法如有未尽事宜，得由三县以上之提议，经边区政府议决通过后修改之。

【资料来源】

陕西省档案馆、陕西省社会科学院合编：《陕甘宁边区政府文件选编》第一辑，档案出版社，1986年，第319—320页。

陕西省档案局编：《陕甘宁边区法律法规汇编》，三秦出版社，2010年，第203—204页。

5. 陕甘宁边区各县教育经费筹措暂行办法

（1939年8月15日边区政府公布）

一、各县筹措之教育经费来源，仅限于以下四种：

1. 该县原已确定为教产（包括土地、房屋、林、营业、牲畜在内）及教育基金（指现金）之常年花利收益。

2. 买卖婚姻、赌博、缠足之没收款及罚款。

3. 学校自行生产之收益。

4. 在自愿原则下，向人民劝募之学款。

二、各该县原已确定为教产及原已确定为教育基金之现金，均作为教育基金，不得动用。以该项基金之常年花利作为常年教育经费。

三、各该县原无教产者，得以下列办法建立之：

1. 原由各该县县政府所管有之公田，拨归教产。

2. 尚未分配之荒地或熟地，全部或部分拨归教产。

3. 原属神庙产，人民自愿拨归教产。

4. 一姓或数姓所有之社坟地，在一姓或数姓同意下，归为学田。

四、根据边区政府二十七年六月七日决定所没收之买卖婚姻款或经县政府判决没收之赌博款或罚金，以及经县政府判决之缠足罚金，均全部作为教育经费之收入。

五、各学校自行生产之收益，均作为教育经费之收入。

六、各该县教育经费，由第一项之1、2、3三种常年收入尚不敷常年支出者，得向各该县人民在自愿原则下劝募之。其劝募办法如下：

1. 各县应劝募总数，以不超过常年支出所短之数为限。

2. 每年以劝募一次为限。

3. 应劝募款数由各县教育经费管理委员会提出，经由县政府审查，呈请教育厅批准后募集之。

4. 凡抗属贫苦之户、受灾户，均应免募（自愿者听之）。

七、各县筹措之教育经费，如开始时因特殊情形，一时不能筹措齐全，不足该县开支者，得由该县教育经费管理委员会提出，经由县政府审查，呈请教育厅批准后酌量补发。

八、本办法自公布之日起施行。

九、本办法如有未尽事宜，得由三县以上之提议，经边区政府议决通过后修改之。

【资料来源】

陕西省档案馆、陕西省社会科学院合编：《陕甘宁边区政府文件选编》第一辑，档案出版社，1986年，第317—319页。

陕西省档案局编：《陕甘宁边区法律法规汇编》，三秦出版社，2010年，第202页。

6. 中央关于开展抗日民主地区的国民教育的指示

（1940年3月18日）

一、开展抗日民主地区的国民教育，是当前深入动员群众参加与坚持抗战、培养革命知识分子与干部的重要环节。各地党的领导机关及其宣传教育部，必须认真地把这一工作当作他们的中心任务之一，坚决反对党内历来对于这一工作的轻视与忽视的态度，及认为战地不能注意与发展国民教育的观点。特别党的宣传教育工作者，应该认真地打破过去宣传教育工作的狭窄的框子而走进这个广大的活动领域中去。

二、国民教育一般地可分为学校教育与社会教育。在学校教育方面，举其大者，必须：

（一）尽可能地恢复与重新建立各地小学校，达到每村有一个初级小学校，每乡（或每编村）有一个中心小学或模范初级小学，每个中心区有一个两级小学或完全小学，以建立广泛的小学网。

（二）大批地吸收与鼓励青年知识分子或旧知识分子，尤其是过去的小学教员，担任小学教员的工作；开办各种小学教师训练班或讲习所，给他们以必要的训练。必须计划在几个中心地区设立师范学校，大批地培养小学教员，并注意女教员的培养。

（三）用说服解释方法及政府法令的强制力量，大量地动员学龄儿童入学，同时设法克服学龄儿童不能入学的实际困难。一切革命者家属的儿童，应首先入学起模范作用。

（四）为了提高各地文化、政治、专门知识的水平，为了造成中级与高级的知识分子，为了吸收现在尚散伏在乡村中的游离知识分子或半知识分子，某些县区内公立中学校的设立，仍然是必要的。这种中学校的一切设施，应相当正规化。

（五）为了吸收青年妇女进学校，同时估计到中国旧社会中封建思想的存在，应在某些地区设立女子两级小学或女子高等小学、女子师范及女子中学，但同时应该提倡男女同学，一切学校均应吸收女子入学。

三、在社会教育方面，举其大者，必须：

（一）在各村各乡小学校内或小学校外，建立民革室、救亡室、俱乐部一类的文化教育活动的中心。开办各种民众学校、夜学、识字班（女子可同男子分开，上课应在白天），组织各种识字组、大众黑板报、读报、演讲、娱乐体育、壁报、戏剧等一切适合于民众需要及为民众所喜欢参加的活动。小学教员即应成为该乡该村社教的主持者，他的小学生中的优秀分子即可成为他的助手（即小先生制）。该乡该村的共产党员首先应参加这个工作，成为其中的积极分子，并经过它以团结与教育群众。

（二）各级党部、政府、部队、学校、民众团体都应负责在其机关附近办理民革室、救亡室、俱乐部一类的组织及民众学校等，吸收机关周围的群众参加，以帮助社教的发展，并应指定专人负责。

（三）在自卫军内进行有系统的、有计划的社教工作。这是最便利于进行社教活动的场所。

（四）大大发展农村中戏剧歌咏运动。但应注意于戏剧歌咏的通俗化、大众化、民族化、地方化，特别注意于利用旧形式、改造旧形式。

（五）在每县的中心市镇设立民众教育馆，使之成为推广社教的模范。

四、应该确定国民教育的基本内容为新民主主义的教育，这即是以马列主义的理论与方法为出发点的关于民族民主革命的教育与科学的教育。

五、为了加强党对国民教育的领导，党的宣传教育部内应该有国民教育科。它应该经过政府的教育厅或科及其他国民教育的社团去领导国民教育。党委与宣传教育部应经常检查、讨论、督促、帮助并总结教学等经验。

六、为了推动国民教育的进行，在上级政府的教育厅或部下可有专门的"督学"之类去分区负责巡视学校教育。可有社教督导团或巡回教育团之类去负责推广社会教育。党与政府应经过他们去了解下面具体情况，总结经验，并经常给各地以实际的帮助。

七、上级政府的教育厅或部下应有专人与机关负责编辑、审查、出版、发行各种国民教育的教科书、教材、参考材料，并力求其完备与统一。

八、各种报纸、杂志应经常披露国民教育的消息与材料，并加以指导与帮助。可能时，应专办推广国民教育的刊物与报纸。通俗的大众读物，今天特别需要。

九、应经常召集各种关于国民教育的会议，讨论各种问题，吸收一切同国民教育有关的团体与工作者参加。

十、应组织各种帮助国民教育的社会团体，如小学教员联合会、社教促进会或国民教育研究会等。各种文化团体，如文化协会、戏剧协会等应以帮助国民教育为它们的主要任务之一。

十一、政府应提高用于国民教育方面的经费的比例，尽可能实行免费教育，对贫苦学生还应给以必要的书籍与纸笔等日用品。

十二、要提高小学教员及社教工作者在社会上的地位，关心他们的学习与生活，并给其中的优秀分子以各种的奖励，反对任何轻视他们的不正确观点。对于在其他政党不良影响下的小学教员，应积极争取之。党员的小学教员，一般可兼任支部的宣传干事及政府教育委员会主任等工作。

十三、党应决心动员一批党员知识分子终身从事于国民教育的事业，把这种事业当作一个党员的光荣任务。

十四、青年救国会及其领导下的儿童团，其最主要任务之一，即为文化教育方面的活动。他们应该成为党与政府在国民教育方面的第一个助手。他们的会员的最大多数应积极参加国民教育的活动，在学校中、在社教中成为成年、青年、儿童的模范。

十五、在国民教育工作方面，共产党应力求同有正义感的名流、学者、公正士绅实行统一战线。这在争取全国中间力量同情我们上，有极重大的意义。

中央书记处
三月十八日

（根据中央档案原油印件刊印）

【资料来源】

中央档案馆编：《中共中央文件选集》第十二册（一九三九——一九四〇），中共中央党校出版社，1991年，第328—332页。

7. 陕甘宁边区政府命令
——实施普及教育暂行条例

〔战字第25号〕

（1940年3月29日）

兹制定《陕甘宁边区实施普及教育暂行条例》公布之。

此令

主　席　林伯渠

副主席　高自立

附：陕甘宁边区实施普及教育暂行条例

第一条　陕甘宁边区政府为发展与提高边区文化教育特制定本条例。

第二条　本条例遵照中国共产党陕甘宁边区第二次代表大会《关于发展边区教育，提高边区文化实施办法》第一条之规定。

第三条　七岁至十三岁未入学之学龄儿童，不分性别、成分，均应一律就学，读毕小学学程。

第四条　学龄儿童有疾病或特殊原因，不能入学者，其家长得向当地县政府请求准许缓学；有痼疾者得免学。

第五条　贫苦抗属子女，及贫苦子女无力入学者，当地县政府得酌量采用下列优待办法：

（一）酌量减除抗战动员之义务劳动；

（二）由当地互济会酌量救济；

（三）升入高级小学之学生，供给一部分或全部伙食。

第六条　现有学龄儿童，得由县政府依其年龄及家庭状况与儿童多寡规定先后入学之次序。

第七条　实施普及之办法，依下列规定：

（一）由县政府依据具体情形定出各区应入学儿童数字，领导区、乡政府分别召开学龄儿童家长会议讨论执行；

（二）党政机关及群众团体之工作干部，应首先送子女入学；

（三）规定应入学之儿童，而家长不送其入学者，应先向该家长进行说服教育；

（四）经说服教育无效者，得由当地政府强制执行之；

（五）对普及办法有运用不当或执行不力者，家长有建议及监督之权；

（六）踊跃送子女入学，并积极动员其他儿童入学有特殊成绩者，得予以奖励。

第八条　县、区、乡各级政府人员积极进行普及教育工作者，应予以奖励。

第九条　本条例如有未尽之处，经三县以上之提议，由边区政府修改之。

【资料来源】

陕西省档案馆、陕西省社会科学院合编：《陕甘宁边区政府文件选编》第二辑，档案出版社，1987年，第148—149页。

陕西省档案局编：《陕甘宁边区法律法规汇编》，三秦出版社，2010年，第205页。

8. 曲子县1939年下学期教育工作概况（节选）

（一）扩大数量及增加的原因

1. 本县上学期普通小学原有学生，男809名，女22名。

2. 后半年未到校的学生，男16名，女2名：天子区共有9名（区上提拔青年主席，死了1名；3名有病；还有5名学生因家中困难，生活无办法解决）；再三岔区1名，他家在友区，回家未来；马岭区2名，因年龄太小，下半年未到校；曲子区共有4名（1名未穿上棉衣；1名因为家中困难，劳力缺乏；有2名女生都死了）。

3. 后半年扩大的学生，男228名，女41名。

4. 后半年退学的参加部队的8名，其他未到的上面已经谈过。

（二）教员审查与调动情况

（略）

（三）完小模小办理

A. 完小工作：

1. 两处完小（房子）现都修理过。第一完小只盖了五间房子，用过去门窗，也补充了一下桌凳。第二完小同样修理过。

2. 第二完小附设女校1处，原学生45名，后因出嫁只留38名。

3. 完小原有高级生36名，初级生45名；下学期扩大高级生12名，初级男12名、女23名。

B. 模小工作：

1. 模小5处，原有男女156名，内女15名；共扩大数目男21名，女12名。

2. 未到校共10名，5名学生太小，再有家中困难、棉衣穿不上等困难。

3. 修理：（略）

（四）教材

1. 对教材的分配，按书本多少与人数多少来计划与分配（如281本《儿童故事》每校1本）。

2. 今年短的书数大约830本，第三册国语我处未有，明年开学得要第一册200本、二册250本、三册180本、五册200本，因学生增加。

（五）教学管理、课外活动情形

1. 教学法：大部分都是复式教学，使用新的方式，废除死读书现象，总则，使学生能了解课程。也有部分教员不明了教学法，去朗读不上课，学生抱书到教员房内去教（如八珠区四乡、合道区二乡二处）。

2. 管理法：打骂现象没有，如学生打架，用民主方法来斗争、批评。有个别顽皮过失，征求大家意见，罚扫地等有之。

3. 各校的活动，每日下午课外学生活动，劈刀、打拳、防空、上操。其外在星期日做工作，检查识字组等。

以上报告是下学期的大概情况，不大具体，因为1月份方才写了报告。

兼县长　马锡五
三科长　马立中

【资料来源】

中共庆阳地委党史资料征集办公室编，刘凤阁主编：《陕甘宁边区陇东的文教卫生事业》，内部资料，1992年，第385—387页。

9. 中央宣传部关于提高陕甘宁边区国民教育给边区党委及边区政府的信

(1940年8月20日)

边区党委及边区政府的同志们:

陕甘宁边区的国民教育,已经在种种困难的条件下逐渐发展起来,我们已获得相当的成绩。现在已有初小一千三百余所,完全小学四十所,初级师范学校三所(并绥德师范则已有四所),正在筹备中的中学一所(并米脂中学则有二所)。从数量说在这个地广人稀的区域中,已是难得的成绩;但从质的方面来说无论小学和师范学校,都还不是满意。严重的问题,在于师资的数量和质量,教材的数量和质量,都很不够。此外,教育制度和设施也还有待改订和待确定的地方。

我们同卓然同志、周扬同志等讨论了边区国民教育的工作以后,特提出以下的意见,请你们慎重地考虑和试行。

一、国民教育的范围应当包括小学教育、中学教育、师范教育及成年识字教育、补习教育在内。

二、依据边区目前的政治环境、经济条件、教育基础及人民对国民教育的认识,我们在学制方面,还不能依据理想来规定,还只能采取逐渐提高、逐渐正规化的实事求是的原则。

因此,应确定暂行学制如下:

(一)小学教育仍采取两级制:初小三年、高小二年。初小三年为义务教育。

（二）中学教育亦采两级制：初中、高中。暂办两年制初级中学。

（三）师范教育应将初级师范提高到二年，并附设师范讲习所和小学教师训练班。

（四）靖绥警备区、陇东及鄜县等地区新接受〔收〕的师范学校、中学和小学，学制仍旧，不应降低；但短期小学应提高到三年。

三、关于义务教育

（一）年满八岁的儿童，一律受义务教育；但十五岁以下尚未入学的儿童，仍须受义务教育。

（二）义务教育的内容，以一般文化教育为主，并以能识且能初步运用一千五百个汉字为标准。教育的内容应把政治、社会、自然的常识同生产与生活联系起来。政治教育的成份〔分〕一般应减少些。

（三）初小即须进行新文字教育或与汉字同时进行，或在汉字先，或在汉字后，请斟酌具体情况决定。

（四）边区政府应当颁布强迫推行义务教育的法令，此法令须包含奖罚办法及对确实无力入学之儿童的补助办法。以法令和政治动员相配合，消灭现在多数学令〔龄〕儿童荒学的现象。

四、关于高小教育

（一）初小毕业或二十岁以下有初小毕业程度的青年都可入学。

（二）高小教育以提高一般文化水平为主要内容，同时应当辅以生产教育（农业的、畜牧业的或手艺的）及卫生教育。

（三）社会服务的教育，即乡市政府工作、群众团体、合作社工作等教育，须在高小中进行；现在所流行的小学生放哨、替抗属拾柴、挑水等活动，应当免除。

（四）新文字教育须列入高小补习课程，以便没有学过和没有学好的学生继续学习。

（五）在现有完小的基础之上，扩大高小的班次。

五、关于提高师资与师范教育

这是整个边区国民教育的头等重要问题。

（一）加强厅立三个师范学校，特别是绥德师范学校的师资及领导。

（二）由于边区内知识分子的缺乏，各个师范学校尽量招收边区外的高小毕业生和失业的知识分子入学。但以为边区教育服务为条件。

（三）轮流征调现任教师继续训练。现在初小中的半文盲教师，须即派人调换，可在鲁师未毕业学生中抽调，不宜采取合并学校的办法。

（四）对于任过小学教师的知识分子或中学程度的学生，给他们设立师范讲习班或训练班。

（五）师范学校一律免除普通生产劳动。

（六）师范学校课程标准，须重新审查订立，使之适合培养小学师资的需要。但是关于职业教育师资的培养，可专门办理。

（七）师范学校学生的年令〔龄〕应不拘定。

六、关于中学教育

（一）培养边区中等知识分子及其升学基础为目的。因此教育内容应当是科学教育与政治教育并重。

（二）中学的课程标准，应重新规定。

（三）中学入学学生，应不拘年令〔龄〕，而只以程度为标准。

七、教材

（一）小学教材须重新编订；初中和师范先编订课程标准，然后编订教材。

（二）此种教材须充实地方性。

（三）因为师资的关系，暂时不能采取综合教材，但须使各科之间，内容上取得互相的有机的联系和配合。

（四）由中宣部协同教厅进行编订，限期完成。

八、关于职业教育

（一）为了提高边区的生产，改善人民卫生及培养职业教育的师资，提议设立农业学校、畜牧学校、手艺学校、中医学校。

（二）此等学校一律招收高小毕业及其有同等程度的学生。

九、关于识字教育及补习教育

（一）凡十六岁以上的文盲青年和文盲成年，在识字教育上，以先学新文字，再进而学汉字为宜。

（二）识字运动须抓紧冬学运动进行，现即须准备大量的新文字教员与教材，可商请延安各学校参加这个运动。

（三）凡十六岁以上的失学青年或成年，愿意受补习教育的，须设立补习班。凡补习班毕业的学生，有免考入相当学校（高小、中学、师范）的权利。补习班的课程及教材，须给以订立和编印。

（四）初小一律设识字班，师范和中学设补习班，高小附设识字班或补习班。

十、同意办理一种内容上比过去《边区教师》更为广泛的《边区教育》十日刊，主要作为边区教育工作者的读物，由西北青救、宣传部协助教厅编辑之。

十一、应当颁布法令，禁止在小学学生、师范学生、中学学生及各级教师中进行兵役动员。

十二、应该尽可能提高教育经费的比例，改善各级学校的设备，改善小学教员及师范学生的待遇；对模范师资采用奖励的办法，并教育群众尊重和优待小学教师。

十三、实行各级教育机关的协助制度。青年小学教师依据自愿原则得加入青救，并当选参加领导机关。

十四、各地方党的组织尤其是宣传部门，须经常关心国民教育工作，给以检查、指导和必要的帮助。

此信不发表，希你们讨论后，由教育厅发布一文件。此文件请先送我们一阅。

【资料来源】

中央教育科学研究所编：《老解放区教育资料》二《抗日战争时期》下册，教育科学出版社，1986年，第318—322页。

10. 中央青委关于开展国民教育工作的决定

（1940年9月1日）

一、青年的责任在学习，青年组织的责任在教育。青年所需要的教育，除了一般军事的政治的和工作的教育以外，更应着重文化的教育，以求脱离文盲、半文盲、迷信、不卫生的状态，而获得关于社会政治经济生活、人生与自然的各种基本常识。因此一切青救会员、儿童团员都应无条件地踊跃参加各种小学、冬学、识字班，并应成为其中积极的和模范的分子。凡未得所属组织特别允许而不参加此等学习的组织者，应受到所属组织的处分；凡各级组织在动员、督促及检查下级会员、团员的学习中，不努力无成绩者，应受到上级组织的批评。

二、青年组织应不但领导本组织内部的学习，并应尽量推动和帮助本组织以外的青年（如青年妇女、青年职工、青年战士等）和一般成年群众进行识字教育、卫生教育、反迷信教育、尊重妇女保护儿童的教育、民主教育、政府法令的教育和各种有益的娱乐活动。青年组织应成为国民教育的先锋队，成为政府在这一工作中的第一助手。

三、关于国民教育的各种工作，应由各级青年组织的宣传教育部门负责。各级青年组织的领导机关尤其宣传教育干部应注意研究儿童教育、青年教育、学校教育和社会教育的问题。应吸收指定并培养专门从事教育工作的干部，应从教育工作的长期性、全面性着眼订出切实而有系统的工作计划，应彻底纠正过去这一工作中的轻忽零乱现象。《中国青年》的各地方版及各地的青年刊物，应该以教育为中心内容，适合各地环境与各种青年（特别是一般下级干部、小学教员和高小程度的青年）的要求而有计划地灌输他们以各方面的知识。

四、在这一切工作中青年组织应取得各级教育行政机关和师范、中学、小学校的合作，这种必要的合作，应成为各方面工作报告和成绩考查〔察〕中重要部分之一。它们之间的关系一般在大体上可以如下规定：

（甲）聘请省区一级教育厅的负责人担任同级青年组织的顾问，必要时出席青年组织的会议，经常指导协助青年组织关于国民教育工作的计划和执行，参加青年刊物的编辑。青年组织或其宣传教育部负责人必要时亦出席教育厅的会议，协助教育厅关于国民教育的计划和执行；负责动员儿童入小学，动员青年入师范或中学及担任小学教员。

（乙）聘请师范中学的适当的负责人担任青年组织的顾问。青年组织应该协助这些学校关于专门青年课程的教育，领导这些学校的学生会、学联会，以帮助学校教育使更为完满。

（丙）县以下聘请县三科长、区乡文化委员担任同级青年组织的顾问，互相出席会议，共同决定关于国民教育工作的计划和执行。青年组织一般地应在教育行政机关领导下主持县以下的民众教育馆，并负责建立中心的能起模范作用的俱乐部、民革室与识字小组。

（丁）尽量吸收青年小学教师加入青救会，县区小学教师联合会的负责人如系青年，应吸收入同级青年组织的领导机关，否则担任其顾问，帮助青年组织进行社会教育及青年的干部教育和会员团员教育。青年组织在初高小学内领导儿童团及学生会，以协助学校教育使更为完满。在小学教员的生活和工作发生困难时，青年组织并应尽量协助其解决。各地青救应定出优待与帮助小学教员的具体办法。

五、这个决定应由各级青年组织讨论，并应根据上述原则与当地实际情形与教育机关订立协助条约，确定为经常的制度。领导青年组织的各级党部应该加以注意，并唤起各级教育行政机关的注意。

一九四〇年九月一日

【资料来源】

中央档案馆编：《中共中央文件选集》第十二册（一九三九——一九四〇），中共中央党校出版社，1991年，第473—475页。

11. 陕甘宁边区民众教育馆组织规程

（1940年11月1日公布）

第一条　各县市设立民众教育馆依照本规程办理。

第二条　各县市设立民众教育馆（以下简称民教馆），应由县市政府开具下列事项，呈报教育厅核准备案：

（一）名称（某县〔市〕或某县、某镇民众教育馆）。

（二）馆址（在什么地方，面积大小，利用旧屋或新建）。

（三）设备（馆屋、图书、娱乐器具等）。

（四）干部（在当地聘请或请由教育厅委派）。

（五）筹备经过（如何筹备，规模大小，负责人为谁）。

（六）计划（开馆后工作计划）。

第三条　民教馆为进行社教之机关，其任务为：消灭文盲，宣传政治常识科学常识，发展经济建设，提倡卫生，破除迷信，组织与提高群众文化娱乐工作。方法如下：

（一）开放阅览室，出借图书。

（二）出版通俗小报、画报或墙报。

（三）开办夜校、半日校，领导识字组。

（四）组织与领导民众娱乐，如歌咏队、群众俱乐部、群众晚会、剧团等。

（五）配合当地政府进行经济建设的宣传和动员工作。

（六）办理公共体育卫生事宜。如开辟并管理体育运动场，组织各种球队、国术团及其他体育团体，动员群众举行清洁卫生运动等。

（七）进行各种节令集会的标语宣传、街头演讲、时事报告等。

（八）设立"代笔问字处"，代民众写信、写春联等，并供民众来质疑问字。

（九）其他社会教育活动。

第四条　民教馆分设下列各组：

（一）事务组：办理关于文书、经费、购买、招待等事项。

（二）阅览组：管理图书报章及阅览室工作，编制社会调查统计等事项。

（三）教育组：办理关于开办夜校、半日校，及领导识字组等事。

（四）宣传组：办理关于编辑、出版、集会、时事报告等事项。

（五）娱乐卫生组：办理关于群众娱乐及体育卫生等事项。

以上分组得按工作开展情形与职员多少，适当扩大或缩并。

第五条　民教馆设馆长一人，由县市政府荐请教育厅核委，或由教育厅委派；干事若干人，由县市政府委派，或由馆长荐请县市政府核委。民教馆在初开办时，得先设馆长、干事各一人，以后工作开展再行增设干事。

第六条　民教馆各部门，应尽量吸收当地不脱离生产的热心分子参加工作，并应与当地小学校取得密切联系，推动当地社教工作。

第七条　民教馆长主持馆务，干事分任各组工作，按月举行馆务会议，计划与检查每月工作。

第八条　民教馆每月须向县市政府呈送工作计划及工作报告，每年六月、十二月应由县市政府转向教育厅呈报半年工作概况。

第九条　民教馆之经费由各县市政府自行筹集。

第十条　民教馆内设备娱乐器具、图书、报章、杂志等，除在发给经费内开支置备外，得接受群众之自愿捐助。

第十一条　民教馆办事细则，由馆长拟定，呈请县市政府核准备案。

第十二条　本规程自公布之日施行。

【资料来源】

《抗日根据地政策条例汇集·陕甘宁之部》（下），1942年，第704—706页。

陕西省档案馆、陕西省社会科学院合编：《陕甘宁边区政府文件选编》第二辑，档案出版社，1987年，第482—484页。原注："选自《抗日根据地政策条例汇集》（下）。"

陕西省档案局编：《陕甘宁边区法律法规汇编》，三秦出版社，2010年，第127—128页。

12. 陕甘宁边区政府令

——陕甘宁边区实施义务教育暂行办法

〔战字第42号〕

（1940年12月）

第一条 陕甘宁边区政府为逐步普及义务教育，特颁布本办法。

第二条 儿童八岁至十四岁为受义务教育年龄，不分性别，均应受义务教育。

第三条 义务教育年限暂定为初级小学三年。

第四条 具备下列两项情形之县或区应即实施义务教育：

一、三分之二以上学龄儿童的家庭经济能力能供给子女入学。

二、当地能筹措实施义务教育后所需之教育经费二分之一以上。

第五条 义务教育之实施，分于六年内逐步推行，至第六年起开始普遍的义务教育。分年推行办法依下列规定：

一、第一年，十三岁及十四岁之学龄儿童全数入学。

二、第二年，十二岁以上之学龄儿童全数入学。

三、第三年，十一岁以上之学龄儿童全数入学。

四、第四年，十岁以上之学龄儿童全数入学。

五、第五年，九岁以上之学龄儿童全数入学。

六、第六年，全部学龄儿童入学。

第六条 儿童已达规定入学年龄，而家庭贫苦无力供给入学或已经入学而家庭无力继续供给者，由当地乡、区、县政府调查属实后，酌量采用下列办法予以补助：

一、减少或免除其家庭之义务劳动。

二、县政府给予救济，或发动群众予以救济。

第七条　儿童已达入学年龄，而有下列情况之一者，得呈请当地县政府核准缓学。

一、家中劳动力缺乏，一时确属无法补救者。

二、家中仅有学龄儿童二人，已有一人在小学肄业，而确属无力同时供给两个儿童入学者。

三、患有重病在两月内不能恢复健康者。

缓学以一年为限，但次年仍不能入学者，得续请缓学。

第八条　学龄儿童患痼疾或残废者，经政府调查属实，准予免学。

第九条　儿童已达规定入学年龄，经动员说服而家长仍不送儿童入学者，由县政府依下列处罚之：

一、富户处以二十元以上五十元以下之罚金。

二、中户处以十元以上二十元以下之罚金。

三、贫农处以五元以上十元以下之罚金，或五日以上十日以下之劳役。

经处罚后，仍须限期入学。其由故意违抗者，得拘留其家长，至儿童入学后释放之。

前项罚款用以补充该县义务教育经费，由县政府管理，动用时须呈请教育厅核准。

注：1. 动员儿童入学时以动员说服为主，处罚为辅。

　　2. 富户、中户依乡市参议会评定。

第十条　学龄儿童虽未达到第五条规定之入学年龄，仍应尽量动员入学。其已入学者，未至初级小学毕业，不得无故中途退学。

第十一条　各县区依照本条例之规定，按入学儿童数量与分布状况及现有学校状况，拟定全县推行或几个区推行之实施义务教育具体计划，呈报教育厅，作督促考核之标准。

第十二条　各县区乡政府对实施义务教育工作应切实负责。其推行工作卓有成绩者，由教育厅呈请边区政府奖励之。其推行不力，不能按预定计划完成任务者，应由直属上级予以申斥或记过处分。

第十三条　儿童家长踊跃送子女入学，或积极动员其他儿童入学，热心协助推行义务教育者，由县政府呈请教育厅转呈边区政府奖励之。

第十四条　本办法自民国三十年一月一日起施行。

【资料来源】

中央教育科学研究所编：《老解放区教育资料》二《抗日战争时期》下册，教育科学出版社，1986年，第322—324页。

陕西省档案馆、陕西省社会科学院合编：《陕甘宁边区政府文件选编》第二辑，档案出版社，1987年，第548—550页。

陕西省档案局编：《陕甘宁边区法律法规汇编》，三秦出版社，2010年，第206—207页。

13. 陕甘宁边区政府关于推行新文字的决定

（1940年12月25日公布）

为着普及文化、消灭文盲起见，边区政府对于新文字有以下的规定：

（一）从民国三十年一月一日起，新文字跟汉字有同样的法律地位，凡是上下行公文、买卖帐〔账〕、文书单据等，用新文字写跟用汉字写一样有效。

（二）从民国三十年一月一日起，政府的一切布告法令，汉字和新文字两种并用。

（三）从民国三十年一月一日起，各县给边区政府的公文，用新文字写的，一样有效。

【资料来源】

《抗日根据地政策条例汇集·陕甘宁之部》（下），1942年，第713页。

陕西省档案馆、陕西省社会科学院合编：《陕甘宁边区政府文件选编》第二辑，档案出版社，1987年，第540—541页。

14. 华池县三科1940年教育工作报告（节选）

一、社会教育工作

（1）现时本年共有夜校8处，人数65名。但其中能进行工作的只有5处，人数43名，系男成年28名，儿童15名。农村普通识字组175个，人数男1065名、女9名，成年429名、青年367名、儿童210名、老年49名。①另外有区级干部识字组44组，人数279名，内有妇女2人，成年217名、青年62名。但这些识字组内特别是农村普通识字组，各组中不能集体进行识字，只有个别的人识字和学习。

（2）整个社教工作的领导均由组织领导。如农村普通识字组有〔由〕乡文化教育委员会领导，该区乡机关干部识字组由区秘书领导，乡由乡长领导。其次，夜校多是小学校领导的，悦乐区政府附近的夜校由区上秘书领导，但是青救会、妇联帮助很少。

（3）夜校的教材主要是《新千字文》，次〔此〕外采用报纸的一切东西教。教学方式主要是培养学员自己学写字，了解字的意义与用处。

（4）在社教组织内采用读报，系《群众报》《救亡报》等。

（5）群众间娱乐工作。此地人稀没有大村庄，群众中的集体娱乐事实是办不到的。

（6）妇女教育主〔方〕面。此地妇女封建性总是浓厚的，但经过这几年的教育，现时对放足已普遍地实行了，该县青年、成年妇女都放了足。卖买婚姻的不好，大多数群众都懂得了，可是近两年当中自由结婚的也不少。妇女识字方面最少了，如全县大概统计，有识50—100字的妇女不过一二十名。

---

① 此处数据有疑，原文如此。

（7）对改进社教工作的意见：①在下层要有坚强组织，经常负责检查布置。②在各组织中一定要建立识字分子，提高他们热心负责教学。③可将下层乡教育主任作一短期训练，以提高下属工作效率。

…………

县　　长　李培福

三科长　白常富

1940年7月29日

【资料来源】

中共庆阳地委党史资料征集办公室编，刘凤阁主编：《陕甘宁边区陇东的文教卫生事业》，内部资料，1992年，第326—327页。

15. 陕甘宁边区庆阳县政府工作报告（节选）

（1941年9月14日）

文化教育：

1. 新政府建立前之状况

（甲）学校数目

完小1处，教员6人；县立初小11处，教员25人；区立初小4处，教员4人；国务小学9处，教员15人。各校共有学生1030人。

（乙）当时之教育政策是错误的，最明白的表现：

①不顾"国家至上，民族至上"之原则，在校进行破坏抗战团结之反共教育，禁止学生教员参加救亡运动，禁止阅读进步书报，甚至连生活书也不准读，而托派乐青之流的书籍却充斥校内。

②实施高压手段。学生组织形同虚设，儿童有意见不敢讲，一言不慎即全得"脑筋不对"的警告，打骂现象更是平淡的事了，发扬民主在那时干脆是无稽之思想。

③教员学生虽然是热血青年，但是多是敢怒不敢言。

2. 我们之教育政策

（甲）在新民主主义政治之基础上，改进教育工作之制度及内容，提高民族自尊心、自信心，加强团结抗战，团结地方文化教育人材〔才〕，为彻底实现民族独立、民权自由、民权享福之政治任务而奋斗。

（乙）普及识字教育，推行新文字，扫除文盲。

（丙）普及科学常识之教育，扫除迷信保守及不讲卫生等不良现象。

3. 一年来的教育工作状况

（甲）……现在庆阳县有完小2处、女小1处、公学24处，共计27处。小学生人数，完小共216人、女小90人、公学775人、私学330人，共计男生1279人，女生117人。①

（乙）改进并提高教育质量

①改进教育内容，对过去不利抗战团结、理论与实践分家的教育内容加以裁汰，大部分教材改用边区教育厅所编印者，此外更从积极方面培养儿童民族意识、民主作风、科学思想、劳动身手。

②实行民主管理，严格废除打骂制度。其中曾虽出现教员打骂学生之事实，然终久是个别现象，一般儿童，管理皆是经过学生会用民主的办法进行，儿童也都要讲自己要讲的意见来。

③加强儿童社会活动。过去教育无形中成了书呆子的制造者，理论与实践脱离。自边区实行以来，即力图纠正缺点，不但各学校中都建立了学生会，在学生会工作中，锻炼了儿童新社会能力，而且经常有计划地进行社会教育工作，领导夜校、识字组等。并利用纪念节日、集会、庙会等机会，进行宣传工作，政府每一抗战动员工作，各学校也都热烈响应协助进行。

④提高师资。本县一般教师文化水平本来就相当低，但经多方努力，已逐渐在提高中。除少数介绍给陇中继续学习外，一般皆经常分给书籍以便自修，每届寒署〔暑〕假举办干（部）训练班，教授以教学生急需之知识技能。

…………

（丙）社会教育工作

①民众教育馆在干部缺乏、经费困难条件下，年余以来并开展了如下的工作：

工余学校——教育对象主要是店员工人，每期学员皆在50名以上，教育内容不但大大提高了工人之政治认识，而且给予工人生活上所需要之知识。

青年夜校——（略）

街头墙报——每周出报一次，每周二至三份；本年又改出黑板报。

书报室——每日开放，让群众阅览。

剧团——组织街头群众参加演出剧多次。

---

① 此处数据有疑，原文如此。

妇女补习学校——虽然为时不过月余，但在妇女识字运动中亦有相当作用。

歌咏团、美术研究会吸收当地教育界人士参加，曾有（一）度活跃。

…………

4. 组织系统与工作制度

（甲）组织系统

县三科—区教育助理员—乡文化委员会。

县教育委员会—区教育委员会—乡教育委员会。

（乙）工作制度

①巡视制度：尽人力所及深入下层巡查工作。因干部不健全，因之巡视不普遍。

②报告制度：各学校每月向三科报告，三科每月向教育厅做报告。唯各区工作报告经常性相当差池（迟），致三科对下层了解不够。

③会议制度：除科务会每日2次，可以经常开会，其各级教育委员会经常性不够。

【资料来源】

中共庆阳地委党史资料征集办公室编，刘凤阁主编：《陕甘宁边区陇东的文教卫生事业》，内部资料，1992年，第475—478页。

16. 陇东教育视察报告

(1941年9月25日)

一、教育工作之环境

1. 天灾：环、华、曲3县经常旱、风、冰、雹、冻霜为灾。新区个别区乡也不好。

2. 人祸：新区边界及旧区边界的一部分特务分子造谣、威胁，利诱煽动教员、学生逃跑。环县边界更经常有土匪的扰害。

3. 有新老地区之分，旧区里除华池外，均未经过土地革命，人民封建意识特别落后，喜古、庆阳最严重。

在新老边区干部方面：老区的能吃苦耐劳，一般说文化程度比较低，政治意识好。新区的文化程度较高，政治意识差，保存着相当浓厚的旧传统观念，对新政权的认识不够。

在老区里知识分子少，新区比较多（无确实统计）。

二、教育工作概况

（一）行政领导

A. 组织：

1. 专署：设一教育署员，督导全分区教育工作。不过，因过去人员不健全，对辅导方面很不够，所以了解熟悉的只限于庆阳市附近（过去在庆环分区时是赵生英，去年上季新分区是李之钦。下季两处专署合并，初为赵生英，后为墨一平同志）。

2. 县一级的除曲子三科长在延安学习设有代科长外，其他各县三科长都健全。科员各县皆有2人。

3. 区级的：各县都未完全建立起来，庆阳各区、全县一区一秘书兼任教育助理员职，计〔即〕各县所选教育助理员情形。

4. 乡级：各乡都有文化主任，过去未有的在今年乡选时也都建立起。

B. 工作领导方式：重要的教育工作在县政府会议讨论，如经费问题。合水做得比较好，讨论教育工作的次数多；华池最差，半年政府会议讨论过一次教育工作。专署对各县的领导主动性不够，各县对专署的关系不密切。县对区的领导，除召集区教育助理员联席会外，即用书面训令指示下去，大的问题经政府会议通过。训令一般地由三科直接起草下去，有时县上工作人员分工带下去。区对乡虽有时在政府会议讨论，但积极注意不够，往往对上级的指示不注意，把指示放在信兜里或是丢了，致有些问题下面不知道。

在工作方法上不论县区多半是一把抓的干法，三科同区教育助理员很少有工作独立性。三科同志常是固定在某区工作，对其他区不能照顾。区助理员做了一般工作，完全放弃本身工作；有的区秘书根本就轻视教育工作，教员去接洽事情，摆官架子，不关心，如庆阳高迎区，其他各县也有不良现象发生。

C. 工作制度：一般说不健全，早有明文规定，在报告上说得很好，实则言行不一致。在会议方面，因三科人经常不在家，有时凑在一起谈谈就算了，开会无定时。县府有委员也不经常开会，因为各部干部常出发更难以召集，教育委员会开得最多的要算华池（5次）。在教育助理员联席会方面，上半年各县召集过1次，布置和总结工作。

在巡视工作方面：不普遍。三科经常分配到固定区工作，不能主动到其他区；助理员半年内不能把自己区学校全巡视过；抓得紧一点（的）干部，有时还要受县委、区委的批评。如华池县委书记说：教育工作耽误，我负责，现在××是主要中心工作，大家都应以这个工作为前提。各县三科及区教育助理员一再提出教育工作受影响，但都未想出很好的克服办法。有的学校自成立以来未见三科人来过，半年三科不到的学校是经常的。

报告制度执行得也不经常。各区、各校对三科有报告的很少；县级对上级的报告还算经常，给专署的报告少，给教（育）厅的报告多。

造成这种现象的原因，主要是领导不健全、计划性差，有很多都是采取随波逐流拖的办法应付，不过这是值得提出研究的一个问题。

D. 和其他机关团体关系（略）

（二）干部问题

A.（略）

B.（略）

C. 教员干部

1. 全分区教员数

县名	教员 本地 男	教员 本地 女	教员 外来 男	教员 外来 女	合计
曲子	45		10	2	57
环县	37		8	2	47
华池	10	1	14	2	27
庆阳	61	2	3	4	70
合水	43		3	3	49
镇原	32		1		33
总计	228	3	39	13	283

（详细数目字过去没有统计，训练到的人不全，不能列内。）

（1）上表的数目字是根据暑期讲习班的三科员记忆下来的，部分确实。表上的数目字都是上半年的；下半年数目字减少了一些，如女教员减少了4名。

（2）教员的籍贯：当地的教员231人，外来的52人。文化程度：师范、中学的（包括边师、鲁师、边区中学）59人，高小毕业的95人，初小程度的31人。

（3）工作年限：新区的教员年限最长的22年，外来教员1937—1938年来的最多。

2. 教员的生活待遇及社会地位

（1）新三县当地教员采（取）薪金制，各县不一致。合水完小校长38元、教员30元，初小校长10元、教员8元，另外每年发麦子两石。庆阳完小校长是津贴制，教员和初小校长是36元，初小教员是30元。镇原完小校长是30元，教员25元，初小教员20元。

下半年因物价太贵，合水于6月底即在政府会议上讨论，当规定小学校长每月58元，教员50元，初小教员每年两石麦子，另每月发薪金。庆阳每月两石麦子，校长及完小教员发薪金18元，初小教员25元。专署对此也有一定规定，做各县参考执行的标准。计：

办公费：

①完小每班每月5元—8元；

②模小每月5元—6元；

③普小每月4元—6元。

书报费：

①完小每月10元；

②模小每月3元—5元；

初小与模小同。

薪金与津贴：

①薪金：完小每月校长、教员吃公粮，另发薪金，校长每月28元，教员18元；初小每月由群众负担麦子2斗，薪金15元。

②津贴：完小校长每月6元，教员5元；初小教员每月4元。

上半年物价上涨，薪金偏低，本地教员如无家庭依赖就要挨饿，因此很多教员多不安心，想脱离教育工作从事生活。

（2）一般的教员都免除了兵役和劳役，社会地位比以前有转变，如：教员可以参加政府、群众性会议；群众对教员的认识，只要教员不太坏，都很尊重，请吃饭、送东西。

至于保证教员待遇方面，一般的都能按时发下薪金，个别区不好好发。对于无劳动力的给以优待，但实行得很不彻底，如只公式上地做了，教员是否够用、是否挨饿而不管了。

（3）具体表现做得不够地方：（略）

3. 教员的学习生活和社会活动

教员的学习组织很差，本地教员多不学习，外来教员学习特别感到材料缺乏，无人指导。教联会没有起它的作用，虽分区教联会出了《新教育》刊物，但因人力限制，教员中不甚欢迎。报纸由三科代订，有《群众报》和《解放日报》，但不能按时到或留在区乡政府做了别的用项。

社会活动方面，一般教员都直接间接地参加了政府工作。如每次动员、宣传、调查、统计都有教员来做，靠乡政府的教员等于乡长的秘书，当地有威信的教员可以排解群众间的纠纷，至各县教联会非常不活动〔跃〕，庆阳还没成立。

4. 政治生活：一般外来教员政治生活感到苦闷，已加入组织的也不经常过生活。分区特委给他们的任务，要他们当乡村支部教员办训练班，一般工作都开展不起来，地方党支部因过去的传统观念，对知识分子多不敢吸收。其他党派的活动，旧三县没什么，新三县里合水五区有个别教员有国特嫌疑，庆阳靠边界的教员部分有活动并有秘密组织。地方党和领导教员工作的注意不够，对每个教员不了解，不关心教员的政治生活。

5. 干部的工作情绪（略）

（三）教育经费（略）

（四）学校教育

1. 学校数目字

见下表：

学校数目字

学校		县名						总计
		曲子	环县	华池	庆阳	合水	镇原	
一九四〇年后季	完小	2	2	1	2	2	2	11
	模小	6	5	3		4		18
	普小	41	35	20	48	40	6	190
	私小				28		22	50
	女小	1	2	3	1	2		9
	总数	50	44	27	79	48	30	278
一九四一年前季	完小	2	2	1	2	2	2	11
	模小	7		3	2	3	2	17
	普小	41	40	16	24	33	5	159
	私小				22		23	45
	女小	1	2	1	1	2	1	8
	总数	51	44	21	51	40	33	240
备注								

2．学生数目字

见下表：

学生数目字

学校			县名						总计
			曲子	环县	华池	庆阳	合水	镇原	
一九四〇年前季	完小学生	男	132	77	44	120	120	65	558
		女	18						18
	初小学生	男	300	209	483	276	619	36	1923
		女	169	123	57	102	78	450[①]	979
	私小学生	男				389			389
		女							
	总数	男	432	286	527	785	739	101	2870
		女	187	123	57	102	78		547
一九四一年前季	完小学生	男	87	88	39	204	126	99	643
		女	16			12			28
	初小学生	男	419		317	742	550	150	2178
		女	92		34	105	64	22	317
	私小学生	男				333		299	632
		女							
	总数	男	506	88	356	1279	676	548	3453
		女	108		34	117	64	22	345

① 此处数据有疑。

由上表看来今年的学校和学生数都大量减少，什么原因？学校减少的原因：第一是没教员；第二为的提高质量，将不象〔像〕样的学校合并。如华池由8处合并为4处，1处女校无教员塌台了；合水因无教员，学生太小，合并了8处；庆阳因无教员倒台23处。学生减少的原因，除因学校减少的原因外，主要是因灾荒无吃的和抓得不紧，致学生减少了一半之多。如曲子去年1626名学生今年减少为628名，相差944名。①

下半年学校开办情形，求质不求量，办一处象〔像〕一处，在力量能办到的范围内，已有规范规定，各县学校数目都有减少，已用训令指示下去。

关于技师质量方面，过去做得还（不）够。首先是教员的质量不高，老先生、原只读过二三年书的教员，占教员总数一半以上；即新区的教员，我们大家都理想为文化程度较高，其实不然，好的教员没请来。教学方面，大都是私塾式的教学，教材零乱不一致，学生流动很大，设备简陋。

庆阳根据在不妨碍发展公学的原则下，大量发展私学，有6个条件：①呈报三科备查，受三科领导。②课本由三科发给。③区、县开会教员要到。④每个私学要领导一个夜校式识字组。⑤订《边区群众报》一份。⑥按时向三科做报告。其实未很好执行。

3. 设备

新区学校大部分是过去的基础，一般都比较完备，校舍也比较象〔像〕样，有的初小比老边区的完小还好。旧区学校一般简陋，图书和运动器具不谈，即必要的窑洞、桌凳、用具还不够用。如：华池大部学校窑洞拥剂〔挤〕，有的学校没有锅，温台五乡小学没校址，女校没校门。曲子大部学校桌凳不够用。

4. 教材

老边区的都用边区课本，但不够用；新区最复杂，计边区的课本最少，学生有什么书，念什么书。如镇原《三字经》《百家性〔姓〕》《七言杂字》《弟子规》《千字文》《论语》是少不了的，还有四书、《诗经》《声律启蒙》《千家诗》《监置〔鉴略〕妥注》《礼记》、古文……学校干部每到一学校只见墙孔里、床底下、泥老爷背后都藏的是古书，个别的学校还读阴阳经。

5. 教学管理

一部分教员懂得了复式教学和民主管理，但实际应用起来，则差得远。从延安派来的一般尚可，本地教员多不管这些，几个年级合起来不会教，加以学生来得不整齐，无形中形成个别教学。至于打骂现象，是家常便饭，外来的教员也是一样。

---

① 此段中数据与上表不符，原文如此。

课外活动，老三县做得好一些，新三县差。优抗等校外工作，一般学校很少实行。校内活动也很枯燥，除了少数学校领导学生做游戏外，大部课余时间，沉重学生无事做①。

学生会的作用，在老区里可以采用学生管理学生的办法，因此学生会也就起了一部分作用，新区的学生会多半是空架子。

学生自己程度低，不敢检查学校，有时到学校问"学生会组织了没有？"就算完吉，再无下言，靠近县和区政府的还比较好些。学生会的组织各校差不多，只庆阳一完小不同。

6. 流动现象非常严重，有的学校到放假时只有一二个学生，在农忙时常常是学生把先生放了假。

在克服流动现象工作上，华池做得比较好，如在校起灶吃饭，家不送粮。学校有个别的组织学生在星期日出发督促，如柔远区一、三乡小学调剂无粮的适当准予缓学，并调剂了粮食。

元城一乡小学有4家学生无粮，经家长会议讨论，7家有粮食的每家多拿20斤，共为140斤，把问题解决了。对顽皮不上学用强迫办法，如白马区五乡崔××之弟隐藏在亲戚家不上学，被罚60元，限期入学。有的借口无粮吃，用送延安入学由公家负责吃穿的办法，结果收了效。

7. 动员学生方法

动员学生有很多困难：第一，借口没吃的不来，实际上也真缺吃的，入学以后中途退学很多。第二，群众意识落后，怕当"公家人"是一般观点；新区里有更多困难，对我们还不大相信……第三，行政力量各方面帮助不够……

五、社会教育②

1. 民教馆：庆、合、镇、曲4县各1处。庆阳的较好，地点适中，设备也比较完善。日常主要工作：出黑板报、张贴报纸，图书室每天开放，工读学校能经常上课。民教馆的干部不健全，而且不强。

2. 夜校：民教馆各领导1处，共4处，学生84人。合水1处，15人；曲子2处，男23人，女28人；镇原1处，15人；庆阳1处，10余人。共计：曲子夜校6处，男45人、女40

---

① 此处语句有疑，原文如此。
② 原文缺少三、四两部分。

人，学新文字能写便条；合水2处，50人；华池5处。钱〔全〕分区共17处，夜校能经常上课的10处。

3. 剧团：合水一个人民抗战剧团，庆阳一个老百姓剧团，分区陇东剧团。

4. 冬学工作：动员冬学教员受训，作品县都未完成数目[①]，现冬训班只78人。其中还有由中学预备班拨来20人，各县今年冬学最成问题的是庆阳，除城市有5个干部家属受训外，当地一人没动员来。

六、其他零碎问题（略）

（摘抄于甘肃省档案馆）

【资料来源】

中共庆阳地委党史资料征集办公室编，刘凤阁主编：《陕甘宁边区陇东的文教卫生事业》，内部资料，1992年，第478—488页。

---

① 此处语句有疑，原文如此。

17. 陕甘宁边区政府公布《陕甘宁边区各县教育经费暂行条例》的命令

（1941年12月17日[①]）

兹制定《陕甘宁边区各县教育经费暂行条例》，自三十一年一月一日施行之，特此公布，此令。

边区政府主　席　林伯渠
副主席　李鼎铭

[①]《抗日根据地政策条例汇集·陕甘宁之部》（下）标作"1942年1月1日公布"，档案出版社1988年版《陕甘宁边区政府文件选编》第四辑标作1941年12月17日公布，规定自1942年1月1日施行。

附：陕甘宁边区各县教育经费暂行条例

第一章　总　则

第一条　各县教育经费之筹措管理，依本条例行之。

第二条　各县教育经费，以统筹统支为原则。

第三条　各县属于教育经费之资产，县政府应切实负责保障不被侵占；对教育经费之开支，应负责保证不被拖欠或亏短。

第二章　来源

第四条　各县教育经费之主要来源为下列各项：

（一）各县旧有教育资产之收益。

（二）各县政府第二科所经管之一切土地、房屋、森林、牲畜、矿产等公产，自民国三十一年起全部拨作教育资产，其收益作为教育经费。

（三）各县寺庙、祠会之土地、房产、牲畜、树木、现金等，除已拨作当地学校校产者外，经调查属实，提请县参议会讨论拨一部或全部作教育经费。

（四）各县每年所运公盐，除完成边区财政厅规定数额外，其超过数额所得之盈利，全部拨作地方教育经费。

第五条　前条所列各项收入，如不敷全县教育经费开支时，由县政府会同参议会常驻委员会拟定筹划办法，呈请边区财、教两厅核准执行之。

第六条　各县教育资产及政府公产之被隐埋或被侵占者，限于民国三十一年六月前全部调查清楚，进行登记经管并呈请财、教两厅备案。

第七条　凡属第四条（一）（二）（三）各项之教育经费资产，不得变卖动用，应依下列办法适当经理，以其收益作教育经费开支：

（一）田地、房窑应妥为租赁，在任何困难下不得出售。

（二）森林、牲畜（如羊），应设法培植，令其发展；非属必要出售者，不得出售。

（三）基金及各项收入现款，可投入生产事业；但收入款做投资时，应以不妨碍开支需要为原则。

第三章　经管

第八条　凡属教育资产之田地、房窑，机关部队需要耕种或租赁，应缴纳地租和房赁，其数额标准不得少于一般标准百分之八十。

第九条 各县教育资产，任何机关或私人不得侵蚀霸占。如发现侵蚀霸占时，除由政府责令赔偿外，并依法惩处。

第十条 政府不得已收用教育资产时，应按时值另行抵偿。

第十一条 教育经费之经管支配，由县政府设教育经费管理委员会负责，县教育经费管理委员会组织规程另定之。

第四章 开支

第十二条 各县教育经费必须用于地方教育事业，任何私人和机关团体均不得移用或滥借。

第十三条 各县教育经费之开支，应依规定之开支标准及确定之会计制度办理，开支标准及会计制度由教育厅颁布之。

第十四条 教育行政人员之经费，应由所隶属之机关开支，不得在教育经费内开支。

第十五条 各县所设学校之有校产者，县政府应确实统计清楚，依其实际不敷数补助之。

第五章 附则

第十六条 本条例如有未尽事宜或有须修正者，得经三县以上之提议，由边区教育厅转呈边区政府修正之。

第十七条 本条例自民国三十一年一月起施行。

【资料来源】

《抗日根据地政策条例汇集·陕甘宁之部》（下），1942年，第722—725页。

陕西省档案馆、陕西省社会科学院合编：《陕甘宁边区政府文件选编》第四辑，档案出版社，1988年，第372—374页。

陕西省档案局编：《陕甘宁边区法律法规汇编》，三秦出版社，2010年，第208—209页。

18. 陕甘宁边区县教育经费管理委员会组织规程

（1941年12月27日公布）

第一条　为管理县教育经费，在各县组织教育经费管理委员会（以下简称管理委员会）。

第二条　管理委员会委员定为九人至十一人，以下列人员充任之：

（一）县长；

（二）县政府第二科科长；

（三）县政府第三科科长；

（四）县参议会常驻参议员一人；

（五）县群众团体代表一人；

（六）小学教师联合会代表一人；

（七）地方热心教育素有声望之人士三人至五人。

上项代表由各群众团体互选，由县政府聘任之。管理委员会之各委员纯系无给职，有必要者得呈请边区教育厅核准津贴之。

第三条　管理委员会之任务如下：

（一）管理全县教育经费之收入与支配；

（二）经营保管全县教育资产；

（三）协助县政府筹划整集教育资产；

（四）协助县政府筹划每年所需之教育经费；

（五）稽查县教育经费之开支。

第四条　管理委员会设正副主任各一人，负责召集会议及处理日常事务。正副主任由各委员互选之，但县政府第三科科长不得当选。

第五条　管理委员会每三月应开会一次，必要时得召开临时会议。

第六条　管理委员会设专任会计一人，负责保管本会一切财物、帐〔账〕簿及收租、收款等事务，教产丰富之县，得增设收帐〔账〕员一人。

第七条　管理委员会所管教育产业，得委托区、乡政府或其他机关、团体负责代管。

第八条　管理委员会须备下列各簿随时登记：

（一）现金出纳簿；

（二）收入分类簿；

（三）支付分类簿；

（四）教育基金登记簿；

（五）教育产业登记簿。

第九条　管理委员会所管一切田地、房屋之坐落、数量，均须分别登记清楚，凡出租之田地、房屋，均须有约据作为凭证。

第十条　管理委员会发给县政府第三科之经常、临时各费须取得领据，以资查考。

第十一条　管理委员会一切收入，均须填用二联收据，一联付与缴款人，一联存查。

第十二条　管理委员会之补修房屋、生产经营、会内办公、会计及收账员之生活供给等费由本会收入款项内直接开支，办公及生活费之标准由委员会酌定之。

第十三条　管理委员会于每年度末，须将县三科下年度支付预算及本会下年度收入预算汇呈教育厅备案。

第十四条　管理委员会之收支情形，务须公开，每半年总结一次；总结后，编造报告表三份，一份公布，一份呈报教育厅备案，一份存查。（表式另制发。）

第十五条　管理委员稽核县政府三科之收支时，有权查考其各项账簿。

第十六条　管理委员会如发现教育经费有支配不当或报销不实等现象，应即予以纠正，于必要时并得径呈县政府或边区政府依法彻究。

第十七条　县政府第三科所属各机关之个别人员对教育经费发生舞弊时，管理委员会有权控送司法机关追究惩办。

第十八条　管理委员会有制止私人或机关挪用或侵蚀霸占教育资产之权，于必要时并得径呈县政府或边区政府依法裁断。

第十九条　管理委员会对于县教育经费，如有整理改善办法，得建议县政府参照办理，必要时并得径呈边区政府教育厅核办。

第二十条　管理委员会，应由县长依第二条之规定织〔组〕织成立，并应于成立之后一月内，将委员姓名、履历、现职等项，开具清册，呈报边区教育厅备案。管理委员会遇有缺额时，应随时依第二条之规定补之，并呈请教育厅备案。

第二十一条　本规程如有未尽事宜，经三县以上之提议，由教育厅呈请边区政府修改之。

第二十二条　本规程自公布之日起施行。

【资料来源】

《抗日根据地政策条例汇集·陕甘宁之部》（下），1942年，第727—729页。

陕西省档案馆、陕西省社会科学院合编：《陕甘宁边区政府文件选编》第四辑，档案出版社，1988年，第441—443页。

19. 1942年陇东分区国民教育工作总结

——给边区政府教育厅的报告

1942年的国民教育工作是在"重质不重量"的总方针和"办一处像一处"的口号下来进行的,兹分以下几方面来说:

学校教育

一、合并学校

在整顿学校过程中发生了两种偏向,起初是各县对于整顿学校、提高质量是忽视的。如在1941年初,各县三科长由延安教育厅开会回来一直到1942年春,各县对整顿学校工作从来未讨论过。为了推动这一工作,专署曾于2月20日分区召开三科长联席会议,专门讨论这一问题,提起了各县的注意。但又引起另一种偏向,即不顾客观具体条件来大量合并学校。这表现在全分区学校由1941年的156处减为74处(指1942年上半年而言,下半年因划界等原因又减为69处),共减少学校82处:

	庆阳	合水	镇原	曲子	环县	华池	共计
1941年学校数	27	36	8	39	26	20	156
1942年学校数	15	11	6	17	14	11	74
共减少数	12	25	2	22	12	9	82

教员减少的情形

	庆阳	合水	镇原	曲子	环县	华池	共计
1941年	52	48	18	44	37	25	224
1942年	41	24	14	25	24	23	151
共减少数	11	24	4	19	13	2	73

学生减少的情形

	庆阳	合水	镇原	曲子	华池	环县	共计
1941年	867	677	562	674	459	688	3927
1942年	758	448	399	411	273	455	2744
共减少数	109	229	163	263	186	233	1183

以上各表数目字的比较是以1942年后季统计数字来说的。

由上表看来，学校、学生数目字是减少了，然而这不能就代表是质量的提高，实际上仅做了减少学校的工作，质量提高是很少的。

二、提高质量工作的优缺点

（略）

三、一年来的学校概况

（一）招生方式虽然使用了尽量说服解释方式，但押人罚人的现象还有发生。

"动员"学生不顾及对象之家庭能力，象〔像〕家贫、劳动力少的动员来，而家庭好的反而不上学。这由于先没很好地调查，单凭区乡干部指派，而一般乡干部也认为读书是负担，于是不免有耍私情地方。

（二）群众对学校反映

一般的群众认为我们裁减学校还"对着呢"，原因可分析以下几点：

1. 群众根本就不想念书，取消了学校，要求再成立（取消条件是没教员），如庆阳惠家庙、定乡庙学校取消后，群众认为可惜。

2. 一年来学校作风有些什么转变。一般的群众都认为我们的学校教的学生不如放羊娃，念了几年书并不会写字、算账，没礼貌。去年各县参议会都指出这点，提倡多读书、多写字、有礼貌，有的还提倡背书。行政领导注意了这一点，逐渐改进，逐渐转变群众对学校的认识，如谓："象〔像〕这样的办学校还对着呢！"

3. 实行毕业制度。群众习惯对于毕业看得很重，高小都毕业典礼，演戏请客，并利用旧形式送喜报，毕业生也筹款请客，闹得很热闹，群众呼声认为"八路军学校还毕业，这很好"。

（三）全年学校的各种数目的比较

1. 全年学校数目统计：

	庆阳	合水	镇原	曲子	环县	华池	共计
上学期	15	11	6	17	14	11	74
下学期	13	11	8	15	14	8	69
说明	庆阳划界关系2处学校没办，华池因划界3处划走了，曲子也因划界2处划归镇原

2. 学生数目比较：

	庆阳	合水	镇原	曲子	环县	华池	共计
上学期	751	448	399	411	455	273	2737
下学期	645	418	253	451			

3. 教员数目比较：

	庆阳	合水	镇原	曲子	环县	华池	共计
上学期	41	24	14	25	24	23	151
下学期	43	29	15	22		23	

4. 高中毕业学生统计：

庆阳8名、合水9名、镇原10名、曲子10名、环县10名（不确切）、华池6名。

5. 各县私学数目：

庆阳18处，学生271人；镇原12处，学生164人；曲子4处，学生未统计；其他各县有多少私学无材料。

社教工作

1942年的社教工作主要是民教馆，其次是冬学、夜校、半日校，也是民教馆主办。

一、民教馆共4处

即庆阳、合水、镇原、曲子各1处，它们的活动包括以下几方面：

1. 夜校：庆阳、合水、镇原各1处，曲子2处。夜校人数：庆阳报名64人；曲子2处，男14人，女13人；镇原1处，29人。这是比较经常的社教组织。但因平常行政上注意不够，干部的能力关系，成绩是不好的。如曲子妇女夜校办了几年，每次报告都是商人、学徒，多半识生字，到夜校来读新文字，来来回回念字母，未能在原有基础上继续提高，不能把具体成绩报上来。如曲子每次报告都是新文字能写简单信（妇女夜校）。去年夏季庆阳民教馆办的夜校比较好，只短短两月，因他们有组织，学生情绪很高，分甲、乙、丙组上新课本，甲组上到第四册十二课，乙组上到第四册十二课。

2. 代笔：各民教馆除镇原外都有代笔处，很受群众欢迎。具体写多少件没确实材料。

3. 出黑板报、墙报，张贴报纸。

4. 借阅图书。

5. 领导群众娱乐：合水领导地方剧团，庆阳民教馆春节时组织秧歌，平常有室内游戏——棋类、扑克、乒乓球等。

6. 组织群众提高认识。如曲子在一些纪念节日时，召开商人座谈会，请人报告时事。民教馆的工作是比以前活跃了，除了剧团、秧歌等吸收群众外，平常参加民教馆活动的多为机关、部队里的人，群众是少数。

二、冬学

1. 去年冬学行政领导上是放松的，前年因有青救会专门负责这一工作获得了一些成绩（也仅仅是办起来）。去年除了庆阳抓得紧，办得比较好，其他各县都塌台，合水、华池根本未推行。合水县夜校转变了一下；华池只办1处，12月份才上课。分区在这方面的领导，首先是根据1942年9月9日《解放日报》上教育厅关于开办冬学的指示，在专署召开了政务扩大会（有关部门参加），讨论如何进行及规定数目（庆阳、环县、曲子各办4处至6处，合水、镇原、华池各办了3处至5处），随即于10月25日发出了第一次指示信——关于开办冬学的指示；12月23日又发出第二次指示信——关于冬学应注意的一些问题；1月2日又发出第三次指示信——指示冬学总结应注意的问题。总之，分区所做到的仅是书面指示，各县无报告，又没派人下去检查，无形中放松了这一工作。

2. 所得的成绩是什么？

（1）和1941年开办的数目字比较：

	庆阳	合水	镇原	环县	华池	曲子	共计
1941年	7	5	3	8	7	7	37
1942年	5	2	2	3	1	5	18

去年冬学生数目：

庆阳男83名、女29名；环县58名；镇原57名；曲子86名；华池25名；合水不详。

（2）上课的时间：最早的在11月20日开学，次年1月28日放假，保证两个月的时间，如庆阳。最迟的是华池，12月25日开学，1月25日结束，前后时间1个月。

（3）怎样才能把冬学办起来？根据庆阳经验，只要领导抓紧，招收学生顾及对象之家庭困难，是可以办起来的。如庆阳市女冬学，在前年有中学、有妇联会、有延安派来的新文字工作团帮助，结果天天"动员学生"，直到放假时老的老、小的小，才只56人，没有学会几个字母。去年分开两处上课，每处经常到校十五六人，好的可识200个汉字。所以能办起来的原因，一方面是教员比前年好，主要是市政府出了力，市长亲自到家去解释；方式也比较好，利用当地有威望的范嬷嬷做校长，很负责，南街跑到北街照看两处冬学，同时上课地点即在老百姓院内，所以大家感觉很方便。

（4）群众对冬学的认识是相当有成见的，他们以为这是负担，"是劳民伤财"。如劝导入学时借口家中已有"小学生"还有"自卫军"，并且说"两个月能识几个字？"等。这种反映一方面是反映群众认识不够，一方面是我们历来办冬学没办出什么成绩来，因此，群众看不起。

三、经费

1. 来源：主要是依靠公盐代金（庆阳700驮，镇原60驮，曲子410驮，环县400驮，华池200驮）、教育款产的收入，庆阳、镇原粮食可以全部自给，其他收入不多。

2. 管理方面，名义上除环县、镇原外，都由教育款产管理委员会，实际上仍是三科负责。因此三科常忙于打算盘，如：庆阳三科长整天为营业东跑西跑；华池因生产几万元贷被没收，闹得教育费马上没办法（现在归还了）；合水公盐代金顶了别的款，剩下尾欠收不起来，归作教育费，使教育费开支不了，三四个月发不了经费，引起教员不满。区县教育费被拉作其他生产，也影响教育费开支。

3. 教员待遇：每月保证发2斗粮，发薪水170至220元。后来物价高涨而薪金未能随着提高，引起教员不满，尤其完小更困难。伙食洋未能按实际情况增发（庆阳、曲子每月补助100元），一般完小伙食比机关要坏，没菜吃，吃辣子少。

【资料来源】

中共庆阳地委党史资料征集办公室编，刘凤阁主编：《陕甘宁边区陇东的文教卫生事业》，内部资料，1992年，第488—494页。

20. 陕甘宁边区政府关于整顿边区各直属学校的决定

（1942年6月25日第二十六次政务会议通过[①]）

边区各直属学校设立有先后不同，但它们底〔的〕具体目的与实际领导，多缺乏明确规定。学校制度、课程、教员标准、学生资格、教材及经费等项，都存在着许多问题，亟待解决。本府认为在政府执行精兵简政之际，对于各直属学校，亦应加以整顿，为此特决定：

（一）明确规定各学校底〔的〕目的与领导：

甲、延安师范（边师）、绥德师范、关中师范（二师）、定边师范（三师）、富县师范（四师）为培养全边区地方国民教育师资的中级学校。

乙、米脂中学、陇东中学为继续小学教育，培养边区青年知识分子的中级学校。

丙、新文字干部学校，为培养新文字运动基本干部及语文研究人材〔才〕的中级学校。

丁、保育院小学，为普育战时被难儿童的完全小学。

以上各校由教育厅直接领导。

戊、行政学院，为培养县区二级的行政干部的学校，由政府委员会直接领导。

己、边区职业学校，为培养工业、农业行政工作人员、农技术人员及商业技术人员的中级学校，由建设厅直接领导。

[①] 原注：应为第二十五次政务会议通过，此处有误。

庚、警政学校，为培养边区警察及地方锄奸保安人员的学校，由保安处直接领导。

辛、边区医药学校，并入医科大学，为培养各县区医药卫生人员的学校，委托医大办理，毕业后由边区政府分配工作。

（二）以上各学校，凡归并他校者，应即着手办理归并手续，其他各校应即进行以下各项工作：缩简行政组织；建立正规制度；学生举行甄别试验，按程度重新编班，补填入学志愿书。凡资格不合、程度不够或自己志愿与学校目的相违者，以命令退学或转入其他学校为原则。

（三）各师范、中学从本年秋季起，一律按照教育厅规定之师范规程及中学规程办理；其他学校亦应依照学校目的，拟定具体规章及学则，做今后办理的准绳。初中、初师，完小毕业学生，方得录取；高中、后师，初中、初师毕业学生，方得录取。务求短小精悍，宁缺毋滥，注重实效，克服过去滥收学生，只求数量、不重质量的倾向。

（四）学校设备，应尽量就现有基础，利用边区物质，逐步做必要的改善。必须做到教室有桌凳，寝室有铺板，有必要的卫生设备、运动器具，及必要的报纸、杂志、参考图书。克服过去因陋就简，草率从事现象。学校经费，需调节合理。一方面保证教学进行，政府当逐步使各学校经费独立，确定经费完全供给，并供给足够。克服过去学生打窑洞、背柴、挑水、做饭，大部分时间从事劳动生产现象。必要的生产，由学校组织委员会，设生产科负责。另一方面，使边区有限财力收到最大效果，各学校开支用度，竭力撙节，克服过去因管理不当而有的浪费现象。

（五）教员质量，应设法提高，现任各校教员，可根据新的标准分别审查。不足的名额，宜慎重选拔，政府当设法调补。教学时间较久又卓著成绩之教员，得予以奖励。教员待遇、学生伙食，应力谋改善。秋后教职员，一律改薪金制（由教育厅规定之），以实物计薪，并规定按劳绩晋级办法。

（六）学校课程的设置，要根据学校性质，以"学以致用"的原则，适当配备。文化课、专门课、政治课的比例，应依各校情况决定。中学师范课程，详细列入中学师范规程。其他各校课程，亦应列入各校学则。各种课程的内容标准，广征专家意见，根据边区历史的、地理的具体环境及抗日根据地的实际需要，拟定各种必要的课本、教科书及参考书，应由各主管机关有计划地购置编印或翻印。

（七）教学要理论与实际一致，教的内容要适合边区的实际需要，要教学做合一，所教所学都应是要用要做的。教的要多用启发、辅导、实验，学的要自动、虚心、实事求是。教员要随时做在职学习，提高自己的政治认识、学术水平，改进教学方法，并多采实际材料，丰富教学内容。学生要团结互助，养成正确的集体生活与集中的民主作风。

【资料来源】

《抗日根据地政策条例汇集·陕甘宁之部》(下),1942年,第684—686页。

陕西省档案馆、陕西省社会科学院合编:《陕甘宁边区政府文件选编》第六辑,档案出版社,1988年,第229—231页。

21. 陇东分区1943年教育总结

（一）各县精简后学校、学生、干部统计

各县学校数目表

县别	校别			
	完小	中小	普小	回小
合水	1	6	5	
镇原	1		3	1
曲子	1	2	9	
庆阳				
华池				
环县				
总计	3	8	17	1

各校精简的原因：1.因学生数目太少，不够一个独立小学的条件（如镇原撤销的吴家台普小，平常只有八九名学生）。2.因与别的学校距离近，为着节省经费与干部起见，故与别校合并（如曲子马岭区韩家湾普小与周家湾普小合并为中小）。3.教员工作不负责，同时能力很弱（如曲子孟家寨中小只有20多名学生，到放署〔暑〕假时已走完了，故将教员介绍到陇中学习）。

各校学生数

县别	类别									
	旧生					新生				
合水	高	男	21	初	男	367	高	男	3	初	男	28
		女	15		女	37		女			女	6
镇原	高	男	15	初	男	190	高	男		初	男	70
		女	5		女	8		女	5		女	5
曲子	高	男	21	初	男	273	高	男	3	初	男	62
		女			女	31		女			女	

关于新扩大办法：1. 行政上要帮助。2. 因地区落后，群众对上学认识不够，加以劳动力缺乏（一部分家庭），所以光用劝学制是不能收到很大效果，仍是配合强迫式进行。如曲子市完小，家长硬不让子女到校，经过很多次劝说也无效，于是市政府召开一次家长联席会，定出条件要家长保证今后子女经常到校，否则要罚桌子两张。自此后，新生才陆续到校，旧生才减少了流动现象。3. 要乡长负责，如曲子（县）八珠区开乡长联席会，提出竞赛条例，看谁能保证本乡学生几个上学。结果旧生到齐，且还增加了5名新生。4. 召开家长联席会，定出条件共同遵守，教员要经常与家庭联系，多讲读书的好处。5. 教学与管理要适合老百姓的需要（如各校采取了应用文，受到了老百姓的很大欢迎）。当然也不能完全迁就老百姓，要在慢慢提高的基础上去做。6. 用学生动员学生方法，利用亲戚朋友的劝告去影响，然后教员再去给他家里解释，也可以收到一点效果。

（二）教育干部

各县教员整编情况

项目		县别			合计
		合水	曲子	镇原	
原有数		36	23	17	76
编制度	其他工作	2			2
	回家	6	6	5	17
	升学	4			4
留在校		24	17	12	53
新调来					
现有数		24	17	12	53
增减数		−12	−6	−5	−23

（三）行政领导问题及各种制度

甲、行政领导方面

1943年在各县对教育的注意比过去稍强一些，如县级对各校尤其对完小比较注意。

表现：（1）在开学前对干部的调整配备都开过政务会议讨论决定，又如镇原县还订出整个教育计划。（2）名义上定完小为县府三科直接领导，各中心小学、普小为区政府领导，而经费仍由县政府发，这样更加强各级政府对教育的关心，各校对学校检查也比较强些（过去很少到学校，仅做食物经费的供给单位），指出打骂学生是不对的（曲子女小教员打学生，后来在三科科务会议上批评纠正）。（3）在学校修理方面，也能设法，罚赌犯修理教室、增添桌凳（曲子）。（4）在教学上注意到纠正死背的现象。（5）对干部关系的调解等。总的说来比过去进步了一些。

各县教员文化程度统计

项目		县别		
		合水	曲子	镇原
地区	本地	17	16	8
	外地	8	7	5
	共计	25	23	13
性别	男	22	20	11
	女	3	3	2
	共计	25	23	13
文化程度	大学或专科	1		2
	高中或高师	1	2	
	初中或初师	5	1	4
	边师或鲁师	1	2	
	陇中	8	5	2
	高小毕业	9	7	5
	初小毕业		3	
	私学		3	
	共计	25	23	13

乙、各县教学制度

各种制度在完小中比较健全些。计有：

1. 会议制度：各完小有教导会，大都每周1次，主要讨论计划、教管中发生的问题（如纠正死背书、批评打骂学生的恶习等）；校务会，一般一至两月开1次，有关学校建设、经费、教职员关系、生活等问题的检讨。学生中有周会、级会、学生会等。

2. 汇报制：每星期各级任教员向教导处将本级学生生活、学习情况（按汇报内容）做书面或口头汇报；若不能解决的问题，再到教导会上解决。教导主任每两周向校长汇报1次。

3. 值日制：教员、学生轮流值日。

4. 考试制：每学期开学考1次（编级考试），月中考试2—3次，期考1次。这个制度各级校皆有。

5. 奖惩制：用口语、精神来奖励学习、工作、生活都比较好的学生（但不宜过多），马上说出他不够的地方，否则会滋长骄傲情绪。批评不好的学生，但要说出他的优点与可能前进的信心，否则会失掉儿童自信心。这个制度在各级都采用，尤其完小做得更好些。

（四）课程、教材及教学法

甲、课程、教材

1. 各完小都是按教育厅发的国语、算术、历史、地理、自然、音乐课本，还增加了应用文（珠算、佃约、对联、各种单据）和生产知识（植棉、种菜、养牛羊等），在上面通知一律停止高级国语、地理、历史使用时，各校即以《群众报》《解放报》《陇东周报》作为教材（曲子完小选了14篇报上文章：《没有共产党就没有新中国》《产生展览会的意义在那〔哪〕里》《打倒国民党的特务政策》等）。合水完小则以九一八事变以来中国抗战情形及《群众报》上有关历史文章作为历史教材。镇原完小及小学也选了报上文章19篇。

此外音乐也教的是生产曲子，体育以活跃儿童身心为主。劳作男生种菜、修理厕所等，女生则缝纫（镇原做得比较好些）。

2. 初小：主课国语、常识、算术，副课音乐、体育、劳作（镇原初小也加珠算）。

关于应用文增加后，在学生中、群众中都得到比较好的反映。如上珠算课学生们学习情绪很高（西华池一个学生才13岁，可学会了加减法，他的父亲即向人夸耀儿子会打算盘，也不白费力供他）。

乙、教学法

在各完小都比较注意专利法，主要是启发式或注入式，而小学多半是注入式采用死背办法。

完小课程教法：历史课着重革命经验教训与现在联系。国语着重作文和语汇了解，纠正写简笔字（因为群众最反对）。自然教生产知识并与日常生活相联系。

初小着重会读、会讲、会认、会写。三年级亦学作日记、作文，而且在了解了课程内容后，还要记课文。一、二年级多彩〔采〕说故事方式，引起学生对课的兴趣，然后才讲课本。

（五）生活指导

1. 学生的民主生活

第一，在各学校都有学生会的组织（5—7人），有主席、宣传干事、文娱干事、纠纷干事、体育卫生干事，这些干事都是学生大会上选来的。

学生会的组织在完小中较健全些：（1）每月出一次墙报，反映本校同学生活、学习情况。（2）各个大的纪念日出专刊，配合政府拥军、减租、征公粮等工作，进行化装宣传。这次庆阳完小配合反奸工作，在街上用群众化方式演街头剧、闹秧歌舞，得到群众欢迎。

第二，建立各级的生活检讨会，每星期开一次，由级长主持，级任教员参加指导。这个办法对学生管理方面、生活纪律方面是有些帮助的（如西华池完小三年级学生×××最调皮亦不用功，在纪律会上大家都对他提出很多意见，批评他，他痛哭一场，后来就慢慢地改变了，到期终考试还第二名）。

2. 进行思想教育：主要是高年级生，由级任教员负责，对有学习不努力、劳动消极、说怪话、与别人闹架等恶习的学生，实行有计划的个别谈话；经多次说服教育不改者，便在级会、周会上宣布。这样的办法对大学生收效较大。

3. 每天的课外活动，由值日教员与学生会干部共同领导打篮球、跳高、跳远，小学生则集体游戏，课间或由级任教员讲故事等，这样使学生中打骂现象减少了。

4. 教员打骂学生现象在各校都有（西华池完小二年级级任教员×××因全级学生都背不会书，便打了全级20多人，经过教员会指出纠正）。

（六）学校生产

曲子完小去年6月以8000元基金生产，除了改善生活（吃馍、肉）以外，尚存洋28100元。

合水完小把教员余粮卖了4斗，买盐300斤，赚到2000元来改善伙食。又买牛一头，除吃以外，还卖了6000多元。又种菜4亩，收白菜5000斤、萝卜500斤，够吃半年多。

（七）社教工作

曲子：

1. 民教馆工作（因下半年工作人员都参加整风学习，工作可算停顿，只以上半年说）：出生产消息4期、战争消息12期、卫生常识1期、一般消息3期，还写街头标语25幅（为生产、拥军、拥政、爱民、反奸）。

2. 借图书者有26次，共借出各种书籍94本。

3. 社教方面：在街上成立了一个半日学校，有14名学生，每日上午学习1个钟头，每礼拜作日记3次，给商人报告北线大胜利1次，来的20多人情绪颇高。

4. 给群众写保状、具帖等64件，群众很满意。

5. 开了一次卫生座谈会，并请卫生队长报告防疫方法。

6. 下半年配合反奸大会出了3期壁报，反映特务被抓及坦白情形，并宣传党的宽大政策怎样在每个失足中兑现。

镇原：

1. 民教馆工作：2—6月出了4期墙报。

2. 替群众写禀帖50份。

合水：

1. 民教馆（因干部调动、修理房子，所以工作很少）下半年办了1期墙报，反映政府当前的工作及人民生活情况、时事等。这些内容深得群众欢迎。

2. 给老百姓写呈状也颇受欢迎。

3. 上半年在西华池完小附设1个夜校（学生大部分是学徒），有70—80名学生，教员由完小教员兼任，设校长1人。课程有国语、算术、常识、音乐、体育，每晚上两个钟头课，分一、二、三年级上。收到的效果：（1）因领导人×××工作能力很弱，管理上没办法。（2）掌柜的不愿学徒上学，因而也影响到学习情绪，所以效果不大。

4. 由民教馆领导1个剧团，还能经常演戏，以调剂群众文化娱乐生活。

（八）总结

甲、一年来的教育工作优点：

1. 在各县行政上对教育工作比以前注意了，如罚款帮助学校解决烧柴，罚苦工帮助修理校舍、桌凳。对干部关系的调解，如镇原×××常和别的教员闹别扭，经过政府调解与批评才好些了；又如曲子完小教员打骂学生，经政府批评才减少了。

2. 行政上对学生的来源也尽力帮助，如曲子县八珠区各乡长定出竞赛，看谁能保证本乡的学龄儿童完全到校；曲子市召开联席会定出家长保证子女经常到校的共同遵守条件；等等。

3. 各县对教育干部的审查也较强些，配合这次整风各县都办了1期短期训练班。其次，对干部的正当〔政治〕思想教育方面也注意到，如曲子、合水、镇原都组织教员研究文件，进行政治测验，克服落后思想（吸大烟、想家、工作应付等坏作风），大部分教员工作都比以前认真。

4. 各学校（完小）在生产方面都有些基础，有的种菜够半年1年吃，有的进行一部分商业生产，以补伙食之不足，可以在政府经费发不来时也能解决一部分困难。

5. 各学校教了应用文，受到百姓的很大欢迎，学生也提高了学习情绪。

乙、缺点：

1. 行政上对各学校能按时、有计划地检查，并能指出工作中的偏向、缺点，这点仍做得不够，尤其区、乡政府对教育工作更不注意。

2. 教学中，各校（尤其普小）都有死背书的现象。有些教员认为除学生背书外，无法教别的东西。

3. 在管理上仍有打骂现象（如西华池完小二年级学生全体挨打，曲子女小、完小常有打骂学生事故发生）。

4. 各校学生游戏具太少，使学生感到除读书外觉得枯燥，因而影响到上学情绪。

（九）今后意见

1. 1944年因干部减少（陇中毕业出来的学生现在都要调回去学习），故各县只集中力量搞完小，若力量有余，各区办1个小学。

2. 关于"劝导制"在1943年全年实行中，据各县反映是行不通的，仍要实行强迫（当然不是普遍用）方法，学生才能全部到校，所以一致意见认为，在此过渡阶段中可两者配合用。

3. 关于干部的教育：（1）思想政治教育仍要配合整风，而行政上要加强领导检查。（2）业务学习对工作帮助很大，今后在各县都要组织业务研究组，并经常研究一些东西。

4. 课程方面：高级地理、历史、自然都感到太深，学生学起来没兴趣，所以在今年的课本内容方面，要多注意介绍地理区域，尤其生产知识及革命历史等，文化教育与政治教育应配合。

5. 社教工作：

（1）今后更应配合政府的政策法令，做更深入宣传，对每个时期的中心工作更应从各方面做（化装、演排或编成剧本演出），这样收效较大些。

（2）继续对群众写呈状、佃约等。

（3）按期出壁报，多反映生产、反奸、时事变化等。

（4）图书多出通俗大众读物。

（5）关于教员（外来、本地）待遇，明确确定而且要按规定按时发给。

最后，关于各县教育经费，去年的决算只有3县交来，而预算只有1县，其他县因教员还没有分配好，所以也无从预算，待以后再呈上。

陇专东署
1944年2月
（抄自甘肃省档案馆）

【资料来源】

中共庆阳地委党史资料征集办公室编，刘凤阁主编：《陕甘宁边区陇东的文教卫生事业》，内部资料，1992年，第495—504页。

22. 陇东中学简史

石林　艾提

（1943年2月15日）

第一时期（1940年3月开始筹办至1940年11月赵校长到校前）

　　1940年2月，陇东新政权开始建立。人民（特别是地主富农）对新政权开始信念不坚，甚至有敌视和恐惧现象，不相信边区政权能长久存在，地方知识分子纷纷外走。为了巩固新政权，加强陇东文化教育事业，启发群众觉悟，争取地方知识分子为新政府工作，边区政府于3月间开始在陇东地区筹备设立1所中学。教育厅派孙萍、陆为公两同志为陇东中学筹备委员，批给办费两千元前往陇东筹办。

　　校址选择——由陆为公同志负责，庆阳城南街原有国民党初级小学1所，重加修整，有教室3间，全有宽大的门窗和简单的（木板钉的）课桌课凳，学生寝室20余间，教员宿舍、办公室、厨房，设备十分宽敞。

　　动员学生——为孙萍同志负责。首先到各县完小及群众团体调查学生名单，再向各县政府三科要。当时动员学生的方式多为强迫，个别学生有拿枪逼来校的。顽固分子造谣说："陇中不是招生，而是为八路军招兵。"他们在西峰镇也办了一所省立庆阳中学，在边区内拉学生。据说庆阳、合水、镇原3县拉去100多名，影响和阻碍了我们的招生，加之群众对学校情况了解不够，也有顶替（找一个来顶名字上学）和逃跑现象。因此学生程度参差不齐。小学毕业者仅有十分之一，有的只念几天私熟〔塾〕，认识一二百字，年龄十四五岁到二十五六岁者最多，个别的40余岁，有半残废的，傻子也有报的，后来这种特殊的学生全令其退学了。开学时，以招生委员孙萍、陆为公的名义向边区各县招生，学生来校者不多，后来用马书记（陇东分区党委书记马文瑞）为校长的名义招生，各县动员新生来校就很迅速。这期新生报到者140名，经常到校者120名。外地学生只有三四名，还不是专到边区学习的，而是早到边区，因其他原因才来陇中学习的。陇东分区其他各县的学生中，女生数名，多半是干部家属。

学校名称——原拟"陕甘宁边区第四师范"，后来为了争取友区知识青年（友区青年不愿在边区服务，做清苦的教育工作），因此改称"陇东中学"，不叫第四师范。陇东中学的筹办工作得到了地方党、政、军各界的全力帮助。如分区党的领导马文瑞同志，他兼任正校长，亲自领导筹备工作，帮助动员学生，解决干部经费、粮食等困难。

政府帮助动员学生，找校址、拆破庙、修理校舍等。

三八五旅旅部为学校配备了杂务人员，保安司令部给学校供给了灶具等。

因为有以上的帮助和当时负责筹备同志的努力，破除了种种困难，荒凉的庆阳南街经过5个月的努力，辉煌的陇东中学，蔚然地建立了。在9月1日陇东各界热烈祝贺下，学校正式成立，开学上课了。

这时候的学校：

教育方针——实施新民主主义教育，培养抗战建国人材〔才〕。

学制——中学班、师范班修业期全为1年。

课程与教材——中学部，政治、数学、国文、自然、历史、地理、音乐、图画、社会科学、中国问题、体育等。师范班，除开设以上课程外，加国防教育概论、教学法、社会教育、教育行政、教育心理、课程与教材之研究、教育测验与统计、小学教育。教材全是油印的讲义，政治课由教员自己编选一些，自然科学全是翻印商务印书馆的初中复兴课本。

编班与人数——程度较好者入师范第一班，共37人；程度较低者入中学第一班，共41人；程度特别差者入预备班，42人。

行政组织——

```
                        ┌─ 教导处 ┬─ 大队长
校长── 校务会议 ─┤         └─ 班组
                        └─ 总务处 ┬─ 管理员
                                  └─ 供给员
```

简单说明：大队长是教员兼任，管理全校学生日常生活事宜。

经费和干部——这是学校最困难的两大问题。陇中刚成立，一切无基础，又遇到第一次国民党反共高潮，不发军响〔饷〕，封锁边区，边区经济空前困难。1940年8月至

1941年2月半年时间仅发下3个月的经费，津贴、棉衣全未发。公杂费只发三分之一（8、9两月）或二分之一（10月份），没有棉衣，又无粮吃，学生上课身冷不能支持披着棉被上课。因为粮食困难，学生下乡催粮，干部挨户去借，常常下午吃早饭，夜间吃晚饭。干部奇缺，一个人要做几个人的事，如陆为公同志，教导处、总务处全要负责，又要教课。陇东地区我们的干部少，当地人士对新政权认识不够，不愿来校工作，且地方人作〔做〕事，多望养家糊口，我校经费困难，不能高薪雇用，因此不易解决。

干部关系——（略）

这一时期为学校初创期，一切组织制度都不健全，勉强可以上课。

几个值得研究的问题：

1. 招收学生问题：政府强迫动员学生，使学生畏怯恐惧，不安心学习，甚至怀恨不满，降低政府与学校的威信。今后代以说服，解释劝学方式似乎好些。

2. 筹备学校应成立筹备委员会，请地方各界负责同志参加，能得到他们直接帮助，工作容易进展。

3. 师范班教育课程太多，又不切合实际的需要，时间仅有一年，事实上难以完成教育计划的。

第二时期（1940年11月赵校长到校后至1941年寒假赵校长有病）

赵校长到校后，首先提出学校正规化的口号，制定本校简章。

方针——实施新民主主义教育，培养小学师资和边区文化教育干部。

学制——根据中宣部、教育厅指示改为二二制，初级中学2年，高级中学2年，初级师范班2年，简师班1年。

行政组织系统——

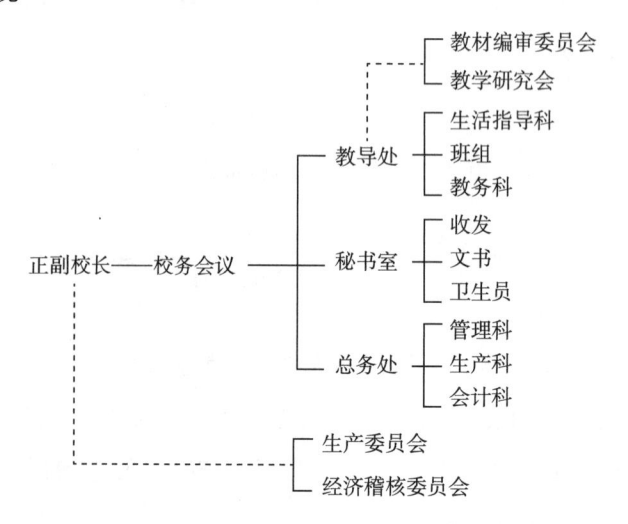

```
                                    ┌─ 教材编审委员会
                                    └─ 教学研究会
                          ┌─ 教导处 ─┬─ 生活指导科
                          │          ├─ 班组
                          │          └─ 教务科
                          │          ┌─ 收发
正副校长——校务会议 ──────┼─ 秘书室 ─┼─ 文书
                          │          └─ 卫生员
                          │          ┌─ 管理科
                          └─ 总务处 ─┼─ 生产科
                                     └─ 会计科
                          ┌─ 生产委员会
                          └─ 经济稽核委员会
```

简单说明：

经济稽核委员会1941年下期成立，委员是从教员中选出3—5人组成之，审核全校经费收支。

生产委员会1941年春成立，总务主任、生产科长为当然委员，再从教职员中选出5人组成之，管理全校生产事宜。

教学研究会、教材编审委员会由教员3—5人组成之，教导主任为当然委员并领导之。

干部调整和配备——教导主任原为陆为公同志，1941年上学期陆为公同志就任庆阳县长职，由副主任王雨生调任正主任。1941年下期王雨生犯错误，后由秘书柳村夫同志暂代教导主任，副主任由苏力同志任之。总务主任原为陆为公代兼，1940年冬由贾庆礼、杨希林分任总务处正副主任。1941年下期成立秘书室，该室由柳村夫同志负责。

建立工作制度与会议制度——工作是以集体领导、个别负责为原则，按期检查工作，大事校务会讨论，日常工作校部汇报时处理解决。

校务会议全校教员、职员、学生会代表1人参加，每月1次。

教导处会议、总务处会议，每两周1次。班、组长向班主任汇报，每周1次。班主任向教导处汇报，每周1次。各科向处汇报，每周1次。

校部汇报（教导、总务主任、秘书参加），每周两次，并订工作周表，分工负责下周工作。

汇报会议时，检查与计划各期工作。各处、室制定成文的办事细则。

第二时（期）各班课程每周教学时数表

时期与班次			国文	数学	社会	自然	历史	地理	新文字	体育	美术	音乐	生理卫生	政治	公民	每周总时数	说明
一九四〇年	中一、师一课程相同		6	5	3	3	2	2	1	1	1	1	1	2		28	见附①
	预备班		6	6	4	4	2	2	1	1	1	1				28	
一九四一年	第一学期	中一班 师一班 前半期	6	5	3	3	2	2	2	1	1	1	1		1	28	见附②
		后半期	5	5	3	2	2	2	2	1	1	1	1			25	
		中二班 前半期	6	5	3	3	2	2		1	1	1	1			25	
		后半期	5	5	3	2	2	2		1	1	1				22	
		预备班 前半期	6	5	4	3	2	2		1	1	1				25	
		后半期	6	5	3	2	2	2	1	1	1					23	
	第二学期	师一	6	5	3	3	2	2				1			1	23	见附③
		中一	6	6	3	3	2	2				1			1	24	
		中二	6	5	3	2	2	2	2			1			1	24	
		师二	6	5	3	2	2	2				1				21	
		预备班	6	6	3	2	2	2				1				22	

附①：

1. 预备班社会系社会常识。

2. 预备班地理、自然系自然常识。

附②：

预备班（自然为）自然常识，社会为社会常识。中学各班每周的教学时数原以28小时为标准拟定，加上自修时间，每日学习为8小时；后因生产关系（每日平均1小时半生产），将国文、自然科学每周的教学时数各减1小时。师一、中一为25小时。中二、预备班为23小时，加上自修，每日学习时间改为7小时。

附③：

1. 本期体育一科目缺乏教员故停。

2. 中一、师一自然为物理，中二为植物，师二为动物，预备班为自然常识。预备班社会为社会常识。

3. 本期原定每周28小时的计划，后因教员缺乏之故，略有改动。

4. 新训班、妇训班一般课程减少。妇训班每周加上15小时新文字。

学生人数和编制——

1941年春，招收新生60名，成立中学第二班。新生程度好者甚少，只有20名可编入中二班，其余40名皆编入预备班。上学期预备班程度较好者18名升入中二班，中一班、师一班留级3名入中二班，实际上中二班共有学生41名。分区妇联会送来妇女（包括干部、学生、家庭妇女文盲）30名，成立妇训班，于5月6日开学，其中因病或程度太低、行为恶劣者洗刷去6名，实有24名。7月间成立新文字冬学教员训练班，来新生64名，本校预备班中程度低、年龄大的学生20名转入新训班，程度太差令其退学者5名，实有79名。8月1日开学，这时全校共6个班，应到332名，实到260名；上学期实到学生120名。本期招收新生154名，应到274名，因故退学者14名。

1941年秋，招收新生33名，成立师范第二班。新生中12名编入师二班，21名编入预备班。预备班升入师二班者24名，留级入师二班者5名，因故退学者3名，师二班实有38人。

1941年下学期实有学生人数242名。

师一班29名，中一班25名，中二班39名，预备班30名，新训班64名，妇训班17名，师二班38名。

上学期实在人数260名，本期招来新生33名，应有293名，因故退学者53名（自动不来48名，工作2名，逃跑1名，开除2名）。

生产情况——

1941年开始生产，生产情形如下：

种类	农业	园艺	纺织	合作社	驮脚	背柴
资金	788.75	255.10	111.25	100.00	291.80	68.00
生产额	2320	1458.35	194.00			
收益	10531.25	303.25	82.75	284.55	345.00	850.00
附注	开荒86亩					
合计	1239.80[①]					

简单说明：全校学生除年龄太小（14岁以下）、身体太弱者外，一律参加，共编农业、园艺、纺织3个生产队。身体强者参加农业队，弱者参加园艺队，女生参加纺织队。

学生会——初分7股，后分4股，由全校学生民主选出委员7—9人，各班有一学生会代表参加，为学生总会委员。各班组织分会，受总会直接领导，组织系统如下：

学生会（主任）
— 文化教育股
— 社会服务股（兼做组织工作）
— 各班分会
— 体育娱乐股
— 经济卫生股（经费收支，兼管伙食、卫生事宜）

一年多学生会活动甚少，曾在庆阳市出过几次街头报，革命节日街头宣传过几次，校内出墙报也不经常，文化娱乐也不活跃。班分会工作更是微乎其微，一方面由于学生会干部弱，另方面学校的指导和辅助也不够。

生活指导原则和方式（略）

第三时期（1942年春赵校长病至1942年寒假）

学制——根据中学规程草案，本校改为3年制初级中学。

行政领导——（略）

学生——1941年下期实有学生240名，妇训班毕业17名，新训班64名。1942年上学期招新生23名，成立师范第三班，本期中一班、师一班毕业52名，学期招来新生32名，成立中学第三班。

[①] 此处数据有疑，原文如此。

师一班、中一班毕业后就业情况如下：

小学教员34名，留校工作4名，民教馆工作3名，县三科工作2名，政府文书3名，县参议会工作2名，在家住者3名，病故1名。

教员缺乏和变动多——（略）

生产情况——1942年春开荒30亩，种小糜子多收了5石，秋天收了小米不足3石，事前计划不足，亏本约5000元。原有熟荒80多亩的糜子收租粮30石，草3万斤，获利约15000元。种菜16亩，收洋芋、萝卜5000斤，解决了3个月的蔬菜。与铁匠合开一铁匠炉（铁匠只出人力，均分利益），因无管理经验，无利可获，7月间就停止了。

整风学习——陇中整风学习，在陇东分区总学委会领导下成立了学委分会，5月间开始整风。教员为甲组，自学；职员为乙组，文件需要讲解；学生学习采取大报告形式讲授。而后，由报告人出题，分班讨论，班主任参加各班指导。

教员因功课太忙和领导上抓得不紧，每天两小时学习常常马马虎虎地混过去。职员大多文化水平较低，学习习惯未养成，不太愿意学习，到了学习时间，也是敷衍了事，吊儿浪〔郎〕当。学生学习感到文件深奥难懂，也不起兴趣。

暑假期中，教员较闲，学习时间每天由两小时增至3小时，早晨同时起床，集体学习效果较大，讨论会比过去深入，能够联系到学校工作和本身教课问题。由此，这时教员学习有显著进步。

秋季开学时，又因工作忙碌关系，教员的学习又松下来了；职员学习更差了；学生学习因鉴于上学期学习效果很小，这学期改在公民课上学习，不是读原来的文件，而是以《群众报》整风副刊上通俗易懂的材料为教材，这样收效比以前大得多了。

10月间，早晨天气稍冷，教员不愿集体学习，分散到各人房间中学习，这样比以前更坏了，有的教员早晨学习时间仍在睡梦中。

11月初，赵校长病愈，由延返校，重新每早集体学习两小时，职员组也是如此。有时赵校长亲自为该组讲文件，总结学风、党风学习时，每人写全部历史反省，先传阅，而后一个人一个人讨论，共1月余。学习文风时，配合研究每个教员的教学方法。组织教员相互参观教学，各人写教学反省，而后讨论研究教学中的病态（党八股）。在赵校长这样督促与领导下，最后两个月的学习特别紧张，学习与实际工作联系起来，深入生动。全校教员们无不感觉在这阶段中，思想方法与教学技术都有了很大进步。

…………

地方人士对学校的认识——开始把陇中看作兵营，把招生看作招兵。暑假、寒假放学回家，平时在学校自由地生活学习，学生认识与地方人士认识都转变了。今夏中一、师一两班毕业赴延参观时,谣言又起,说:"两年训练成了,就开到延安去了,变成'八路军''公家人'了。"因此有家长阻止学生到延安参观,学生也有借故躲避参观的现象。在延参观回来,马上分到临近家乡的地方去工作,这时地方人士对学校认识大为转变,相信政府、相信学校确实是代人民培养子弟的了。学校威信提高了。可是陇东分区有一二百名学生在友区读书,据调查不外下面原因:1. 不相信我们的政权,不愿来我们的学校读书,不愿意在边区工作,变成"公家人"。2. 怕生活苦,背柴开荒吃不消。3. 作风不同,穿灰军衣,言行自由,师生不分,看不惯。4. 学校质量差,新文字冬学训练班、妇女训练班、预备班的学生程度很低,并有行为很坏的妇女在校外打着陇中旗号,降低了学校威信。这些都是我们将来巩固边区学生、争取友区学生应当注意的事项。

今后值得注意和研究的问题——

1. 课程教材的实用与统一。过去的教育方针未能贯穿到课程教材里面去,使他〔它〕具体化。因此过去的课程教材有许多学了不能用的东西。如动物学讲袋鼠、鲸鱼,大西北的学生从来未见过,又无挂图、标本,怎样能懂?师范班讲代数,在学校中费了很大的力气去学,工作中又用不着,这不是教条八股吗?教材随着教员变更,缺乏系统,学习效果,事倍功半,中等学校课程标准颁布教材统一,实为急需。

2. 陇中毕业的学生80%以上做教育工作,学校性质依照地方的需要,应改为师范学校,或以师范班为主要。师范班的学习需要有一附小(或名中心小学),供师生实验实习。过去教育课程太少,今后教学实用的课程应加多。

3. 改善中等学校师资。改善教员质量是学校办好的一个决定条件。过去教员大多来自外边,对边区情况了解不够;又因边区师资缺乏,许多毫无教学经验的同志都在任教,这样难免降低教学效能。今后当提高现有边区中等学校师资,减少日常工作时间,增加业务学习时间,整顿教育工作中的雇佣观念,吸收健强的教育工作者到我们的工作中来。

4. 提高学生质量。教厅应有统一审查学生的标准,不合格者,令其退学,或转入小学去,使我们有限精力、财力,收到最大效果。学校质量提高,可以吸收友区学生来校。

本材料是根据陇中历年的工作报告,孙萍同志(筹备委员)、贾文山同志(前总务主任,生活指导科长)的谈话和石林、艾提两同志(陇中教员)平日了解所写出,不够具体详细,仅供参考。不久,学校两年半工作检查总结报告寄来,再为参阅。为了不致拖住调查会的进行,特先写此简史。

陇东中学1940年—1949年情况统计表

年份	校长	班级数	在校学生数	毕业学生数	备注
1940	马文瑞 赵长远	3	140		
1941	马文瑞 赵长远	6	上学期247 下学期290	108	
1942	罗德彰 苏力代	5	上学期169 下学期191	81	
1943	吴铁鸣 万成章	5	上学期152 下学期128		
1944	吴铁鸣 万成章	4	上学期228 下学期200	39	
1945	刘泽如	6	244	37	
1946	刘泽如 冯克箴	7	上学期330 下学期158	159	
1947	刘泽如 冯克箴		上学期109 下学期49	99	
1948	贺建山		上学期213 下学期398	332	党校阶段
1949	李景亭 侯生裕		上学期443 下学期578	567	干校阶段

【资料来源】

中共庆阳地委党史资料征集办公室编，刘凤阁主编：《陕甘宁边区陇东的文教卫生事业》，内部资料，1992年，第442—455页。

23. 延安大学关于延大、鲁艺等校合并的通报

（1943年5月15日）

兹奉西北中央局决定，延大、鲁艺、自然科学院、民族学院、新文字干部学校等五校合并，总名称仍称延安大学，内暂设社会科学院、鲁迅艺术文学院、自然科学院、民族学院等四院。除自然科学院暂仍住原址，编制人员暂仍照旧外，其余各院均业经编整就绪。校址设桥儿沟，校部设办公室。由宋侃夫同志任秘书长，刘披云同志任社会科学院院长，周扬同志兼任鲁艺院长，刘春同志任民族学院院长。自即日起一切对外事宜除自然科学院暂仍单独负责外，概用延安大学名义，并即使用延安大学、延安大学所属各院及校部办公室新钤记。特此通报。

延安大学校长　吴玉章
副校长　周　扬

【资料来源】

中央档案馆、陕西省档案馆编印：《中共中央西北局文件汇集·一九四三年（一）》，1994年，第337页。

24. 陕甘宁边区教育工作改革的方针

（1944年1月6日）

边区中等教育和国民教育方面过去存在着严重的教条主义与旧型正规化的毛病，脱离甚至违反边区与边区人民的需要。前年高干会与去年春政府委员会第三次会议，指出了明确的方针：为抗日战争与边区人民服务，干部教育第一，国民教育第二。就是说，必须将脱离抗战实践、脱离边区与边区人民的那些现象加以改变，使之充分符合于革命的三民主义（即新民主主义）和十大政策的精神，适合于边区当前建设的需要。去年前半年的中等学校整学会议与后半年各中等学校的整风运动，使旧型正规化和教条主义受到批评，这是一个大进步，是边区中等教育的转变关键。

今后应依据下列原则，进行具体的改革。

一、确定各中学师范学校担负提高现任干部与培养未来干部的双重任务，一方面接受小学毕业生，另方面接受现任区乡干部小学教师及其他工作干部，分别教育之。

二、各学校学制，应照顾学校任务及地方具体情况，做适当规定，不必强求一致。

三、教育内容，以文化教育为主，同时须从思想上确定学生的革命观点、劳动观点与群众观点，并须进行以边区政治、经济为中心的政治教育与生产教育，辅之以时事教育。文化教育亦须从边区需要及学生的现有程度出发，逐渐提高，去其暂时过高者和不急要者。

对于因一定具体目的而训练的学生，须进行业务教育。

四、为使学校教育与边区实际有更密切的结合，各学校应与附近乡村政府和生产部门建立经常协作制度。

五、彻底改革学校作风，坚持实事求是的精神，反对主观主义与教条主义；坚持民主集中制的集体主义，反对惩罚主义与放任主义；坚持群众观点，反对官僚主义；提高政治觉悟，反对自由放任主义。

六、重新调整教育干部，并对他们进行必要的训练。

七、坚持各学校由分区直接领导的原则，教育厅则注意总结经验，提出一般指导，供给一般教材。

小学教育去年只做了精简与整风两件工作；以县为单位的小学教职员的集体整风，在许多地方举行了，并获得成绩。今年教育厅要用大力来检查、总结小学教育的经验，做出必要的结论，提出具体改革方案，以便明年普遍施行。

社会教育方面，新的作风已在延安创造出来，并逐渐推广出去，延大、文协、鲁艺、平剧院、文工团等团体的下乡运动，是一件值得欢迎的大事。我们应该帮助他们。尤其教育机关要同他们发生密切的联系，搜集经验，作为改进边区社会教育的出发阵地。

【资料来源】

《解放日报》1944年2月8日第2版。

教育科学研究所筹备处编：《老解放区教育资料选编》，人民教育出版社，1959年，第10—11页。

25. 西北局关于延安大学机构变动的决定

（1944年4月7日）

四月七日西北局委员会决定：

（一）延安大学与行政学院合并，作为边区政府设立之大学，培养为边区服务的人才，仍名延安大学。以周扬为校长、王子宜为副校长，由林老及政府党团领导。

（二）原延大所属之民族学院迁移三边，由三边地委领导。

（三）原延大所属之中学部与延师合并，名延安师范，由延属地委领导。

（四）前方来之朝鲜学生由延大接收。

（五）以后各分区干部子弟住学校问题由各分区自设办法解决，不送延安。

西北局办公厅

【资料来源】

中央档案馆、陕西省档案馆编印：《中共中央西北局文件汇集·一九四四年》，1994年，第67页。

26. 关于文教工作的方向

——李鼎铭在陕甘宁边区第二届参议会第二次大会上的报告

（1944年12月6日）

各位参议员先生：

关于政府的全部工作，林主席已做了总报告，我完全同意。这里，我只讲边区文教工作的方向问题，分三个阶段来说明：过去是怎样，现在是怎样，今后应该怎样做。

先讲过去情形。抗战以来，边区人民发展与巩固了新民主的政治和经济，新民主文化也有了许多发展，但我现在不准备来讲过去的成绩，而想着重说我们的缺点。一方面，人民的文化生活，从广大领域看，情形是很落后的。例如医药卫生问题，由于旧社会遗留给边区人民的迷信、愚昧和不卫生的习惯，疾病与死亡威胁着广大群众，某些地区，婴孩死亡率达百分之六十，成人百分之三，牲畜的死亡率也很严重。医药缺乏，全边区仅有中医好坏千余人，兽医五十余人，在机关部队的西医二百余人，中药铺及保健药社四百余个。这种情形就使得巫神称霸。全边区共有巫神二千余人，利用迷信，招摇撞骗。又如教育方面，文盲占人口百分之九十以上。在农村的文艺方面，封建的东西还占着优势。这些情况既便利了迷信的盘踞，又妨碍了新民主文化的发展。另一方面，文教工作机关的领导曾经是有毛病的。例如教育问题，干部教育是开展边区文教工作与提高边区一切工作的决定因素，却曾经被忽视。边区以农业为主，劳动力不足，村庄分散，但是小学教育却曾经采用过不切实用的制度。吴旗赵老沟小学教员刘保堂的正确方法，曾被忽视。社会教育徒具形式，没有针对人民生活的迫切需要。又如大部分文艺工作者，忽视了为群众所欢迎的抗战剧团、民众剧团、烽火剧团，以及刘志仁式的民间革命艺术家们的正确方向。特别严重的，是对大批人畜死亡现象，迄未加以实际的注意与解决。这就是说，主观上或者努力不够，或者犯了错误，与边区的实际和人民的需要脱节，致使封建文化有了残存的余地，而群众迫切需要的生理上与心理上的拯救和解放工作，则受了阻碍。过去文教工作中的缺点，大概就是这样。

关于文教工作的现状。一九四二年以后，特别是一九四四年，发展生产，群众的物质生活改善了，文化需要与人财两旺的要求也被提出来了；实行整风，干部的思想打通了，为人民大众服务的认识加强了，这样就开辟了一个新的局面。

卫生方面，今春延属部分县瘟疫流行，大批医生下乡，引起注意，四月间毛主席提出中西医合作，开展群众卫生运动。分别召开了卫生防疫会议，举行了卫生展览会。参议员常驻会与政府委员会联席会议也强调了卫生工作，并通过了提案。卫生运动由此开始兴起，出现了许多群众卫生的模范工作者，发现与培养了窦家湾等八个卫生模范村，王恩甫等许多卫生模范家庭。医药工作也开始推广，开办了张清益等十八个助产训练班，训练出三百五十九个助产员，部分地已在为人民服务。新建了不少医药社与卫生合作社，部分地已在和人民群众真正结合，群众称为救命合作社。组织了三边、关中、鄜县、延川等地的医药研究会和召开医药座谈会，发现了很多模范医生，公开了很多秘方。三边更首先实行中西医合作，开始打破了门户之见。崔岳瑞以医药破除迷信，收到了很大效果。陈凌风以自制兽疫预防针与治疫血清，扑灭七县牛瘟，巩固了群众的生产。这些就是说，不论在领导机关、人民群众本身与卫生医药部门，都动起来了。这自然还只是开始，离普及程度还是很远的。

教育方面，已经开始把干部教育放在第一位，去年确定六个中等学校为中级干部学校，培养未来干部，这是一方面；设立地干班，进行在职干部教育，提高现任干部，这是又一方面。中等学校人数已由一九四一年的一千四百三十六人增至今年的一千七百七十二人，地干班（附设于中等学校）人数已由一九四三年上期的三十二人增至今年下期的三百二十人。最近文教大会根据环县、合水、赤水、延长、甘泉、葭县诸完小历年毕业生出路统计，担任工作及升学的占总数百分之七十二强，基本上是带干部性或干部准备性的学校，进一步确定完小主要任务亦为培养干部。中等学校与完小，教育内容已有改进，由脱离边区到与边区实际结合。绥德分区肃清了反动派的影响，真正走上民主的道路，尤其是一件大事。地干班与在职干部的学习，已着重提高文化。缺点在于：一九四四年若干学校过分强调生产，妨碍教学。部分教员仍以个人嗜好做选教材根据，不切实用，教学方法和管理方法还亟待改进。在职干部教育（文化教育、政策教育与业务教育）的注意，一般说，尚属非常不够。

群众教育的改革和开展，也已经有了新的成绩。例如小学教育，提出民办公助政策后，民办村学大量出现，形式开始适应分散的农村环境，学制开始打破旧的一套，教学方法开始联系实际。例如米脂高家沟村学即如此：教育时间分全日、半日两班，农忙即放假；教材内容有生产、卫生、政治等常识，形式有歌曲、故事等；没有一定的年限，学到能写会算就毕业。公立中普小方面：一部分在内容上已有改造，一部分如赤水、固临两县之多数已转为民办，若干集中者已分散为村学。旧式私塾开始改造，私塾改造得比较彻底的是镇原贾其昌私学，正向新村学转变。又如社会教育（不脱离生产的），正在大量普及，全边区已兴起了大批的读报识字组、夜校和半日学校，参加人数达三万四千余人，以民教民为主，识字与读报配合进行。有家庭识字教育，有专门的妇女识字组织，有识字教育与职业教育的结合。有以小学为核心建立起来的，采用夜校、早班或识字组的形式，团结居民，进行教育。有以生产组织为基础建立起来的，安塞马家沟、淳耀白塬村、华池城壕村等地即如此，是变工队又是识字组，并且由此推动了其他工作。这就是说，大人与小孩，男人和女人，适应各地具体情况与各人具体条件，组织形式是多种多样的。缺点在于：尚有部分地方对识字教育应根据群众自愿与需要的原则认识不足，发生形式主义的毛病；尚有部分小学未进行改造，或改造很少，仍为群众所不满。

报纸方面，已有六百多块大众黑板报，是现有条件下几经摸索到的群众办报的最好形式，群众因此实际享受了出版自由的权利。识字不多，可以用纸条或"捎话"通讯的方式在黑板报上发表言论，这可说是新闻学上的新创造。如桥镇乡黑板报，已成为教育群众、推动工作的有力武器。两个婆姨吵架，规劝不下，有人说"你们再吵吧，再吵马上要你们爬黑板报"，这两个婆姨就悄悄走开了。一个二流子听说会上黑板报，跑到编辑委员会请求免登，立誓改邪归正。工农通讯员已发展至一千一百多人，丰富了报纸的内容，加强了与群众的联系，因为他们都是各种工作的实际执行者。又提高了他们的能力，加强了对工作的信心，因为要写稿，就得调查研究，总结工作的全部过程，就得想办法，就会有办法。读报组已有一万多人参加，不仅推动生产和卫生工作，"农民不出门，能知天下事"，把闭塞的农民开始改造为先进的农民。缺点在于：只扩大数目字的形式主义与锦标主义倾向，已有发生。

文艺方面，自毛主席明确指出新民主主义文艺主要地应为工农兵服务的方向后，开始了转变。今年春节，延安文艺工作者组织秧歌队大批下乡，宣传生产劳动、军民关系、自卫防奸、敌后斗争等，受到群众的热烈欢迎，称为"斗争秧歌"。另方面，发现、推动与进一步提高了群众艺术家（如刘志仁、杜芝栋等），影响与改造了旧秧歌（如驼耳巷区的道情班子等）。缺点在于整个看，民间文艺基本上仍是旧东西占统治地位。全边区共有秧歌九百九十四队，旧的六百一十八队，占百分之六十三点一八；新的仅七十七队，占百分之七点七五；其他属于半新半旧。至于旧戏班，还很少改造。

虽然还有上述缺点，但是从总的方面看来，不论在卫生、教育、报纸、文艺各方面，都已有了新的高涨。文教工作的总方针开始真正实现了，这就是为边区、为边区人民。文教工作开始成为群众性的运动了。这就是依靠群众，群众象〔像〕在政治上、经济上一样，在文化上也逐渐站稳了。

在人民群众方面是如此，在部队、机关、学校方面，更是如此。

留守兵团战士的文化，已有显著的提高。据去年春季统计，识一百字以上的百分之二十九，一百字到五百字的百分之二十七，五百字以上的百分之二十，能看能写的百分之二十四。今年当更有提高。

工厂工人、直属机关学校杂务人员的文化教育，个别已有新的进步。例如知识分子与工农交朋友，进行分散的识字教育，组织春节宣传队，深入农村，推行卫生方针，等等。但还不普遍，不深入，不经常。根据几个机关学校的统计，杂务人员的文盲与半文盲一般还在百分之七十以上，工厂工人中为数亦不少。基本原因在于首长不负责与行政上不重视，在于主管机关与文教工作的领导机关不注意，工厂领导上不帮助。从思想上解决这个问题，及从组织上贯彻这一工作，已经是时候了。

最后，关于今后应该怎样做的意见。全面看，文教工作还只是初步走上正确的道路，群众对文化的自觉要求还只是开始，客观情况的严重性（惊人的死亡率，百分之九十以上的文盲，大量的迷信与不卫生，等等）还没有减轻。今后的任务就在于：在不妨碍生产和服务于生产的条件下，开展卫生、教育、报纸、文艺的大规模群众运动，在五年至十年之内，坚决消灭严重的人畜死亡现象与男子四十岁以下、妇女三十五岁以下的文盲，普及卫生习惯，普及新民主文化，消灭封建迷信在群众文化生活中的优势。为此就须在已有的基础上进一步做到以下各项：

第一，政策方面：由于是一个反对一百五十万人民头脑里的敌人的困难斗争，孤军奋战，必然失败。必须实行广泛的统一战线政策，联合一切可以联合的中间力量，团结、帮助与改造他们，使之与我们并肩向封建文化的残余进军。反对投降封建残余的倾向，又反对打倒一切的倾向。其次，由于是一个在陕甘宁边区、农村环境、地广人稀、劳动力不足等等落后条件下进行斗争，忽视群众的需要与自愿，必然失败。必须坚持民办公助的政策，以村庄为单位，使群众乐于接受、乐于普及。纠正民办仅为解决经费、民办就不要公助（对学校的具体帮助与对教育方针的领导）、大量民办后连少数好的公办也取消等等的错误认识，又纠正命令"民办"等等的错误做法。

第二，实际工作方面：

（一）救命第一，党政军民学各界必须针对各地具体情况，进行群众中的卫生教育：提高妇女的卫生常识，尤为中心环节。一切部队机关的西医必须兼为群众服务；帮助、研究、改造中医中药。对一切中医劝其公开秘方与经验，劝他们努力学习科学，改进自己的业务。扩大医大的边区名额外，还须开办中医训练班、护士司药训练班，增设各级学校的卫生课程。进行崔岳瑞运动，在群众自觉基础上改造巫神与破除迷信。进行改善牲畜的饲养管理教育，组织牲畜疾病的预防治疗，建立牲畜保健的专门机关或专门工作，开办兽医训练班。各分区、各县应做出具体的卫生医药工作计划，列入地方施政总计划中。

（二）继续有效地深入群众教育运动，改造旧学校。应分清缓急，首先消灭农村中组织起来的积极分子与乡村干部的文盲。应建立据点，各地的学校、县以下的各级政府、合作社以及模范变工队都有推广识字的责任。应重视冬学，将冬学与自卫军冬训配合，并与平时的夜校或识字组等联系起来。应利用民间所有组织形式（如庙会、教堂等），进行各种社教活动。

（三）大量推广读报。各地尚未进行读报的识字组、变工队、合作社、妇纺组等，应尽可能组织读报。各市镇与较大的村庄，应在可能条件下创办真正起作用的大众黑板报。各地应组织工农通讯学习组，将通讯、业务、文化学习与读报工作结合起来。各纸厂应按实际需要增加产量，以便增加报纸份数，并供给其他的纸张需要。各地通讯站的效率应加强。

（四）努力发展新文艺，同时大量利用人民群众熟悉的各种民间形式，加入新内容，逐渐改造和提高之。秧歌社火是普遍最重要的形式，秧歌短剧更为最能表现群众生活和最能达教育目的的形式，应成为中心环节。春节活动外，并应注意平时的文艺生活。各分区剧团或文工团应成为执行新文艺政策，推动群众文艺运动的支柱。

（五）要做好这些工作，关键在于干部。因此培养边区知识分子与有文化的工农干部，在今天就成了头等重要的任务。为此，必须办好地干班与进行各种规模较小的干部训练，分区至少办好一个中学，县至少办好一个完小。

第三，政策确定与实际工作提出后，就要靠首长负责，党政军民学一齐动手。象〔像〕建设民主政治与发展生产一样，万众一心，努力前进，我们新民主文化的建设前途是光明的。

这些就是我们对于今后边区文教工作的基本意见。文教大会曾经通过了关于文教工作的决定，将提请参议会批准。希望各位参议员对文教大会各项决定和我的发言，详加讨论，共同努力，争取边区从文化落后地区变为文化先进地区。

【资料来源】

《陕甘宁边区第二届参议会第二次大会撮录》，陕甘宁边区第二届参议会常驻会编印，1945年，第17—25页。

陕西省档案馆、陕西省社会科学院合编：《陕甘宁边区政府文件选编》第八辑，档案出版社，1988年，第458—464页。

27. 陕甘宁边区绥德分区国民教育大革新

编者按：本文摘自绥德分区杨副专员与《解放日报》记者的谈话，原题是《绥德国民教育大革新》。

国民教育的方针是：学校要与劳动、社会、政府、家庭相结合，同时要发展生产，扩大学校。这些办法的具体内容是什么呢？

一、与劳动相结合，提倡教职员及十二岁以上的学生都要参加生产，男学生捻毛线、种瓜菜、种棉、砍柴，女学生做针线。现在绥德的实验小学、女子完小，米脂的女小，都已经动手，并已定出自给标准，即教职员除应领之粮食外，办公开支完全自给，学生所用之文具、纸张、课本也一律自给，各小学已纷纷拟出生产自给计划，如绥德南小、女小提出上半年自给一半，下半年完全自给。在发展生产扩大学校的口号下，今年分区学校将发展一百八十所。据估计平均每个学校最少生产三十万元，全分区小学即可生产五千四百万元。此项生产是在不妨碍学习的原则下进行的，而学生亦能从生产中体验劳动的伟大，获取生产知识，实为最实际的教育。

二、与社会相结合，就是说要与群众结合，因此，我们提倡小先生制，普设识字班、半日班、大众黑板报，在娃娃变工队中教认字，娃娃变工队上山以前，由念书的学生教他们认几个字，在山上要互相诵读，回来后就要背出。其次就要发动教职学员给老百姓写信写路条，帮助他们解决婚姻问题、生产问题等，这样就会使得群众和学校靠得更近，使群众感到学校对自己有很大的好处。

三、与政府相结合，要把政府的法令、政策当作课程来教，使每个学生对于边区的政权，有个清楚的认识，并随时帮助政府推动工作，使学生毕业以后，就可以成为政权工作的成熟干部。这方面虽然还是刚刚开始，但已表现了它的成绩。如绥德县试行农业累进税，学校就把这问题在学生中间讲了一下，结果学生在实报地亩上起了很大作用。绥德的王××，在政府调查土地时，企图压地，老两口正在商量，被女儿听到了（女儿在学校念书），当时家庭内就起了"斗争"，女儿把农业累进税实行的好处及不要压地的道理给老两口一讲再讲，结果父母听了女儿的话，把地实报了。

四、与家庭相结合，我们提倡学生回家后，要帮助家庭担水、扫地、算账。过去有些学生，在学校念了书，回去不大劳动，于是家长就不高兴；但自从我们实行了这个办法，很多家长都说："究竟学校里教的娃娃，比家里教得好，一回来就做事！"还有学生要督促家庭努力生产，如：女小有个李秀贞就曾劝说父亲戒烟；女小的另一个学生，曾以自己的力量，说服二流子父亲转变过来。

教育工作的干部，分区准备实行调剂，把地方上工作的同志调一些到学校里当教员，把教员调一些到地方上做工作，使经验能互相交流，这是一。第二，学校由所在地的区乡政府领导（如现在绥德县的一些初小就由乡长兼校长）。定期给学生讲政府工作，每次讲一个问题（如减租减息、按户计划等），并决定专署直接帮助并领导绥德县的实小、女小，每个县直接领导一个至二个完小，以取得经验指导各处。最后有一个很重要的问题，就是在学校课程上分区有一个很大的改革。在公民课上是以上述的政府工作为主要教材，使学生真正了解如何在新民主主义的政权下做一个好公民。在算术课上增加珠算，因为在一般应用上，珠算还很普遍，初小学会加减，高小学会乘除，也是以实际事例为教材（如统计我们的战绩，去年八路军打死多少敌人，新四军打死多少敌人，一共打死多少敌人。如去年陇东分区开垦荒地多少亩，关中分区开垦荒地多少亩，一共开垦荒地多少亩）。在历史课上，是从中国苏维埃运动开始教到抗日战争，再教大革命、辛亥革命，一直教上去，然后再反过来简单地教一般社会发展的规律，中间并插以生动的故事，如刘志丹、谢子长是怎样领导陕甘宁革命的。在地理课上，先从学校所在地的一个县教起，然后教警备区、边区、各抗日根据地、全国。在国文课上，旧有的教材还选用，但要编订实际的新教材，如把过去旧政权贪污腐化、无恶不作写一篇文章，再把新政权的处处为民、勤俭朴素写一篇文章，以一个具体的政府（某县、某乡）或军队（某旅、某团、某营）来对比，学生读了以后，就很容易理解到昨天的社会和今天的社会有如何的不同。在美术课上废除过去画没有实用的静物办法，我们要画棉花，画收割庄稼，画英勇的八路军十二次击退敌人进攻河防的图景等。在体育上，我们把它和文化娱乐相结合，除了打球以外，则以宣传队、秧歌队为主。这是我们改革国民教育的一些办法。

【资料来源】

《解放日报》1944年3月11日第1版。

教育科学研究所筹备处编：《老解放区教育资料选编》，人民教育出版社，1959年，第51—53页。

28. 陕甘宁边区三边分区改造国民教育

地委宣传部决定改进分区小学教育，使能完全为工农兵服务。改进办法如下：

第一，改进教育内容，以"学了就能用"和"结合群众需要"为教学原则。如规定国语课，初小毕业要学会记帐〔账〕、开路条、写对联、写简单信；高小毕业要会写信、写合同、写报告、写通讯及群众婚丧事宜的一般应用文。公民课讲生产自卫的各种劳动英雄及有关的社会政治常识。增加珠算，学会打算盘。增加农业课，学习生产知识。学校并须有计划地组织学生生产，如纺毛、种地、喂猪、养鸡等。

第二，改编课本，于三月底成立编审委员会，并抽调有教育经验的同志，根据三边人民具体的需要改编初小课本，预计三个月内编审完竣，呈报教育厅审核。（一）课本内容：由近及远，由简及繁，一年级上学期国语常识合编，下学期以后则分编。第一课只编一个"人"字并配图，按照笔划〔画〕的简繁与字的意思连续编写。合编的全册共有一百个生字。句子以三个字为原则，至多不超过五个字，并带音韵，便于儿童朗读。每课字数最多不超过二十五个。分编的国语常识各五册，以百分之八十以上的分量讲儿童切身的卫生、农业、家庭副业等自然常识，以及边区的社会问题，敌后抗日根据地与大后方及世界大势的讲解占百分之二十。课文尽量采用文艺性、故事性的形式，语词要作〔做〕到通俗与地方化。每课尾要写出生字、语汇、课文的主要问题，并写出简单的教学法，指出参考材料，以供教员参考。算术一定要与实际联系，例如讲石斗、斤两、尺寸的时候，一定要拿斗、秤、尺子来实验，免得闹出学生不识秤的笑话。高小学生求面积时要带领学生丈量土地，确实学会计算征粮条例或农业累进税的百分法。珠算，初小要学会加减，高小要学会乘除。（二）编的方法：由编辑同志首先调查定边城市区的完小和城区的四个初小情况，征求家长对课本的意见，测验学生的程度，吸收学生的意见，访问教员，召集教员开调查会，征求教员意见，搜集其教学经验。编辑同志并须亲自到各学校听课，收集教学的具体材料；拿新编的课本亲自授课，亲自体验课本分量的轻重、深浅、进度，学生的喜恶和接受的程度等，研究新编课本是否适合；再吸收家长、学生、教员对新编课本的意见予以修正；再交给编审委员会审编，交教育厅审核。

第三，加强领导与管理。过去只凭上级督促，乡区的关心不够，致使小学教育不能顺利地发展，故确定完小归各区领导，县府须按期汇报分区，按期视察学校，按期召开教员联席会，检查工作，交换经验，奖励模范学校、教员和教育英雄。督促学校召开学生家长联席会，奖励模范家长，选择地方有威望而且热心教育的人士成立学董会，把学校交给人民办理。教员暂由县府委派，或由人民聘请，呈报政府加委。并且要提高教员的社会地位，如有关会议，县府请完小校长参加，区乡政府须请初小教员参加。待遇应比一般工作人员好些。开学、放假、群众可以自愿接送教员。而教员必须循循善诱、诲人不倦，必须帮助群众解决困难，排解群众间的纠纷，帮助群众订生产计划，把学校变成团结群众的核心；进行群众教育，如组织读报组、认字组、夜校，并附设冬学等。

第四，创造新的教学法。废除体罚，多加鼓励，培养好小学生，进行奖励，开展儿童入学运动，造成学习热潮。劳动英雄是儿童学习的旗帜。好小学生的条件应是积极学习，热心生产，帮助家庭，敬爱师长，讲究卫生，身体健康，在学校是好学生，回到家里又是好子弟，在社会上是好公民。

自改进小学教育的消息传出后，人民即自动地纷纷送子弟入学。定边市的回民小学的学生比去年增加了一倍，完小学生增加了三分之一；盐业区的群众自办学校，自修校舍桌凳，并请政府委派教员。日前定边区乡干部训练班结束时，讨论国民教育方针，极为热烈，三边国民教育将有新的发展。

【资料来源】

《解放日报》1944年6月8日第2版。

教育科学研究所筹备处编：《老解放区教育资料选编》，人民教育出版社，1959年，第53—55页。

29. 环县政府三年来教育工作报告

（1944—1946）

一、一般情况

本县教育自文教会后已有了新的发展和进步，如以前未有发动过群众开办私学和民小，一处私、民小也没有，至1945年，全县即创办民小11处（学生196名）、私学20处（学生219名）。并发现了不少热心教育事业的积极分子。如虎区四乡民小校董侯效书，甜区七乡民小校董杨穗山，环区新营湾普小校董韩正平、刘本元，完小校董崔彦龙等。在他们帮助之下学校都搞得很好，学生数目亦多，流产〔动〕的也很少。但从另一方面来说，环县处在边区的西北部，又是边界边域，山大沟深，人口稀少，村庄分散，象〔像〕一般人常说"穷山苦水，交通闭塞"；加之气候干燥，就造成了雨旱不均，三年一小荒，五年一大荒，人民经常迫于糊口。因此，也就造成了环县文化异常落后，虽然在文教会后教育工作改变了旧的面目，但人民对于念书的认识还很差。如有群众把小学里念七八年书的学生一说动员上完小，就拿小儿子把大的换回家去了。在教学质量上来说，私塾式的教育还占有很大的势力，读"五经""四书"的学校很多，尤其私塾学校更为严重，民小也有一部分。教学方法是读背，人民对科学教材的认识也很差。教员的质量又差，普、民小教员未在高小毕业者亦有，私塾教员大部分是念过一部分"四书"、几本"杂字"的人。就是这样的人才，在农村还寥寥无几。有些群众设立下私学，还找不到教员，经常要求县上组织派教员。

二、民办公助政策执行情况

1944年上半年根据上边指示,我们大量地发动群众来办学校、普小转变为民小。在执行的当中,把新营湾普小和洪德普小即组织了3—5人的校董委员会,马上转变成民办小学校,由群众负责管理,即成了民办小学校。但群众不负担经费,经费完全由国家负责,结果半年以后又转变成官办学校。耿家湾普小亦继续转变为民办小学,经费在全区群众上募捐细粮40石(大斗),办了一年没有经费了,学校马上要停顿,又变成了公立学校。但是由群众自己动手创办起来的民小,就搞得很好。如虎区四乡徐旗寨民小经费由学生负担,甜区七乡民小经费由全乡群众负担,公家只给了些款,补助修理门窗,学校一年比一年发展了,学生一年比一年增加了。就是这些民小的经费没有打下长期的基础,只可维持现状。因环县交通不便,又加上物价时时上涨,民小经费难以打下基础。如耿区民小经费在群众中募捐细粮40石,于上半年全部卖了,入到本区民办合作社生息,准备来办学校。米价(于上半年)每斗(法)洋250元,结果下半年买进粮用去法洋1000多元。一年中40石细粮开支尽了,群众没有人管了,又成公办小学。区乡干部对民办公助的政策认识较差,如有些干部认为民小和私学没有什么差别,所以发生民办公不助的现象。总之,今后推行这一政策要把民小办在有条件的地方,人口要集中,一定要有热心教育事业的积极分子和有威望人士出来倡办,经费由一个乡或一个区统筹,否则民小是不会搞好的。

三、教育行政领导

1. 自文教会以后行政领导上对教育工作比较重视了,每一个学期三科都订了工作计划并写了指示信;在1945年的半年中召开政务会3次,专门讨论教育工作研究如何办好完小;建立巡视检查制度,在半年中一定要把每个普小、民小巡查两次;加强改造私小等问题。因三科人事不健全,工作计划往往失败了。如决定在半年要巡查两次,结果有了大的动员工作,连一次也顾不上。现在三科只有两人,今后应增加一名督学。

2. 区政府在精兵简政前,各区设有教育助理员,有专人负责教育工作,搞得还很热烈;以后由各区秘书兼任,如各区对教育工作认为捎带之工作,无人管了,顺此对民小的帮助、私学的改造则任其自流下去。今后各区要设专人负责教育工作较好。

3. 乡政府给学校还解决了些困难,烧柴等问题大部分是乡政府帮助解决的,但校董起的作用更大些。如甜区杨穗山,自己拿出款子修学校桌凳,校具都是他家的。再如虎区侯效书、环区刘本元，经常到农村中宣传动员学生，把自己生产都耽误了。他们对学校非常关心，但也有不起作用的校董还占大多数。校董会要起作用，要把热心教育的人选上，才能把学校领导好。

四、教育经费

1. 我县教育经费今年才独立，以前全部归二科保管，经费来源主要依靠地方税收，每年用多少估计不来。因有时环境也变，客商多了，每月可收券洋30万元，环境恶劣，可收券洋5万—6万元，其他是没有什么收入的。关于本县的教产很少，只有一部分学田。公地以前全部归二科保管，历年以来租子未收，连地都没有了，现还在清查中。

2. 经费由群众中组织5人的教产委员会（设有正副主任）、会计来管理。经费管理的办法，我们主要放钱增生息，另一方面做流动生意赚下的利息来开支。

3. 经费开支情况。我县教员是薪金制，1944年职员16人，支米75石7斗7升6合，麦子54石9斗9升，款边洋17273595元。1945年职员11人，支米8石2斗9升，支麦子41石4斗8升，款券洋248502元。今年完小职员5人，校长每月麦子9斗5升，教导主任每月9斗3升；教员9斗，伙夫1人，是津贴制。公立学校教员10人，20名学生以上者每月麦子8斗，20名学生以下15名以上每月7斗5升。在上半年支麦50石9斗4升2合，券洋153994.5元。另外给贫苦教员补麦子2石，完小校长敬规五和教员都是每人1石。

五、干部情况

本县教员的质量很差，因为大多数只是在完小毕业，外面干部只有3人，均在完小工作。对好的教员做了奖励，坏的做了批评和纠正。如今年在暑期开教联会时，李文焕、王贵德、赵具仁工作积极，把学生教好，群众很信任，在教联会上给了物质奖励。×××、×××有的去年教的学校很好，有学生30多名，今年只有十几名学生，并且不安心工作，私自处罚群众，和区乡干部关系搞得不好，经常回家，完小教导主任××用板子打学生，都已经通过会议纠正、教育，给了处分，此后工作很积极。象〔像〕×××过去到开学时期，还在拖延着不按期开学，在今年下半年开学时，早几日到学校等着开学。××打学生经过多次谈话不改正，从这次纠正后再未打过学生。

今后要提高教员的质量，须上面多派几名教员，应调换本地不称职教员学习一个时期，不然就要上面多供给参考书籍和学习材料。

六、学制、课程与教材

1. 四二制的执行。完小六年级国语在三二制国语课中选择教，在《解放报》上还选些文章教授。五年级国语同上，选择教材教授，特别着重三二制国语三册施教。四年级国语教高级国语一册，一、二、三年级根据三二制初级课本教。高级公民教材根据《解放报》，选时事问题讲，一般的普通常识及社会常识和边区的政策等结合教材教授。算术根据旧有三二制课本教学。总之，拣选教材都是根据各年级程度施教。四二制在执行中最大困难是课本未能按时供给，并且所印出的课本又不按次序，即有一册没二册，有三册没四册。群众对此反映应该依次序印刷出版。

2. 完、普、民小的课程。完小高年级有国语、算术、珠算、政治、自然、历史、地理、卫生，每天写一篇日记，每一礼拜一次到两次作文。初年级有国语、算术、珠算、常识，二、三年级也记日记。其他各普、民小学部分课程同上。有的普、民小课本不够用，给学生教的有《七言杂字》《百家姓》《三字经》，其他各种杂字有些是学生家长要求的。

七、社会教育工作

在1944年本县办冬学80处，学生796名，获得了不少成绩，尤其是延安派来的冬学教员教的成绩显著。如新营湾叶冷、南关马威、赵沟门陈麦波、高寨沟贺成辉等处学生，识了500—1000字的很多，会认并且会写。如冬学学生何根印，年8岁，认会了庄稼杂字书本，背过书本只有6个字未写上，共写了850个字——这是我们三科张博亲自测验过的。凡是农村中找教员办的冬学是有名无实，因为干部没有信心，怕麻烦，不吃苦，送上门教认为自己太下贱，思想不通。因此，今后冬学工作要开展，完全要干部决定一切。1945年的冬学，县政府决定应在普、民、私小有基础的地方附设冬学，决定11月20日开学。另外，1944年冬学要生下根，应在人口集中、又有识字需要的地方来办冬学。决定11月20日开学，但是正遇扩兵征粮时节，因此将冬学挤垮了，一处也未办起。今年的冬学工作我们还是按1945年的计划、决定执行，特此报告。

以上将本县3年来的教育工作情况具文备函呈上，如有不适合的地方请指示为盼！

此致

敬礼

环县县长　陈聚魁

1946年10月25日

（抄自庆阳地区档案馆环县政府卷35号）

【资料来源】

中共庆阳地委党史资料征集办公室编，刘凤阁主编：《陕甘宁边区陇东的文教卫生事业》，内部资料，1992年，第504—509页。

30. 陕甘宁边区一九四六年到一九四八年建设计划方案（节录）

（1946年4月1日边区政府提出，4月23日边区三届参议会一次大会通过）

文教建设部分

边区文教建设在民主政治条件下已于抗战期间克服了各种困难，获得巨大成绩。前年冬季边区文教大会后，群众文化运动更有进一步的开展。在今后和平建设新时期随着人民经济的发展，边区文教建设必须更有计划地进行，为此，特就下列各方面提出初步方案：

甲　关于大学教育

（一）现在的延安大学负有两种任务，一为培养本地较高级的知识分子，一为提高边区中级的现任干部，以适应新时期边区各项建设工作的需要。在此方针下目前除设一高中部及各种专门性质（如农业、司法等）的班次外，拟另成立一文艺研究室，培养边区各文艺团体的干部与中学艺术教员。上述各班、部、室的教育计划均以适应边区需要与可能订定之。并计划于最近三年内各班系毕业干部三百人，高中毕业生两千人。

（二）为保证延大教育质量的提高，除由边府责成各政府主管部门对学校内有关的班次（如政府司法部门对学校司法班）负实际帮助责任外，应从边区各工作部门中征调若干有教育经验的干部及由边区外边聘请名教授到延大任职，并在全边区教育经费内规定延大必需经费，按时由财厅发给。

（三）大学教职员的待遇应设法改善与提高，详细办法由延大规定提交政府批准执行。

乙　关于中等教育

（一）边区各中等学校的任务为有计划地培养边区中级知识分子（主要吸收完小毕业生）与提高现任区乡干部的文化（通过现有之地干班）。

（二）各中等学校的文化教育必须提高。除地干班课程主要为学习文化外，各普通班亦应着重国文课并适当配备其他科学课目，实行严格的入学考试与毕业考试。关于中学学制、教材及课程时间的分配等，另由教厅根据本年中等教育会议的提案具体规定提请政府批准执行。计划于三年内各中等学校普通班（师范班在内）毕业学生一千五百人，各地干班毕业学生一千人，共两千五百人。

（三）各校经费均由政府按时发给，逐渐改变教职员的供给制待遇为薪金制，其规定标准应包括照顾教职员家属生活的需要。目前仍受供给制待遇的教职员应酌发津贴费。学校图书仪器的设备，必须增置。现各校所缺教职员数目甚大（共约一百二十名），由政府设法调遣或向外聘请。

丙　关于国民教育

（一）各完小及公立普小的教育应从提高师资、按时供给课本及克服学生流动现象等方面来提高其质量，计划于三年内培养完小（干小在内）高级毕业生两千六百人。民办村学仍应在需要与自愿原则下继续推广，但今年应以巩固为主不求扩大。

（二）边区社会教育的中心内容为识字运动与卫生教育，各地小学、民教馆、文工团及读报识字组等应起据点或桥梁作用。每年冬季各县应认真地有计划地开办冬学、夜校，以期逐渐消灭边区大量文盲存在的现象。

（三）关于提高小学师资及改善教员待遇方面，教育厅最近已总结了各方面的许多意见和经验，如：各中学设师范班，各分区开办短期师资训练班，假期举行教员座谈会，供给教职员各种必需书报的规定、改变目前的供给制为薪金制及年功加俸制等均应研究执行。

（四）各县三科应经常参加对该县教育干部与教育经费的管理，负责清理该县的教产。

（五）教厅应于一年内完成小学教材的编印并计划出版教员参考书及儿童读物等。

【资料来源】

甘肃省社会科学院历史研究室编：《陕甘宁革命根据地史料选辑》第三辑，甘肃人民出版社，1983年，第108—123页。

《陕甘宁边区第三届参议会第一次大会汇刊》，第三届参议会常驻会编印，1946年，第89—112页。

31. 陕甘宁边区政府命令
——令发《陕甘宁边区战时教育方案》

〔胜字第8号〕

（1946年12月10日）

各专员、各县（市）长、各中学校长：

兹根据边区第五届三科长联席会议的讨论，制定战时教育方案随令发下，仰各专员、各县（市）长及各中学校长依照各该处的具体情况，订出详细计划，逐步实施为要！

此令

主　　席　林伯渠
副 主 席　李鼎铭
　　　　　刘景范
教育厅长　贺连城
副 厅 长　江隆基

附：陕甘宁边区战时教育方案

一、任务与方针

国民党反动派依靠美帝国主义的支持和援助，发动全面内战，企图以其封建买办性的法西斯黑暗统治，加在我解放区人民的头上。我解放区军民奋起自卫，已给予反对派无数次的严重打击。现在蒋介石又调兵遣将，准备大规模进攻延安，这是他在政治上和军事上没有出路的冒险行为，是孤注一掷自取灭亡的表现。为着保卫边区，保卫延安，彻底粉碎蒋介石的军事进攻，我们必须普遍发动群众，动员一切力量，为人民自卫战争的胜利而奋斗！

各级学校及一切社教组织亦应立即动员起来，发挥教育上的有生力量，直接或间接地为自卫战争服务。一切教育工作者都应成为保卫边区的宣传员与组织者。目前教育工作的中心任务是配合军事、政治、经济、群运等工作，争取人民自卫战争的胜利。为了达到这个目的，我们必须根据以下的方针去进行工作。

1. 向广大群众解释战争的性质及目的，使每个人都懂得蒋介石所发动的进攻解放区的内战，是想维持个人独裁，继续出卖祖国，进一步压榨人民的非正义的反动战争；而我们所进行的武装抵抗，则是为了保卫独立、和平、民主与维护全中国人民利益的正义的自卫战争。

2. 揭露蒋管区贪污腐化、特务横行、横征暴敛、民不聊生的惨状，宣传我边区丰衣足食、民主自由、工人有工做、耕者有其田、商人有钱赚、学生有书读的幸福生活，以激发广大群众热爱边区，同仇敌忾，为争取中国独立民主奋斗到底的决心。

3. 向广大群众宣传国民党反动派军民对立、官兵对立、军心厌战、民心反战的情形，说明我边区军民一家、官兵一致、士气旺盛、愈战愈强的实况，以提高与巩固群众对蒋军必败、我军必胜的信心。

4. 暴露蒋家军奸淫掳掠、无恶不作的残暴行为，宣扬八路军为民除害、奋不顾身的英勇牺牲精神，使广大群众深切认识自卫战争与人民利益的血肉相连的关系，因而更加爱护军队，积极参战，用一切力量与一切方式来支援前线，争取人民自卫战争的最后胜利。

二、实施原则

1. 社会教育与学校教育相联系。学校教育以儿童与青年为主要对象，社会教育以成年为主要对象，但两者是有密切联系的。把学校作为据点来推动社会教育，以儿童做小先生去教育一般群众，不仅帮助了社教，而且充实了学校教育的内容。平时教育工作曾以学校为重心，但在战时就必须提高社教的作用，以便发动广大的成、青年直接或间接地参加战争。

2. 时事教育与文化教育相配合。在平时多注意文化教育是应该的；但在战时，群众最关心的是时事问题。因此无论社教学教，都要把时事教育大大加强，应该有计划有系统地宣传时事，以提高群众的政治积极性。时事教育与文化教育应互相联系起来，在学习文化的过程中注意时事政治，在宣传时事时兼学文化。

3. 教育内容与战争生活相结合。以战时各种生动的范例做活的教材去教育广大群众，加强课外活动与社会活动以充实课堂教学。必要时教员可率领学生一面参加战时工作，一面进行宣传教育活动。

4. 根据不同地区采取不同的工作方式。在巩固区和广大农村，以就现状加以改革，充实新的内容，加强社教活动为原则；在边缘区、交通线或敌人主攻方面，以转移分散和参加战时工作为原则；在敌占区以隐蔽埋伏或撤退为原则；在新解放区以争取原有教育干部、利用原有教育组织、逐渐加以改造为原则。

三、教育内容与组织形式

1. 学校教育方面，应将某些课程加以适当补充，增加一些新的内容，使适合战争的需要。

①国语、政治及公民课应着重培养革命观点、群众观点，坚决、勇敢及拥军尚武的精神，并应向学生解释美帝国主义对华侵略政策及蒋介石封建买办性的法西斯专政的实质。

②史地课应发扬民族气节与反抗强暴的历史传统，及民族英雄与革命烈士英勇奋斗的史迹，并联系战争形势，说明各解放区的概况，以提高其保卫边区的高度热情。

③理化或自然、卫生课应添授防空防毒、急救看护、熬硝炼磺、制造火药和地雷等实用知识。

④体育课应加简单的军事训练，学习侦察、通讯、站岗、放哨、坚壁清野、埋地雷、掷炸弹等实际技能，并培养迅速敏捷、灵活机动的生活习惯，使教员及年龄较大的学生具备最低限度的自卫能力。

⑤根据时局发展和学校的具体情况，把课程及授课时间酌予变动，如增加时事、军事及社会活动时间，并减少一些不急需的课程。

⑥加强学生会或儿童团的组织及工作，发挥学生的积极性和创造性，使他们充分开

展壁报、黑板报、歌咏、秧歌、戏剧、讲演、访问、慰劳、拥军优抗、动员参战等课外活动和社会活动。

2. 社会教育方面以时事政治教育为主要内容，利用报纸战讯及战时实际生活为教材，授以生产节约、拥军优抗、争取俘虏、自卫防奸、空舍清野、救护防毒、担架运输等实际知识与技能，在各种社教组织中应特别加强下列各种组织的作用。

①尽量在各城镇及较大的村庄办黑板报，登载胜利新闻，表扬八路军及民兵的英勇故事，以及各地群众参军参战等生动材料。

②利用识字组进行读报，把时事教育与文化教育联系起来，在了解时事过程中配合识字。

③加强民教馆的工作。除民教馆本身工作外，还可流动到各处做宣传、讲演、展览等活动。

④组织秧歌队、歌咏队、演剧队等，与各地的文艺团体取得联系，配合进行工作。

⑤组织民间艺人，创作通俗短小的文艺作品，发挥瞎子说书的作用，号召一切说书的瞎子走韩起祥的道路。

⑥今年冬季，区乡级干部忙于战争动员工作，不便实行集中训练，各县区政府可于检查或总结某一动员工作时，来配合检查每个干部的思想作风，帮助干部建立"一切服从战争""一切为着胜利"的思想。

⑦今年冬学指示前已发下，当此战争动员时期，各处冬学应与民兵游击队的训练相结合，派员到这些战斗组织中去读报和宣传时事，附带进行文化教育，同时指导一切冬学生帮助战争动员工作。

3. 如果战争到来，原有的学校与社教组织不能适应战争环境时，可采取下列步骤进行工作。

①把年龄太小不能离家的学生加以疏散，按村编为小组，使之参加儿童团的工作；教员尽可能采取轮教的方式，坚持教育，继续宣传时事及对实际工作之指导。假若沦于敌后，在情况许可下，可教小学生进行隐蔽的宣传及情报通讯等活动。

②率领大学生撤退或转移，参加兵站、通讯站、俘虏营、野战医院等工作；教员亦随同参加指导，并进行可能的教育，保持学校行政联系，以便随时调动和集中。

③根据当时当地情况，派一部分教员和学生到民兵游击队、担架队、运输队等组织中去进行宣传教育活动。

④如有干部，还可组织流动宣传队、战地服务团或战时教育辅导团，进行各种助战工作，并协助各种战争动员，以提高群众的参战热情。

四、领导

1. 战时教育不能与平时教育割裂，而是在平时教育的基础上加以改造和发展。战时教育不是孤立的，应和其他各种工作密切联系起来，携手并进。领导者应权衡轻重，照顾全局，不能孤立地片面地强调教育，也不能因战争环境而放弃可能进行和必须进行的教育工作。

2. 为了加强领导，建议由县委宣传部、县府三科、民兵大队部及群众团体组成宣教委员会，作为县动委会的一个组成部分，在动委会统一领导下订出一定时期的宣教计划，分工负责，按时检查。

3. 战时教育工作仍应照顾到群众的"自愿与需要"。一般群众所感到的常是局部的或眼前的需要，而忽视全体的或长远的需要，这就要靠我们在工作中来启发群众的自觉与自愿，反对借口忙碌而放任自流，同时也反对借口战争而实行强迫命令。

4. 对一切教育干部应进行深入的全面的了解，并做适当的配备与调整。如在边缘区应配备较强的本地干部，尽可能在群众掩护下坚持教育工作。万一不能坚持时，便参加区乡政府的动员工作，配合社会教育来进行宣传与组织群众。使较弱的干部参加后方工作。在战争威胁较大的地区，学校转移疏散或停办，多余的干部可参加其他部门的工作。但教育领导机关须切实登记，并保持必要的联系，以便情况恢复常态时立即调回，继续开展教育工作。爱护干部，保证干部的安全，是领导机关不可忽视的责任。

5. 领导上应有远见，要随时注意战争发展的形势，灵活地去布置工作。如遇情况紧急时，可将学校组织变为社教形式，或将固定集中的学校转为流动分散的轮学。战时化整为零，战后即集零为整。在敌人可能侵入时要准备如何隐蔽或撤退，当我军进攻时要配合开展新区的工作。在战争情况下，上下级的联系可能要迟缓些，因此，应主动地加强与当地最高领导机关的联系，以便及时处理问题。

【资料来源】

关保英主编：《陕甘宁边区行政救助法典汇编》，山东人民出版社，2016年，第351—355页。

甘肃省社会科学院历史研究室编：《陕甘宁革命根据地史料选辑》第三辑，甘肃人民出版社，1983年，第191—196页。

陕西省档案馆、陕西省社会科学院合编：《陕甘宁边区政府文件选编》第十一辑，档案出版社，1991年，第29—35页。

32. 陕甘宁边区政府对边区第一届参议会的工作报告（节录）

林伯渠

创办抗日军人家属学校：为了提高抗日军人家属的政治文化水平，给他们以充分的与有系统的受教育的机会，培养他们成为抗战的干部，曾创办了一个抗日军人家属学校。该校先后收容学生三百余人，已毕业的在百人以上。

…………

为了培养中华民族的优秀后代，减少革命干部的家庭顾虑，边区政府曾在前年建立了托儿所，首先免费收容工作人员的婴儿，现在收容儿童数已达二百余名，且在继续扩大中。两年来虽因为管理经验缺乏，以及物质条件的限制，还未能达到期望的成绩，然而却开辟了边区培养健全后代和减少工作人员家庭顾虑的门路；尤其是因为获得了各方面的帮助，使儿童获得了较为优良的待遇。如每三个儿童有一个保姆，五个幼稚生有一个教员；每天有白面、白米及代乳粉和牛羊奶等较好滋养料的供给；同时住的房屋亦较为舒适；儿童文化、卫生设备亦已稍得具备。对于幼稚生进行了抗日救国的教育，这于培养民族优秀后代是有极大贡献的。

…………

边区实行国防教育的目的，在于提高人民文化政治水平，加强人民的民族自信心与自尊心，使人们自愿地积极地为抗战建国事业而奋斗，培养抗战干部，供给抗战各方面的需要，教育新后代使成为将来新中国的优良建设者。

国防教育的实施，虽然因为边区财政困难以及各种物质条件的困难而受到了限制，然而在全国范围内，边区是第一个创造与实行国防教育的，把教育从少数人的专有品中解放了出来，把教育和实际生活打成了一片，使教育成为抗战的一个有力的武器。我们在这一工作中，得到了许多宝贵的成绩，给予抗战以很大的贡献。

边区是一块文化教育的荒地，学校稀少，知识分子若凤毛麟角，识字者亦极稀少。在某些县如盐池一百人中识字者有两人，再如华池等县则两百人中仅有一人。平均起来，识字的人只占全人口百分之一。至于小学，全边区过去也仅有一百二十个，并且主要是富有者的子弟。整个边区的中学生是屈指可数的。社会教育简直是绝无仅有的事。数年以来，文化教育的发展蒸蒸日上，以惊人的速度进步着。下面的统计表就是一个明证：

小学教育发展状况表

时间	学校数量/个	学生数量/名
未成边区以前	一二〇	不详
二十六年春季	三二〇	五〇〇〇
二十六年秋季	五四五	一〇三九六
二十七年春季	七〇六	一四二〇七
二十七年秋季	七七三	一六七二五

…………

为要普及边区国防教育，培养抗战人才，教育民族新后代，提高边区人民文化政治水平，加强国防教育工作是当前迫切的任务，因此应该：

一、在现有的基础上，加强学校的质量，要达到每个小学至少在二十个学生以上，教员必须做到完全称职的合格的，教授方法和教材合乎教厅的规定。加强各县的模范小学校，作为所有小学的借鉴。同时在某些区域必须添设小学的，则应继续添设。

二、鲁迅师范和边区中学，应提高质量，其学生应从边区以内吸收，以创造新的师资，培养青年干部。

三、广泛发展社会教育，实行削减文盲，以提高失学青年和成年的文化水平，建立真正有内容的认字组、夜校、半日学校，向着每个人民能识一千字的方向做去。

四、开办实用科学研究所，以发展工业、植物、土木工程、动物、化学、地质等的科学研究，造就科学人才，以供应发展国防经济之需要。

【资料来源】

中国科学院历史研究所第三所编辑：《陕甘宁边区参议会文献汇辑》，科学出版社，1958年，第9—33页。

33. 陕甘宁边区政府指示
——关于恢复老区国民教育工作

〔产字第4号〕
（1948年7月8日）

各专员、县（市）长：

（一）边区国民教育，历年以来，在各级政府的倡导与广大人民的支持下，曾不断发展。完小毕业学生百分之四十以上参加了边区工作，成为区乡干部的重要来源之一；在解放战争中完小学生参军参战者，为数亦复不少，对保卫边区和支援前线，均有不少贡献。但自从蒋、胡、马匪军大举进犯边区以后，各级学校的设备几被破坏无遗；加以普遍灾荒，群众无力送子弟入学，边区国民教育遂大部陷于停顿状态。目前解放战争已移至蒋管区进行，老区绝大多数县份已不受战争的直接影响，且夏收以后，灾荒亦将逐渐消除，恢复文教建设的条件已渐次具备。为了加紧教育革命的后一代，培养地方初级干部或予〔预〕备干部，今年暑期以后各县必须根据需要和可能条件，有计划地逐渐恢复学校及必要的社教组织。

（二）恢复国民教育的重心应放在完小。老区各县应集中力量办好一个或几个完小。初级小学应依据民办公助方针，在可能条件下，逐渐地恢复或创办。原有公办的普小，如因财政困难与干部缺乏，一时无法恢复者，可视学校基础和群众力量逐渐转为民办，以期做到初小一律交由民办。民办小学仍应根据群众的自愿与需要，以重质不重量为原则，要防止贪图数量而采取强迫命令的方式，也要反对借口困难而采取自流放任的态度。各级政府应利用一切可能劝导群众自动起来办学；既经开办之后，又要注意领导，经常巡视检查，帮助改进业务，解决具体困难。区署应有重点地选择一个地点适中、基础较好、学生较多的初小加强领导，多于〔予〕帮助，使它成为本区初小的中心，起核心示范的作用。

社会教育以学校和民教馆为据点去开展，原有各城镇之民教馆，应尽可能地设法恢复。民教馆及学校均应根据群众的需要，附设半日学校或夜校、识字组或读报组、黑板报或墙报，以群众现实生活中的生动材料，去提高群众的政治认识与文化水平。

（三）无论学校教育或社会教育都应与战争生产及群众运动相结合。通过校内外的各种活动去帮助发动群众，提高群众的支前热忱与生产情绪，并以此教育学生。任何使学校与群众脱节、教育与现实脱节的恶劣作风，必须坚决纠正。

（四）各级教育行政机构（即三科组织），应根据工作的需要，分别予以恢复。除本府已明令恢复者外，其他各县在学校发展至十五处以上时，亦宜即行恢复，以便加强领导。专署及县三科是具体执行文教政策，推动文教工作的枢纽，须经常巡视、检查、指导业务，反映情况，总结经验。嗣后各县三科长的调动必须通知教育厅，完小校长的调动必须通知专署。

（五）原任教员，由于战争的需要，多被调做其他工作，目前教育干部极感缺乏，教育厅虽积极设法筹调，但只能照顾帮助新区，老区原则上应自行解决。应将战争中疏散回家的小学教员、休学的中学生、年龄较大程度较好的完小高年级生集中加以短期训练后使用。边境地区还可吸收外来进步的知识分子。各级领导应加强对教育干部的关怀与教育，经常在工作上帮助他们，在政治上提高他们，多给阅读有关的文件和参加有关的会议。各级负责同志应将教育工作当作自己的重要业务之一，定期讨论研究，加强领导，纠正对教育工作忽视或领导不正常的现象。

（六）教职员待遇决定普遍实行薪金制，但因目前边区仍处在战争和灾荒的环境，尚难恢复到战前的标准。各地小学教员的薪米暂时规定如下：

绥德分区每人每月小米三斗；延属、三边、陇东小米三斗五升；关中老区麦子四斗五升；校长、主任可酌量增加三五升，以重职责；民教馆、图书馆职员与小学教员同等待遇。以上标准只是一般规定，各分区还可根据各县不同情况在以上原则下加以伸缩。凡工作有成绩家庭十分困难者，可斟酌情形予以救济。

（七）目前边区一切财力、物力仍以支援前线为主。为了不加重人民的负担，各项行政经费应力求紧缩。学校设备暂维现状，停止一切修建。完小和民教馆的经费，各县应按可能恢复的数量及开支标准提出精确预算呈报边府，经核准后在征粮时附加征收。

初小经费一律以群众自筹为原则，政府只能在十分必要时酌予补助。

（八）教育厅过去编印的教材，战争中已全部损失，现正（在）重编赶印中。因纸张印刷等条件的困难，下半年仍难全部供给，估计开学前可以印出的有初级国语六册，补充教材一册；高级国语四册，补充教材一册；史地一、二、三册。算术、自然可选教育厅以前所编之旧课本；高小公民、初小常识等，可从《群众日报》及各分区报纸上自行取材编选，但须经县府审查。

以上指示各点，希即研究执行，并将执行情形报告本府。

主　　　席　林伯渠
副　主　席　杨明轩
　　　　　　刘景范
教育厅厅长　贺连城
教育厅副厅长　江隆基

【资料来源】

关保英主编：《陕甘宁边区行政救助法典汇编》，山东人民出版社，2016年，第419—421页。

甘肃省社会科学院历史研究室编：《陕甘宁革命根据地史料选辑》第三辑，甘肃人民出版社，1983年，第287—289页。

陕西省档案馆、陕西省社会科学院合编：《陕甘宁边区政府文件选辑》第十二辑，档案出版社，1991年，第138—140页。

34. 陕甘宁边区政府关于开展黄龙分区国民教育的指示

〔产字第12号〕

（1948年11月2日）

黑、王专员并转各县长：

一、黄龙分区的国民教育，赖我党政军的协力领导和当地教育界人士的竭诚帮助，解放不久，即已渐次恢复。暑假期间各县又举办教师座谈会，研讨了新民主主义教育的方针任务及实施方法，启发了与会教员的思想。现学校均经初步整理，并已全部或大部开学。但由于分区国民教育在国民党长期反动统治下曾被用作奴化青年和儿童的工具，思想毒素，播植已深。因之开展分区国民教育，除在可能条件下尽量恢复原有学校数量外，尤应大力改进原有学校质量。目前前者已见成效，后者尚待努力。

二、提高教职员，是改进国民教育的关键，因之对分区小学教职员必须加紧团结，帮助其建立经常的个人和集体的进修制度，使他们在日常学习和工作中逐渐进步提高。为此专署及各县三科应即计划进行如下工作：

（甲）督促各区以区为单位，以完小为中心，由区长或区教育助理员（有十处以上学校之区设立此职）和完小校长协同领导，拟定本区教员分期进修计划，进行学习，并定期集会讨论。其政治学习，应以时事、政策为主；其业务学习，应从工作中存在的实际问题出发，着重研究各科教材、教法及对学生生活、思想问题的指导等。

（乙）计划利用今年寒假继续举办教师座谈会，检讨工作，总结经验。

（丙）继续争取在乡尚未就业的知识分子，通过各区各完小直接与他们取得经常联系，吸收他们参加各种座谈会，并根据不同情况分别吸收参加工作或介绍学习。曾参加今年暑期座谈会者，必须妥为安置。

三、完小由县政府直接领导，专署应经常派员巡视、检查、督导；初小由乡政府直接领导，区署应经常派员巡视、检查、督导（未设立教育助理员之区，应指定干部兼管教育工作）。各县应集中力量办好一个或几个完小，以便取得经验。推动办好其他学校。为此特将学制、课程、教材、组织等问题重新研究确定如下：

（甲）学制暂时维持四二制原状，但明年起应添设春季始业班，以便适应群众需要和儿童入学。

（乙）课程确定高年级为公民、国语、算术、史地、自然、音乐、美术、体育；初年级为国语、算术、常识、美术、音乐、体育（初级一、二年级的音乐、体育合为唱游）。各种课程统须联系实际，学用一致。

（丙）教材：国语、史地必须采用本府教育厅编印的课本及选用高级国语补充教材；算术、自然可选择较好的旧课本加以必要的删改暂时应用；公民、常识在有新课本前，可暂从《群众日报》选材，讲解时事和政治常识，并联系学校和学生实际，进行新的纪律、思想、生活教育。旧公民课本一律禁用。课本不足者暂以油印或抄写办法解决。自编者统须由县政府负责审查。

（丁）组织：应将教务处与训育处合并为教导处，加强教员职责。从各种课程的教授和儿童的日常生活中，随时随地启发儿童重视科学、劳动，敬爱劳动人民，培植为劳动人民服务的思想。为提倡自动自治，互助友爱，实践民主生活，高、中年级可成立学生会，低年级可成立儿童团，有领导地参加校内外各种活动，以补课堂教育的不足。生活思想教育以劝导说服为主，绝对废止体罚。

（戊）女子教育，急需加以提倡。可能并必要时，可试办女子小学或在完小设女子班。对于贫苦的男女学生，应给以适当的照顾。

四、社会教育在黄龙分区极为重要。学校和民教馆，是进行社会教育的重要据点。充分利用完小学生的课外时间和回家机会，实行小先生制，普及群众教育，特别是女子教育；应充分发挥教员、学生、民教工作人员等的积极性，根据群众需要和本身条件，组织各种读报组、识字组、黑板报、墙报、半日班、夜校等文化组织，联系群众生活，提高群众觉悟。如有条件还可组织秧歌队（儿童的和群众的），准备春节期间的娱乐宣传，发挥其教育作用。

五、学校经费除完小、民教馆外，初小一律由群众自筹解决。已有基金者可由地方有威望人士组织校董会负责管理；没有基金者可组织地方有威望人士适当筹募并组成校董会负责管理。此项工作应由各级政府领导进行，免生弊端。各县为适当调剂国民教育经费，以求普遍发展，应即派人清理全县及各校原有教育款产，成立保管委员会，以资专责。

六、为了解分区教育情况，加强领导，专署及各县应遵照边府八月十七日的指示，定期作成教育工作报告，寄来本府。

主　席　林伯渠

副主席　杨明轩

刘景范

【资料来源】

甘肃省社会科学院历史研究室编：《陕甘宁革命根据地史料选辑》第三辑，甘肃人民出版社，1983年，第305—307页。

陕西省档案馆、陕西省社会科学院合编：《陕甘宁边区政府文件选编》第十二辑，档案出版社，1991年，第262—264页。

35. 中共中央西北局关于黄龙新区学校教育的指示

（1948年）

一、黄龙九县解放前，共有中学十三、完小七十余处，这些学校虽然过去都为国民党所主办，进行反共反人民的教育，灌输封建奴化思想，但大多数学生均为农民子弟，他们入学多为逃避兵役，其家庭或多或少地遭受国民党反动派的压迫、损害或限制，对我党我军坚决保卫人民利益的政策和行动表示同情。因此，争取改造其为人民服务是完全可能的。但自我军进入黄龙后，除韩、郃等县中学已开学外，其他中学多陷停顿，一般小学校校数、人数，亦均缩减。其原因固然是蒋匪军败退时的摧残破坏，社会秩序尚未纳入正轨，目前群众运动亦未很好发动，政策宣传未能普遍深入，加以蒋匪长期奴化教育的影响，及特务的造谣破坏，致有不少教员学生怀疑观望，但更主要的原因还是我们未能及时采取有效办法，更积极地去进行工作。

二、因之，办好新区学校教育，争取教育改造广大青年学生，就成为目前新区建设工作中刻不容缓的一项重要任务。凡我军所到地区，对于当地学校，应采取严格保护政策。在该地区已稳定时，则应根据可能条件设法使之开学，并有重点地派遣得力干部，主持领导（首先是中学），用办好少数学校（分区集中办好一个或几个中学，县集中办好一个或几个完小）的办法，去推动办好其余学校。各县临时性的短期训练班，应与学校教育适当分工，以便有计划地、不断地培养青年知识分子，参加新民主主义的建设事业。

三、为实现在新区培养大量新知识分子的方针，必须正确地团结当地的教育工作者来进行。对于他们，除了少数确系极反动分子或破坏分子外，均应争取他们合作；一律排斥或不去帮助改造的态度，都是错误的。应在实际合作过程中，帮助他们认识真理，逐渐改变其错误的反动的思想观点。但帮助进步与争取他们安心工作的必要条件，是政治上的提高与生活上的照顾。对新区教职员的物质待遇，一般应不低于国民党统治时的薪金；对于青年学生，一律采取教育改造方针，欢迎他们入学；对于广大劳动群众子弟，尤应给予入学的便利条件。

由于国民党施行党化教育的结果，教职学员中，党团分子占有相当数量，其中且有少数特务分子、破坏分子。我们对于国民党、三青团残害青年的思想毒害，必须彻底清除；对其反动组织，必须坚决解散。但应认识到国民党、三青团反动派的罪恶活动，一般党团分子并不能负主要责任，特别是被蒙蔽一时的青年学生，对于他们，应予以同情，加以热情地对待，积极地进行教育改造，采用民主座谈方式，公开揭发国民党在青年中的欺骗宣传，控诉其罪恶毒害，只要他们思想觉悟，愿意站在人民方面，我们都应争取、教育团结之。只有个别顽固不改、争取无效者，才予开除。此种分别处理，应视为极其艰巨细致的教育改造工作，要放在启发思想觉悟的基础上去进行，不应过急地简单地采取普遍登记办法。

四、学校教育必须依据新民主主义教育（即无产阶级领导的、人民大众的反对帝国主义、封建主义和官僚资本主义的教育）方针进行，学校中一切教育实施，均应本着实事求是的科学态度及对人民大众的无限忠诚来教育、培养青年学生，使他们具有为人民服务的思想与一定的科学文化知识，成为人民革命战争及新民主主义建设事业的新生力量。贯彻上述方针的首要步骤，除了领导上注意加强和改进学校教员的质量外，就是适当地调整课程，凡包含法西斯毒素、反共反人民的，应立即停授（如公民）或改变其内容（如国文、史地）；其与目前人民实际需要不太密切者，则可酌量减少（如数理课程中部分不切合实际需要的）或改为选修（如外国语）。教材除国文、史地由教厅陆续供给外，政治常识在教材未正式印发前可根据《群众日报》进行时事政治教育；数学、理化则暂依旧本，或加以必要的删改后讲授。领导学校的中心环节，应放在思想领导上，发扬自我批评与虚心学习的精神，研讨业务，组织教学研究组及寒暑期教员座谈会，并由思想上政治上坚强的干部负责领导，借以提高教员，充实教学内容，改善教学方法，增强教学效率。

五、新的教育，必须和广大人民群众的生活相联系，和人民革命斗争的脉搏相适应，否则就会脱离实际，枯燥无味，毫无生气。

因此，我们的教学方式，决不能停留在课堂教育，教育内容不能满足于书本知识，应根据当前允许的情况，适当地进行生产教育，参加劳动和群众运动，以丰富其学习生活，增进其实际知识，改造其思想，达到学与用的一致。但这一切活动的目的，主要均是为使学习得更完善，学与用更密切地结合。因此必须要有计划、有组织、有指导地进行，才不致浪费时间、精力，减弱学习效果。

六、思想改造过程是进步思想与落后反动思想斗争的过程。教育的主要任务在于根据对方思想水平，启发其觉悟，逐渐培养与提高其革命观点，认识客观真理，认清是非真伪，克服错误思想，建设正确思想。因此，必须避免生硬灌注的方法，养成认真研究、自由争辩、切实刻苦、自我批评的学习风气，发展学生在学习中的自觉性与创造性，采取民主讨论方式，以求得服从真理的一致认识。

上述各项指示原则，各级学校均应研究执行。其他关于新区中小学的学制、课程、学校组织等具体实施办法，教厅当另行颁布。

【资料来源】

甘肃省社会科学院历史研究室编：《陕甘宁革命根据地史料选辑》第三辑，甘肃人民出版社，1983年，第313—316页。

36. 中央关于改革平津两市学校教育的指示

（1949年2月15日）

天津市委，并总前委、华北局、北平市委：

丑灰电悉。

一、平津的学校教育是需要加以改革的。你们所提改革天津国立学校的计划，大体上也是好的。但我们怀疑立即进行这种改革的群众基础，即是否绝大多数的学生和教职员都拥护这种合并和改革，而不会引起某种反抗或误会或不谅解，以致给予特务分子以鼓动群众的机会，妨害事业的进行。我们认为你们在群众中的准备工作是不够的，目前你们应积极在学生及教职员群众中进行这种改革的准备工作，并将准备的情况和程度报告中央，以便中央有根据来下决心进行这种改革和合并。如果这种准备不够，缺乏改革的充分的群众基础，则宁愿将改革与合并的时间推迟，以便你们进行准备。望你们即向各国立学校的学生和教职员说明目前政府财政经济的困难情况，向他们征求意见，如何节省各学校开支及如何合并与改革各学校的组织和教育，而你们自己暂不提出意见，待探知群众中多数的意见后，然后再适当地提出你们意见，经大家讨论，并取得绝大多数赞成后，再实行改革。

二、所有各大学中学的校长教职员，均须从平津各学校原有人员中选择调整，由适当机关加以任命，无法由外面派人去接办。在原有人员中为大多数群众所反对者及坚决的反动分子，必须撤换；新任命的负责人员亦必须是忠实愿意执行我们的教育方针，并为大多数学生和教职员所赞成者。教导主任及政治教员，如你们有适当的人，可派遣少数；如无适当人员，则可不派，让学生和教职员自己去组织研究好了。

三、你们所提限制私立中学的学费及由政府接办私立学校的意见，是错误的，不可采用。对私立中学，你们可只要求他们实行新民主主义的教育方针，取消一些应该取消的课程而外，不要去加以干涉。应让他们继续办下去。

四、关于学生公费制，同意你们所提意见，经过群众讨论，组织评议委员会具体审查决定，通过群众大多数的赞成后，加以改革。

中央

丑删

（根据中央档案原件刊印）

【资料来源】

中央档案馆编：《中共中央文件选集》第十八册（一九四九年一月至九月），中共中央党校出版社，1992年，第134—135页。

37. 陇东专员公署1948年度教育工作总结报告

(1949年4月6日呈)

一、国民教育工作情况

我陇东地区，自胡马匪军进攻之后，致使各地学校均陷停顿，直至去年，尚有庆、合、镇3县地区及曲、环、华3县的边缘区仍为敌占区。因此，教育工作仅仅只是曲、环、华3县较为巩固地区，才逐渐地开始了进行恢复教育工作，特别注意了恢复该3县的完小。宣传教育群众仍本着"民办公助"的教育方针，恢复普小、民小。但马匪数次偷袭曲、华及各地区的土顽时来骚害之下，大部分群众惊慌不安。所以，我们的教育事业，亦没有获得应有收效。关于一般情况分述如下：

甲、教育方针：

一、根据当地所处环境及正在动员一切力量支援解放大西北之下，因经费问题，主要恢复曲、华、环3县之完小。

二、宣传教育群众、发动群众、帮助群众解决困难，在民办公助方针下，恢复普小、民小为原则，经费由群众自已〔己〕筹措来解决。

群众对教育工作的认识问题：

根据曲、环、华3县的主要特点，就是地广人稀、农村分散，对开展教育工作，是一个很不利的条件。但在一般群众中，尚有热心教育事业者甚多，亦有不愿送子女入学的落后群众也不少，尤其目前在支援解放战争中，因人力、物力、财力均感困难，教育人才也缺，想办学校找不到教员等困难下，对开展教育工作是有很大影响的。

但虽有上述困难，还有绝大部分群众，对文化的要求还是迫切需要的，以去年所有办起的普小、民小、私学来研究，多数是在群众自觉、自动下办起的。如环县的魏夺华、杨文学等群众，不怕误工，自动联系学生，给贫苦学生垫学费、买课本、借桌凳，并在去年放寒假时，魏夺华杀猪设席，请市长吃饭，商量办学问题。又如曲子县的张九林等，他们说："娃娃旷〔扩〕大了，没有官学，办私学，没教员等困难较多。"同时，全县的民私学校，有群众办起的11处，筹划经费。劝学生、找教员等问题都是他们自已〔己〕解决的。如这些好的热心教育的群众，是今后文化建设上的很好范例，应将这种范例、经验积极地发扬和推广成群众性的力量。在分散、落后的农村中，广设学校，普及教育，我们应予以适当的改造和领导，以达到消灭文盲、提高群众文化水平，是非常注意的一个重要问题。

并在去年办学过程中，尚有部分落后群众借口困难，不送子弟入学，如华池县地更广、人更稀，办学困难条件更比曲、环多，对念书识字比较更落后。在去年秋季借口种麦、收秋，到冬季借口穿不上棉衣、打场活等困难下推送学生，在干部督促下，万一推不过，就免〔勉〕强送上学，不送吃穿、不买文具等使学校学生不好巩固。这个要取吃的，那个要取穿的，无形中就形成一种流动性，甚至还说"一念书，就成公家人"。尤其不满的一件事，就是一个学校只有学生10多名，要供给两个人的吃穿问题（教员、伙夫），家长感到负担重，供养不起，要求"民小公办"。又如曲子苟家原等民小的家长有意见，送学生念书能行，供给教员的吃穿不行。但公家也不管民校经费问题，使教员的生活问题不能及时得到解决，致工作亦受影响不少。

当然上述事实，也是群众的实际困难问题，在领导上和干部中，只知动员学生，缺乏从群众的实际问题出发，在当时不予具体的帮助和解决，不耐心地说服和解释，使群众对念书认识还不能满意接受，则干部的强迫命令方法和脱离群众的毛病出现了。如悦乐区二乡一处学校，有7名学生，多是强迫入学的，缺乏宣传教育群众，不帮助群众解决问题，不发动群众的力量办学校，对开展教育事业前途是有很大妨害的。关于曲、华、环3县的学校和学生情况列表如下：

		曲子县	环县	华池县	合计
完小情形	校数		1	1	1	3
	学生数	男	20	59	32	111
		女		5		5
		共计	20	64	32	116
	五年级			5		5
	四年级			5		5
	三年级			4		4
	二年级			13		13
	一年级			39		39
	共计		20	64①	32	116
普小	校数		1	2		3
	学生数		16	48		64
民小	校数		3	10	9	22
	学生数		42	121	140	303
私学	校数		10			10
	学生数		104			104
备注			完小、普小、民小、私学共计学生587名

环县完小是上半年恢复的，较为正规，编了班级。华池县完小是秋季恢复的，曲子县是冬季恢复的，因恢复迟，均未编班级。华池县完小正式上课时间两月多，曲子完小采取随来随教，因此该2县完小，不过只能等于两处好初小，可作今年办好完小之基础。各县的普小、民小均为区乡政府和土改工作团配合群众办起的，至于私学都是群众自觉自动办起的，各级的行政力量帮助不够。关于各学校的教学内容和教学法、管理法分述如下：

教材：除完小全部应用新课本外，一般普小、民小、私学大部分采用新旧两种课本。新书有新国语课本，日用杂字、庄稼杂字、识字课本，旧的有四书、《三字经》《百家姓》《弟子规》《朱子家训》《复兴国语》及一些旧杂字。

关于教材问题，各级领导不够积极地购买新课本，解决他们的课本问题，逐渐地禁止封建迷信的一些旧教材。同时还有个别老先生及个别旧知识分子，尚有复古思想，对新书还没有很好的认识，我们已〔也〕没有很好地给以思想教育和改造。这是去年各级领导在进行教育工作中很不够重视的缺点之一。

乙、教育法：

各完小均采取讲解学习联系实际为主的原则，给学生进行教课，特别是环县完小已经建立了锻炼学生的作文、记日记等写作能力办法。各普小、民小、私学大部分采用死

---

① 环县数据疑有误，原文如此。

读死背教学法，一方面因我们对这些教员没有给以指导和改造。

丙、管理法：

各完小及部分普小、民小教员是战前的教员，在他们的思想上，已经消除了打骂制度，都用说服教育方法管学生的。环县完小还采取发扬民主的斗争批评等办法更为有效。大部分民小打骂严重，约束学生的活泼，不能发扬学生的民主自治管理法。这一缺点急〔亟〕待纠正和改造。

上面三项中的优缺点，今后应积极地发扬优点，必须积极地改造缺点。同时应切实地克服和纠正各级领导不重视教育工作的观点，加强指导思想，提高工作效率。

二、党校附设中学情况

1. 学生：学生来源，曲、环、华3县的范围，根据各县的实际情形，学生对象很少，凡战前的完小生、初三年级以上学生，大部均参军、参政工作了。在去年下半年费了很大努力，才动员来学生9名，党校和工委等机关送去6名，共15名。内有店员1名，文盲2名，乡文书2名，初小学生11名，[①]一般文化程度基本都不够中学条件。

2. 课程：以文化为主，政治等课为辅。主要以高小国语、算术及政治常识、卫生常识、自然等为教材。

3. 教学：编了两个班，采用复式教学法，自该中学班成立之后，实际上课时间39天。采用7个步骤教课，即读讲、讨论大意、研究文中问题、研究生字、自由阅读、写作、复习。在教学收获上，两名不识字者能写百余字的日记，原来不能写作者能写日记及短文，尤其在政治上提高一步，打破了原来不愿来中学的思想，已变为有了认识革命思想。

4. 领导上对中学班还不够抓得很紧，督促下面送来学生很少，没完成计划，今后应注意扩大学生，并在毕业前，尽可能保护不分配工作，以资培养一批文教建设人才。

三、干校情况

1. 时间：于去年11月3日开始成立，到今年1月10日放学，前后整两个月的工作时间。

2. 学生大部是行署、地委、工委等机关的学生（子女），系学龄儿童18名，非学龄儿童4名，一面工作一面认字者2名。其中3名未入过学，其他均系初小一年级、四年级学

---

① 此处数字疑有误，原文如此。

生的文化程度，编为甲、乙、丙3个学习小组。

3. 教材：以国语、算术为主，史地常识为辅。学生实际授课时间只有1月多。由念初级一册国语至高级国语一册（因当时买不到初级六册国语），到放学时，有的念完了一本，有的还没念完，又有能写日记的；算术有的学字母，有的已学会二、三位乘除法；史地着重学解放区情形。其次排秧歌剧3个，学会8个歌曲。

4. 缺点：配备干部不适当，不安心工作，不够团结，致教学收效上受了影响。

四、社会教育情形

1. 冬学：在去年仅有曲、环2县及个别学校、个别机关做了冬学工作。曲子在土改的两个区，配合土改整党等工作，帮助群众办冬学9处，多是整日学校，教学以文化为主。教材有新旧两种，还有个别学生学写小字。唯有一处是区乡办起的，是个名义冬学，教员不称职（阴阳）。环县亦发动群众办冬学8处，这8处冬学，缺乏领导检查，教课不正常，成绩收效不大。又有工委领导冬学1处，给群众宣传认字的好处，使学生对认字很有兴趣，给学生教收条、便条、路条、领条、记账、简单信、契约等。在结束时，略识字者能写简单信、条约。其他一般冬学学习时间都是两月余，均在10月间开学，到今年1月间放学。上述冬学在工作收效上均不大，缺点很多，主要是领导上不够重视，不过可做今年开展社教工作的一个开端和一些经验。

2. 夜校情形：只有个别机关和学校做了这一工作，在结束时有识100多个字的、50多个字的，由这一点小成绩来看，对社教工作已有了初步的认识和注意，可做今后普遍推广的一点基础和经验。关于校数、人数列表如下：

		曲子	环县	华池	合计
冬学	校数	10	8	1	19
	学生数	48	81	9	174[①]
夜校	校数	5	1		6
	学生数	37	15		52
识字组	组数				
	人数				
读报组	组数		2		2
	人数				
备注	1.华池一处冬学是工委领导的；2.环县读报组没有提名人数。

---

① 此处数据疑有误，原文如此。

五、行政领导方面

去年各级对领导工作的领导思想上，缺乏重视观点；到了下半年，比较重视了一点，才着手巡视学校，帮助群众恢复学校、开办冬学，找教员、劝学生。特别在巡视各校中，了解了教员的思想、教材内容、教管方法、学生文化程度等各方面的优缺点。当在巡视中，在教员的思想上、工作中做了指导、解释和鼓励，并给个别教员和好的学生做了物质奖励，做了初步的改造工作。同时，也给各学校发了报纸，使教员和学生有了学习材料，在其思想上、政治上提高了一步。

虽已获得了初步成绩，但还存在着不少缺点：各级民教科至年底仍未分开，经常留一、二人整天忙于战勤动员；无专人负责教育工作；对检查巡视学校、了解学校和改造学校等工作，还不够深入和全面。这些缺点，今后必须切实克服和纠正，需要更进一步地加强领导，改进学校，提高工作。

六、今后意见

1. 陇东分区一向为文化比较落后的一个地区，因此教育人才也很缺少，在今春有很多乡村想办学校，找不到教员。希教育厅经常注意，不论多少，能够逐渐地派来男女教员，帮助开展陇东文教建设工作。

2. （略）

3. （略）

4. （略）

【资料来源】

中共庆阳地委党史资料征集办公室编，刘凤阁主编：《陕甘宁边区陇东的文教卫生事业》，内部资料，1992年，第509—516页。

38. 陕甘宁边区政府通知
——为准黄龙专署开办分区干部子女学校

〔生字第47号〕
（1949年5月4日）

王、章厅长，白、刘厅长，贺、江、赵厅长：

黄龙专署四月十六日来呈[①]，请求开办分区干部子女学校，应予照准。教职员一律实行薪金制，其款由公区教育经费内开支；并准予设管理员一，伙夫二，担水夫、保姆各一。特此通知。

主　席　林伯渠
代主席　刘景范
副主席　杨明轩

【资料来源】

关保英主编：《陕甘宁边区行政救助法典汇编》，山东人民出版社，2016年，第476页。

[①] 呈文原缺。

39. 陇东专员公署1949年上半年开学工作简单报告

（1949年5月）

一、开学情况

甲、各级领导如何准备开学情况

1. 在分区已经做了巩固区及收复区的工作计划，给各县指示了教育方针与具体的工作办法，同时分派干部去各县，动员大生产及配合开学工作。在各县帮助工作的同志配合指导下，开学工作已有很大收效。如环县完小在开学时，学生不能按期到校，即指导教员分工各区动员学生，该完小在开学月余之后则到校学生61名。并同县、区、乡级干部在土改动员生产中，进行宣传与动员了各初小学生。如曲子帮助工作同志亦亲自帮助搞完小，检查了情况。其次，给各县解决了学生课本等问题。

2. 各县亦重视了教育工作。在开学前，华池召开了教员座谈会，检讨纠正了教学中封建教管方法（打骂、死读、死背等毛病），因之各教员的思想上、政治觉悟上都提高了一步。并布置了今后工作任务及新的教管方法。曲、环两县，由于当时环境关系，教师座谈会没有开好，解决的问题也比较少。但各县在宣传与帮助区乡级干部在实际动员学生入学的成绩收效方面，亦起了督促指导作用。在宣传目前胜利形势的鼓舞下，发动了群众，提高了群众的政治觉悟，使群众对教育工作有了认识，并组织民办学校的校董会请教员解决经费等问题。自3月初到4月15日截止，在一个半月的时间中，开学工作在各级干部的帮助与指导下和一般群众的自觉自愿之下，仅以学校与学生论，则比去年增加了1倍，这一显着〔著〕成效，由于各级领导重视了教育工作及群众认识了文化的需要。

乙、完小和初小情况

1. 完小：曲子、环县、华池3县各有1处，3县现共有完小学生116名。环县完小现到校学生61名，高五年级生10名，四年级生8名，初级生43名。曲子县完小除现到校学生37名（没高年级生），正在继续扩大学生中（尤其是动员高年级生）。华池完小除现到校学生18名外，亦正在继续动员中。但该完校〔小〕的学生来源，较曲、环困难更多，尤其初小基础差，群众的生活条件困难多，地理条件更不好，因此群众念书的认识亦不太高；并因该县行政领导上也不够重视，该完小要办好，必须县级领导要切实负责，克服上述各种客观困难条件，否则必定办不好。

2. 初小：曲、环、华、合4县现共计初小69处，共学生859名。曲子现开学37处，到校学生436名；环县现开学17处，到校学生247名；华池现开学13处，到校学生129名；合水现开学2处，到校学生51名。①上述完小和初小，共计72处，共计初小学生975名。

3. 一般学校的教学与管理情形：因对一般学校缺乏具体了解，故只有3个学校的简略情况。环县环城区十八里初小教员杨文学，在开学后，协同区乡干部下乡村动员学生，在3天内即动员到校30名学生，该小学现在共到校学生34名。有三年级生5名，每天记日记，内容较好，并对珠算的狮子滚绣球学得很熟。同时每礼拜出墙报1次，主要以批评学生的学习好坏与刺激学生间的学习情绪为目的。又在学校附近进行卫生运动，建立学生负责自已〔己〕家庭的卫生任务，学生互相轮流检查总结好坏等。曲子县合道区钻洞子学校王寿亭教书有经验，勤劳、耐烦、不打骂学生，整天和学生在一起，不摆教员架子，思想进步，文化程度也好，尤其对学生的认字、练习写作颇重视，学生日记内容既连贯又明白（记述环县战役消灭马匪等文），并提出意见免收贫苦生的学费，愿尽义务，因此博得了群众的拥护。该校现到校生36名。这处学校在1947年敌侵占曲子后，依然坚持未放学，该王教员和学生轮流放哨，念边区新课本，如敌人到来即换念一些老杂志等（马匪到该校去过几次）。上述两处初小教员的吃苦作风等好的模范例子，值得今后注意普遍推广。

但各地尚有不合初小条件者亦不少，如曲子县曲子区五乡的一处初小，在成立时，乡上给校董马××说：你把这处初小办好，就将你家民兵下掉。因此该马即摊派学生，

---

① 此处数据疑有误，原文如此。

找范××当教员（吸大烟便信写不了），群众反对不要，要求换教员，没有人选，只得开学，现到校学生只有6名。如此类学校确属脱离群众，不切合实际。这样的学校今后应注意大力改造，以免在群众中降低办学校的威信。

4. 在今春开学中所碰到的困难及解决了的问题：一般说来没有大困难，较为困难者，即缺乏教员，没办法，只得找出了一些老先生、旧知识分子任教员。特别是曲、环两县，虽然一般教员均采用老一套的教管方法，但教员问题也算暂时解决了。不过今后对这些教员的思想政治，教管等方面的改造，是不可容缓的一项主要工作。但华池县的教员问题，迄今仍未解决。虽然一般群众对教育工作认识不及曲、环，在干部的说服下，劝好了学生，确定了地点，到处请不到教员，如元城就有两处初小的学生、地方均搞好，找不到教员，现在还未开学。关于教员问题，在曲、环、华3县来说，如不给予有计划的调剂，则对今后开展教育工作是有很大影响的，尤其希望教育厅亦要照顾这一点。

5. 在今春开学中，还存在着不少缺点：（一）各级领导及各干部对办学校偏重宣传号召，具体地、实际地帮助群众解决问题的精神还不够。特别表现在找教员、买课本等问题方面，分区通知各县到分区书店买书，但各县只喊没书，不积极筹款去买，只等分区解决，使群众埋怨没书念等。分区将书买回，分发各县，亦不很快设法送回，一直放了十几天才带回。如华池一天即可送到县府，亦不想办法送回去。（二）教员问题，亦不主动地、积极地帮助群众解决，至今还有些学校不能开学。（三）偏重了学校数量，对质量与数量并重原则把握不够，各县均有新成立的名不副实的初小。（四）在动员学生的方式上，还缺乏耐心的说服劝导工作，使有些家长还不够自愿送子弟入学，强迫现象依然存在。华池完小学生，仅仅到校学生18名，有些家长借口环境问题，要求叫回学生和不及时送学生上学等顾虑，仍未给以很好的说服解释、打破顾虑说通思想，不但该完小学生不能很快地扩大而影响这18名学生也不好巩固。（五）对发现各边界区群众怕敌顾虑，亦没有积极地设法予以揭破和消除。如曲子县马岭区的边缘乡村，学生家长要求不敢念我们的书，不要我们管他们的学校，他们说我们插手则敌人来了就要吃亏等。但缺乏设法给家长撑腰、出主意、对敌进行斗争等办法，打破怕敌顾虑。

二、今后如何领导和改造学校

1. 改造教员，提高教员。按现有学校教员，大部是老先生、旧知识分子，多是赚钱思想等旧观点，缺乏政治上为人民服务的革命观点。因此必须加强在职教员的学习，改造思想，提高政治觉悟。并在放暑、寒假时，各县应召开教员座谈会，交流教学经验来改造提高。

2. 改造学校、提高学校。应注意在现有学校基础上改进与提高，特别要掌握在提高的指导下来发展学校，否则即会走向自流放任的数量偏向。

3. 根据春季开学经验，必须在上学期要将下半年的课本足够地准备，否则，必会影响学生的学习收效。

4. 经费问题。根据边府财经会，县级以下的学校事业费用，均归地方财政支付。因此，我们在4月份的县长联席会上，讨论决定完小校长、教育主任每月薪金粮5斗（30斤米计），初小教员每月4斗5升，民教馆长每月4斗5升。至于办公，按实物计，完小每月折发米5斗5升，初小1斗4升，民教馆2斗。上述薪金办公标准规定，按陇东当时粮食与物价相比，仅可维持一人生活。但规定该标准时，边府规定的教员待遇标准尚未发来，在接到该指示后，研究决定仍暂照本分区规定执行。

关于初小经费问题，为减轻民费、节约经费，规定在群众自愿成立起之初小则经费仍由群众负担，如有贫苦子弟入学，拿不出学费者，则由地方经费补助之，以便照顾贫苦学生亦有入学机会。

同时凡初小学生在30名以上则可设教员2人，15名以上设教员1人，并为公立初小。如在群众自原〔愿〕成立起之初小不论学生多小〔少〕，则可称为私立初小。但在领导上，必须注意指导检查，供给报纸和学生的课本等，以资提高私学教员的政治觉悟，转变与奠定为人民服务的观点。

【资料来源】

中共庆阳地委党史资料征集办公室编，刘凤阁主编：《陕甘宁边区陇东的文教卫生事业》，内部资料，1992年，第517—521页。

40. 陕甘宁边区教育厅关于教育工作配合土地改革运动的指示

（1947年2月17日）

各分区专员，各中学校长，各县（市）长，第一、二保小校长：

土地改革是今年一切工作的中心，教育工作，应与这一运动密切配合起来。今特指示如下：

一、各学校应配合着这一运动，向学生进行深入的思想教育。在这里——

1. 有教育意义的集会，如对恶霸地主的斗争会，要令学生参加，使学生从实际斗争中了解过去农村剥削制度的不合理与土地改革的必要。

2. 各级政府应随时向所属学校供给有关材料，并令教员参加有关会议。学校教员要组织这项问题的学习，并随时从当地和报纸上搜集生动活泼的材料，向学生讲授。

3. 不同阶级出身的学生，在土地改革中，必有不同的反应，学校要随时搜集该项材料，加以研究，用作思想教育的根据。

在进行过程里，要照顾学生的具体程度。不同年级应采取不同教材与方法。一般说，总结性的大报告方式，在中小学是不大合适的。

教育工作配合这一运动的目的在于使学生在土地改革运动中，了解中国革命的基本问题。今年各校制订思想教育计划时，应把这一重要项目计划进去，并列为重要考绩项目之一。

二、各学校及社教组织，应配合这一运动，进行广大深入的社会宣传。如学校多教农民翻身的歌子，黑板报多登土地改革的故事，秧歌队多编农民翻身的剧本，等等。务使教育工作在土地改革中发挥应有的作用。

希接到指示后，即根据当地具体情况，研究布置。把进行情形随时写为通讯，寄来《教育通讯》发表。学期结束时，并进行总结。

（录自陕西省档案馆筹备处保存的原始档案）

【资料来源】

教育科学研究所筹备处编：《老解放区教育资料选编》，人民教育出版社，1959年，第126—127页。

41. 陕甘宁边区中学、师范、完小教职员及杂务人员待遇暂行办法

（1949年4月15日）

一、为适当改善中学、师范、完小教职员及杂务人员生活并试行薪金制，特制定本办法。

二、为保证教职员及杂务人员生活不受物价波动影响，特规定薪金以日常生活必需品的米、布、油、盐、炭五种实物，依各级政府财政处、科每月二十日所规定之统一物价标准计算之，原则上保证所得货币在当时当地能买到其薪金所规定的实物数量。

三、为了计算方便，实物薪金计算单位为"分"，每分之值等于小米一斤二两（产麦地区以小麦一斤十二两计）及土布三寸，油、盐各半两，石炭二斤半（不产炭地区，以每斤炭折三斤柴计）。未经边区政府或行署命令，每分之值，不得改变。

四、中学、师范学校教员及主任以上职员，每月薪金之值为七十分至九十分；高中、高师教员与主任以上职员，每月薪金之值为八十分至一百分；一般职员每月薪金之值为五十五分至七十分。

五、完小教员及主任以上职员每月薪金之值为五十五分至七十五分，其他职员与公立初小教员每月薪金之值为五十至六十五分。

六、什务人员每月薪金之值为四十五分至六十分。

七、每人每月具体分数，在规定的最低与最高的分数限度内，由各该校于每年年初

根据工作成绩、文化程度、工作简繁、工作态度、为人民教育服务年限等条件，提出意见，完小由县府审核转呈专署批准，中学、师范由专署审核后呈行署或边府批准。

八、全年按十二个月发薪。学期终了离职者，假期薪金，具领二分之一；在学期中途新任及离职者，均按到校与离校之日起止。

九、女教职员及女杂务人员分娩期间，休假六十天，薪金照发。

十、享受薪金待遇之教职员及杂务人员，停止其家庭优待；但子女众多、家无积蓄、专靠薪金无法维持生活之教职员，可由所在学校呈请直接领导该校的上级政府，根据实际情况，酌予补助。

十一、大学及各分区干校中之中学班或师范班的教职员，暂行维持供给制，每月酌量发给津贴。

十二、今后新解放的较大城市之教员待遇另行规定。

十三、本办法自一九四九年四月份起施行。

附注：本办法暂以十六两旧秤及营造尺为计算单位。

【资料来源】

陕西省档案馆、陕西省社会科学院合编：《陕甘宁边区政府文件选编》第十三辑，档案出版社，1991年，第237—238页。

陕西省档案局编：《陕甘宁边区法律法规汇编》，三秦出版社，2010年，第211页。

42. 陕甘宁边区政府关于目前新区国民教育改革的指示

〔产字第25号〕

（1949年7月31日）

各行署主任、专员，县（市）长，各直属市长：

在我解放的城市和乡村，国民教育已渐次恢复，各级政府亟须根据新民主主义教育方针进行研究与改革的工作。国民教育过去在国民党长期反动统治下曾被用作奴化儿童、青年和群众的工具，为少数反动的统治阶级服务，现在要逐步改革其制度、内容使其真正成为人民大众自己的教育。关于目前改革的办法指示如下：

一、小学教育

（一）实行四二制（初四高二）。

（二）小学为人民的基础教育，其任务是为新中国培养新公民，为我们的民族培养新后代。课程以文化为主。对敌伪国民党时期的课程，含有反动内容的加以取缔（公民、童训、户政），繁复的予以合并。改革后的课程，高年级（五、六年级）为政治常识、国语、算术、史地、自然、音乐、美术、体育八门；中年级（三、四年级）为国语、算术、常识、美术、音乐、体育六门；低年级（一、二年级）为国语、算术、美术、唱游四门。教学时间，另行规定。各种课程统须连〔联〕系实际，达到学用一致。

各主要课程教材须采用人民政府审定的课本，在课本未完全印就前，自然、算术可采用较好的旧课本，但须删改其不切合实际的内容；政治与常识（有关思想教育的部分）可暂从《群众日报》或解放区出版的其他书报上选材（由教育厅统一选定），联系实际进行生活、思想、纪律及简单的政治知识的教育。旧公民课本一律禁用。在教学上注入、填鸭的方法必须改变，应使用启发方式，根据儿童程度进行教学。课外指导必须与课堂教育密切结合，先从主要的课程做起。时事、劳动、纪律等教育主要在课外进行。儿童课外活动应予重视，但须有实际教育意义与有计划地进行，且须适度，不得太多，以免妨碍学生的文化学习。

（三）彻底废除抑制儿童思想的训导制度，重视儿童的思想教育。敌伪时期所灌注给儿童一切思想上的毒素须予清除。同时，从各科教学与儿童的日常生活和行动中，随时随地启发与培植儿童重视科学、重视劳动、敬爱劳动人民、为劳动人民服务的思想，养成儿童勤学好问、勤劳朴实、勇敢活泼、互助友爱、集体生活的新作风。进行思想教育应根据儿童的特点与认识程度，运用循循善诱、耐心说服、民主检讨等方式，逐渐提高，反对机械地搬用教育成年人的方法教育儿童。体罚或变相的体罚，应绝对废除。

（四）为了实现民主的集体领导，完小以校长为首与主任、教职员代表（一二人）组织校务委员会，统一领导学校一切工作，并对政府负责。由教职员代表二三人与学生代表一二人组织经费稽核委员会，检查经费开支是否合理及有无贪污浪费现象，以实现经济公开与经济民主。废除训教分立，实行教导合一；在校长与校务委员会下设教育主任，统一管理教导工作。废除级任导师制，班设主任教员。完小的民教部取消，但应兼做社教工作。幼稚班在可能条件下设办。学校在民主集中制原则下建立各种必要的工作制度（会议、报告、工作的计划、检查、总结等）。考核制度予以改变，课业考核实行百分制的记分办法；操行记分制取消，中年级用文字考核，高年级用民主检讨，文字鉴定。学校人事任免办法应行改革，规定校长由县、市政府委任，主任由县、市政府聘任，教员由学校提名、政府批准后聘请。解聘教员须事先呈报政府批准。初小教员由校董会与群众酌商聘请，但须经区署同意。

（五）完小高级学生或高小学生如有组织要求，应帮助建立学生会，其任务是组织同学的学习、管理同学的课外活动与文娱生活、增进师生的团结等，教师应经常给以亲切的指导。小学监护制度改变为辅导办法，以培养儿童的民主自治能力。取消烦琐的不切实用的规则，根据学习、生活和工作的需要定出必要的公约、规则，启发与教育儿童自觉地遵守。

（六）对私立小学除具有反动的政治背景者外，一律采取保护赞助与逐渐改革的方针。凡已开办之私立小学（个人或团体）向人民政府登记，经审查合格者，可继续办理，但必须执行新民主主义教育方针与人民政府的法令。今后拟成立之私小，必须先经人民政府审查许可后，始得举办。教会团体主办之小学，不得在课内向学生宣传宗教，不得强迫学生参加宗教仪式。少数民族小学或具有适当数量的少数民族学生的小学，根据自愿与需要，可以增授本民族的语文，但其内容不得与新教育方针违反。私塾亦须本前述方针进行改革。凡私小确实办理有成绩者，政府予以适当奖励。

（七）市立县立之完小，由市府县府直接领导，乡村小学由乡村政府领导。专署、县府与区署须经常派员检查所属区域的国民教育工作。各级政府在整顿与发展小学教育时，要注意给予工人子弟与贫寒子弟以入学的便利条件。小学经费除完小外，初小一般由群众自筹，不足者政府酌予补助。有基金的初小可由群众的代表与地方上有威望的公正人士组织校董会负责管理。各市县教育款产基金，市县政府应进行整理，统一管理。

（八）小学教育的改革是长期的艰巨的工作，必须有步骤地进行。全部改革工作的中心环节是教职员的思想改造问题，因之，专署、县府、区署必须加紧领导，组织其个人与集体的学习，建立每日两小时学习制度。在马列主义理论与中国革命实践统一的思想——毛泽东思想的指导下，进行政治的与业务的学习。政治学习以时事、中国革命基本问题、政策教育为主；业务学习，应从工作中存在着的实际问题出发，着重研究各科教材、教法及学生生活、思想问题的指导等等，以逐渐达到使教职员建立为劳动人民服务、为新民主主义教育事业服务的思想、观点与作风，并在学习中逐渐提高其业务能力。为此，完小应以校长为首组织学习委员会，领导全校教职员学习；各区应建立初小教师的学习组织，由区署及完小负责领导。学习方式以个人学习为主，集体讨论为辅，联系自己的工作和思想进行检讨。此外，各级政府应在可能条件下，利用寒暑假举办教师座谈会，进行学习，检讨工作，总结经验。

二、社会教育

（一）社会教育的实施方针，以积极支前、肃清反动残余、鼓励与表扬劳动生产、反对封建剥削、批评迷信落后为基本内容，开展新民主主义的启蒙运动。

（二）社会教育，目前应有重点地进行。重点放在城市、大乡镇及工人区域，在重点地区可设立民教馆、文化俱乐部。根据群众需要和本身条件可组织阅览室、夜校、识字组、读报组等等，推广群众的文化与政治教育。根据群众接受程度，有步骤地提倡和开展妇女教育。在乡村以小学为据点，逐步推广社教。教育对象，城市以工人、贫民、店员、学徒为主，农村以农村工人、农民及农村青年为主。

（三）社教机关要配合党与政府的当前工作任务，广泛地向群众做宣传动员工作，联系群众实际生活，提高群众的政治觉悟。宣传方式可利用黑板报、画报、戏剧、讲演、说书、收音机、幻灯片、秧歌队……特别注意采用为群众喜闻乐见的形式进行宣传。

（四）社教工作必须与工会、农会、青妇群众团体密切配合。社教机关有计划地组织学生、教员与群众团体有关人员参加这个工作，特别组织中小学生，充分利用他们课外与回家机会推广社教。

各级政府接到此指示后，须认真研究执行，并将执行情况随时报告本府。

【资料来源】

甘肃省社会科学院历史研究室编：《陕甘宁革命根据地史料选辑》第三辑，甘肃人民出版社，1983年，第424—428页。

张希坡编著：《革命根据地法律文献》第三辑《抗日战争—解放战争时期老解放区的法律文献（1937—1949）》第二卷《陕甘宁边区》（下），中国人民大学出版社，2021年，第346—348页。

第二部分
关爱妇女、儿童

　　本部分主要收录延安时期有关妇女、儿童工作的法律法规、工作总结等，内容包括妇女儿童待遇办法、保育后代、保护儿童、儿童节活动、收容难童等多个方面。本部分不同于后面的儿童保育与托儿所、小学教育等内容，主要是从综合性的视角收录社会各界关爱妇女、儿童的文献资料。

1. 在妇女生活展览会上

郁 文

一、多少参观人！

　　冒着雾霏的春雪，我抱着很愉快的心情去参观三八国际劳动妇女节大会主持的妇女生活展览会。这个会前两天来参观的人实在太拥挤了。一群群急喘着爬上山来的孩子，当他们欢跃着拥进了展览室后，不久便被人群挤榨得□□起来；展览室内陈列物品的木架，也曾几次被挤得翻滚下地。虽然参观人尽量吸着气、侧着背、缩着身，但仍很少可能向前移进一步。这样，就是我到了三次也不得不从展览室内退了出来。

　　到会参观的人们，农村妇女惊人地拥挤。到达会场的山径上，参观者自然列成了一条长的单人行列，扶老携幼一片空前的盛况，据统计：展览会开幕的第一天到会六千多观众中妇女同胞便占有了半数以上。

　　还远在很久以前，开三八妇女生活展览会的消息便传遍了整个边区，它兴奋着每个人欢跃的心地，特别是广大农村妇女，她们心花怒放地想：这次展览会是专门为我们开的呀！彼此东邻西舍相互欣慰地传诵着，大家毫不吝惜地将自己终生所最珍贵的手工产品拿了出来，慷慨地告诉她们的父母丈夫弟兄们说："你去，将我们这东西送到延安府，在我们展览会上展览一下吧！"虽然她们整天忙于农作，忙于家务，不能来会参观，但她们对展览会非常关心，"一生来开我们妇女的生活展览会这还是第一次呢！"她们推选了妇联会的大姐们来展览会参观，参观后再将展览会情形回去转告给她们。

在展览会开幕前，三八妇女生活展览会筹备会的门前便拥满了人，壮年汉子、年轻的孩子、白发苍苍的老头儿们背着筐子、提着篮子，成群地走来，他们是从边区各个农村中赶到的，汗水在他们的前额上频频地流着，他们小心翼翼地从背筐中将一包纸包裹着的展览品取了出来，微笑地交给了筹备处的负责同志，并反复地述说着，哪一件是他老婆的，哪一件是他嫂嫂、姐姐、母亲、女孩子们送给展览的。

延安附近，妇女们的展览多是她们亲自送来的，从散布在深山中的村子里，她们抱着孩子吃力地迈着两只裹小的脚，妞妞妮妮〔忸忸怩怩〕地上下着高山络绎地走在路旁。旧社会的封建制度，摧残了她们健强的两足，使她们不能不在走一个相当的距离后，坐在地上休息下来，虽然如此，她们都满怀高兴地看着自己手上抱着的展览品。

延安西区一个小脚老婆婆，老态龙踵〔钟〕地扶着拐杖也喘喘地赶来送交大会的展览品。来回几十里山地路程，对一个老年妇女说是多么艰苦！但她不但没感到疲劳并兴奋地与人谈吐着："过去哪有咱妇女的份儿，但从毛主席来到陕北以后天下变样了。我虽然老，但仍算幸运，享到了这几年的好福气，但恐怕除去我们边区以外的女人们，仍没有这个份吧！"

绣花镜套、小孩缨子帽、绣花鞋、绣花围腰……多少件展览品从她的一个包裹中被取了出来，她滔滔不绝地为所有在座的人们解释着，哪一件是谁制的，有什么用处……因为路途遥远，大家留她暂住一夜，第二天她才又杖〔拄〕着拐杖慢慢地转回了家。临行前她问到什么时间展览，三八节还需要她们做些什么……

展览会前广大工农妇女响应纪念三八国际劳动妇女节的高度热忱会使你感到惊讶，感到无限的兴奋啊！边区一百万妇女大众已在中国共产党的解放下，英勇地站起来了。

在展览会开幕的第三天，天空飞午〔舞〕着雪花，想象中今天参观的人是一定寥寥无几的，但当我转过了东山，遥望着辅〔铺〕满了皑皑白雪的旷野，参观人又早已先我而络绎于途中了。

女大学生们冒着雪从河的对岸，搀扶着从四郊踏雪奔来的农村妇女，迈过高出水面的石块，渡过了淙淙在流的延水，一面向她们通俗地解释着关于"三八"的一切，一面接过了她们怀中的孩子，扶持她们慢慢地登上了从山脚下伸向会场去的石级。

"今天是我们的日子啊！"从广大工农妇女口中吐出了这充满着兴奋与骄傲口吻的呼声。

二、婴儿是怎样出生的

展览室内，蓄着发髻，穿着新衣，互相牵着手、扶着肩从农村来的小脚妇女们，片刻不离地追随在会场女指导员的身边。本来是一幅幅令她们看来莫明[名]其妙的挂图，但经过指导员精细的解释以后，她们就对每一件展览品都感到了浓厚的兴趣，会场上陈列的每一件东西、指导员说的每一句话甚至每一个字都是与她们有密切关系的，但这些东西与这些话语也是她们生来根本没有见到、听到的。

第一展览室的四壁上悬挂的八幅生理解剖图及十三幅生理图表，对妇女生理、受孕至婴儿产出作了详尽的说明。一个老年的农妇当指导员解释过后，她举起了手下的拐杖，指着正常产式与不正常产式的挂图很有经验地说："对！对！其他我没见到过，这是对的，女人生小孩时，小孩头向下易产，屁股向下难产，身子横向更难产。"她陕北话的语音像是鸟语似的，引起了周围的人一阵欢笑。在一个婴儿浴盆里陈列着一切收生的器具。一个陕北妇女工作干部告诉了我，对一般群众妇女产科普通知识的教育今后是应该设法加强的，在文化落后的陕北农村，妇女难产又缺乏一般的知识与必要的设备，于是不得不凭那些有点经验的妇女以土法收生，但当婴儿没法产出时她们有时竟用秤钩将婴儿拉出致时有妇女因难产而丧生的现象。展览室的角落里指导员一面指着挂图一面向群众妇女们说明着胎儿脐带剪断的方法。

"假若可能最好将剪刀用药品消毒，不能时也要用开水煮过。"一个中年的妇女听到这话，像引起她无限伤心似的，后悔地说："有这方法为什么不早说？"她说她最近的一个产儿便因为剪脐带时，不但未能用开水煮过剪刀，就连剪刀也没使用，是她的婆婆用一块碎瓦片将脐带割断，结果那个婴儿没活得几天，便患抽风而夭折了。

此外怪胎、胎衣及近代妇女生理上需要的物品与药品都获得了男女观众特别是农村妇女热烈的欣赏。

"喂！同志！原来小孩子不是老天爷赐给的，是这样生的呀！"第一展览室参观过后，群众妇女中的一个不自然地同女指导员握了握手，半信半疑地说出这句话，然后又转到第二展览室去了。

三、历史上的妇女生活

几十幅连环图画，将妇女生活从原始时代—母权时代—封建时代—半殖民地半封建的中国—今日自由幸福地生活在女大的新女性们的缩影作了一个有系统的介绍，它启发了边区落后的人民，告诉了他们人不是菩萨或上帝创造的，而是从猿猴进化来的。当原始时代，女人曾同男人一起从事着搜集野果充饥的工作，即在氏族内也是平等的，没有任何压迫和剥削，她们在这种自由快乐的生活中度过了几十万年。

在人类社会进化史上,她们也曾发明了耕种,发明了火与熟食。当时社会地位上,她们获得了优越的地位,母性是一家的权威,那就是人类历史上的母权时代。

及至封建时代,妇女便被囚禁在封建的社会枷锁中了,"女人不是人",旧社会这样判定了她们悲惨的命运。

恶劣的"三从四德""女子无才便是德"的封建遗训,将女人沦置于地狱的生活中;"后宫佳丽三千人",男人可以多妻;举案齐眉,男人可以无情地奴隶妻子,翁姑可以虐待媳妇,有钱人可以买用童养媳;甚至丈夫死去妻子仍要守寡,未婚夫死去未嫁妻仍要过门守节。在今日边区外的中国各个黑暗的角落里,女人们仍过着这种非人的残酷生活,虽然在历史上也曾出现过掌理过唐代政权的武则天、代父从军之花木兰、替夫领兵杀贼的秦良玉、垂廉〔帘〕听政的西太后、领导革命未果的秋瑾,但多少人类的天才,被黑暗社会制度所埋没所残杀了呢!

在半殖民地半封建时代的中国,她们遭受着灾荒饥饿,从破产的农村跑进都市,流离街头巷尾,遍尝着失业的苦痛,在工厂内榨尽血汗仍不得一饱,失去了一切自由,不许有丝毫反抗工头的鞭策、军警的屠杀,在现社会中她们变成市场上的商品。她们失去了任何人权的保障,没有饭吃,没有衣穿,在旧社会面前她们是弱者,"死"是她们唯一的结局。

特别引起参观的农村妇女注目的是翁姑对媳妇的虐待、童养媳牛马不如的惨苦生活,及贞节烈女等几篇画图,她们是从这种黑暗的生活中被挽救出来的一群,内心旧有的无限创伤,引起了她们对过去深深的憎恨,更感到了今日边区政府的光明。

"现在不成了!现在我们有了妇联会,谁还敢……"但她们还没透彻了解,在边区以外之中国妇女们在沉沦于痛苦的深渊中。

十几幅女大生活的速写像,将女大学生快乐的生活描绘尽至〔致〕,守卫、上课、自习,生产,休息……同以上妇女遭受着的悲惨的命运相对照,构成了一幅动人的时代的讽刺画,它不仅表现着过去整个黑暗时代,并光明地象征出了未来。

四、妇女们起来了

在一九二五——九二七大革命以后,中国妇女开始冲出了封建的枷锁坚毅地站起来了。在广州起义中女工曾表示了她高度之政治觉悟,直接参加了武装起来的战争;在中国红军二万五千里长征中,女同志也曾创立了她们不可磨灭的艰苦不屈的模范;在九一八东北事变后,东北妇女同胞在敌人铁蹄的蹂躏下英勇地参加了义勇军的战斗生活；在一二八上海抗战中，全国妇女在前线帮助了十九路军的英勇的抗战行动；在北平一二·九学生运动中，全国妇女青年也曾英勇地参加了这个有时代历史意义的革命运动。从此她们已不再忍受自己奴隶的生活了，她们觉醒地站了起来，向着全国仍未醒来的妇女呼喊：

"打破封建的枷锁，求得妇女解放！"

抗战后，华北千百万妇女遭受着敌人的蹂躏，十几张被敌人践踏的、强奸的妇女的照片更引起参观者敌忾同仇的激愤。一个天真的乡下女孩子问："为什么她们不参加自卫军呢？"一个人指给另一部分的照片："呵！她们起来了！"在边区在华北，妇女们在先进民主政治的生活下，被解放了；抗战后陕甘宁边区妇女首先积极参加了抗战工作；抗战以来她们曾捐助了几十万双毛袜手套，曾动员了几万石救国公粮……她们不但欢送自己的丈夫、儿子到前线去，并亲自参加了自卫军武装了自己，放哨捉汉奸，发挥了她们伟大的力量。同样地在华北，在晋察冀边区，妇女们也获得了平等解放，她们有权利召开会议讨论一切有关抗战的事情，她们有权选举与罢免自己的官吏。在妇女自卫军的照片中给了妇女一个光明的启示，就是只有武装起了自己同敌人进行坚决的斗争，才能免得遭受敌人残酷的蹂躏。

鲁艺文学院文艺工作团制的一面大幅全国妇女团体统计表，将全国各地妇女团体都作了一个明确的统计。从这统计图表中我们可以看到，在陕甘宁边区，在晋冀察边区，在所有八路军新四军领导的地区，妇女团体最多，这能说不是该地妇女们在民主政治的实施下已获得了自由平等权利的表现吗？

几十种来自全国各地——湖南、四川、广西、贵洲〔州〕、江西、河南、东北、浙江、广东、大别山、晋绥边、冀察晋、澳门等各省市的妇女工作报告，是全国抗战中妇女工作的总检阅。从每篇工作报告中，可以洞悉各地妇女工作者为妇女解放战争的动态，各地妇女挣扎在疾苦的深渊中，为解放自己而英勇搏斗的雄姿。

几百幅妇女生活的照片：重庆三八妇女节，妇女统一战线，华北女自卫军，边区妇女开荒，选举，识字……将所有在抗战中已被解放或正在觉悟中的妇女生活，作了一个全面的反映，其中充满了活泼、紧张、机智、幸福、自由。努力吧，向着这一个光明的方向！

五、注意保育我们优秀的后代

儿童死亡数目在中国在边区是相当可观的！由于边区文化落后，群众卫生太不讲求，致使我们抗战的后代受到了重大的牺牲。为了灌输儿童保育知识到广大妇女中去，展览室内开了一间儿童保育室，其中陈列着许多儿童死亡比较图表及儿童死亡原因图，将儿童最易患的病症及预防的方法向观众作了通俗简明的教育，陕甘宁边区战时儿童保育分会，在总会的热心帮助下已得到了很大的发展，几年来幼稚婴儿部的儿童增至将近百个，在展览品中有保育院小儿的食品二十余种，其他儿童玩具与用品都陈列了很多。女大托儿所的十几幅图画，将婴儿的睡眠、哺乳、垫尿布等等卫生生活清晰地反映了出来，使参观的农村妇女感到深深的羡慕。

保育院小学部小学生的许多作品，使人深深地敬佩他们聪明的天资，在他们日记中充满了快乐的情绪与革命的气魄，虽然都是十岁上下的孩子，但在民主的教育方式下，正常地发挥每个人可观的天才。洪小强——一个十一二岁的孩子，据说是洪谨菲同志的遗孤，在他几十篇的图画中不但充分地表现了敌人的残暴、汉奸的无耻、顽固分子倒退的末路及如何争取抗战胜利的前途，并含义深远地揭露了世界法西斯帝国的反苏阴谋，及世界这一社会主义国家不可凌侮的伟大的胜利。啊！中国千百万优秀的孩子，继着前线将士英勇的牺牲，在这伟大抗战时代的锻炼下，成长起来了，中国是永久不会灭亡的。

六、请看世界各国的妇女们

在朝鲜、安南、缅甸、西班牙等弱小民族的国家里，广大妇女们为民族的解放，英勇地同帝国主义者不屈不挠地战斗着；在日本、德国、意大利、美、英、法等帝国主义国家的劳动妇女们，也在坚决地同国内军阀财阀进行着不屈的斗争；反对法西斯的侵略，反对资本家的压迫，全世界劳动妇女的斗争趋向于一个方向，求得妇女的彻底解放。同样地在国际妇女生活展览室内，也陈列着几十种关於〔于〕各国的妇女生活概况的介绍文字，其中充满着悲惨黑暗的非人的地狱生活，同时充满着血与肉的坚强的反抗意志。

独有苏联——这一个人类及社会已获得了解放的社会主义国家，从所有的照片中我们可以看到她们过着快乐幸福的生活：她们没有失业；她们没有饥寒的交迫；她们奋斗的目标是社会主义建设，是准备反对一切帝国主义者的进犯；她们同男人一样获得了平等的自由权利；她们英勇参加了集体农场的农业生产，参加了电气工业的各个部门，参加了国防建设的各种活动。全国各民族各部门的妇女们都已获得了彻底的解放。

在陕甘宁边区，在所有八路军新四军领导的地区，妇女生活虽然同苏联妇女有着很大的悬殊，但妇女也从封建的枷锁中被解放出来了。在陕甘宁边区有无数妇女参加了地方政权。在去年一年中有十万以上的妇女参加农业生产，有六百多个女劳动英雄出现；

有千百个妇女在工作之余参加了半日学校，提高了自己文化政治水平；千百个妇女参加了女自卫军，站在保卫家乡清除汉奸敌探的抗战岗位上。所有边区一百多万农村妇女也都在妇联会的领导下组织起来了，她们学习，生产，进行各种抗战动员，她们在抗战工作中创下了不可磨灭的伟绩。妇女解放的日子必须到来，全世界劳动妇女联合起来呀！击溃反动封建的及资本主义噬人的社会，向着大放光明的苏联社会主义社会的方向前进！

在国际妇女展览室内陈列的许多照片中，明显地反映出了各国妇女的生活情况。这是陕北农村妇女生来也未曾见过的，她们团聚在一起，听着指导员的解释。

"我们这辈子还能不能享受到呢？"一个中年妇女听到指导员将苏联幸福的妇女生活解释过后，她羡慕地问。

"能！能！只要我们努力参加抗战工作，将日本鬼子打出中国去。"

七、边区妇女们的生产

马克思、恩格斯、列宁、斯大林四位世界革命导师的石膏像，国际国内妇女领袖和妇女先进的棉制像，都获得了参观者满口的赞许；其他木刻、文艺及种种妇女同志的艺术作品，也都博得群众热烈的欣赏。

在第七展览室内，陈列有女大妇联会制出的各式衣物，其中有精制的绣花被单、枕头、游泳衣、毛衣及摩登装等等，象征了女大学员各种不同的出身，她们曾"高贵"地生活在浮华的环境中，但当她们受到抗战大时代的冲击后，她们觉醒起来了；她们毅然地脱下了她们的绸衫，一切诱人的物质享受，决心来到边区，学习抗战革命的理论技能。她们将是中国妇女解放的一支先锋骨干，是中国革命队伍中一支妇女英雄。

在第一、第八两个展览室内，都分别地陈列着边区妇女手工业品，其中大部均系绣花与剪花。不满三寸的绣花鞋，使人看到一面会赞美它制作的精致，但另一方面会引起你对封建统治者的残忍极度愤懑，对弱的妇女予以热烈的同情。就由所有陈列的农村妇女的绣鞋中也可看到边区妇女解放的过程，由木底绣鞋到平底绣鞋，由平底的三寸尖头鞋到圆顶的布鞋，直到现在一般青年女子穿的已象〔像〕男人一样大的方口鞋了。从各种绣花上也可看到边区妇女思想上的转变、民族认识的提高。在一个枕头上绣着"洛阳访才子，江岭作流人，闻说梅花早，何如此地春"，但在另一个枕头上绣的是"共赴国难""天下兴亡""东狼已进"等字样；"麒麟送子"的挂图也改为了"民族英雄"的匾额；其他如剪花、编织等等民间艺术也都表现了其伟大价值。从事艺术工作的同志，是应该将民间艺术从事栽培与研究改进的。

这两个边区手工产品的展览室特别获得了来会参观的广大农村妇女们的热烈欣赏。

当她们看到自己手做出的东西被展览出来时，她们是多么兴奋呢！在许多展览品中，她们评论着那〔哪〕一件最好，那〔哪〕一件花绣得最精致，那〔哪〕一件针线做得最细……面上都充满了喜悦的表情。"看明年的！"她们同时竖〔树〕立起来了一付〔副〕自强的信念。

八、参观之后

几千件展览品，被我在短短的几个钟头中走马看花地欣赏完了。这个三八妇女生活展览会的举行，恐怕不只在边区，即对全国说也是创举，它是全国妇女界的光辉。从这个丰富的展览会中见到了妇女生活黑暗的过去，同时也可遥望到光明的未来，它是整个妇女生活和妇女运动历史的缩影。我兴奋地走近批评桌旁，随手翻阅着四五本充满着赞美与祝贺的参观者批评的词句，一个署名林云的参观者以清秀的字体写了下面的字迹：

"这个展览会给我非常好的印象，我觉得除边区外，中国的其他任何角落里，是不能办出这样好的展览会来。"

一个新来边区的参观者这样写着：

"使我这刚进到边区的阿木林大大惊异！"

我想由这两个参观者的批评语句中，便可领会到此次展览会的成功与胜利了。

【资料来源】

《新中华报》1940年3月29日第6—7版。

陕西省妇联编：《陕甘宁边区妇女运动文献资料》（续集），1985年，第148—159页。

2. 延安各界妇女"三八"节纪念大会告全边区姊妹书

边区亲爱的姊妹们：

"三八"妇女节到了，今天，延安市成千成百的老妈妈、大嫂嫂、女同志都遇在一起，开大会纪念这个节日。因为山高路远，你们不能和我们到一起开会，所以写下这封信，告诉你们我们延安市婆姨女子们的心事。

亲爱的姊妹们！抗战已经四个年头了，咱们的八路军、新四军和其他抗日军队，和中国到处的老少男女都早已下了决心抗战到底，争取最后的胜利。但是，没有心肝的汉奸亲日派、反共顽固分子，却到处破坏抗战，破坏团结，想把咱全中国的同胞送给日本鬼子做牛马奴隶，他们在华中华南攻打咱们的新四军，他们用了二十万大兵，修了五道封锁线，包围咱们陕甘宁边区，在关中、陇东、三边、靖边各地不断地捣乱、破坏，杀群众，抢地方，开火进攻边区。

亲爱的姊妹们！咱们再不敢粗心大意了，抗战是处在最困难最危险的时候了，咱们要坚持抗战，就得坚决地保卫边区，要是日本鬼子亲日派大举向边区进攻的时候，咱们一百万的妇女和一百万的男子们一齐不但有责任，并且有力量来共同保卫边区。

亲爱的姊妹们！集市一切力量巩固边区和保卫边区呵！

第一，咱们应该努力生产，开荒种地，纺花织布，喂牲口，使前方的战士后方的百姓都有衣穿有饭吃，多织一匹布就减少抗战的一分困难，就好比多打死一个日本鬼子。

第二，积极参加边区正在进行的选举运动，使咱们的村长、乡长、区长、县长，以至于边区政府的主席一个个都是有办法，坚决打日本，公平处理问题，真正为着咱们老百姓的男女同志，把那些耍私情、不是真正为老百姓求福利的工作人员改选掉，洗刷出去，咱们有好的政府才能进一步巩固咱们的边区。

第三，要是日本鬼子、亲日派开火跟咱边区打大仗的时候，咱们要照料伤兵，烧水煮饭，帮助粮草，甚至动员咱们的娃娃、男人参加到部队中去。亲爱的姊妹呵！生在这个世界中，一切都要为大众，一切都不能单为自己。

最后，我们向姊妹们提出一个任务，就是咱们再不能让小娃娃一个个死掉了。人活后代树活根，闹革命是为了娃娃们的好日子，打日本是为了子孙后代不做人家的牛马奴隶。就是单就眼前说，自己身上跌下来的肉，谁个不心疼娃娃呢！那么，亲爱的姊妹们！好好地保育娃娃吧！学会剪脐带，学着讲卫生，娃娃病了找药吃。咱们的边区政府已经出了个保育娃娃的决定，咱们更应该好好地带着娃娃长成人呵！亲爱的姊妹们！明年"三八"节的时候，希望各地能够举行小娃康健的比赛！

致
最亲爱最热烈的姊妹的敬礼

延安各界"三八"节纪念大会

【资料来源】

《新中华报》1941年3月16日第4版。

陕西省妇联编：《陕甘宁边区妇女运动文献资料》（续集），1985年，第305—306页。

3. 民政厅规定儿童妇女待遇办法

民政厅规定儿童妇女待遇办法通知各机关办理，其主要内容如下：

（一）孕妇生产时发生产费五十元，小产三十五元，生产前后休养二月，休养期发休养费二十元，本机关并酌发大米白面等营养品。

（二）女公务员每月发生理纸十五张，给生理假三天。

（三）儿童待遇，自出生至五月每月发奶费二十五元，六个月至一岁小孩每日发小米六两，二岁至三岁发小米十四两，四岁至五岁发小米一斤。初生婴儿，年发宽布二丈五尺，小秤棉花二斤（不另发衣服）；一岁至五岁儿童，每年发成年人单棉衣料各一套。

（四）保姆待遇，做工作一年者每月津贴六元，二年者八元，三年者十元，依照年限增进；每年发夏衣两套，冬衣一套。值夜班保姆每夜发夜餐半斤，伙食费五角。

（五）带有婴儿及孕妇之女工作人员，每日工作时间至多六小时，不能防〔妨〕碍其喂乳时间；有小孩或怀孕妇女，不得借词简政整编，不管其生活。

【资料来源】

《解放日报》1942年4月25日第2版。

陕西省妇联编：《陕甘宁边区妇女运动文献资料》（续集），1985年，第327页。

4. 解放军和一群孤儿

【潍坊通讯】四月十七日一个没有星星的黑夜里，人民解放军以迅速的动作攻占了潍城南关，随后又展开了攻西南城的战斗。匪军机炮仍在不断地还击；美制蒋机仍不断地在空中盘旋，盲目地投掷炸弹。全城内外的房舍和人民被笼罩在战火的烟雾里。

解放军的一个战士，通过火光，看见在城南关的炉房街，有一个孤儿院学校，学校的周围正遭受着蒋匪军的炮击，显得十分危险。他立即向连长报告，要求准许他去看一下，看是否可以将这座学校里的人救出来。因为他听说在这座学校里读书的是一群孤儿，最大的只有十七岁，最小的还不过十岁。连长立即赞许了他这种行为。战士忘记了生命危险，迅速地向学校爬去，一进校舍，看见一群小孩子和几个员工正抖索地躺在地下室里，那里微微闪着灯光。解放战士马上上前说明了自己的来由，要员工在拂晓前带着小孩移往安全地带，因为这里时刻都有中弹的可能，并告诉员工，解放军将好好地保护这所学校，只要西城一打开，立即通知他们回校。

第二天拂晓，还有被解放军劝说离开这危险地带的南关其他老百姓，男的女的老的小的三五成群地拥向解放军阵地的后方。蒋匪军正从地面天空不断地向他们射击，遭蒋机轰炸而燃烧的房屋不断升起一柱柱黑烟，本来混乱的人群更加混乱了，哭喊声此起彼落，其中由四个员工率领的十个孤儿也被迫分散了。一个解放战士看见在这个混乱的人群中，有一个失散了的小瞎子彷徨哭泣，马上携着他穿过炮火，带向自己的阵地后方的安全地带。那里同志们对这个瞎孤儿极表同情，不断地安慰他，问他的出身及家庭情况，知道他是孤儿学校的学生王世敬。战士们亲切照顾他睡觉吃饭，一连七天，这个孤儿院学生就住在那里，和解放军同志一起生活。

解放军攻占潍城，全歼守敌的消息传出后，员工们带着九个孤儿陆续回来，就只找不见这个名叫王世敬的瞎子孤儿，谁知就在当天下午，一个解放军同志把他送回来了。当昨日记者访问该校时，经该校负责人介绍后，王世敬便亲切兴奋地告诉记者他和解放军同志一起生活七天的情形。他说："解放军真好，我比其他同学都安全舒服。在他们那里我吃到饺子和白面。"王世敬是一个十六岁的天真小孩子，很小就死了母亲，数年前随别人要饭，一个人从诸城逃难到潍县的。

现在学校复课，他们共有二十八个孤儿，其余十八个是从战争开始时就被校方遣散到城里的，这次都安全见面了。这所孤儿学校的校舍、校具，在人民解放军保护下也完整无缺。二十八个孤儿很快地得到了他们快乐安宁的学校生活。

一九四八年五月

【资料来源】

全国民主妇女联合会筹备委员会编：《中国解放区的儿童》，新华书店，1949年，第31—33页。

5. 保育我们后代的战士

边区儿童的福音——战时儿童保育院成立了！它不仅担负着收容边区内被难儿童的伟大任务，而且在真正地培养与教育我们的后代，使他们在将来大规模地建设新中国时，成为最可靠的生力军。

在民族自卫战争进行有一年三个月的时光里，我们看到成千成万的儿童流离失所，无家可归；他们在这动荡的大时代里，遭受着空前无比的大灾难。这不仅是抗战的损失，而且使将来新社会力量受到了摧残。同时我们还看到敌人对待儿童的残酷手段。在沦陷区及前线，敌人把大批的中国儿童装运回本国，施以奴化教育，以作将来再驱使来我国屠杀自己的同胞。在各个地区，成千成万的儿童被敌人杀害：在上海，有一千多个难童被饿死；在河南尉氏，被敌占领时，敌军竟把我国儿童来烹食，这等手段是如何毒辣残暴呵！敌人不仅要消灭我国现在的抗战力量，而且要消灭我们后一代的建国力量。

我们虽然看到成千成万的儿童被敌人屠杀，但是还须要看到光明的一面。广大的儿童，在这伟大的时代里，锻炼出新的力量，他们在抗战中起了巨大的作用。如去年上海孩子剧团在敌人的压迫下，继续进行救亡工作，以英勇无比的牺牲精神，冲破敌人的压迫，而回到中国的怀抱里来，仍然在艰苦地继续工作。新安旅行团的孩子们，经过了绥远、宁夏、甘肃等塞外的严寒风雪，在进行西北的救亡活动。其他如河南、武汉等地的儿童，均在做着对抗战极有帮助的艰苦工作。这些例子充分地表示出儿童的伟大力量，告诉我们，加紧保育后代人物，对于抗战建国事业，是我们目前刻不容缓的急务。

边区儿童，在抗战发动以后，始终站在自己的岗位上担任起协助政府与军队抗战直接有关的工作。首先，他们本身已建立起了广泛的儿童的组织。据青救会最近统计，全边区现已加入儿童团组织的人数已达四万一千八百二十名，百分之八十以上的儿童参加到组织中来了。在自己的组织中，积极进行本身的文化政治教育工作，过着团体的生活。这些组织的建立与扩大，正是保证儿童热烈参加抗战动员工作的前提。其次，边区儿童在抗战工作中，曾起了积极的作用。在国防教育中，不仅努力参加，而且与个别忽视教育的成人作斗争。在春耕夏耕秋收中，鼓动自己的爸爸妈妈去开荒地，多种粮食，同时经过儿童本身组织，帮助收肥施肥，动员儿童进行优待抗属、工属工作。在对抗战有关的工作中，他们也尽了自己的义务，协助政府军队进行锄奸、清查户口、剿匪，担任侦察警戒。如在延安发现汉奸破坏电线，有一个儿童曾耐心地自动地在电线旁边，埋伏四五夜，结果将汉奸捕获。象〔像〕这样一类英勇的模范例子，在边区各个角落里，均可找得着，充分证明边区儿童，在边区各项抗战动员工作中，是起着何等重大的作用。

这些事实告诉了我们，要坚持长期抗战建立新中国，必须爱护、保育、救济未来新中国的主人。儿童保育工作是整个抗战建国工作的一环，是全国人民的责任。边区的战时儿童保育院，是为着担负起这样的任务而建立的，它对保养后代人物必然有巨大的贡献，实是边区儿童的福音。

在边区战时儿童保育院成立的今天，我们愿提供一点意见，以做参考：

（一）虽然在物质条件极端困难之下，医药设备营养食宿问题等，我们必须尽可能地力求改善。特别注意卫生，奶瓶做到每人一个，也不要混乱，以免传染。

（二）儿童保育工作的好坏，保姆是有很大的关系的。因此，必须特别注意于对保姆的教育，不仅是技术上的教育，而且须要加强政治上的教育，从政治上来提高保姆的积极性、责任心。

（三）儿童保育工作，除保养之外，必须给儿童（当然是指幼稚生）以抗战的教育与训练，灌输以民族意识，以造就未来一代的民族解放战士。同时，必须纠正过去在教育方式上的旧的传统的恶习气。

保育儿童工作，是我们今天极重要工作之一，谁忽视了这一工作的重要性，谁就是等于对抗战建国的怠工。我们必须好好地来教养我们的后代。

【资料来源】

《新中华报》1938年10月5日第1版。

陕西省妇联编：《陕甘宁边区妇女运动文献资料》（续集），1985年，第31—33页。

6. 保育会给延安党政军民学各机关同志信

延安党政军民学各机关各位同志：

首先保育会向你们深致欠〔歉〕意，因为当河防吃紧，各机关各学校迁移或疏散之际，保育院未能适合客观需要，大量收容带着孩子或有孕的母亲们以及不能行走的婴儿。但，实在是下列种种客观条件的困难，造成了今日向同志们负歉的缘由：第一，保育院是这样狭窄。仅有的十九间窑洞和草房，容纳了百余工作人员和儿童。不仅儿童的活动范围以及必要的设置受了限制，卧室的空气阳光也都感不足。因此保育院在迁移或扩充以前不敢过多地收容儿童。第二，保育人员非常的缺乏。按照保育总会的规章，原不许收容一岁以下尤其是未断乳的婴儿，为的是估计到了供给的困难。今天在陕北，这种困难更加扩大。为了陕北一般的不卫生的习惯以致流行的疾病，保育院不敢聘用本地不合格的妇女担任工作；外来的干部不是条件不够，便是不愿做保育工作。因此保育院缺乏有经验有素养的保育人员，是今天不收容幼儿和婴儿的最大原因。第三，医药设备不完全，甚至谈不到医药设备，缺乏有经验的看护人员，不能保障儿童的健康，也是阻碍保育院发展的一个原因。

同志们，我们，不，客观环境不允许阻碍保育院发展的困难长此下去，我们一定要，而且在着手努力克服这些困难。我们已经动工扩充院址，我们已经在四面八方物色健康的有信心的保育人员；更好的是，我们最近获得了红十字会的帮助，介绍了一位对于儿童保育工作具有兴趣的儿科专家——侯健吾大夫来院，这样使我们全院儿童以及工作人员健康方面获得了保障。这一点我们想是值得所有关心保育院的同志们欣幸的。以上这一些收获，只是克服困难的开始，要想保育院有光明的前途，达到各位同志的期望，光靠我们的力量是不够的，因此，我们愿请各界同志，多方面切实予保育院以援助。

过去由于保育院的地址偏僻，和各方面的联系太少，不易使一般人士了解真象〔相〕；又由于上述种种客观的困难、主观的弱点，保育院的成绩，与到会一般人士，甚至我们自己的期望相差太远；因此而发生了许多脱离事实真象〔相〕的谣传，说什么"一天死九个孩子""工作人员苛待儿童"。是的，保育院的儿童有过死亡，最近六七两月份，曾又有两个儿童遭了不幸，但，这是不可避免的事实。第一，中国尤其是陕北，一般说，小孩死亡率是很大的，保育院集中许多儿童，难免个别死亡现象；第二，保育院的前身是托儿所，由于过去选择保姆的失慎，以致一部分儿童受有毒染；第三，保育院收容的儿童，固然都是我们优秀干部的子弟，为了他们过去限于环境，限于工作，多数都由当地妇女抚养过，这普遍地造成了儿童的营养不足，甚至血液中毒的现象。由于上述的医药缺乏，常使我们感到措手无策的。此外，保育院的儿童，都是革命干部的优秀血统，是新社会的建设者，是我们光荣未来的希望。我们爱护他们胜过自己。保育院的工作人员，是为着伟大的未来而服务，是为着神圣的事业工作，怎样会"苛待儿童"呢？同志们，我们诚恳地愿请你们，常来保育院参观，常来实际了解保育院的真相；我们请求积极的指导，胜过物质的帮忙；我们请求根据事实严格地指责，不要立在一旁消极地批评。同志们，各界人士们，我们十二万分欢迎你们来保育院参观，给保育院积极指导。这不仅为了保育院工作的前途，更是为了我们优秀后代的幸福！

最后，我们谨向女同志较多的各机关各学校贡献一个意见：希望你们独立或联合创办小规模的托儿所。保育院因受各种条件的限制不能收容乳儿，各机关学校若能建立托儿所，可能采用集体分工并利用乳母营养。

在这儿，不论经费、人事或其他事物方面，有需要保育会、保育院帮助的地方，我们当竭尽最大的努力，以促成这一事业的成功。最近女子大学准备接受这一建议，并已草拟了托儿所的计划，希望这个先例能供同志们的参考！

此致
敬礼

陕甘宁边区战时儿童保育分会启

【资料来源】

《新中华报》1939年8月18日第4版。

陕西省妇联编：《陕甘宁边区妇女运动文献资料》（续集），1985年，第80—82页。

7. 纪念儿童节和儿童工作的新任务

当中国的小主人挥动手臂，纪念他们这光荣的一天时，我们不能不对中国的远景寄予无限希望。他们是中华民族的幼芽，一天天茁壮起来，定将成为新中国建设的栋梁。而同时，也不能不想到，培植这幼芽所增加到我们身上的责任。

中国儿童，在敌寇压境下，遭到的摧残，实在是惨绝人寰。三年以来，千百万儿童在敌人刺刀下丧失了生命，千百万儿童在屠杀奸掠下失掉了父母兄弟姊妹，千百万儿童在炮火中踏上流离饥饿的道路。更使人痛心的，是在抗战以来每年有数千儿童，被日寇运回国去，施以奴化教育，让他们将来到中国杀害自己的父母同胞。敌寇加给我们儿童的这些兽行，早已是举世震怒的了。

可是中国儿童，并非俎上羔羊。他们的沸腾热血，是充满了仇恨压迫的精神，为了民族的危亡，他们也同自己的父兄姑姊一样，组织起来，团结起来，而且行动起来。他们在前方的助战工作、除〔锄〕奸工作、慰劳工作，在后方的宣传工作、组织工作，都获得了伟大成绩，这些都说明中华民族的新生一代，都要为自己的解放而流血。他们伸出坚实的小拳头，把敌人斩断我们后代的梦想打得粉碎了。

敌人对中国儿童的残暴，同时也更加激起了我全国同胞的愤怒。抢救儿童的呼声，震遍全国，对儿童的关怀也大大提高了。蒋夫人领导下的全国保育会已做了令人感动难忘的保育工作，而各地保育分会的成立，更是儿童的福利。

在这儿，我特别提到边区保育院，并向它的劳苦功高的工作人员深致慰问。它的存在，使许多八路军的英勇战士能够毫无后顾之忧地赴前方作战，也使许多政府工作人员毫无牵挂地致力于革命工作。在物质条件极困难的边区，保育工作者的坚苦精神实已冠绝全国。同时，在保育工作的成绩上，他们也将力求进步，来争取全国的模范。

目前，日本帝国主义，随着其政治阴谋的加紧，对中国儿童也就加紧了奴化、欺骗、麻醉、利用的政策。"新民小学""中日儿童亲善""新民儿童团""反共少年团"，种种恶毒凶狠的把戏，真是无所不用其极。针对着这种阴狠的毒计，我们不能不加强全国的儿童工作，来给日寇以严重的打击。因此今天纪念儿童节，摆在我们面前的是如下的任务。

首先，我们要把已有的儿童团体扩大和普遍，加强其组织，促进其独立活动，使它们能够积极地参加抗战动员工作。在实际工作中，将会锻炼出千百万优秀的幼年战士。为了使儿童团体广泛发展，为了使儿童工作迅速展开，应当注重培养大批儿童工作干部，使他们成为这新的革命一代的有力骨干。

其次，要求政府和各界人士扩大抢救难童和保育儿童的工作，并把这工作深入到战区、沦陷区及一切乡村角落去。全国保育会应更加强自己的工作，使它成为一切颠沛失所的儿童的温暖怀抱。

最后，全国男女同胞应有一坚决转变。过去对儿童工作的冷淡漠视程度应该扫除，某些对儿童打骂压迫的旧习应该根绝。特别是妇女同胞和女共产党员应把保育儿童、培养民族革命后代看成自己神圣的职责。儿童教育尤应当注意，加强他们仇恨和反对日寇汉奸、争取民族解放的决心。

因此，就必须无情地揭破敌人汉奸的奴化教育和反共教育。目前，在边区，在八路军、新四军的地方，儿童得到了民主自由，得到了抗日救国的权利；把〔使〕每一个儿童都得到了受教育的机会，每一个儿童都解除了旧时代的枷锁。全中国各地都应该以此为模范，发展儿童的抗日思想和天才。

当我们纪念今天，当我们向小弟兄们一道举起兴奋的手臂，我们谨号召一切进步的男女共同为培养民族革命后代的新任务而斗争。

【资料来源】

《新中华报》1940年4月2日第1版。

陕西省妇联编：《陕甘宁边区妇女运动文献资料》（续集），1985年，第160—162页。

8. 边区儿童得到了解放

鹤 轩

已有了自己的组织、愉快的生活
以前是穷孩子，现在变成了学生

一提起边区农村的儿童，也许你会联想起野蛮、愚蠢、肮脏……这一大串的吧？因为你知道西北是很落后的，是的，要是在三五年前，那末〔么〕，你想对了。但是你要知道，现在的边区的农村，已经不是三五年前那样落后、那样贫困的农村。今天边区农村的儿童，当然也不是三五年前的脏孩子了。

当我踏进每一个农村的时候，第一批和我熟悉的是儿童。只要你一进了村庄，他们就赶拢来了，有的肩上挂着系有红巾的木刀，有的手里拿着矛子。

"同志，你是那〔哪〕来的？有路条吗？"

看完路条，知道了来历，还要你告诉他们你的任务是什么。都明白了，他们就领你到村农会或乡政府。

我们一同下乡的都是外路人，许多老乡们"海不哈"（不知道）我们的话，特别是年老的妇女们。常常的一句话弄了半天，对方还没有了解，话当然无法谈下去。这时，儿童们就来了，他们当了翻译员，解决了困难。只要是八岁以上的娃娃，不管是男的或女的，都能懂普通话，有的说得也挺不错。他们最喜欢和我们谈话。从他们的口里，我们知道了不少的农村的风俗人情，而且收集了一些大人们那里得不到的材料。

有受免费教育的权利

边区的儿童，大部分已在免费的国防教育下受到了滋养！而且，他们已经组织起来了。

有一天，我从川口到延安县的北二区去。在区政府里，我看见有两个儿童在和马区长指手划〔画〕脚地谈话，我觉得挺奇怪的。问问钟助理员，说是来告状的！这更叫我惊奇了！于是，我叫他们来：

"你们是谁家（姓什么）的，叫什么？"

"李家，我叫李明山，他叫李明秀，是我兄弟。"

"在那〔哪〕儿伸（家住那〔哪〕里）？来做什么？"

"四乡的，来告状的。"

"告的谁呢？"

"爸爸，老子。"

"怎么？老子，你告老子？"

"他不叫上学去，要叫拦羊。"

第二天，我刚起来，还没有洗脸。李明山的老子到区上来了。钟教育科长对他这样说：

"你是自卫军的班长，干部不起模范作用，要不得的，回去送娃娃去上学。惩你砍两背柴，送给小学的先生。"

没有抗议，也没有争辩，回去了。第五天，我到梁村学去给连排长训练班上课，看见李明山和他的兄弟。

边区的农村，不仅经济条件提高了，而且实施了广泛的免费教育。不仅如此，儿童们有权利享受教育的自由。谁阻碍了儿童的入学，谁就要受到处分；谁压迫儿童，儿童就会从自己的组织上提出抗议。

在民主政权的滋润下，边区农村的儿童向自己幸福的前途上发展着。

全村儿童大会

边区上十万的儿童，他们已经得到权利，受到了爱护和器重了。他们有儿童团，入学的、未入学的儿童都参加，他们全部地在这里联系起来，组织起来。他们每周有小组会，检讨自己的生活，批评各人的生活行为。在这里，让我写出下面的一段事实吧！

一天晚上，窑洞里挤满了人，孩子，也有大人，唱歌后宣布了开会。在一阵掌声里主席讲话了：

"今天开川口的全村儿童大会，全体的儿童团员都到了。为什么要开大会呢？因为我们团内有一位同志犯了大错误。这位同志就是王××，他偷王四妈的鸡蛋、张三家的公鸡。有人看见的，他不承认错误……"

主席的话一完，十来个小拳伸向空中，要求发言。会场进行了热烈的讨论。王××也含泪地承认了过错，保证以后再不干这没出息的事情。热烈的口号——

"反对偷东西！""我们要做有为的青年！""打倒日本帝国主义！"……

紧张的情绪，把我感动得掉下泪来！

【资料来源】

《新中华报》1940年5月24日第3版。

陕西省妇联编：《陕甘宁边区妇女运动文献资料》（续集），1985年，第205—207页。

9. 纪念"四四"儿童节

儿童是民族的新生机,是建设新社会的新动力。今天他们是秀嫩的枝芽,正待着我们的孜孜培养;明天他们会变成为国家的栋梁,民族、社会、人类解放的战士。他们是社会光明的未来,人类希望的寄托者。

今天中国的儿童已经不是"一无所知"、什么也不能的孩子了,在抗战的时代里,他们也张开了自己响亮的喉咙,挥动了自己坚强的小手,参加了各项救亡工作。在敌后根据地,在前线,广大儿童已在民主政府的引导下组织起来了。少先队、儿童团的小战士们,曾动人地造成了多少件英勇杀敌的事迹。在我后方,在各战区,广大进步人士也曾组织了许多儿童救亡集体,从事救亡工作。如内地,为扫除文盲、宣传抗战而开展了小先生运动,及新安旅行团、孩子剧团、育英儿童工作团,各种儿童剧团宣传队、歌咏团等……在各地救亡战线上的艰苦活动,多少件动人听闻的事实,说明了我们的儿童在抗战中发挥了不小的力量,做了不少工作。他们在工作中的英勇和热情,使不少人感到兴奋,但也同样使不少自称大人而对抗战"一无所事"的成人先生感到惭愧。这是中国儿童的光荣,也是热心于儿童保育工作者努力的伟大劳迹〔绩〕。

但我们不可否认,今天中国大部分儿童,正在遭受着日本帝国主义的奴化传染,正在为封建社会的遗毒所毒化。在沦陷区,日本帝国主义将我们许多天真精英的后代抢去东瀛三岛,加紧其奴化、欺骗、麻醉的教育,多少在祖国温暖的怀抱中生长的儿童被迫送进"新民小学""新民儿童团""反共少年团"中去受恶毒凶狠的"中日亲善"思想的熏陶。在我后方，不但大人参加抗战工作遭受危险，即至纯正坦直的儿童，在各项救亡活动中，也遭受到了多方面的限制，儿童团体横被解散，儿童领袖横遭逮捕，就学儿童其幼小的心情〔灵〕也不得自由发育而被官方强迫输以"党化""特务化"的教育余毒，对我们新生的一代，不但不予热心的培植，反而给以残酷的摧残。

只有今天边区的儿童，是真正在民主自由的气氛中蓬勃地成长着。虽然边区物质经济条件极端困难，但中共中央对儿童保育工作的重视，边区当局对儿童保育工作的倡导，全国广大热心保育儿童工作的开明人士对边区保育院精神上物质上各方面的资助，以及边区从事保育工作者忠实于职务的精神，使边区的儿童保育工作在三年的抗战中间获得了很大的成绩。特别于最近，中央妇委边区当局再三申述儿童保育工作的重要，并具体颁布了优待母亲与婴儿的条例，这更进一步地推进了边区儿童保育工作，最近延安各机关、学校托儿所的相继建立，这就证明了共产党对儿童是最关心最爱护的。

要建立新的中国，而改造社会、解放人类，我们不能不注意培养这新生的一代。我们要抢救战区广大儿童，俾免于敌人的毒化蹂躏。我们反对大后方对儿童团体及广大儿童的摧残、遗毒的行动与教育，俾民族的新生机得以滋荣成长。同时我们要改变一般人对儿童的观念，为父母者，应该通晓，自己的儿童并非自己的私有品，而是国家、社会、世界所公有的革命动力，因而同样就将所有儿童，当作自己的儿童一样地爱护与培养。只有如此，民族潜蓄的这一支广大的力量，才得于明日发挥；中国广大的儿童，才能成为未来国家民族的支柱。

要培养我们新生的下一代，便要加强儿童保育工作，保育儿童是所有成人的责任，首先是广大妇女的责任，我们要发动广大妇女从事儿童保育工作，说服那些轻视保育工作的同志，我们应该将保育儿童培养革命的后代看成自己神圣的职责。我们要以"幼吾幼以及人之幼"的精神，教育培养儿童身心的向上发展，加强他们的教育，磨炼他们的意志，启发他们的革命意识，这也是我们每个人的应负的职责。

当今"四四"儿童节日，我们要加强爱护保育培养儿童的工作，便要揭穿敌人毒化我战区儿童的阴谋行为，并及时予以抢救。对大后方儿童的惨遭摧残，必须呼吁国人，予以有力的反对；对流亡全国的受灾儿童，必予以适当收容与救济。在边区，我们要促起党政军民各界对各乡村儿童保育工作的注意，提高广大人民的卫生常识，减少边区儿童的死亡率。今天的儿童，负有未来国家民族命运的责任，新中国建设的伟大任务完全寄托在他们身上，我们要为完成培养这新生的战斗的一代的伟大使命而奋斗。

【资料来源】

《新中华报》1941年4月3日第1版。

陕西省妇联编：《陕甘宁边区妇女运动文献资料》（续集），1985年，第308—310页。

10. 我们对于孩子和母亲的态度

——记邓颖超同志谈话

金 涛

这是在一个多月以前，十几个孩子的父母亲围绕着邓颖超同志在一起谈孩子和母亲的问题，她曾发表了一些意见，现将记录整理发表，献给儿童节。

——笔者

我先来谈一谈我们共产党人对于儿童和母亲的态度，其次要听一听各位父母对于养儿育女的经验和种种尚未克服的困难，以便互相参考，互相帮助。

我们对于孩子和母亲的态度是怎样的呢？

从我们的观点看来，养儿育女是男女两性共同的任务。所以对于孩子的培养问题，父亲和母亲都应当有一般正确的认识。

我们认为人类是要让他绵延下去，社会才会不断进步。我们正处在抗战建国的伟大时代，要建设一个自由的新中国，要使人类都能得到解放，都能过幸福的生活，那末〔么〕这个长期艰巨的任务，就需要我们的民族有一代强似一代、一代胜过一代的儿女来继续担负这种责任，才能使之实现完成，所以对孩子们应善尽父母的责任，而对于母亲更应特别关切和爱护。我党历次提到保婴保母的重要，边区并且已经做了许多保护母亲和孩子的事情，譬如边区的妇女生产前后都有两个月的休息，工资照发，设立托儿所，特别提倡对母亲的爱护尊重，等等。又如今天约集各位来谈，也就是想帮助母亲们解决一些困难。

再由共产主义的含义和共产党人的立场说，我们应该无条件地爱护任何一个孩子，不问孩子的父母出身、社会政治地位、思想信仰怎样，亦不论认识与不认识，更不分男孩或女孩、自己的或别人的，或是私生子，甚至敌人之子，我们都应该大公无私地"一视同仁"，把他们都看成是将来国家社会的一个成员，一个新的主人翁。现在社会上往往蔑视私生子，以至溺女弃婴的事，至今不绝。但在边区的法律上私生子和非私生子是受着同等待遇，受着一样保护的。很多人往往轻视女孩，以致发生溺女的残忍行为，我们是反对的。又譬如继母的虐待前房儿女，后父对前父儿女的鄙视，不关切、不公平的待遇，亦是不应该而为我们所反对的。对别人的孩子和对自己的孩子应该一样，所谓"幼吾幼以及人之幼"。现代的父母对孩子不应存占有的自私的观念，应将子女培养成为国家社会的人才，献给社会国家，不应把栽培孩子的目的看成是自己享受和养儿防老。

在抗日战争中，那班失掉父母的可怜无告的孩子，以及一部分被剥削的劳动儿童，我们更要加紧救养，加强教育，予以卫护。抗战以来，成千成万的儿童被劫掳而落入敌手；敌人除了杀死过无数的无辜小生命外，还抢去了许多儿童，向他们灌输奴化教育，准备将来做他们杀人的工具，或是拿去用作战争中的牺牲品——为兽军输血。中国儿童就这样在残暴的敌人铁蹄下不知死了多少，所以我们为了对于后一代的生存培养，要把教养难童看作是最光荣的伟大工作。

同时，我们认为对已经生存着的孩子的健康保护和减少疾病死亡等的努力，要比盲目的狭隘的只在口头上奖励生育重要得多。如果不能让他们受良好的教育，或因营养不良、疾病无医，以至体弱夭亡，甚至让敌人抢去，这不仅有违奖励生育的目的，而且是可痛心的严重事情。

希望孩子们变成未来的国家栋梁，首先应有贤良的父母，进而要有良好的学校和社会的教育。以前的社会只要求母贤而好象〔像〕父亲是可以不贤的，但如果真的这样，则孩子是否能得到良好的家庭教育是颇成问题的，所以我们要求的是父母都能贤良。我们还要求社会特别保护母性，注意母亲们的困难、辛苦和幸福，同时，还能使母亲们真正地获得做人的权利，取得社会上与男子的同等地位，因为只有在这样伟大的环境中，从丰富的生活体验中才能培养出伟大的贤良母性来，因此也才能够使我们的后一代强似前一代。我们的母性观是和民族解放、妇女解放联系起来的，是具有时代性和进步性的。我们主张应把母亲由狭隘的家庭牢笼中引出到社会，到抗战建国的大道上，参加救国的工作，参加各种生产事业，真正实行政府和职业机关的开放，解决她们的痛苦与困难，使她们进到广大的社会和集体生活中，以陶冶她们，使之养成伟大的性格。所以我们的贤母观，和社会上一般的、封建片面的、后退的想把妇女拖回去锁在家里的贤母观，基本上迥然不同。

其次就说到：怎样尽父母的责任呢？

我们赞成发挥伟大的丰富的父母的慈爱，但反对无原则的无教育意义的溺爱。对子女要好好教养而不是娇宠。我们要让他们养成有秩序的生活和良好的习惯。注意他们身体和心理的发育，给以适当的营养和教育。孩子有了强健的身体、健全的心理、秩序的生活和良好的习惯，则做父母的不但可以减少许多麻烦和教养的困难，而且才能使孩子成为健全的国民。对子女应有贤明的态度，该严格的时候严格，该慈和的时候慈和，反对打骂等有碍儿童心身发育的处分。

做父母的人一面尽了做父母的责任，另一面还需要尽做国民的责任。要争取自己做独立的人，要在民族解放的革命工作中尽应尽的任务。双重的责任，双重奋斗，其中艰难困苦没有做过父母的人是体验不到的，因此，凡能够担负起如此艰巨任务的父母，特别是母亲，最值得社会钦佩。我们反对有些同志因为孩子妨碍了他或她的工作而讨厌孩子，甚至仇视孩子；也反对有些同志因为有了孩子就把一切都寄托在孩子身上，让自己退步，以育儿为借口，不参加任何工作和学习。其实只要父母间能互助，同志间能互助，是不会困难到没有办法参加任何其他工作的。

育儿本是父母共同的责任，所以父母应该分工负担。以前有些人认为这单是妇女的责任，那是不对的。虽然我们并不否认母亲的适宜性和重要性，同志们也应当把帮助其他同志抚育儿童看作是自己的工作的一部分，因为这样，一方面可以使做父母的不致因育儿使革命工作完全受到影响，他方面也应当把他们的孩子看作和自己的孩子一样啊！

孩子们的模仿性是很大的，父母应当做孩子们的模范——分工合作，亲爱融洽，生活有秩序，态度要慈祥，以便给孩子们一些好的印象。尤其是我们共产党员，不仅要做孩子们的模范，而且要做党外人士为父母者的模范。我们共产党人的子女要有很好的品格，将来进到社会里都能在集体生活中顾全集体的利益，热心公共的事业，以最大的同情心帮助别人，不仅孝父母而且还懂得自己是社会的人，要为社会服务，要为民族尽忠。要使孩子的品格美好，父母应有一致的方针，切不可随便拿孩子出气，给以丑恶的印象，去伤害他们纯洁的幼嫩的心！

末了，希望大家能建立起小型的托儿所、托儿室来，首先可以让孩子们受到集体的教养；次之，做父母的也可以共同讨论出一些教养的方法；还有，在物质上更可以得到一些互助和调剂。特别是采取轮流值班管理，做母亲的可以抽出时间来担任别的工作。并希望这些小型的托儿组织，能在职业妇女和家庭妇女中推行起来。

【资料来源】

《新华日报》1942年4月4日第3版。

陕西省妇联编：《陕甘宁边区妇女运动文献资料》（续集），1985年，第322—326页。

11. 保护儿童

邓颖超

儿童是民族的幼苗，是民族的延续，是我们下一代的国民。所以，儿童的问题，是一个有关社会和民族的重大问题，应该得到社会与国家极大的关怀和重视，是需要及时采取一些必要的设施的。

今日中国的儿童，正经历着抗战建国的伟大时代，同时，亦遭受到前所未有的灾难。在敌骑所到之处，曾有千万的儿童，或遭凶毒的虐杀，或在其淫威之下过着奴役的悲惨的生活。父丧母亡，孤苦无依，流离失所，在死亡线上的现象，是触目皆是的。再由于天灾的严重，饥寒交迫，饿死病亡的现象又不断地在各地发生出来，而由于社会的病态，由于主观上的缺点而引起的困难，以致造成买卖儿童和杀婴、溺婴特别是弃婴的事件，又是层出不穷。最后一点，由于战时生活的变动，由于物价增高的影响，一般的儿童，尤其是贫苦和劳动的儿童，在保育方面，营养缺乏，没法入学；就是一些能进保育机关的小朋友，亦因教养复难臻完善，因而患病夭亡，在所难免。这些情况，造成了今日中国儿童问题的严重性——心身健康之缺乏与儿童的疾病死亡率之增高。因此，目前儿童问题的中心，乃是如何迅速地保护儿童，减少儿童的疾病与死亡，让无数无辜的小生命能够得活，能活得下去，更能健全地成长起来。这比任何时候都要显得紧急而重要了。

要保护儿童，要对儿童举办福利事业，绝不是空喊、研究、建议、设计、呼吁所能解决的。这必须采取一些切实而又具体的有效步骤和办法。对于应保护的儿童，迅速分别采取各种办法，例如：对于战区灾区的儿童，还应该大量地去抢救；对于敌人可能进攻地区的儿童，最好能预先有准备有计划地转移；对于已抢救的儿童，"养"应改善，"教""卫"亦应兼重；对于杀婴、溺婴、弃婴、拐卖儿童等应严格禁止；对于私生子之地位应予提高与保护；对于劳动儿童之劳动条件，应予改善（如童工年龄、工时、待遇），应由国家分别制定儿童福利的法律，更保障其切实执行；同时，广设育婴院、托儿所，广为收容教养弃婴。自然最主要的还是有赖于社会与国家的共同合作，努力地消除产生弃婴的原因，逐渐消灭弃婴的现象。此外，围绕在保护儿童周围有关的儿童卫生事业、儿童教育问题，以至妊妇、产妇和母性的保护，提高保育工作人员之地位与待遇，等等，亦均应分别注意，切实予以施行，逐渐地配合起来。

以上的办法，是起码而且可能举办的，希望保护儿童有关机关和负责的当局，能负起责任，以尽应尽和能尽之责。同时，希望社会人士多提倡，关心儿童、重视儿童，多多发起创设儿童福利事业，则其造福于儿童、造福于民族国家，实非浅显了。

【资料来源】

《新华日报》1943年4月4日第4版。

陕西省妇联编：《陕甘宁边区妇女运动文献资料》（续集），1985年，第345—346页。

12. 陕甘宁边区政府关于收容遭受蒋胡匪灾难童的通知

〔新胜字第97号〕
（1948年3月12日）

各专员、县（市）长：

根据边区参议会常驻议员、边区政府委员扩大联席会议关于筹设难童收容机关使遭受蒋胡匪灾的难童得以教养成人的决议案，本府民政厅已着手筹设收容机关。现将收容机关名称、收容名额及收容办法等规定于后，希各灾区立即依据进行审查收容，有组织地护送前往，以资统一教养，培植成人，将来为人民服务。

一、名称：收容机关定名为"陕甘宁边区难童教养院"。

二、收容儿童的名额：难童院暂定收容三百名儿童，将来需要增加时再行规定。兹依各分区灾区范围之大小，规定各分区接收的数目于下；至各县的具体数目，由各专署研究分配。

（一）绥德分区暂定不超过一百五十名；

（二）延属分区暂定不超过一百名；

（三）靖边县暂定不超过五十名；

（四）其他分区灾情较轻，对于孤儿难童可采取就地发动群众收容安置的办法解决。

三、收容儿童的条件：边区难童教养院因系初创，人员不足，设备简陋，目前只能收容六岁以上至十二岁的儿童，并须具备下列条件之一（六岁以下的孤儿难童应采取就地发动群众收容安置的办法解决之）：

（一）父母亡故致无人抚养之孤儿；

（二）父母逃荒出走致被遗弃之难童；

（三）烈士之子女及军工属之子女确因无人抚养无法生活者；

（四）蒋管区流离失所之孤儿、难童逃入边区者。

四、集中接收时间：自三月二十日至四月二十日为集中接收时间。各县收容之孤儿难童，一般的都送临时收容所接转，逾期者须直送难童院接收（地点另行通知）。

五、收容的方法及手续：

（一）绥德专署应在绥德、延属专署应在延川设立临时收容所，专门负责审查接收该分区各县送去之孤儿难童，每集中到十个至十五个即可编为一个小组，派人护送至难童院接收。临时收容所于集中接收时间过后，即行撤销。

（二）各县政府负责在所辖灾区调查登记符合难童收容条件之儿童，详造表册，妥送各分区临时收容所接收转送。

六、临时收容转送难童的经费：

（一）临时收容所的经费开支（限于收转儿童所需的伙食路费），统由专署向财厅造具预算请领，决算报销。

（二）各县政府收转儿童时所开支的费用（伙食路费），直送难童院者由难童院偿付，决算报销；送临时收容所者，由临时收容所偿付，专署统一报销。

特此通知。

【资料来源】

甘肃省社会科学院历史研究室编：《陕甘宁革命根据地史料选辑》第三辑，甘肃人民出版社，1983年，第280—281页。

13.一个女孩子的生命

矫捷敏　迟文石

（1948年5月）

一天拂晓，潍县解放战斗还在紧张进行的时候，城北辛庄的小花园街南北大街交叉处，拥挤着三十多个背包袱、抱孩子的从蒋匪区阵地逃来的妇女，那里距东城上的蒋匪只有几十米，正在阵前作战的解放军战士再三嘱咐她们弯下腰来走，免得被敌人发现，但是她们都愿早一步离开危险地带，哪里顾得这一些呢！东城上的蒋匪满可以清清楚楚地看出这不过是一群手无寸铁的逃难妇孺，但当一个一手抱着孩子一手背了两个包袱的中年妇女通过时，突然从东城上射来了一颗子弹，由左向右地穿过了她的头部，她顿时扑倒在地下，鲜血染红了头发。抱着的不满三岁的女孩被摔出了两步远，那小女孩也像死去一样地躺在地上。

解放军某部一班长宫福宾正送子弹到前面去，忽然发现这个小女孩的胳膊在动弹，显然女孩子还活着。宫福宾把自己的生死忘了，放下了弹药箱，急急爬过去，冒着蒋匪火力的危险，终于把女孩救出了。宫福宾立刻用毯子把女孩裹起来，亲自给她喝水，又喂了稀饭，然后暂时把女孩子寄留在一家老百姓家，重新背起弹药箱到前面去。事情立刻在解放军的阵地上传开了。

晚上，二班副王常增同志怎样也对这个小女孩放不下心来，他跑去看看她，只见小孩在防空洞上躺着没有人照看。他一时想不出办法，足足看了两个钟头，最后他决定先把孩子安插下来，再回去报告上级。于是王班副把小女孩抱到一个露天的隐蔽的牲口槽里，铺着厚厚的被，盖上毯子，又搬了一张桌子架在上面遮露水，王班副这才回去休息——他不能长时间陪着那女孩，他随时要准备着斗争。

第二天早晨，团部马副参谋长知道了这件事，大清早就派通信员把小孩抱了去。虽然匪机这时在四周盘旋扫射，马副参谋长仍亲自用温水给小孩洗了个澡，并把她母亲遗下的两个包袱里找出女孩的衣服替她更换了，又冲了两个鸡蛋喂饱了她，然后派专人把小女孩送到后勤去找专人保养；临走时，马副参谋长掏出了五千元钱，作为暂时保养费用。

这消息也迅速在战地传扬开了。东贾庄的老百姓在议论着："八路军真是恩人，救了孩子的命。""这个孩子的福分不小呀！"

四天后，潍县城东北关保安街义聚福商号的经理傅延龄先生在解放军的某团部里，重见了他心爱的孙女。当他把孙女带回家去的时候，一家人悲喜交集。女孩的外祖父王仁奎老先生一字一泪地向解放军同志说："解放军是人民的救星，真是名不虚传。打死我女儿的大仇，零刀削他们（指蒋匪）也报不过来。"当他详细听完解放军怎样救出孩子和掩埋了孩子的母亲的尸体的经过后，他抖动地拿出了一支笔对解放军同志说："那位参谋长的名字我已经知道了，烦你们把那两位在火线救我外孙女的同志的名字写下来。"

【资料来源】

全国民主妇女联合会筹备委员会编：《中国解放区的儿童》，新华书店，1949年，第34—36页。

14. 教养院的孩子们

——为纪念"四四"儿童节而作

张 深

我悄悄地走进儿童宿舍,刘锁柱和霍仁山刚吃过病号饭——面条和油条,在干净的床铺上躺着。我进去以后,五六个孩子立刻包围了我,他们嚷着"快过节啦,老师!"我坐下,和他们闲扯着,他们告诉了我准备过节的种种,并说如何在等着度过这快乐的一天。扯来扯去,话头一转,王献年忽然扯到了旧社会。

我问:"你们数谁受的苦多?锁柱!你在什么地方睡过?"他毫没思索,就说:"在花园。有一回下雪,我那〔哪〕也没地方去,跳到一个做锅贴烧木炭的坑里,烫了一屁股燎泡,痛得不行,一个警察看见了,还硬说我是偷东西的,要钱,我不给,把我抓到派出所,着我吃二十个辣椒,又送到法院……"这孩子突然呜呜地哭起来了,一群说说笑笑的孩子也哑然无声。张志蹙了蹙眉头,恨恨地骂出一句:"警察他妈的可厉害哩!"他像是回想了一下,又提起劲来,说:"解放军正打得欢,俺俩净帮着找警察。在新新戏院那儿,抓了四个;又看见一个胖脸,他打过我,还不认得?连他一下叫解放军给逮住了!"这一段话引得锁柱揉了揉眼,咧开嘴笑了。

刘锁柱是个受过很多苦难的孩子,才十五岁,保定人,三岁上跟着家逃灾荒出来,到了石家庄,仍无法生活,全家借住在人家的席棚里,母亲每天给别人洗衣维持家里生活。

日子长了,父亲受旧社会恶习吸了白面,不正干,日子更没法过,把两个姐姐全卖出去，当了别人的童养媳，只剩父母和他三人，挨饿受冻。日本投降后，国民党来了，生活更加难过，汉奸特务混街乱串，他家没"户口"，即强逼他们出石门。父亲因没有白面抽，吃烟灰死去。母亲也要寻死，锁柱哀求母亲，她才答应自己宁可要饭，不要饿死。谁知要饭也不容易，谁给呢？只好拾些残骨头，弄些糠秕，和上榆叶，每天只能吃上一顿。

后来国民党又逼着要他们立刻走，没办法，只好偷坐火车，母亲上去，他还未坐好车开快了，把他甩在地下，自此母子二人就分离了。一家六口人弄得父死子散，只好流浪街头，无家可归！

这时要饭又要不上，锁柱慢慢地学会了偷东西，做了小扒手。这样也不知挨了几次打，向警察化了多少钱，偷的不如警察要的多，怎样也不行，眼看即要冻饿死了，幸亏八路军来了，将他算救活了，入了教养院，享受着梦想不到的幸福与自由的生活。

孩子们的话像倒核桃车。霍仁山像个大人一样的，慢吞吞地开了腔："在前，救济院有个老于，可狠哩！嫌俺们不好生学，手里提着板子，让两个脚尖着地，弯着脚立着，两根胳膊伸开，拳头上放个粉笔头，要你一抖擞，粉笔动了，'啪'的就是一板子！"卜金五说了句："还有哩！"他又接着说："把板凳上先平放两块砖，再往上面横着立两块，着你跪到上面，头上顶起写字的石板，上面放个粉笔头，两个拳头还放上粉笔头，要一动，还是打！杨福祥就跪过——"卜金五又急着说："如今那里也找不着那狗日的，见了他非出出气不行！"

说到这里，张志想起来说："我们过节编了歌，唱给你听好不好？"说着他就唱了："贾景南（教养院的老师）力量大，飞机大炮他不怕；为国为民来尽忠，领导儿童来生产。"卜金五进来一听，就仰着头唱第二段："贾景南，真是沾，领导儿童来生产；生产完了又学习，呀儿哟，你说儿童多兴趣，呀儿哟。"孩子们笑着。王献年接腔："国民党的救济院，好比那个阎王殿！"一个不知名的孩子唱："教养院，真是沾，十架机子往上按。"霍仁山又接了："儿童们，真是沾，慢慢变成儿童团！"我故意问了一句："什么是儿童团呀？"霍仁山就说："儿童团站岗、放哨、送信……"我问："干那为什么？好吗？"锁柱高声喊："好，好，为老百姓还不好吗？"快板又接着编下去："儿童们，真是沾，吃苦耐劳来生产！""儿童们，真可怜，受苦受难好几年！"乱嚷着，混不清是谁说了一句："八路军，真是沾，收容儿童来学习。"王献年就喊起来："不顺口不沾！"张志很快瞅了我一眼，说："他就是生产模范呀！"我一笑，大家也哈哈大笑了。张志说了一句："这回我还选他。"

我要离开救济院的时候，锁柱抱起我来说："后天就过节啦，你可来呀……"孩子们乱声应和起来，我竟不知说什么好了。

【资料来源】

全国民主妇女联合会筹备委员会编：《中国解放区的儿童》，新华书店，1949年，第27—30页。

第三部分
儿童保育、托儿所

　　延安时期的教育与儿童保育是中国共产党领导的新民主主义教育发展成熟的标志和典范，奠定了中华人民共和国教育事业的根基，在中国教育史中占有举足轻重的地位。延安时期的教育工作继承和发扬了中央苏区教育的优良传统，吸取了中央苏区办教育的宝贵经验，确立了新民主主义教育的方针、内容、制度和方法，坚持教育为革命战争和边区建设服务，是新民主主义教育快速发展与成熟的时期。本部分主要收录陕甘宁边区儿童保育、托儿所建设等资料，主要内容包括儿童保育的方针、保育工作概况、保育院人员编制、保育院机构组织等多个方面。

1. 陕甘宁边区儿童保育分会第一战时保育院概况

今天（三月十号）是战时儿童保育总会成立的周年纪念日，同时又是陕甘宁边区保育院新院舍落成典礼日，我们非常高兴地庆祝总会的一周年，庆祝宋理事长、李副理事长及总会全体理事和各地努力保育工作的我们的同事们健康，并祝抗战建国的后代——我们的儿童快乐和健康，同时预祝一九三九年保育事业有更伟大的开展和成绩。我们在此除开盛大的庆祝会外，特向总会和全国同胞、边区人士做一点边区保育工作概况的报告，借以感谢帮助我们的先导和同志们，并希总会及各界人士多多赐教与更多扶助为感！

致

抗战建国的敬礼！

战时儿童保育会陕甘宁边区分会及边区保育院同启
一九三九年三月十日

一、保育院的前身和产生

"七七"事变后，我国发动了全民抗战，边区的青年们，是坚决地果毅地离开了父母子女拥到抗战的前线。边区政府关心到抗战将士的后顾，以及长期抗战的后备军，建立新中国的基石，就创办了一个托儿所，来抚养教育这些被父母抛弃了的孩子，使他们虽然没有了家，失掉了父母，也能成长为健全的小国民、新中国的有力的柱石。

战时儿童保育运动在全国各地被严重地提了出来，中国妇女慰劳自卫抗战将士总会在蒋夫人、冯夫人等的领导下，成立了战时儿童保育会。边区响应了这个号召，在去年七月四日也成立了分会，并集中一切力量来筹办保育院，以托儿所为基础，改组扩充，积极筹备整顿，于十月二日正式开幕。

二、地址

托儿所在延安柳林子，改组为保育院后，因为要增添小孩，房屋不够用，可柳林子的环境很好，又找不着其他适当的地方，便将这托儿所扩大，添造房屋用具，至十月底，才算就续〔绪〕。可是因为敌机时至延安侦察，为了防空，避免无谓损失，就在边区政府的指示和帮助下，于十一月十日迁到另外较安全的×××××，在路上走了三天，工作人员步行，小孩都是四个人坐一只木床，每床由四个人抬着走，大孩子骑牲口和步行，十一月十二日都很平安地到达了目的地。

虽然这次迁移用了一笔费用，又要重新修造房屋，在经济上人力上不很合算，然而敌机当月二十日即至延安轰炸，并在柳林子侦察投弹，如果没有搬走，难免没有损失呢。

柳林子×××两地都是背山面水，风景很好，空气新鲜，人家很少，环境清静，适合于保育儿童的地方。

三、组织系统

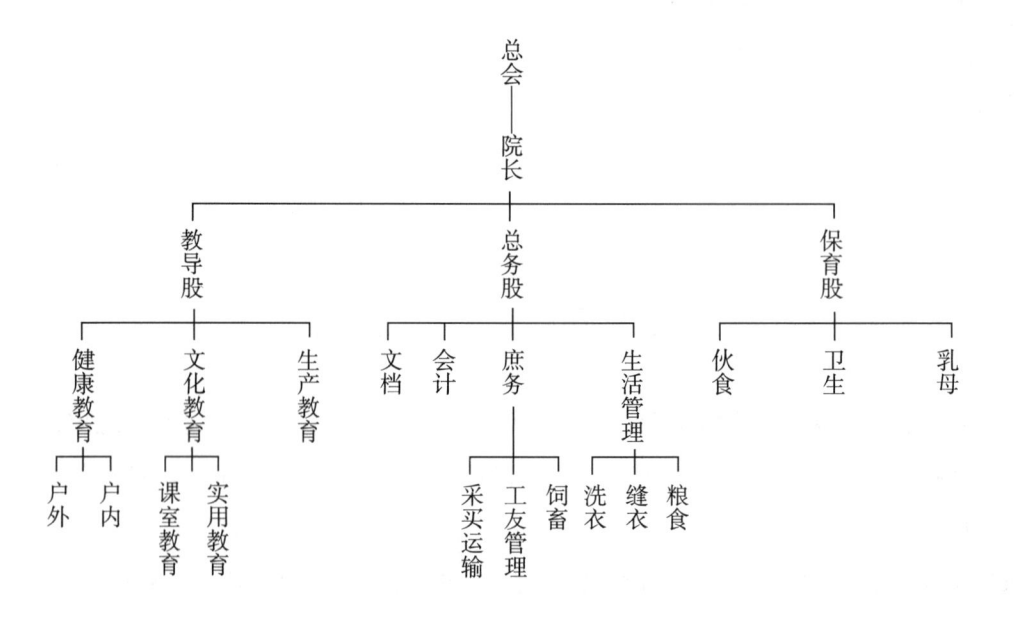

```
                    总会
                     │
                    院长
         ┌───────────┼───────────┐
       教导股       总务股       保育股
    ┌────┼────┐  ┌──┬──┼──┬────┐ ┌──┬──┬──┐
   健康 文化 生产 文 会 庶 生活  伙 卫 乳
   教育 教育 教育 档 计 务 管理  食 生 母
   ┌┴┐ ┌┴┐        ┌──┼──┐    ┌──┬──┬──┐
   户 户 课 实     采 工 饲   洗 缝 粮
   外 内 室 用     买 友 畜   衣 衣 食
        教 教     运 管
        育 育     输 理
```

四、经济状况

收入：

（一）总会在十月七日汇来开办费五千元。

（二）边区政府捐助开办费二百元。

（三）又边区政府捐洋一千元。

（四）私人捐助八百六十三元。

（五）总会汇来一九三八年九月至一九三九年四月共八个月的经常费（保育费及工作人员薪金五千四百八十六元）。保育院工作人员的薪金伙食及衣服由边区政府供给，并按边区工作人员待遇每月发给院长津贴五元、科长二元五、工友一元半至二元，故全体工作人员都自动地将总会所给薪金捐给保育院做保育儿童之用。

总计共收入一万二千五百四十九元。

支出：

（一）开办费五千二百三十一元。

（二）特别补助费二千八百五十二元。

（三）经常费：十月，七百三十九元；十一月，一千五百六十七元；十二月，一千九百八十六元；一月，二千五百六十一元。

总计共支出一万四千九百三十六元。

共欠洋二千四百八十元。[①]其中一部分由保育分会向边区政府借用，一部分为开办费中木料费，特别费中布料费尚未付清，可是现在边区政府的经费也很困难，而木料厂及布店等也在催着付债，所以保育分会与保育院在经费上颇感困难。有的小孩的衣服被褥尚未补充完全，并且儿童还在不断地增加，需款也更要多些。

五、儿童概况

（一）人数及编制：全院现有儿童二百五十七名，分为四部。

1. 乳儿部——自六个月至一岁，有二十一名。因代乳粉及牛奶的困难，故暂不收容吃奶小孩；但正准备扩充中，如培养乳儿保姆，购乳牛乳羊，寻善於（于）饲牛羊之人，添设窑洞衣物等能顺利解决，乳儿即可扩充。希各方人士多多援助，以利幼儿与抗属等。

[①] 此处数据疑有误，原文如此。

2. 婴儿部——自一岁至三岁,有四十一名。

3. 幼稚部——自三岁至六岁,有儿童五十八名。

4. 小学部——自六岁至十二岁,有一百二十七名。

(二)生活:每日上午六时起床,晚上八时睡觉。乳儿及婴儿睡觉时间较多。早起饭前都喝白开水一次,早起饭前饭后漱口洗手,每晚洗脚。每星期洗澡一次,换内衣两次。小学部及幼稚部的儿童每日爬山及野外游戏,婴儿及乳儿部每日晒太阳半小时,儿童的衣服被褥每星期晒二次,衣服尿布在洗净后并用水煮开以消毒,每月检查体格二次。

衣服以清洁整齐为主,每个儿童都有两套衣服换洗,冬天有棉衣裤、棉大衣。为防空,外面的衣服颜色都较深:小学部是灰色学生服,灰色棉帽棉大衣;幼稚部是兰〔蓝〕衣服,白围裙,帽与大衣同。小学部与婴儿部及乳儿部一部分是兰〔蓝〕色棉衣,一部分是花布棉衣。

食物以便宜营养为主,以儿童年龄大小体格强弱定质量与分量。乳儿部是变动性的,以人乳代乳粉、牛奶、羊奶等,三小时一次。婴儿部的食物是以鸡汁、豆腐酱、大米小米粥、白菜等为主,一日四次。幼稚部吃大米、麦子、麦片、豆汁、白菜、洋芋等,每日三次,还有一顿点心。小学部因年龄较大,而且大米、白面很困难,所以食物主要的是小米、蔬菜,每星期吃两次大米白面和肉,每日三餐。

儿童们的住舍一方面为了防空,一方面适应陕北天气的需要,都是住的大砖窑或土窑,冬暖夏凉,日光与空气都好。此外并在保育院另特设一儿童卫生所,做保育院的儿童保健及卫生顾问,专门诊治儿童疾病,有一儿科医生及二位看护常住院中。保育院卫生所及边区医院,都特设儿童病室,以便给有传染病或身体弱的儿童居住。

(三)教育:除了保育儿童的健康外,并施以适当的教育。小学部与幼儿部的教育目标,以适合抗战需要,实现三民主义,争取民族之独立自由,启发儿童爱国思想与发扬民族精神,养成儿童独立精神为主。按照儿童年龄发育、文化程度,将小学部分为四班,幼稚部分为两班。课程在小学部有国语、算术、常识、音乐、劳作、美术、体育等七门。幼儿部有音乐故事和儿歌、游戏、谈话(社会和自然)、工作、静息、识字、识数等七门。小学部每日上课时间为五小时,幼稚部三小时半。教材由边区政府教育厅帮助或由保育研究会编制。婴儿部则教他们走路、说话等,特别注意感官的训练。乳儿部和婴儿部,教育与保育是分不开的,小学部与幼儿部之教育与生活也不可分离,环境布置、教师保母〔姆〕的态度都直接影响儿童生理心理之发育,我们也都很注意,并在日常生活上养成儿童很好的卫生习惯、劳动习惯、生产技术等。

年龄较大的儿童组织了儿童剧团、孩子歌咏队，做抗战救亡工作，并自出戏报，开晚会，每星期二、四、六下午。

小学部的儿童都上劳动课，如牧牛羊、砍柴、缝衣等，幼稚生则以工作（纸工等）玩具启发儿童思想。

六、工作人员概况

（一）生活：每日上午六时起床，晚上十时睡觉，每日工作八小时，采取分工合作制度。除小学部外，幼稚部的小儿部婴儿部的工作人员，都要轮值夜班，平均每人每周轮值两次。轮夜班的白天睡觉，夜半吃点心一次。由这点看，工作人员比工友更苦些，好在他们有吃苦耐劳的精神，虽然睡眠不足，吃的是小米蔬菜，工作十分忙碌，身体感觉疲劳，但大家时常以自己的生活同前方将士相比较，有的还以所做的抗战工作太少来责备自己呢！

工作人员自动地组织了一个俱乐部，其中有歌咏组、戏剧组，每星期开晚会一次，工作人员共同负责预备游戏节目，每月请政府公演电影或话剧一次，俱乐部之下经济委员会负责管理工作人员及儿童的伙食。

（二）教育：俱乐部设有小规模的图书馆、阅报室，其中书报都是工作人员捐助或凑钱购买的；并将全院工作人员按其文化水准分为三组，有的参加研究组，有的参加学习组，每天在公余时间上课，有卫生保育法常识等课程；每周报告时事两次，每月开保育研究会一次。

【资料来源】

《新中华报》1939年3月10日第4版。

甘肃省社会科学院历史研究所编：《陕甘宁革命根据地史料选辑》第四辑，甘肃人民出版社，1985年，第121—126页。

2. 祝战时儿童保育会成立一周年

三月十日是战时儿童保育会成立的周年纪念日。在去年的此日，在汉口，许多热心儿童保育事业的朋友聚集一堂，开了一个盛大的会议。在这个会议上，在蒋夫人、冯夫人的帮助下，战时儿童保育会正式宣布成立了。这对于战区儿童是莫大幸事，而对于当时从事该项筹备工作的妇女们是极大的安慰！

在这一天同时成立的还有战时儿童救济协会的筹备会。参加这两个会的发起人，有妇女界的积极分子，有党政军的当局，有教育界文化界的知名人士，有爱好和平与同情中国的外籍朋友……两个会的名誉理事和理事就有数百人，直接参加日常工作的男女，在全国约在一千五百人以上，都是拿很大部分时间服务于儿童保育工作的。其中妇女占百分之八十以上，她们用很大的母爱热忱和刻苦耐劳精神，为民族保育后代而奋斗了一年了！在今天——保育总会成立周年纪念的时候，我仅〔谨〕向所有各地参加保育工作的同志们致亲爱的敬礼！

野蛮的日本军阀的亡我国灭我国的公开无耻行动，激怒了四万万五千万人！而尤其是日寇之杀害我儿童的生命，强夺我国家的嫩苗，吸取我天真烂漫的幼儿的鲜血，强迫我尚未成年的儿童充伪军等罪恶行为，更增加了我所有同胞对日寇的仇恨！特别是妇女同胞——儿童的母亲——更加愤恨！我们既不能忍受家屋被占，财产被夺，父母兄弟丈夫姐妹被杀；更不能忍受我们的孩子——我们不可分离的骨肉被宰割！儿童是民族的后代，是新中国的建设者，是我们妇女的快乐和幸福。我们要为我们的财产和生命而战，要为民族的独立和自由而战，也要为我们的快乐和幸福而战！

疯狂的日本强盗，它忘记了，它的种种罪恶行动的结果已造成了永远葬送它自己的坟墓；它忘记了，随着它那奸淫妇女杀害儿童的结果，是迅速增加了两万万二千五百万妇女和七千万儿童的抗日力量，就更加速了它走向死亡去的过程。

正因为如此，所以"保育儿童""抢救后代"的吼声，首先由具备着天然伟大的母爱的妇女喊了出来。而且一年来的事实证明，妇女在这一方面的努力不是没有成绩的；证明妇女是真正伟大的民族后代的保育者，是"天然的儿童教育家"（克鲁卜斯卡雅）；也证明了由于妇女们的疼爱儿童的共同天性，增进了妇女本身的团结。谁不知在许多地方正是在保育儿童的实际工作上，开始和促成了抗日妇女不分党派不分信仰和职业地亲密合作起来了。

也正因为如此，保育儿童的工作很快地得到社会上和国际间深切的同情和援助，救济难童的呼声能使人人响应，援助难童的捐册能得个个欢迎，所以在总会成立不到半年，各方捐款已达百万。而全国各地方分会和保育院亦如雨后春笋般相继成立。虽因战争、交通、人力、物力等种种困难使现有的成绩还远够不上抗战的需要，但一年来各地所收容儿童（难童占主要部分）将近一万；有十二个省已成立分会；永久保育院已成立的有三十余所，还有许多临时保育院，其中以汉口临时保育院成立最早、成绩最著，曾在总会直接领导下努力工作到武汉失守的前两天才结束，把所收容之七八千儿童有计划地输送到重庆、成都、桂林、香港及其他较安全地方去。现在重庆六个保育院中有儿童二千五百名，在成都、桂林的各一千多名，以及其他各地都有儿童若干。此外还在各地设立了不少的收容站运接站等等。自武汉退出后总会迁至重庆，对于各分会各保育院本身的健全又加以推动，使被保育之儿童不仅得养，而且得教。所有这些，都是战时儿童保育会一年的主要工作成绩，给今后开展保育运动筑下了基础。但是我们也不能不承认，所有这些，离抗战的需要和我们的理想尚远，我们还不能以此为满足。假使我们闭上眼想一想：就在这一刹那间，就不知有多少孩子在战区里在敌人铁蹄下遭到无谓牺牲和残害而急待救济，就不知有多少个母亲正抱着饥饿的孩子哀号在街头！啊！在汉口时见过的那一幅一幅情景又在脑中泛现。另一方面许多流浪儿、拾荒者、小勤务等苦难里生长出来的孩子的勇敢、活泼、聪明，以及他们才来时的玩〔顽〕皮淘气和后来的听话用心敬爱教师如慈母，以及和大家分别时的悲哀情形，恐怕是一切爱护儿童的保育员所永不能忘的！蒋夫人在成立大会的演说中，说到这样一个真理："正是在苦难里生长出来的孩子，能够产生出时代的英雄。"（大意如此）假使全国各地人士尤其各地政府当局都能更加扶植战时儿童保育事业，那就是等于培养了许多中华民族的时代英雄，他们是未来中国的建设者和主人，我们这代的历史使命是奠下抗战建国的基石，而孩子一代的历史使命是在这个基石上建立光辉灿烂的新中国。

所以我对今后战时儿童保育会的第一个希望是：尽可能普遍在各地建立保育院以便更大量地收容难童，帮助抗日军人扶〔抚〕育子女救济贫苦儿童等。第二，希望各地保育院本身更加健全起来，以便保证被收容儿童强壮体格和有正确的教育。第三，希望各地分会多在妇女大众中有计划地进行合理保育法的宣传和教育，说服与纠正许多父母体罚儿童的恶习，与一切虐待儿童（童工、童养媳、学徒及私塾中的小学生等）的行动和习惯作斗争，灌输母亲们以卫生常识科学保育法及抗战常识等，使我们的后代"经过母亲的奶，把新思想一同吸进去"（引恩格斯的话）。第四，希望总会及各地分会把各地在不同条件下得到的不同的战时儿童保育工作经验有系统地积累起来，并经过总会经常地互相交换经验和意见，以增进保育事业的开发。

最后，在今天陕甘宁边区保育会及保育院举行庆祝总会成立周年纪念和边区保育院新院舍落成时，我仅〔谨〕向在非常苦难的物质条件下奋斗的边区保育分会和保育院的工作同志们致热忱的敬意。希望他们今后更加努力，也希望总会和各地爱护儿童的人士的援助。让我们全国同胞共同努力创造一九三九年战时儿童保育工作的新胜利，来打击日本军阀的非人性！

【资料来源】

《新中华报》1939年3月10日第4版。

甘肃省社会科学院历史研究所编：《陕甘宁革命根据地史料选辑》第四辑，甘肃人民出版社，1985年，第117—120页。

3. 陕甘宁边区战时儿童保育分会一年来的工作总结和今后工作的方针

一、一年的收获

"保育儿童""抢救后代"的呼声，在全国严正地被提出之后，边区妇女界及热心这一工作的人士，立即响应了中国妇女慰劳自卫抗战将士总会蒋夫人及李德全先生等的号召，在去年的今天（七月四日）在延安正式宣布成立陕甘宁边区战时儿童保育分会。

一年来，边区保育分会，在总会坚强的领导下，在边区党政军民的有力帮助下，在国际和全国人士的赞助之下，它的工作是不断地在开展着。这开展，是有着它实际的工作成绩：

（一）它征收了八百多个会员，在边区的每个角落里，都有她们活跃的身影，成为推动边区保育工作的有力骨干。

（二）它成立了边区的儿童保育院，收容了从东北来的、从华北来的、从华中来的、从华南来的三百多个儿童，实际地解决了抗战将士的后顾之忧；并且配合着抗战的需要，及儿童身心的发育，适当地授与〔予〕了抗战教育，启发了儿童的民族思想，培养了他们的抗战建国能力。

（三）开办了保姆训练班——因为保育儿童是一种专门工作，需要有保育常识的人来担负起这一伟大任务，所以自保育院成立后，即开办了训练班，征收那些能吃苦耐劳的、受过师范教育的、有过家庭保姆经验的、有护士常识的，予以特殊的训练。现在保育院的各部门，有着三十多个训练班毕业的学生，在努力地运用着她们所学的宝贵的知识。

（四）建立运输——因为在去年，鬼子的飞机不断地威胁，保育会顾念到小宝宝们的安全，于十月初就帮助保育院搬了家；但为了各地的儿童得到统一的输送，于是在延安保育院旧址成立了运输总站，在新四军、八路军及各群众团体设立分站，以便各地的难童能够源源地输送进来，不因保育院搬家而影响而停顿。

（五）设立保健科和卫生所——保育院的儿童和工作人员在入院之前，要经过医生的检查，方能入院。因此，我们要求在边区医院设立保健科，专为保育院的儿童和工作人员检查身体与诊病，并推动边区儿童的卫生运动。后来，保育院搬了家，因路远的关系，又在保育院设立卫生所，专门聘请一位大夫常驻保育院，经常为孩子们检查体温和诊病。

（六）调查登记了边区的儿童——保育会在边区各机关各团体的帮助下，调查了边区儿童的人数、成分、生活及教育状况和其要求。

（七）初步地改善了初生婴儿的处置法及母亲的生活——在边区除了极落后的人民，每一个妇女都有她一定的工作和入校学习。有些怀孕的妇女到了产前或产后不能继续工作或学习时，她们对于自己婴孩的处置和抚育感到极大的困难。过去，没有专门机关来处理这一问题。自分会成立后，为着保育儿童的工作和母性保护的工作是有不可分离的联〔连〕带关系，因此，我们帮助了她们，根据她们的需要和特殊情况，把她们组织在一起，给予适当的调养，并编成学习小组，经常讨论各种育儿的办法。这样，一方面解决了育儿的困难，另方面也培养了一批保育人材〔才〕的补充者。

（八）在宣传方面，我们做到了这样几件：

（1）组织宣传队、歌咏队及小先生教育团，利用各种集会和庙会，采取访问或讲话方式经常向老百姓讲解卫生常识、保育方法及抗战保育意义等。

（2）经过边区妇联会，在各县妇联成立支会；在支会的努力之下，通过妇女识字小组、妇女半日学校、妇女短期训练班，向广大的农村妇女灌输了儿童保育常识。

（3）在三月十号总会一周年纪念的大会上，在"四四"儿童节的纪念会上，我们保育院的儿童，以新的姿态出现在群众的面前，这样扩大了保育运动的影响。

（4）在宣传科的努力下，承国际和国内人士、陕甘宁边区政府长官，以及中共中央的首长们的爱护，捐助了一笔款子和大批衣服。当保育院成立之初，物质基础非常薄弱，彼时因为交通不便，总会经费未能按期寄到，并且儿童的花费往往超过总会的预算，最初成立的几个月，儿童保育院的经费，多半是靠这笔捐款来支持的。

这些工作成绩之所以能够很顺利地完成，是由于我们和总会取得了密切的联系。我们会经常地向总会作工作报告，使总会了解到我们的困难和要求，常予以更多的帮助和指示，因此，保育分会能够逐日地滋长和壮大。

二、工作中的困难和缺点

一年的时光，虽然是收获了一些的成绩，但是仍赶不上抗战的需要，还有许多的工作我们没有切实地办到。这原因，主要的由于下面几件困难阻碍了我们：

（一）经费的困难——按总会的规定每一个孩子每月发给五块钱的津贴（自五月份起增为六元了）。但是在陕北这地方，因交通不便、物质供给的困难，每一个儿童的花费是超过五块钱的定额的，因此我们由于经费的困难，不敢大量地收容难童，特别是吃奶的小孩。

由于经费的困难，我们孩子的伙食无法改善，中学部的孩子经常吃着小米，要想每礼拜吃一次肉，也不可能保证。

由于经费的困难，我们的院舍不能扩充，大一点的孩子到现在仍几个人挤在一个土坑〔炕〕上。露天的广场成为教室和饭厅，沙风吹来，扑蔽了孩子的脸和手，粒粒的小米饭中更拌了一些黄色的"调和粉"。

由于经费的困难，我们孩子的衣服常不够穿，破烂的衣服抵不住烈日和寒风的侵蚀。

这些，是我们的缺点，也是经费的困难阻碍了我们。这里，我们是亲切地盼望总会及各界的人士给我们以更多的援助！

（二）各种必需品的缺乏——在陕北，许多的日用品，买也买不着的；即便有时能买着，物价的昂贵也非我们购买力所及。各种乐器，比如风琴、口琴及军乐之类，我们是没有的。牛奶、代乳粉、玩具、运动器具、治疗器、药品及留声机等，在我们保育院都是非常缺乏的，而且也是很需要的，但是我们无法办到。这也是盼望各界人士予我们捐助的。

（三）专门人材〔才〕的缺乏——儿童保健科的工作，及提高边区儿童卫生常识教育的工作，都需要医学上的专门人才来协助工作的。过去，在我们整个工作过程中，因为专门人才的缺乏，发生了许多工作上的阻碍。这一点，也要总会及各界人士发动人力来帮助我们解决。

三、今后工作的方针

根据我们过去的工作成绩、困难和缺点，今后我们努力的方向是：

（一）大量地收容难童——过去因为经费的困难，我们收容孩子，就是小心翼翼。今天，因为抗战形势的需要，我们要重新整理我们的运输网，尽量地收容孩子，早日完成总会所给予我们的任务（收容五百儿童）。

（二）更切实地领导保育院——保育院是我们的中心工作，过去因为干部的缺乏与干部的经常调动，会址离保育院又比较远（几里路），以致保育分会的工作没有集中在保育院。最近我们已迁到离保育院很近的距离了，同时在干部上也有适当的配备，以后我们要更好地解决保育院的困难和具体地帮助保育院的工作。

（三）加紧与本国其他各地的分会取得联系——这一工作，过去因为交通的关系，一向是做得不够，以致彼此不能将工作中的好的坏的互相参考，以资推进。

（四）扩大宣传——过去虽进行了一些宣传工作，显然，还不够得很，不能适应抗战的需要。今后，我们在边区是要扩大我们的保育宣传，巩固和充实我们的宣传机关与组织，以期达到深入农村的目的。在国际和国内，我们要经常地将我们的实际情形，完成通讯或摄成影片，寄送出去，使他们了解我们的确实情况，知道我们的实际困难，而常常给予我们以帮助和指示。

四、我们有着克服困难和完成自己工作任务的自信

陕甘宁边区保育分会，尽管它处在这地瘠民贫的陕北，处在这人力、财力极端缺乏的时期，但是我们自信它是会进步的，它是能够健壮起来的，因为：

（一）它是在总会健全的领导之下的，总会能够予以更多的帮助和指示。

（二）它是在边区党政军民直接援助之下的，他们能够给它解决许多实际的困难。

（三）它是在国际和全国人士爱护和关切之下的，他们能够在精神上予以鼓舞，在物质上予以接济。

（四）它是在八百多个会员、四十多个工作人员、三百多个儿童的拥护和爱戴之下的，他们能够为它艰苦奋斗。

因此，我们能够保证，陕甘宁边区保育分会一定能担负起历史所给予它的伟大使命来——保育我们民族的后代，培养新中国的幼芽！

【资料来源】

《新中华报》1939年7月28日第4版。

甘肃省社会科学院历史研究所编：《陕甘宁革命根据地史料选辑》第四辑，甘肃人民出版社，1985年，第168—173页。

4. 孩子们在欢笑着

——边区战时儿童保育院参观记

于 敏

战时儿童保育会陕甘宁边区分会离开延安七十里,坐落在一个小山上。在它前面延水的清流曲折而过,发着低低的吟哦。旁边有一丛柳树的矮林,夏天正给它,也给周围的田野和山峦,染上浓绿的颜色。

分会主任杨芝芳同志,向记者慈祥地谈笑着。她的言语,现〔显〕示出一个从实际经历中锻炼出来的工作者。在她领导下的陕甘宁边区战时儿童保育院,则是在离开分会约有二里远的幽静的山谷里。

保育院的院长李志光同志,也是一个慈祥的母亲似的人。她的和蔼的面容和亲切的谈吐,使我觉得在保育院抚育之下的孩子是幸福的。伟大的民族解放的战争,唤去这些孩子的父母,他们或是在前方为祖国进行着英勇的斗争,或是在后方担任着繁重的抗战工作。保育院的存在,减少了他们的后顾之忧,同时也使孩子们从小就过着科学化的、规律的、集体的生活。

八月六日的上午,李院长引导我参观了正在惨淡经营、日益改进的保育院。孩子们在阳光下玩着、欢笑着,一片天真的声音,不可避免地唤起了我儿时的回忆。那些旧时代不合理的抚养、责骂与殴打,在这儿是没有的。这儿有的是按照科学方法的哺育与管理和慈祥的陶冶与教诲。

在中门前,四个儿童席地而坐,用小手扑打着地上的泥沙。

"你们,"李院长说,"怎么又坐地上了呢?地上不干净忘记了吗?"

一个儿童首先站了起来,其他三个也都跟着站了起来。

"向客人敬礼吧。"

他们把小手触触前额,样子使我想起敬礼时手放不到适当地方的新兵。

我们首先踏进乳儿班的土洞,一位护士正在给一个乳儿试验体温。凡是不满一岁的都是乳儿,目前院里只有三四个。保育院受到物质条件的限制,暂时不收容乳儿,目前仅有的几个是因为父母到前方去而不得不容纳下的。

中门里边,几张席子上坐着十多个幼童,他们浴在朝阳的温暖中,正在天真无邪地玩耍着。

婴儿班的寝室内摆着几排卧床,床罩着雪白的被单。床的样子,好像一段段隔开的大木箱,里边便是孩子们的被褥,已经由保姆折得整整齐齐的。婴儿是一岁到三岁的孩童,目前已经有三十多个。

幼稚班的寝室里,特别引起我注意的是一排挂得整整齐齐的衣服,每个挂钉旁边都写着小主人的名字,衣服脱下来之后,都是由他们自己去挂在固定的地方。这儿是三间互相穿通的大窑洞。一阵阵清凉空气透过绿色的窗纱,沁人心肺。卧床同婴儿班的一样,也是一排排隔离开有栏杆的小木床,上面也蒙着洁白的被单。幼稚班收容了四十多个三岁到六岁的孩子,形成了保育院最主要的一部分。

"孩子们进院之前,多半用旧式方法养育过。"李院长说,"据新来的侯大夫彻底检查的结果,差不多百分之五十的儿童染有沙眼和消化不良症。"在诊断室里,我见到这位侯大夫。他是齐鲁大学毕业的专门小儿科,有着丰富的治疗经验。他工作得非常认真,每天两次给小儿诊查,有病的儿童更是时时刻刻被注意着。诊断室外,一个护士在给孩子们测量体高,测量尺是医生自己做的。

同诊断室成为一个拐角,面对着婴儿班寝室的,是孩子们的食堂。几张矮桌、几十个小凳子,都拭抹得十分洁净,井然地立在那儿。墙上贴着孩子们的值日表,值日的工作便是清理桌凳。先前连地也是值日生扫的,后来据医生说,扫地不利于他们的呼吸器官,便把这一项值日工作去掉了。

儿童的饮食是一件颇为麻烦的事情,一位负责儿童饮食的同志和三个炊事员,一天到晚忙得不得开交。一日三餐外,还要加上两次点心。李院长曾经拿医生按照儿童年令〔龄〕开出的食品单给我看,那上面,时间、分类和食品种类,都有详细明确的规定。

食堂后面,一道低低的土墙圈成了孩子们的小游戏场。几个孩子围在秋千架的周围,秋千上一个孩子正在荡来荡去 因为快活而咧开小嘴。另一边,几个孩子在爬那滑板的架子。他们都在兴高采烈地玩着,好象〔像〕没有注意到在他们中间站着参观的客人。李院长指给我项英同志的孩子,又拉着丁玲的孩子给我敬礼。我问了他的名(字),握了一下他们柔软的小手。

近午的阳光给秋千架投下短短的影子。土墙外的山坡下,一道河流潺潺而过,远远地望去,像一条发光的丝线。墙左站着几株柳树,在迎风摇曳着它们翠绿的衫袖。这个清幽的所在,是多么裨益于孩子们身心的发展哪!有几个病状较重的婴儿,住在山上隔离室里。穿过一道高粱围屏,李院长引导我走了上去。山上并排着几间窑洞,洞前的平台前用木柱插上了低低的栏杆。为首的一个窑洞前,三个婴儿肩并肩地坐在那儿。疾病的侵袭使他们安静而且消瘦了。一位保姆在抚侍着他们吃豆汁。为了便于随时诊视,医生就住在隔壁的土洞里。最近他们计划在山侧开一排新窑洞,让所有生病的孩子住在医生的身边。相信在侯大夫的努力下,孩子们恢复健康是不成问题的。

站在土台前的栏杆旁望下去,保育院的两个院落象〔像〕一个横倒的"吕"字躺在那儿;"吕"字的左边是一个"厶"字,这便是小宝宝们的游戏场。深沟里,恰是在"吕"字的右角下,几位女同志在潭边洗涤衣服。潭水清洌,是那条如线的细流汇成的。

"那是洗衣班。"李院长总是不厌烦地详细解说着,"小孩的衣服现在每天至少换两次,许多衣服洗后还要蒸一次。"

"洗衣服倒也是一件吃力的工作呀。""可不是。本来是四个女同志,有的自己有孩子,或是怀了孕,实际上每天工作时总到不齐。院里的工作人员是相当多的,但是,"李院长多少流露出慨然的口气,"大多数是带着自己的孩子来的,或者是怀着孕,因此不可免地要耽误许多时间。必须有专司其职,对保育工作有经验、有兴趣的干部,不然,一切的改革计划都难于实现。干部问题,在这儿,实在是主要问题。"我立刻想到斯大林同志"干部决定一切"的名言。

他们新添进几位有力的工作人员,并且在不断地物色着。相信"干部问题"会圆满地解决,使保育院的改进日益得到显著的成绩。在李院长的爱护下,保育院的工作者都融洽快乐(像)一家人。而且那清幽的环境是多么适宜自身的修养啊!对于有志保育工作的同志们,这不是一个很好的发展自己的才能的地方吗?

这一天是星期日,因此没有看到他们进行教育的情形。李院长曾经概括地同我谈到这一点,也谈到过他们的组织概况,以及其他内部情形。但关于这些问题,我不愿再做枯燥的叙述。他们的通讯员,他们的宣传工作负责人,无疑会以自己的作品,来弥补我所留下的缺陷。

【资料来源】

陕西省妇联编:《陕甘宁边区妇女运动文献资料》(续集),1985年,第75—79页。

5. 陕甘宁边区战时儿童保育分会工作概况

张晓梅

自从"七七事变"后我国发动了全面抗战，边区的青年们坚决地果毅地离开了父母子女拥到抗战的前线，实现其打日本救中国的神圣任务！

边区政府关心到抗战将士的家庭负担及长期抗战中的后备军，就创办了一个托儿所，来抚养教育这些抗战将士的孩子，使他们虽然没有了家，离开了父母，也能成长为健全的小国民、新中国的有力的柱石。

当保育儿童、抢救后代的呼声，在全国被严正地提出之后，中国妇女慰劳自卫抗战将士总会，在蒋夫人、冯夫人的领导下成立了战时儿童保育会，边区妇女界及热心这一工作的人士立即响应了这一号召，在去年七月四日成立了分会，并集中一切力量来筹办保育院，以托儿所为基础，改组、扩充、积极整顿，于十月二日正式成立。一年半来，边区分会在总会的领导之下，在边区党政军民的有力帮助之下，她们的工作不断地在开展着，征收了八百多会员，分会成了推进边区保育工作的有力的骨干。

（一）成立边区儿童保育院——收容了从东北来的、华北来的、华中华南来的三百多儿童，实际解决了抗战将士的后顾之忧，并且配合着抗战的需要及儿童身心的发育，适当地授予抗战的教育，启发儿童的民族思想，培养他们的抗战建国能力。

（二）开办保姆训练班——因为保育儿童是一种专门工作，需要有保育常识的人来担负起这一伟大任务，所以自保育院成立之后，即开办训练班吸收那些能吃苦耐劳的、受过相当师范教育的、有过家庭保姆经验和护士常识的女同志，予以特殊的训练。现在保育院的各部门工作的人,都是训练班毕业的学生。

(三)调查登记边区儿童——保育会在边区各机关团体的帮助下,调查了边区儿童的人数、成份〔分〕、生活及教育状况和其要求。

(四)建立运输网——因去年敌机的轰炸,保育会为顾全儿童的安全,于十月帮助保育院迁到××××,但为了各地儿童得到统一的输送,于是成立了运输总站,在新×军、×路军及各群众团体处设立了分站,以便收容难童,不致因保育院迁移而受到影响。

(五)组织宣传队、歌咏队及小先生教育团——利用各种集会、庙会,采取访问或讲话的方式,经过边区妇联会在各县通过妇女识字小组、妇女半日学校、妇女短期训练班,向广大农村妇女灌输儿童保育常识及抗战保育意义。

谈到保育院的工作情形,可分下面几个方面来说:

一、组织系统

院长下分教导股、总务股、保育股三股,而教导股之下有健康教育、文化教育、生活教育,总务股之下有文牍、会计、庶务、生活管理,保育股之下有卫生(保健科)、伙食、乳母。

儿童组织共分乳儿部、婴儿部、幼稚部、小学部四部儿童编制。乳儿部——自六个月至一岁,婴儿部——自一岁至三岁,幼稚部——自三岁至六岁,小学部——自六岁至十五岁。儿童有俱乐部的组织,其中包括文化娱乐、宣传、歌咏、剧团、慰劳等干事。

教职员组织有救亡室,其中包括文化娱乐、读书研究会、儿童保育研究会等组织。

二、儿童生活

甲、一方面为了防空,一方面适应陕北天气的需要,保育院各机关都是住的大石窑或土窑,冬暖夏凉。此外并特设儿童卫生所,有一专门儿科医生,护士若干人。保育院卫生所及边区医院都特设儿童保健科、儿童病室及休养室,以便患传染病或身体弱的儿童居住。医生每日亲自下厨房检查食物的卫生及营养的质量。最近特请红十字会驻延医疗队的儿科专家侯建存大夫来院担任常驻保育院的医生。侯大夫热心负责,不怕劳苦、不怕繁难为孩子们诊病,诚属保育院儿童之幸事。

乙、生活——每日上午六时起床,晚八时睡眠。早起与饭前喝白开水一次,洗手漱口;每晚洗脚;每星期洗澡二次;每日午睡后试体温一次;每星期晒被褥一次;衬衣尿布在洗涤之后用开水煮过以消毒；婴乳两部每日晒太阳半小时，小学部及幼稚部每日爬山及野外游戏；每月检查体格二次。

丙、食物——以便宜营养为主，以儿童年龄大小、体质强弱定质量与分量。乳儿部是人乳、代乳粉、牛奶等，三小时半一次；婴儿是流动性的食物，如鸡汁、豆浆、大米小米粥、白菜等，每日五次，每星期加吃牛奶三次；幼稚部吃大米、白面、鸡蛋、鸡汁、菠菜、烤馍、洋芋等，每日五次；小学部因年龄较大，购买大米白面既困难又昂贵，所以食物主要是小米、青菜、菠菜、洋芋等，每星期只能吃一次或二次大米、白面、肉。

三、教育状况

甲、教育方针——是以适合抗战的需要，实行三民主义，争取民族之独立、自由及儿童身心的发育，实施抗战的教育，启发儿童的爱国思想，培养儿童的民族精神，以养成儿童独立精神为主。

乙、教育方法：

（一）以集体的自动学习为原则。

（二）低年级是以启发式为主，配合自学辅导式进行。

（三）高年级主要的是开始时用自学辅导式，配合启发式进行。

（四）实行集体的分组学习，以互相帮助的小先生制及竞赛的办法，提高儿童学习的情绪。

幼稚部现分为甲、乙两班，课程有音乐、故事、游戏、谈话、静息、识字、识数，每日六小节，每节二十分钟，共计每日上一百二十分钟。

婴儿及乳儿部，只是教他们学走、学说话，用音乐或玩具色彩训练他们的感官。

小学部有语文、常识、算术、体育、音乐、艺术等课。

丙、教材的编制——儿童用的一切教材，一部分是由边区教育厅领取，一部分是由教员根据现实材料及儿童程度高低编选。

四、工作人员概况

工作人员每日八小时工作，采取分工合作制度。一般工作人员非常艰苦耐劳、热心负责，他们为着帮助小朋友，捐出了他们的大部分薪金给保育院。有的工作人员除了八小时工作之外，还要抽出一部分时间给事务人员及保姆上课。他们按着程度的高低分成甲、乙、丙三组，上文化课、常识、时事问题、写字，每日二小时。象〔像〕事务人员每日到乡下去或到城内去购买东西，运输大半是驴子，把方块字写在硬纸片上用绳子挂在驴尾上，每日最低限度要认识三个字到五个字。

工作人员自动组织了一个俱乐部，其中有歌咏、戏剧组、图书馆、各种研究会，每星期开晚会一次，每月请政府公演电影或话剧一次。

以上的工作之所以能够很顺利地完成，是由于保育院和保育总会取得了密切的联系，分会及保育院经常地向总会做工作报告，使总会了解到我们的困难和要求，常予之以更多的帮助和指示，因此保育分会及保育院能够逐日滋长和壮大。

五、工作中的困难和缺点

一年多的时光，虽然是收获了一些成绩，但是仍赶不上抗战的需要，还有许多的工作，我们没有将它切实地办到。这原因，主要的由于下面几件困难阻碍了我们。

（一）经费的限制。按总会的规定，每一个儿童每月发给六元（连杂费在内），但是在陕北这地方，因交通不便，物质供给的困难，每个儿童的花费是超过六块钱的，幸亏热心保育事业的人士的捐助及政府津贴，才稍能解决。因为经费的限制，所以不敢大量收容难童。

（二）由于经费的限制，孩子们的衣服不能充分制备。今年冬天的棉衣费及十月十一月的经费希望总会早日发下。

（三）各科必需品的缺乏。在陕北许多日用品买也买不着，即使有，物价的昂贵也非我们购买力所及。乳儿、婴儿、幼稚部用的各种乐器如风琴、口琴及军乐之类，他们是没有的；牛奶、代乳粉、玩具、运动器具、治疗器、药品非常缺乏，而且都是很需要的；特别关于书籍非常缺乏，恳请总会特别要帮助婴儿、幼稚部的教材书籍等。

这些是保育院的困难和缺点，经费的限制阻碍了工作的开展，深切地盼望总会各界人士给我们以更多的援助、更多的指示！

【资料来源】

《新华日报》1939年11月11日第4版。

陕西省妇联编：《陕甘宁边区妇女运动文献资料》（续集），1985年，第89—94页。

6. 保育革命的后代

——边区战时儿童保育院参观记

江　湘

"加强保育工作！"

"保育革命的后代！"

针对着乡村儿童被时疫魔鬼大批地吞噬，针对着干部子女因营养保育工作不良而致疾病、死亡，党中央发出了这个号召，这"孩子们的福音"像春日之阳光，普照着大地新生，近年来托儿所大批地产生出来了。

边区最大的保育事业是边区战时儿童保育院。早在前年便在蒋夫人的号召下产生了，虽然中间它曾遭到敌人轰炸的威胁，经费补充的困难，但因得党中央的领导、帮助，它仍然每日在兴盛发展，今天成了全国保育院中坚强壮大的一个。

记者怀着兴奋的心情，蒙着细雨，走向保育院的途中，山水在乱石间吟哦，一如孩子们在欢笑、细语。

经过通报，会见了早已熟识的丁院长。他惊讶又是欢迎记者的到来，门张开着，正好一片红叶飘落进来，于是他便用幽默的口吻笑着说："哪阵风吹来的！"

山坡下的石窑洞，便是孩子们的住屋，你可以看见他们在天井里蹦蹦跳跳地做游戏。一阵风送来了孩子们的欢笑，也夹杂着哭声叫声。丁院长引导着记者参观各处，首先到婴儿班，每个保姆领着三个孩子在散步，因为刚吃过晚饭，战士们正用高锰酸钾替婴儿们洗牙齿，有些婴儿因为抗拒便大嚷大哭起来。

婴儿室内有着沙〔纱〕门，每个婴儿有自己的小床、被褥和防蚊的笼帐。窑洞比较低暗，为了防止苍蝇，婴儿吃饭是在暗室里。

再前去，便是幼稚班，孩子们三三两两地在游玩。当他们发现有客人到来的时候，便围拢来，并不羞涩。于是记者就被他们拥抱着，牵着我的手像接待亲人一样。

"你是从延安来的？"

"爸爸托你来看我的？"

几十个声音围绕着记者的身旁。

"敬礼！"一个孩子为了表示对客人的尊敬，把手举了半天，并用尽力量叫了一声，战胜孩子们的叫喊，惹得大家都笑了。

随着院长，他们蜂拥着记者走进他们的清洁宽敞的寝室、餐厅，争吵着告诉我，那是他的床位和用具。到了游戏场里，他们更加活跃，唱歌、跳舞，好像一群快乐的小天使。记者置身其间也自觉年轻了许多，不尽〔禁〕回忆起消失了的童年时代。记者在离去时，他们直送到他们那小院落的门口，频频地点着头，摇着小手。

走上另一个小山坡，便是医院和病房，荧荧的灯火，在窑洞里摇曳着。

在医务室里记者会见了侯建存大夫，这位曾在协和医院和红十字会工作过的儿科专家，现在在这里为儿童们的幸福艰苦工作着。丁院长告诉记者，自去年侯大夫来院以后，儿童的医务工作便大大地改进了。

他带着东北的口音，声音压得很低，非常谦逊而和蔼地告诉记者："去年七八月当我刚来的时候，院里有十几个患痢疾非常厉害的小孩，经过细心的治疗，只有三个不救死亡，其余都好了。自从那次以后，院里没有一个死亡，就是患病的也很少很少。就拿今年春季来说，在附近流行性感冒非常厉害，保小也曾传染过，但是在保育院没有。"

"病房里还有十位小同志，有些是去年患痢病身体尚未复原的。二个患黑热病，已经治疗好了；三个患梅毒，已治疗得差不多，正设法化验血清，是否梅毒已断根。"说到这里，更加重了他的语气，托着腮的手也微微地扬了起来，"这三个小孩是交给老百姓喂养因而传染了这种恶疾，当父母的应该多注意儿女们的幸福健康，不应当……"末后，他重复地说："治疗一个患梅毒的小孩，现在要用一千多元，但是，我们要竭尽全力治好他！"

记者询问到近来患病少的原因，他说："以前不太注意儿童的饮食以致营养不好、消化不良，有许多小孩患痢疾；现在严格注意儿童饮食居住的清洁，吃营养成份〔分〕很多的豆浆、西红柿，饭后吃水果，面食做得易于消化，所以，儿童们都长得很精壮。"

记者告辞了出来，回到院长的房里，这时夜空里不断闪着电闪，雷雨接着降下来。

在灯光下，记者对坐着丁院长，徐秘书也在一傍〔旁〕，谈着院里一般的情况。他说："目前工作人员少，经费困难，所以改进扩充都不容易。不过院方尽力在求改进，最近将搬到××附近，那里将比此地宽敞、清洁得多。窑洞也为儿童们置有特殊装备，室内保温，有火炕免致潮湿。更在农场订有牛奶，儿童营养一定更好。"

摊开了桌上的工作报告，记者在这里看到保育院光明的发展前途，看到了儿童的幸福生活的消息。

【资料来源】

《新中华报》1940年9月12日第4版。

陕西省妇联编：《陕甘宁边区妇女运动文献资料》（续集），1985年，第234—237页。

7. 陕甘宁边区政府关于保育儿童的决定

（1941年1月21日）

（一）建立管理"保育行政"组织，在边区民政厅设保育科，各县市政府第一科内添设保育科员一人，区、乡政府内添设保育员各一人（暂由区、乡妇联兼任），专司孕产妇、儿童的调查、登记、统计、卫生、奖励、保护等工作。

（二）各级政府的卫生工作，应以进行产妇的卫生教育、保育产母及婴儿健康为中心工作之一。

（三）为鼓励人民保育婴儿健康起见，凡人民生育婴儿，应向乡市政府登记。满一周岁时，经检查认为健康强壮者，每儿发给奖励金二元。

（四）边区民政厅卫生处应协同民政厅保育科，于民国三十年三月前办一保育人员训练班，抽调文化程度较高者男女六十人，给以短期之训练，使其明了产妇卫生、助产接生、儿童保育等基本知识，毕业后派到各县开办短期训练班。务期于本年内，边区每一个乡均有一位以上脱离生产的保育员，负该乡保育及接生工作之责。

（五）保育员可由民政厅保育科发给必要之生产仪器、材料及医药（由卫生处筹制），以便给群众接生与治疗保护产母及婴儿之健康。

（六）为保护产母之健康起见，一般的产妇应在产前休养一个月，产后休养一个半月。在产妇休养期间生活，全由男子或家庭负责。其家境贫穷，因休养影响生活者，在休养前呈请乡政府，动员当地群众给以适当的帮助。

（七）各党、政、军的卫生治疗机关，均应免费给人民孕母、产妇、儿童治疗疾病，其民间贫穷无依之孤儿，得送附近托儿所抚养。

（八）民政厅应编发产妇卫生、儿童保育须知等小册。边区卫生报，每期应辟儿童保育栏，经常进行保育儿童的宣传教育工作，注意破除用迷信办法（捉夜灯、赶鬼等）代替医疗。

（九）由民政厅主持每年或二年举行一次婴儿健康竞赛会，对于健康儿童分别奖赏。

（十）严禁打胎。有特殊情形，经医生证明及当地政府批准，才可经医生打胎；私自打胎者以犯罪论。

（十一）男子不得与孕妇和乳母提出离婚；如具有边区婚姻条例离婚之条件者，应于产后一年提出。

（十二）凡脱离生产之女工作人员及带有婴儿者，得享受如下之优待：

甲、关于产妇的待遇：

1. 各机关、团体、学校不得推却怀孕或携有婴儿的女工作人员。

2. 对于带有婴儿及孕妇之女工作人员的工作效率，不能要求过高，其工作时间每日只能有四小时至六小时，且不得妨碍其喂乳时间。

3. 孕妇产前休息一个月，产后休息一个半月，身体虚弱经医生证明者，得酌量延长时间。

4. 孕妇于生产时，发给生产费三十五元，并于生产前后休息期间内，酌发大米、白面等营养食品；如无大米、白面等，在生产前休养期间，增发休养费十元。

5. 女公务员在经期中，应给生理假三天，卫生费五角。

6. 小产妇发休养费十五元，并给休养一个月。

7. 各机关、团体、学校进行重力生产时（如农业生产与工业生产），孕妇及带有婴儿的女同志，得免除其参加生产，但应做一部分轻工生产。

乙、关于婴儿的保育：

1. 婴儿在周岁前应由生母养育，因工作及其他特殊情形者例外；周岁以前之婴儿，无论由母亲养育或雇人养育，每儿每月均发保育费十元；周岁以后的婴儿，领取半成年的伙食粮费，并发给保育费五元，不领伙食粮费者仍发十元。

2. 婴儿衣被均按成年人发给（每年发宽面布五丈、棉花三斤，分两季发）。

3. 五周岁以上之儿童，其衣食按成年人发给，津贴费每月二元。

4. 吃奶入托儿所的婴儿的保育费，由母亲（或奶母）得九元，交托儿所一元；脱奶入托儿所的婴儿，保育费全部应交托儿所，其母亲（或奶母）可提出保育意见。

丙、关于托儿所之设立：

1. 各机关、团体、学校有婴儿五人以上者应设立托儿所；五人以下者，可合数单位共设托儿所；不足五人又无单位合设者，得另设窑洞，安置保姆婴儿，由母亲轮流照顾或共用保姆一人照顾。

2. 托儿所设备，应按照托儿所规则，窑洞务须坚固、干燥、光亮、清洁，适合于卫生。

丁、关于保姆的待遇：

1. 保姆的津贴，每月至少三元，非有特殊原因不得停发。

2. 保姆的夏衣应发两套。

3. 轮流值夜班的保姆，增发每夜夜餐费三角。

戊、关于领费的办法：

1. 保护产母、保育儿童之各项费用，以及生理假之卫生等费，均由党、政、军、民各机关在经常费内做预决算报销。

2. 凡产母有工资及在边区内已分得土地，享受代耕优待者，其生产、休养、保育各费均减半发给。

3. 男公务人员之妻，既未工作又不学习者，按照边区优待抗日战士家属条例优待，不另发给各项保育费。

（十三）本决定自三十一年一月起施行，过去有关的决定通知，一律失效。

附注：二十九年十二月三十一日发出之关于保育儿童的决定，现经修正重行〔新〕印发。前发之决定应即作废。

主　　席　林伯渠

副 主 席　高自立

民政厅长　刘景范

【资料来源】

关保英主编：《陕甘宁边区行政救助法典汇编》，山东人民出版社，2016年，第75—77页。

陕西省档案馆、陕西省社会科学院合编：《陕甘宁边区政府文件选编》第三辑，档案出版社，1987年，第33—36页。

甘肃省社会科学院历史研究室编：《陕甘宁革命根据地史料选辑》第一辑，甘肃人民出版社，1981年，第78—81页。

《抗日根据地政策条例汇集·陕甘宁之部》（上），1942年，第138—142页。

张希坡编著：《革命根据地法律文献》第三辑《抗日战争—解放战争时期老解放区的法律文献（1937—1949）》第二卷《陕甘宁边区》（下），中国人民大学出版社，2021年，第323—325页。

8. 陕甘宁边区第一保育院

儿童是祖国的花朵、民族的未来，早在抗日战争极端艰难困苦的条件下，陕甘宁边区党委和政府就十分重视儿童保育事业。陕甘宁边区第一保育院就是沐浴着党的阳光，迎着抗日烽火于一九三八年十月二日创建于革命圣地延安。边区第一保育院的成立对支援抗战、建立新中国、培养革命下一代都起了积极作用。

一、第一保育院的建立

一九三七年"七七事变"后，边区的男女青年为挽救民族危亡，勇敢坚定地奔赴抗日前线。边区政府为关心这些抗日战士的家属，使他们的子女能得到良好的抚养教育，即创办了延安市托儿所。当时因受经济条件限制，这个托儿所的规模较小，不能大批收容儿童。一九三八年春由宋美龄、李德全等三百多人在汉口发起成立了战时儿童保育会，并提出要全国各地成立保育分会，设立保育院。陕甘宁边区由高岗、蔡畅、徐明清、史秀云等六十人和边区妇联、各界抗敌后援会等十余个团体发起，于一九三八年七月四日成立了陕甘宁边区战时儿童保育分会，分会成立后努力推进保育事业的发展。为收容更多抗日将士子女、战区难童和烈士遗孤，保育分会决定将延安市托儿所扩建为陕甘宁边区战时儿童保育院（四五年第二保育院成立后才将边区战时儿童保育院改称为边区第一保育院以示区别）。在扩建过程中，得到了边区政府、边区妇联等单位的大力支持，全国保育总会也拨款帮助，一九三八年十月二日正式成立了边区战时儿童保育院。成立这天举行了盛大的典礼，到会来宾数百人，气氛非常热烈。保育院开放三日，参观者每天达百余人，朱总司令、项英等中央领导人都亲临祝贺。毛主席也为保育院的成立亲笔题词"儿童万岁"。

二、保育院在中央领导和边区政府的亲切关怀下迅速发展

战时儿童保育院成立前后得到了毛主席、朱总司令、周副主席等中央首长的亲切关怀。一九三八年冬毛主席曾为保育院题下了金光闪闪的七个大字："好好的保育儿童。"一九四〇年朱总司令和边区政府主席林伯渠、徐特立同志也分别为保育院题词，朱总司令的题词是"耐心的培养小孩子"，林老的题词是"新战士在孕育中"，徐老的题词是"保证儿童身心平均发育"。

保育院的院址开始在延安南门外柳林子，一九三八年冬因敌机轰炸频繁，十一月十日迁到安塞小草峪，后因交通不便、供给困难，一九四〇年冬又迁回延安。这时因原院址已被敌机炸毁，就由边区政府拨款在延安北门外李家洼新建石窑五十孔、土窑四十孔、平房六十间，并将毛主席、朱总司令及林老、徐老的题词镌刻石碑上并嵌镶在石窑洞上，成了保育院全体人员的座右铭。

中央领导同志不仅为保育院亲笔题词，指明工作方向，就是在一些具体问题上也亲自审理，帮助解决。如保育院初成立时经费主要是由边区政府和全国保育总会拨给（总会设在重庆），但总会的经费往往不能按时寄来。当时周总理在重庆办事处工作，为取得重庆保育总会的按期资助，周总理常常亲自阅示保育院写给总会的拨款报告，并做有关方面的工作，尽量设法使保育总会的款子寄来。在经费困难时，毛主席、朱总司令、项英同志曾捐款七百余元支持保育院开展工作。三八年深秋，保育院内有十几个孩子得了痢疾，病情严重。中央首长得知后，立即把中央医院的儿科专家侯建存大夫派来，即〔及〕时进行抢救治疗，使孩子的病得以早日痊愈。四十年代初，又发现有孩子得白喉病，当时因药品缺乏，病情难以控制。周总理在重庆闻迅〔讯〕后，立即设法请友邦飞机给保育院捎来药品，使有病的孩子得以及时治疗。邓大姐也把募捐来的奶粉、炼乳、衣服给孩子们捎来。

边区党委和边区政府对保育工作也非常重视。一九四一年元月边区政府曾做出了《关于保育儿童的决定》，四月份徐特立同志在《新中华报》上发表文章谈道："我以为保育工作和儿童教育工作，应该进行科学的研究即分配有经验的有学识的有能力的干部去领导这一工作。"在边区政府和有关负责同志这种思想指导下，尽管当时边区各方面的条件都很差，但还是尽可能地给保育院配备有一定专业特长的领导干部和热爱保教

工作的专职人员。如四一年曾从女大和中央党校等单位调来一批年青的知识分子干部，充实加强保育院的工作。从此保育院逐步建立和健全了各科室，并制定了儿童教育、儿童生活管理、儿童保健、保教人员工作细则、交接班等一套行之有效的管理制度。在中央领导和边区政府的亲切关怀下，保育院的工作迅速发展，从成立时入托儿童不到五十名，到四一年至四五年时入院儿童人数迅猛增长，经常都保持在二百二十名以上，最多时曾达到二百八十五名。这一时期可以说是边区战时儿童保育院的全盛时期。

三、保育院的组织机构和儿童教育、生活管理

在各级党委和边区政府的关怀下，保育院的工作蓬勃发展，到四一年后不仅入院儿童人数大量增加，它的组织管理机构也日趋完善。延安地处山区交通不便，加之生产落后，要搞好孩子们的生活，就需要很多后勤人员，所以当时全院工作人员和孩子的人数几乎是相等的。保育院领导机构是院长负责制的院务会议，在院务会议领导下，设有保教科、卫生科、总务科、秘书室并有专职的协理员、指导员，各科室都有明确分工和各自的职责范围。保教科主要是管各班婴幼儿的教育和生活，有缝洗班、幼儿班、乳儿班，还有数名幼儿教师负责编写教材、自制玩具给幼儿上课等；卫生科主要是负责全院儿童保健、预防、医疗工作，定期为儿童体检，逐月登记孩子身高、体重等，它管理护士班、隔离室、保育班；总务科主要是负责筹办全院物资供应、伙食管理、各项生产及一切后勤工作，它管理会计室、管理员、炊事班、生产队、运输队、青年队；政治协理员、指导员的工作主要是协助领导做好全院的政治思想工作，并帮助各班开展文化教育和文娱活动。由于有这一系列严密的组织管理机构和一批得力骨干，在全院同志的共同努力下，院内工作井然有序、忙而不乱。

当时边区处在敌人封锁围困之中，政府经济十分困难。党政机关、军队、学校、工厂的工作人员都过着非常简朴的生活。但政府给保育院的儿童却拨给了比较充裕的物资，孩子们享受的伙食待遇比一般工作人员都高。按照孩子的年龄公家发给奶费，供给白面、大米、豆类。儿童伙食有菜谱，每天变换花样，他们不仅能吃到多品种的主粮，而且能吃到营养价值很高的鸡肉、蛋、猪干〔肝〕、豆腐等，还有自己种的西红柿、豆角、黄瓜、茄子等多种蔬菜。有时饭后还可以吃少许水果。孩子生病时可吃到可口的流食，得到特殊护理。此外，政府对初生婴儿每年发布二丈五尺做衣、被用，棉花二斤。一到五岁的儿童每年发成人衣服的单、棉衣料各一套。这样就使孩子都能吃得饱穿得暖。

保教人员在工作实践中体会到了保育工作的重要意义，他们深深认识到保育儿童并

不是养一群肥胖胖不懂事的小山羊，而是要把他们训练为手脑并用聪明活泼的新中国的小主人。所以他们在工作中始终贯彻保教结合的方针，通过教育启发儿童爱国思想与民族意识，培养儿童独立自主的精神。在对孩子进行教育的过程中，保教人员基本上遵循两个原则：一个是孩子都是来自四面八方，有的从小就离开父母的抚爱，所以保教人员要像慈母般地热爱孩子，接近孩子，关心他们的生活，使孩子们感到保育院是温暖的大家庭。另一个就是要贯彻从实际出发，把幼稚教育与实际生活相联系。教师在指导儿童活动时不能只局限于教室内，绝大部分时间要深入儿童生活的各个方面，并要采用启发诱导的方法，根据儿童可以接受的程度给以适当教育。课程设置有常识、数数、识字、唱游、讲故事、儿歌、看画报、玩玩具等。教材来源大部分是根据儿童日常生活所接触到的，如延安周围的大自然景物和边区社会生活，八路军、新四军作战英雄的故事等。每周有一个主题，经过教师集体讨论分工编写，如他们编的有《苍蝇和传染病》《奇怪的天空》《毛主席和共产党、八路军》等。对大班孩子还教他们从事力所能及的劳动，如喂鸡、给西红柿苗浇水等，还让他们轮流当值日生；对小班的幼儿秋收时组织他们拾花生；对再小一点的孩子主要是教他们说话，认识周围事物，玩玩具。一九四四年宋庆龄在重庆举办幼儿教材展览，保育院送展的教材受到了大后方观众的称赞和保育总会的表扬。

在儿童德育教育方面，一般都是通过生动的事例教育儿童热爱共产党、八路军，热爱边区人民，憎恨日本侵略者和国民党反动派；培养他们团结友爱、互相帮助、爱集体、勤劳动、讲卫生的美德。并采用民主自治的原则，训练儿童独立管理生活的能力，在小朋友中间选出小组长、小班长，上课时由班长维持秩序、调解纠纷，宿舍里则由小组长维持秩序，教师只从旁边加以诱导。绝对禁止工作人员有打骂、体罚、损害儿童身心健康的行为。孩子们就是在这个乐园中无忧无虑健康成长，当时到保育院参观过的中外知名人士无不为孩子的幸福而高兴赞赏，他们把保育院誉为"革命的摇篮"。

一九四三年国统区代表赵超构先生随中外记者参观团到延安参观保育院后，回到重庆曾写了《延安一月》一书，称赞保育院儿童生活是蒋管区从未见到的幸福愉快。

四、保育院在大生产运动中

四十年代初，由于国民党对边区实行经济封锁，边区经济处于非常困难时期。为粉碎敌人的经济封锁，度过困难，党中央毛主席向边区的党政军民发出"自己动手，丰衣足食"的伟大号召。保育院全体工作人员积极响应这一号召，于一九四三年春季投入了大生产运动。他们种粮种菜、开磨坊，并与农民合作开设了豆腐坊、挂面坊、粉坊、石灰厂，耕地一百多亩，另有果园一座、大兴号商店一所，同时还喂有牛、猪、羊、鸡。这种与农民合作的生产方式曾得到中央领导同志的表扬与肯定。工作人员还利用工余时间个人纺毛、纺线、打毛衣等。经过全院人员共同努力，这年年产值近八百万元，这就大大增加了保育院的经济收入，为提高保教质量、改善孩子们和全体工作人员的生活创造了良好的物质条件。当时除补助全院医药卫生、体育设备及杂费外，孩子们的伙食增加了鸡、鸡蛋、食油、猪肉的供给量。工作人员也可经常吃到肉和馍。这年还给每人发单衣两套、鞋两双及牙刷、毛巾、肥皂等日用品。在年终的总结评比大会上选出了院长林莎，教职员席柳溪、韩俊哲、李宝珍等十六位同志为劳动英雄。他们荣获了锦旗、棉大衣、布、毛巾、肥皂等奖品。

五、保育院在转移途中

一九四六年秋，边区形势日趋紧张，边区政府指示保育院抓紧做好准备，必要时撤出延安，转移到安全地带。十一月七日边区政府得悉胡匪准备大举进攻延安后，责令保育院要在三到五天内向瓦窑堡方向转移。接到这个命令后，全院工作人员就日夜为孩子烘干粮。他们先转移到瓦窑堡居住，到四七年三月保育院又开始新的转移。走到杨家园子时，接到中央办公厅主任邓杰的指示信，让把父母在中央机关工作的孩子分出来，再分一批保育工作人员随中央机关转移。这时保育院就把孩子和工作人员分作两部分。凡父母在中央机关工作的孩子，随中央机关走；父母在边区和晋绥工作的孩子就留下。中央这部分孩子有七八十个，由总务科科长刘景田带队，过河到山西找中央机关。边区留下的有八九十个孩子，由院长杨芝芳带领继续向北转移。途中大孩子走路，每人带三个鸡蛋、一个缸子、一块肥皂、一条毛巾；小孩子就动员老乡背。协理员带队，指导员前后跑着照护，院长和秘书压后卫，保教科、卫生科全体同志紧跟孩子在一起。一路上保育人员非常辛苦，白天要紧跟孩子寸步不离，晚上为照顾孩子不能很好休息。杨院长是小脚，长途行走非常困难，组织上给她拨了一匹战马，但她坚决不骑，而是把马让出来驮孩子带行李。当走到绥德土地岔时，由于长期行军，紧张劳累，生活困苦，有些大人、孩子病倒了。为了照顾病员和加强孩子们的营养，后勤人员艾绳庆同志每天挑上一些旧衣物和火柴出外游乡，从老乡那里换回洋芋、盐、咸菜、鸡蛋改善孩子们伙食。这时杨芝芳同志也面颊消瘦，两眼深陷，同志们都劝她吃孩子灶上的饭，她却婉言谢绝说："现在战争时期，人人都要克服困难，我们一切为了孩子，我怎能比大家特殊呢！"当时"一切为了孩子！"就是全体保教工作人员的信念。他们正是按照党的这一号召发扬了高度的自我牺牲精神，在敌机轰炸时用自己的身体去掩护孩子；有的为了不让孩子掉队扔掉自己的行李，背着孩子前进。就是在行军间隙，他们还抓紧时间教孩子们识字、唱歌、做游戏。经过长途跋涉，他们终于在一九四七年五月二日过了黄河，到山西离石县碛口镇王家沟村住下来。这时晋绥边区政府已接到陕甘宁边区政府林伯渠主席的电报，知道保育院到来，他们除表示欢迎外，还供给保育院全部生活所需。贺龙同志为了保证孩子们的安全还送给保育院几枝〔支〕枪和一些子弹。四八年四月延安光复后，保育院于秋季又回到了延安李家洼旧址。他们这次历时近二十个月，行程一千多里，实现了孩子们安全转移。当许多家长怀着感激的心情来看望自己的子女时，看到孩子们一个个活泼健壮，都情不自禁地热泪盈眶："想不到孩子长得这么好呀！"

全国解放后，边区第一保育院迁到西安，属西北军政委员会民政厅领导，改名为西北儿童保育院；在西北大区撤销之后，于一九五五年又改名为西安市第一保育院。

陕甘宁边区第一保育院从一九三八年成立到全国解放，虽然只有十多年时间，但对革命事业做出了很大的贡献。在这里先后有两千多名干部子女、烈士遗孤和难童得到了保教工作者的辛勤培养。解放后这些孩子都成长为祖国社会主义建设中各条战线的骨干。他们当中有探索宇宙的科技人员，有航海运行的指挥员，还有医生、飞行员，有的当选为党的十二大候补中央委员、担任省委书记……在革命接班人一批批茁壮成长的过程中，也培养出了一批批优秀的保育工作者。解放后三十多年来，这些同志成长得也很快，有的同志当年连自己的名字都不会写，解放后党培养他们上了中学、进了大学，有的当了幼儿院院长，有的成了小儿科大夫。他们当中，大部分仍是忠心耿耿、艰苦奋斗，献身于祖国的保育事业。他们这种崇高的革命精神，给我们留下了宝贵的精神财富，我们一定要很好把它继承下来，发扬光大。

（步春林整理）

本文查阅资料：

1. 中华全国民主妇女联合会筹备委员会一九四九年编的《中国解放区的儿童》一书。
2. 康克清同志在中国妇女第一次全国代表大会上做的《关于儿童保育工作的发言》。
3. 甘肃省社会科学院历史研究室编的《陕甘宁革命根据地史料选辑》第一辑中的《陕甘宁边区抗战时期施政纲领》《陕甘宁边区政府关于保育儿童的决定》。

4.《中国解放区的妇女翻身运动》——摘自省档案馆革命历史资料340·1196（1946年3月6日）。

5.《"新的战士在孕育中"——陕甘宁边区战时儿童保育院简介》（延安文化馆姬乃军）。

6.《新中华报》
  1938年8月15日
  1938年8月25日
  1938年10月5日
  1938年9月25日
  1938年10月×日
  1938年12月20日
  1939年3月10日
  1939年7月25日
  1939年7月28日
  1939年8月18日
  1939年8月22日
  1939年12月13日
  1940年4月3日
  1940年4月13日
  1940年6月15日
  1940年9月12日

7.《解放日报》
  1942年2月26日
  1946年3月8日
  1946年4月4日
  1946年9月12日
  1946年5月24日

8.《中国妇女》第一卷第四期（1939年9月30日）。

9. 西安市第一保育院《院史简介》。

10. 西安市第一保育院《陕甘宁边区幼儿教育资料汇编》。

另参阅：

杨芝芳、鲍凯、沈元晖三位同志的访问记录和黄杰同志的回忆录。

【资料来源】

陕西省妇联妇运史小组编：《陕甘宁边区妇女运动专题选编》，1984年，第90—99页。

9. 陕甘宁边区的保育事业

儿童是祖国的未来，民族的希望。早在抗日战争和解放战争时期，陕甘宁边区的保育事业在党中央和边区党委、边区政府的重视关怀下，在极端艰难困苦的战争年代里，从无到有不断发展。从一九三七年到一九四九年边区相继成立了规模较大的第一保育院、第二保育院、洛杉矶托儿所。在一些机关、学校、工厂也先后办起了托幼组织。这些保育单位的成立，对支援抗战、建立新中国、培养革命下一代都起了积极作用。

一、陕甘宁边区战时儿童保育分会的成立和初期工作

1937年"七七事变"发生后，边区的男女青年为挽救民族危亡，离开父母，留下儿女，勇敢坚定地奔赴抗日前线。边区政府为了使这些抗日将士的子女和一些烈士遗孤及战区流入的大批难童能够得到良好的抚养教育，并解决到延安参加革命的一些外地知识分子背着孩子干工作的实际困难，一九三八年初，即创办了延安市托儿所。当时因受经济条件限制，这个托儿所的规模较小，不能大量收容儿童。

一九三八年春，由宋美龄、李德全等人发起在汉口成立了全国战时儿童保育会，并提出要全国各地成立保育分会，设立保育院。这在蒋管区不过是摆摆样子，应应景，但在我们陕甘宁边区却是实实在在当一项事业去办。当时陕甘宁边区由蔡畅、徐明清、史秀云等六十个人和边区妇联、各界抗敌后援会等十余个团体发起，于一九三八年七月四日成立了陕甘宁边区战时儿童保育分会，并分别选出十三位名誉理事和十五位理事。名誉理事是：宋庆龄、宋美龄、何香凝、李德全、邓颖超、孟庆树、许广平、刘群仙、史

良、沈兹九、刘清扬、王汝琪、曹孟君。理事为：康克清、蔡畅、史秀云、张琴秋、徐明清、丁玲、杨芝芳、李芝光、吴瑛、范强、江兆菊、吴文瑜、李玉亭、刘秀梅、褚友仁。并在第一次理事会上推选出徐明清、杨芝芳、李芝光、吴瑛、刘秀梅、褚友仁、李玉亭、吴文瑜、江兆菊九人为常务理事。在常务理事会下设：秘书处、宣传科、组织科、保育科。秘书处由丑子冈负责，宣传科是吴瑛负责，保育科为褚友仁负责，总负责人是杨芝芳同志。

边区保育分会成立后，在边区党政军民的大力支持下，在国际友好人士和全国人民的赞助下，努力推进保育事业的发展。开始阶段他们主要做了以下几点工作：

（1）首先将延安市托儿所扩建为陕甘宁边区战时儿童保育院（一九四五年边区第二保育院成立，将边区战时儿童保育院改称为边区第一保育院以示区别，下称一保）。在扩建过程中，得到了边区政府、边区妇联等单位的大力支持，全国保育总会也拨款帮助，使边区第一保育院沐浴着党的阳光，迎着抗日烽火于三八年十月二日在延安成立。成立这天，举行了盛大的成立典礼，到会来宾数百人，气氛非常热烈。保育院开放三日，参观者每天达百余人，朱总司令、项英等中央领导人都亲临祝贺。毛主席也为保育院成立亲笔题词"儿童万岁"。

（2）保育分会还征收八百多名会员，他们积极在城乡各地开展工作，成为推动边区保育工作不断发展的骨干力量。

（3）保育分会还开办保姆训练班。他们将边区内具有保姆工作经验和护士工作经验的人材〔才〕集中起来给以学习训练，毕业后让她们到保育院或托儿所工作，以加强和提高边区儿童保教质量。

（4）改善初生婴儿抚育办法和母亲的生活。当时在党、政、军机关，有些工作、学习的女同志因为怀孕或带婴孩，不能维持正常工作，保育分会就把这些女同志集中起来建立学习小组，让她们学习育儿和儿童保健等方面的知识。这样既可以使她们学到一些专业知识，带好孩子；又为边区培养了一批保育人才。

（5）宣传儿童卫生和育儿常识。保育分会宣传科还组织宣传队、歌咏队及小先生教育团，利用各种集会和庙会，采取访问与讲话的方式向老百姓讲解卫生常识、保育方法；并通过边区妇联在各县妇联成立支会，在支会的努力下，通过妇女识字小组、妇女半日学校、妇女短期训练班向广大农村妇女讲解儿童保育常识。

（6）设立了保健科和卫生所。保育分会在边区医院的协助下，在门诊部设立了保健科，专为保育院的儿童和工作人员检查身体与诊病。以后又在保育院内设立卫生所，专门聘请一位大夫常驻保育院，负责儿童的体检和医疗。

（7）运输战地儿童。边区附近的山西及陇海、平汉沿线的受难儿童很多，他们相继来到边区。保育分会为了使各地儿童得到统一输送，就在保育院旧址成立了运输总站，并在新四军、八路军及各群众团体设立分站，以便各地的难童能够源源不断输送进来。如果难童人数过大、过于集中，边区无法安排时，他们还负责向全国保育总会转送。

二、边区保育事业的发展

随着边区革命事业的发展，女同志走上工作、学习岗位的人数与日俱增。她们极需摆脱子女拖累，呼吁成立托儿所。加之当时战区扩大、难童增多，客观上也要求迅速发展保育事业。党中央、边区政府及边区妇联等部门对女公务人员、女工人、女学生的呼声非常重视。一九三九年边区政府公布的《陕甘宁边区抗战时期施政纲领》中明确指出："实行普及免费的儿童教育，以民族精神与生活知识教育儿童，造成中华民族的优秀后代。"到四〇年底，边区机关、学校已创办了十四个托儿所。四一年时，党中央提出响亮口号："加强保育工作""保育好革命后代"。在党中央的号召下，为使保育工作很快发展，一九四一年元月份边区政府又做出了《关于保育儿童的决定》，要求边区民政厅下设保育科，各县（市）、区要有专职保育工作者，专司孕妇、产妇、儿童的调查、登记、统计、卫生、奖励、保护等工作。这个决定，为保育事业的发展从组织方面取得了保证。中央妇委也于元月份在杨家岭礼堂召请了有各托儿所所长、幼儿医科专家和党政军各机关、学校、后勤领导人员八十多位同志参加座谈会，对边区保育工作的开展和存在问题做了详细的讨论；并决定成立保育工作设计委员会，负责研究、解决保育事业在发展中遇到的问题和困难。一九四二年，边区政府还针对民间儿童死亡率高给群众生活造成痛苦的事实决定把保育工作做到农村中去。边区政府先后举办过三次保育人员训练班，并组织三个保育工作团，巡回教育检查保育工作。他们在群众中开展各种形式的文化、卫生、宣传活动，提高妇女的妇婴卫生知识，减少妇女疾病和生育痛苦，这些都深受农村妇女的欢迎。就这样在各级党、政组织的关怀重视下，加之妇联的积极工作，边区保育事业有了很大的发展。截至一九四五年边区还相继成立了两个规模较大的托儿组织，即洛杉矶托儿所和陕甘宁边区第二保育院。洛杉矶托儿所的前身是一九四〇年春在延安成立的中央托儿所。到一九四二年，因孙中山夫人宋庆龄支持的美国援华委员会中国保卫大同盟组织，联系美国洛杉矶市的朋友，为我抗日根据地募捐，筹集了大量经费、生活用品和医疗器械。这些物资有一部分赠送给了当时被誉为"红色摇篮"的中央托儿所。为了感谢美国朋友的资助，即将延安中央托儿所改名为洛杉矶托儿所。边区第二保育院是在朱总司令和康大姐的亲切关怀下成立的。一九四四年秋，全国正处于抗战胜利前夜，在总反攻到来的时刻，延安广大干部积极要求到前方去。为了解决这一部分出征干部幼小子女的拖累和从敌后辗转送来的烈士遗孤的抚育问题，蔡畅大姐委托康克清同志负责筹建一个规模稍大的保育院。康大姐接受这一任务后，认真负责地做好筹建工作，她曾和朱总司令一起爬山为保育院选院址。在她和其他同志的努力下，经过将近一年的准备工作，边区第二保育院于一九四五年六月一日创建于革命圣地延安。这个园所可收托近两百名幼儿入托。

一九四六年，边区政府主席林伯渠在延安市各界妇女二千余人热烈纪念三八节的大会上，做了题为《发展边区保育事业，保证妇女参加工作》的讲话，他说："要使妇女能够很好地长期参加工作，要解决妇女们的孩子问题，要办幼稚园、保育院，每一个大的机关都要尽可能地设立日间托儿所。保证从事保育工作的保姆、工作人员其政治的、经济的待遇不仅与大家一样，而且还要提高。"同年五月，中央妇委为进一步发展边区保育事业，由蔡畅、康克清等同志发起组织儿童保育委员会。委员除蔡畅、康克清外，尚有伍云甫、王甫、傅连暲、杜瑞兰、白光涛等同志。他们于五月十六日在杨家岭办公厅召开了成立大会，公推蔡畅同志为主任，白光涛为秘书，并决议着手进行总结十年来保育工作经验，筹设保育训练班、研究内外保育理论，划一保育机关、领导等项工作。在边区政府的重视和中央妇委、边区妇联的努力下，这时在学校、工厂和干部家属集中的地方又先后办起了二十七所全托或半托的保育园所，入托儿童达一千六百多人。这就使边区保育事业初具规模，基本上解决了战时儿童入托问题。

到了一九四八年，全国革命处于胜利前夕，这时就需要大批妇女干部放下孩子，奔赴新区。因此，大力发展保育事业就成了刻不容缓的事。这时边区妇联、群众日报社、联卫家属队等单位也都先后创办了托儿所，比较好地解决了女同志的孩子拖累，为她们全力以赴投入解放大西北，开展新区工作，创造了良好的条件。

三、幼托组织的生活与教育

当时入托的主要是抗日军人、女公务人员的子女和烈士遗孤，还有大量从华北战区抢救出来的难童。这时保育机关的经费来源，主要有两种情况：一种是象〔像〕第一保育院、第二保育院、洛杉矶托儿所，这些政府办的大规模院所，它的经费主要是边区政府每月按一定数目发给；另外党政军领导人和各机关热心儿童事业的同志及国际友人募捐一部分。第二种是象〔像〕党校三部等一些民办公助的托儿所，没有固定经费来源，也没有独立经济预算。它所需要的设备由本单位行政上给一部分，另外向救济机关申请一些经费和药品。当时从打窑洞、修建房屋、做玩具教具以至养猪、种菜，样样事都是保育员亲自去做。

当时尽管各方面的条件都很差，但政府对保育事业的发展还是非常重视。一九四一年四月徐特立同志在《新中华报》上发表《对于边区儿童的我见》，这篇文章中讲道："我以为保育工作和儿童教育工作，应该进行科学的研究即分配有经验有学识有能力的干部去领导这一工作。"在这种思想的指导下，给大的院、所都尽可能配备有一定专业特长的领导和热爱保教工作的专职人员。如四一年时，就曾从女大和中央党校等单位调来一批年轻的知识分子干部，充实加强第一保育院的工作。当时在大的院、所都有一套组织管理制度、生活制度。如第一保育院领导机构是院长负责制的院务会议。在院务会议领导下，分设保教科、卫生科、总务科、秘书室等。各科室分工明确，各负其责，工作井然有序。洛杉矶托儿所对孩子的作息时间、卫生等方面都有明确规定和要求。如大的孩子每天六点半起床洗漱，七点半吃早饭，八点半上课，十一点半吃中午饭，下午两点半吃点心，四点半吃晚饭，五点刷牙，睡前要洗脸洗脚，饭前便后须洗手。这样使孩子不仅有着良好的卫生习惯，同时过着很有规律的生活。

边区这时正值战争年代，敌人封锁破坏，经济十分困难。党政机关、军队、学校、工厂的工作人员都过着非常俭朴的生活。在这种情况下，边区政府供给的营养方针是："孩子第一。"如当时对中央和地方的干部、战士每人每天只配给定量的小米，而对于母亲和孩子，政府总是提供最好的物质和营养。一九四二年边区民政厅制定出的《儿童妇乳优待办法》中规定：当时凡在延安工作的女同志，不管其职位大小，在生产期间均可获得免费检查和接生。孕妇在生产时可发生产费五十元，小产三十五元（指边币，下同）；生产后休养两月，休息期发休养费二十元，本机关并酌发大米、白面等营养品。女公务人员每月发生理纸十五张，休生理假三天。儿童出生到五岁每月发奶费二十五元，六个月到一岁的小孩每天发小米六两，二岁至三岁发小米十四两，四岁到五岁发小米一斤。初生婴儿发宽布两丈五尺，小秤棉花二斤（不另发衣服）；一岁到五岁儿童每年发成年人单棉衣料各一套。保姆工作一年者，每月津贴六元，二年者八元，三年者十元，每年发夏衣两套、冬衣一套；加夜班每夜夜餐半斤，伙食费五角。带婴儿及孕妇之女工作人员，每天工作至多六小时，保证有喂奶时间。同时还要求（各单位、各部门）不得对有小孩或怀孕妇女借词精简整编，不管其生活。

对于工厂的女工也制定出保护条例：女工每月由厂发给卫生费（有的厂发卫生纸），并给生理假，工资照发。女工、女学徒产前产后给假两月，工资津贴照发。对于同厂双职工还发给乳儿费，单方在厂的减半发给，女工在上班时给小孩有喂奶时间。对于保育院和托儿所的孩子，则比生活在母亲身边可得到更多的营养。如洛杉矶托儿所小孩每天都有固定的食谱，变换花样。四到六岁的孩子每天可吃到两个鸡蛋、二两肉、二两豆腐、三两大米、六两四钱白面、十二两蔬菜、半两油，总计可发热量二千零三十卡的食品。对于身体衰弱或多病的孩子还办有特灶，每天可喝一百至三百毫升牛奶，服维他命丸和肉骨头汤。不仅在大的院所如此，就是在民办公助的托儿所里，孩子们的伙食也很好。如党校三部托儿所，坚持每天给孩子吃一个鸡蛋，一个星期喝几次鸡汤、肝汤。特别是通过大生产运动之后，孩子们的物质生活更有了可靠的保证。如洛杉矶托儿所的孩子每天能吃一个鸡蛋、二两肉、半磅豆浆、半斤蔬菜和瓜果。三五九旅还把他们生产的呢子给托儿所送来，工作人员给每个孩子做一件大衣、一条裤子。女大的同学还用自纺毛线为边区第一保育院的孩子织出了漂亮的毛衣毛裤。各保育院（所）的工作人员积极参加大生产运动，增加收入，改善儿童生活。如一保的工作人员不仅积极种粮种菜，开磨坊，并与农民合作开设了豆腐坊、挂面坊、粉坊、石灰厂，耕地一百多亩，另有果园一座、大兴商号一所。同时还喂有牛、猪、羊、鸡。这种与农民合作的生产方式曾得到中央领导同志的表扬与肯定。工作人员还利用工余时间个人纺毛、纺线、打毛衣。经过全院人员共同努力，四三年年产值近八百万元（包括个人收入），这就大大增加了保育院的经济收入。当时除补助全院的医药卫生、体育设备及杂费外，孩子们的伙食增加了鸡、鸡蛋、食油、猪肉的供给量，工作人员也可经常吃到肉和馍。这年还给每人发单衣两套、鞋两双及牙刷、毛巾、肥皂等日用品。在四四年元月召开的边区政府委员会第四次会议上，林主席在报告中表扬了边区第一保育院，他说："保育院是一个劳力非常薄弱的妇女机关，但去年（一九四三年）不仅完成了原计划六十余万元的生产任务，且还超过了原计划的八倍余。计实际生产总值为五百二十万元（又一说：一九四四年一月二十日《解放日报》曾刊登：一九四三年儿童保育院生产总值为五百六十余万元），……全年总开支的百分之六十为自己供给。"由于儿童的伙食丰足，加上良好的管理，孩子身体日臻强壮。从一九四五年六月到九月的三个半月中幼稚部孩子平均每人体重增加四点四磅。

当时边区保育院、托儿所还非常注意孩子个人卫生和环境卫生。他们积极贯彻"预防第一"的方针，认真做好卫生保健工作。对入院儿童进行体检，发现外界有传染病时即进行隔离治疗。他们每天都要对孩子点眼，并定期进行体检，这样孩子的发病率很低。如洛杉矶托儿所从建所九年来没有病亡过一个儿童，曾引起前来参观的国际友人惊异（当时边区缺医少药，民间婴幼儿死亡率很高）。一九四三年国统区代表赵超构先生随中外记者参观团到延安参观，回重庆曾写了《延安一月》这本书，书中称赞保育院儿童生活是蒋管区从未见到的幸福愉快。

在对孩子进行教育的过程中，保教人员深深认识到自己工作的重要意义：保育儿童并不是养一群肥胖胖不懂事的小山羊，而是要把他们训练为手脑并用、聪明活泼的新中国的小主人。所以他们在工作中始终贯彻保教结合的方针。通过教育启发儿童爱国思想与民族意识，培养儿童独立自主的精神。他们基本上遵循两个原则：一是孩子都是来自四面八方，有的从小就离开父母的抚爱。所以保教人员要象〔像〕慈母般地热爱孩子，接近孩子，关心他们的生活，使孩子们感到保育院是温暖的大家庭。另一个就是要贯彻从实际出发，把幼稚教育与实际生活相联系。教师在指导儿童活动时，不能只局限于教室内，绝大部分时间要深入儿童生活的各个方面，采取启发诱导的方法，根据儿童可以接受的程度给以适当教育。课程设置是一般都有常识、数数、识字、唱游、讲故事、儿歌、看画报、玩玩具等。材料来源大部分是根据儿童日常生活所接触到的，如延安周围的大自然景物和边区社会生活，八路军、新四军作战英雄的故事，等等。教材每周有一个主题，由教师集体讨论分工编写。如第一保育院编写的有《苍蝇和传染病》《奇怪的天空》《毛主席和共产党、八路军》等。一九四四年宋庆龄在重庆举办幼儿教材展览，边区保育院送展的教材受到了大后方观众的称赞和保育总会的表扬。当时托幼园、所还把大班的孩子经常带出去，让他们看成人劳动，识别田间作物，并教他们从事力所能及的劳动，如喂鸡、给西红柿苗浇水等。对于小一点孩子主要是教他们说话、认识周围事物、玩玩具。当时由于经费困难，孩子玩具很少，保教人员就动脑筋想办法。如党校三部托儿所的阿姨把床板搭到窑腿上给孩子当滑梯，还组织孩子玩高梁〔粱〕秆打汉奸、包〔苞〕谷芯当手榴弹的游戏，并请鲁艺学院的学生和孩子家长给娃娃们做玩具。当时做的"儿童团员手持红缨枪保卫边区""小毛驴架粪驮送粪"等泥玩具就很得小朋友喜爱。

在儿童德育教育方面，一般都是通过生动的事例教育儿童热爱共产党、八路军，热爱边区人民，憎恨日本侵略者和国民党反动派。同时还采用民主自给的原则以培养儿童独立管理生活的能力。如第一保育院小朋友中间有自己选举出来的小组长、小班长。上课时由班长维持秩序、调解纠纷，在宿舍里小组长维持秩序，教师只从旁加以诱导，对有进步的孩子及时鼓励。洛杉矶大班和二班的孩子每一个月或两个月还开一次生活检讨会。五岁的孩子都能自己管理自己的脸盆、衣服、床铺。当时无论在保育院或托儿所，都绝对禁止保姆、教师有打骂、损害儿童自尊心、约束儿童个性发展等行动。坚持在儿童集体生活中，培养他们团结友爱、勤劳动、讲卫生、爱集体等优良品质。当时到边区保育院（所）参观过的中外知名人士，都为孩子在这些乐园中无忧无虑、健康幸福地成长而高兴赞赏。他们亲切地把保育院（所）誉为"革命的摇篮"。

四、保育工作者的辛勤劳动

　　陕甘宁边区的保育事业其所以能在极端艰难困苦的战争年代里创造发展，除了有党的领导、各级政府的重视及职能部门的努力工作外，一大批对保教事业充满赤诚、对孩子无限热爱、对祖国前途充满信心的保教人员都起着更直接的作用。四十年代初由于国民党反动派的封锁，边区极其缺乏具有对儿童心理学知识、对保育事业有经验的人才。当时负责管理教育的是一群医士、护士或女学生；担负保姆任务的是一批刚刚离开乡村的农家妇女。党中央和边区政府对这些保教人员的培养教育非常重视，曾多次举办训练班，提高他们的业务能力和对保育工作重要性的认识。延安如有什么重要报告或纪念活动，都要保育人员派代表参加。有戏，有文艺晚会，也请他们出席。这些活动使保育工作者看到自己有一定的社会地位，深深感到党对保育工作的重视。特别是一九四六年六月毛主席百忙中还到洛杉矶托儿所进行视察，并给托儿所题词："已有进步，更求进步。"主席的关怀更激励着保育人员热爱自己的工作。在一些大的院、所还经常给保育工作者讲政治课，做时事形势报告，讲英雄故事，开小型漫谈会，等等。通过这一系列教育活动，大大增强了保育工作者的责任感和崇高的事业心。他们不仅热爱和安心本职工作，并刻苦钻研业务。他们为了边区保育事业的兴旺发达和孩子们的健康成长，倾注了自己的全部心血。如一九四五年边区第二保育院初成立时，一些家长因急于上前方，不管是病孩子、体弱孩子都送来了。当时由于院内缺乏懂保育知识的干部，不知道入院检疫，结果收了一个正患麻疹病的幼儿，又没实行及时隔离，很快把全院六十多个孩子都传染上了。这种病来势凶猛、病情严重，有的还迸发合并症。保教科长林纳同志带领大家日夜看护，全体保育人员以高度责任心全力扑在抢救病儿的工作上，并提出响亮口号："为了革命，为了孩子，要坚决克服一切困难，确保病儿生命安全。"他们日夜细心护理，争先恐后为病儿输血，在严重缺药的情况下，用民间土方挽救了不少孩子的生命。保育员李惠清在把一个合并症的孩子管理好时，她自己却累病了。经过全体同志一个多月夜以继日的辛勤工作，终于战胜了麻疹病的侵袭，使六十多个孩子全部恢复了健康。朱总司令高度赞扬了他们，并接见了部分同志，使大家受到很大鼓舞。另外像第一保育院的模范工作者郭御平，带孩子大公无私，自己孩子有病不去管，而优先管好别的孩子。还有保育科副科长袁玉芳，在院内曾当过保姆、洗衣员。无论她的工作怎样调动,她都认为这是革命工作,干啥都行,从不争地位高低、待遇多少,总是以慈母之心对待孩子。孩子很热爱她,都亲切地称她"妈妈"。还有来自民间的老徐哥,他在骡子队工作,在粮食很紧张时,他不仅保证院内的粮食供应,还替学校、中央医院解决了问题,为了孩子冬季取暖他不顾严寒大雪出外驮炭。洛杉矶托儿所的路云山同志为保证孩子们的营养,不顾延河涨水,一次次蹚水过河,出外给孩子们买鸡蛋,并在没有牲口的情况下,从比较远的地方把领来的衣服给孩子们一捆捆地背回来,保证了适时换季。

边区保育战线的同志不仅非常热爱自己的工作,还对自己的事业充满自豪感。如有一次国统区的记者到洛杉矶托儿所参观时,问保育员任保珍:"小姐,在这里生活得怎么样?"她不加〔假〕思索地说:"我生活得很好,又有学习,又有工作。"就是这些同志,在党的精心培养下,凭着对革命事业的火热之情和高度责任感在工作中大胆实践、摸索前进,不断丰富着他们的工作经验,有力地推动着边区保育事业的发展。

五、保育院托儿所在转移途中

抗战胜利之后,蒋介石为抢夺人民抗战的胜利果实,发动了大规模的内战。一九四六年国民党反动派磨刀准备大举进犯延安。在战火随时都可能暴〔爆〕发的情况下,党中央毛主席决定:延安的非战斗单位,要一律撤离。十一月七日边区政府即通知延安非战斗人员要提前转移,并责令保育院、托儿所要在三到五天内全部撤离延安。保育人员接到这个命令后,坚决响应党组织提出的"一切为了革命,一切为了前线,一切为了孩子"和"大人在、孩子在;大人不在,孩子也要在"的口号,并向党宣誓:要不怕困难,不怕劳累,不怕艰险,不怕牺牲,坚决完成党交给的任务。

在准备撤离的三到五天内,保育人员投入了紧张的战斗,日夜为孩子们赶制被褥、干粮,把孩子平时睡觉的小床改为"驮床",放在牲口上驮着走;还有动员自卫军组成担架队抬着孩子转移;也有让孩子坐着马车、牛车走的。这时保育工作者很辛苦,白天要紧跟牲口、车辆寸步不离,晚上为了照顾孩子也不能很好休息。转移途中,翻山越岭,行程是很艰难的。如第二保育院的孩子们在向太行解放区转移的路上,翻越十八盘大山的时候,相传这里夏天也冻死过人,为了保证孩子安全,保育员用棉被把孩子一个一个包好,趁着中午背过去。转移中不仅山路崎岖,而且随时会遇到敌机轰炸。此时保教人员牢记党的嘱咐"一切为了孩子",他们发扬高度自我牺牲精神,经常用自己的身体去掩护孩子;有的为了不让孩子掉队,扔掉自己的行李,背着孩子前进。洛杉矶托儿所在向瓦窑堡转移途中,要过许多道河沟,这时河水已结成薄薄冰层,保育员人员赤着脚把孩子一个个背过去，冰碴把他们腿划破一道道小口子，鲜血直流，但谁也不吭一声，只顾赶路。在向河北转移时，途经雁门关后，要过一条冰河，大车走到河中间时，突然冰裂车陷，眼看就有翻车的危险。在这万分危急之际，老战士路云山一个箭步抢上去，跳进冰河，用肩膀扛住车沿，才使车上的孩子安全脱险。第一保育院在向绥德方向转移途中，大孩子走路，小孩子动员老乡背。院长杨芝芳是小脚，长途行走非常困难。组织上给她拨了一匹马，但她坚决不骑，把马让出来给孩子带行李。当走到绥德土地岔时，由于长期行军，紧张劳累，生活困苦，有些孩子、大人都病倒了。为照顾病员和加强孩子们的营养，后勤人员艾绳庆同志每天挑上一些旧衣物和火柴游乡，从老乡那里换回洋芋、盐、咸菜、鸡蛋改善孩子们的伙食。这时杨芝芳同志非常消瘦，两眼深陷，同志们都劝她吃孩子灶上的饭，她婉言谢绝说："现在战争时期，人人都要克服困难，我们一切为了孩子，我怎能比大家特殊呢！"当时"一切为了孩子"就是所有保教工作人员的信念。

转移途中，他们都非常注意孩子的健康，紧缩一切开支改善伙食，使孩子一个个吃得胖呼呼〔乎乎〕的。他们还坚持食具、用具煮沸消毒，给孩子洗澡，检查身体、量体温，一旦发现有传染病即实行隔离。在行军间隙还抓紧教孩子们识字、唱歌、做游戏。有的院（所）还因陋就简，自己动手为孩子们做秋千、滑梯、压板等，使孩子们在愉快的生活中，安全地到达了转移的目的地。

战争结束后，当许多来自前线、后方的孩子家长满怀激情来探望自己的子女时，看到孩子们欢呼雀跃，长得又高又结实，都情不自禁热泪盈眶，十分感的〔感激地〕拉着保教人员的手说："为了这些孩子，你们真是太辛苦了，感谢党！感谢你们！"

四九年全国解放后，边区保育机关的一些院、所外迁。延安洛杉矶托儿所迁到北京万寿寺建院；五〇年初划归军委办公厅领导，改名为中央军委直属机关保育院，列为部队编制。边区第一保育院由杨芝芳同志带领迁到西安，归属西北军政委员会民政厅领导，改名为西北儿童保育院；一九五五年西北大区撤销后，又改名为西安市第一保育院至今。第二保育院经过四次转移，于一九四九年九月迁至北京，一九五〇年十月四日改称北京六一幼儿园。

陕甘宁边区保育事业的发展，虽然只有十多年时间，但它从无到有、从小到大，对革命事业做出了很大的贡献。在这里先后有数以千名的干部子女、烈士遗孤、战区难童得到了保教工作者的辛勤培养。解放后，这些孩子都成为祖国社会主义建设中各条战线的骨干。他们当中有探索宇宙的科技人员，有解放军中的指挥员，有党政工作岗位上的负责干部，还有的是教师、画家、医生、导演……就在这革命接班人一批批茁壮成长的过程中，也培养出无数优秀的保教工作人员。解放三十多年来，这些同志都有了很大进步。过去，一些连自己名子〔字〕都不会写的同志，解放后党培养他们上了中学，进了大学，有的当了幼儿院院长，有的成了小儿科大夫。他们当中大部分仍忠心耿耿、艰苦奋斗，献身于祖国的保育事业。他们这种崇高的革命精神，给我们留下了宝贵的精神财富。他们所积累的丰富经验，为办好新中国儿童保育事业打下了坚实的基础。

（步春林整理）

本文参阅资料：

1．中华全国民主妇女联合会筹备委员会一九四九年编的《中国解放区的儿童》一书。

2．康克清同志在中国妇女第一次全国代表大会上做的《关于儿童保育工作的发言》。

3．《中国妇女》1961年第6期中的《〈红色摇篮〉——记北京万寿寺幼儿园（原延安中央托儿所）诞生21周年》。

4．甘肃省社会科学院历史研究室编的《陕甘宁革命根据地史料选辑》第一辑中的《陕甘宁边区抗战时期施政纲领》《陕甘宁边区政府关于保育儿童的决定》。

5．《中国解放区的妇女翻身运动》。

6．李源同志回忆材料：《延安整风运动中的新事物——党校三部托儿所》。

7．《"新的战士在孕育中"——陕甘宁边区战时儿童保育院简介》（延安文化馆姬乃军）。

8．《中国现代妇女运动简况》。

9．《红色摇篮，桃李满园——解放军总政幼儿园》（1983.5.23）。

10．《陕甘宁边区第二届妇女代表大会提案》。

11．《边区政府一年工作总结——1944年1月林伯渠在边区政府委员会第四次会议上的报告》。

12．《新中华报》
    1938年10月9日
    1938年9月25日
    1938年10月2日
    1938年12月20日
    1941年1月19日
    1941年9月20日
    1941年4月13日

13. 《新华日报》

　　1938年8月27日

　　1942年11月8日

　　1943年1月3日

　　1943年8月15日

　　1944年8月13日

　　1946年3月14日

　　1946年12月15日

14. 《解放日报》

　　1942年2月16日

　　1942年3月7日

　　1942年3月6日

　　1942年4月25日

　　1944年1月20日

　　1946年3月8日

　　1946年4月4日

　　1946年9月12日

【资料来源】

陕西省妇联妇运史小组编：《陕甘宁边区妇女运动专题选编》，1984年，第60—78页。

10. 教育儿童的经验

——李家庄机关托儿所教育儿童的经验

马 力

一、从本机关托儿所说起

我刚来到本机关托儿所的时候，发现孩子们多不习惯于托儿所的环境，他们有的喜欢和外面老乡的孩子在一起玩，有的喜欢跟着妈妈在家里，就是老实一点儿的孩子也不愿意上托儿所，这些现象据我观察是我们平时没有注意到儿童们的需要和他们情感上的要求。例如他们来托儿所上班时，值班同志对他们并不表现亲切和关心。他们来了就来了去了就去了，吃饭也乱得很，让他们拿着碗到处跑着或者叫妈妈喂，养成喜欢打闹、高声喊叫等不良习惯。这些问题的产生全是托儿所阿姨们纵容的坏习惯，并没有好好地去教育他们，和孩子们妈妈联系得也不够。在今天说起来，我们的孩子们较前进步得多了，以上那些缺点，我开始注意到时已就随时随地地一点一滴地给他们纠正，经常地介绍他们新的习惯和新的内容。我们的方法是：

1. 首先将自己变成儿童，和他们建立真正的情感，了解每个儿童的心理，根据他们的需要满足他们的要求。

2. 组织各种形式的活动，不让他们有空闲的时候，集体唱歌，集体游戏，集体休息。例如唱歌游戏讲故事时，首先利用废纸画的图画，提高他们的兴趣，而后再唱歌或游戏讲故事等。这样一来儿童们就有了兴趣，不但愿意上托儿所，而且每天下了班不愿意回家。

3. 建立制度：重要活动我们都设法定下制度，例如吃饭，我们用口琴在吃饭时吹着很安静的歌曲，同时叫每个儿童伏在桌子上休息五分钟或十分钟，等值班同志将每个儿童的饭都盛好了，然后叫一个比较休息得很好的儿童站起来说："小朋友请！"而后再开动，这样儿童们不但不闹而且很安静。我们要晓得儿童们都是爱听音乐的，只要有音乐而加以各种方法、适当内容，无论有多大缺点的儿童都可以教得好的。在我们本机关托儿所对儿童进行教育虽然不容易，但是得到的收获还不少。现在把我的几点经验写在下面：

二、对于儿童的几点基本认识

1. 尊重和培养儿童独立自主的性格，纠正把儿童当附属品的思想

即使是最爱护儿童的父母，也极易陷于一种错误，即把儿童作为自己的附属品，不把他们看为独立自主的新生命，忽略或根本不知道儿童的需要与兴趣，用自己的一套生活经验、思想习惯去硬逼着孩子跟自己走，这些父母最大的贡献只是把孩子养肥大了，某些地方像自己了，但没有真正地给社会教育下一代。

教员们也常易以学校传统固定教材等制成一套模型，硬把儿童弄到模型里去雕塑，凡不适合于这套模型的，就宣布说"孺子不可教""顽童"，于是很多活跃的小生命，便在他们手上枯萎起来。

必须认识儿童是独立生存的人，才能懂得儿童教育。做妈妈的或做保姆教员的，当抱怨孩子不成器时，就应该用这观点衡量衡量自己，究竟是你没有把儿童作人看，还是他真不能作为一个人。多想一下，你会发现关键在那〔哪〕里。

2. 教育儿童要站在儿童立场

若你肯定儿童是独立的人，那么你也得肯定他们有独特的要求和独特的小园地；要发现他们的要求与生活在他们的园地中，才能有方法帮助儿童发展，指导他们前进。因此要有儿童的感情，以及善于站在儿童的立场去观察儿童对事物的反映〔应〕与生活态度。这是一个幼稚教育者必须要有的条件。

教育儿童而不与儿童取同一立场，感情上不协调或对立，结果必然白耗费了精力和耽误了儿童。

3. 儿童一般心理

儿童心理是社会现象的缩影，他们的心理常受到家庭地位的影响：有些子女在家里受到父母宠爱的，多自高自大、骄纵暴戾；女孩子大多数温柔婉顺、惹人爱怜。有的孩子在家里取不到地位的，多自卑冷峭、坚强刻苦，对人常怀敌意，有时反抗破坏。这些不同的心理问题应吸引到新思想上去解决，而新思想应具体地安排在校园内的生活方式中，如不给任何儿童以特权、不特别亲近温柔的小孩和打击坚强的小孩等。

除了以上因家庭父母影响形成不同的儿童心理外，一般儿童的共同心理是：

（1）自我意识——无论何种儿童，自我意识都是一样明显存在，基于这一意识，他们希望人重视，希望有表现的机会。

（2）喜欢新奇的事物——任何一个儿童都不喜欢老一套，新奇事物的出现，如玩具图画等，常能使他们欢跃，因而思想便灵活起来。

（3）模仿性——对于儿童的影响没有比教员行动更大的了。教员们不应以为在课室中儿童才注意你，其实儿童随时随地都在注意你的行动，模仿你的行动。

三、儿童教育与家庭

学校教学若不与家庭紧密结合，那就等于吃饭只用一支筷子。关于教员结合家庭，这儿提出三点经验：

1. 争取儿童家庭重视儿童为中心

现在的家庭大多以父母为中心，儿童在家庭的地位大多渺不足道，尤其是儿童的一般家庭都不重视儿童在家庭里的教育。我们应借着家庭访问，争取儿童在家庭的地位，要使儿童家庭将大部分精神力量使用在儿童身上。

2. 了解儿童家庭及儿童生活史

借着家庭访问，要对儿童的家庭及儿童本人做全面而又深刻的研究，这叫作"个案研究"。这样可以因掌握儿童发展的过程及目下的家庭状况，予儿童以正确的指导。

3. 邀请家庭参观学校

利用母亲会与其他方式使家长们接近校园，了解教学方针，查看具体实际情况。不仅可以大有助于校内教学，且因经验交流，使各个儿童的家庭以齐一步骤适当修正缺点。

四、教学方法

对于幼稚儿童（不包括后期儿童）的教学方法，我有下列几点心得：

1. 集体教学与个别接触相结合

集体学习是校园教学的必然形式，然而，使用这一种形式必使有特殊需要的个别儿童无法获得进展，同时集体学习不能满足儿童情感上的要求，因此个别接触便成为一个很重要的补助形式。教员应该在集体教学时发现个别儿童的特殊需要，也应该在个别接触时检查集体教学的内容，两个形式结合才能铸成陶熔儿童的钢炉。在个别接触时，教员应千万避免自兴趣或偏爱出发，以免造成某些儿童的优越感；也千万不能泄露这是要帮助某些儿童解决特殊问题，这会使儿童自卑或形成依赖心。个别接触较集体教学更需要高度艺术，必须小心谨慎才不致发生偏向。

2. 启发，诱导，反对单纯灌输

不管它是什么器皿你都倒上一磅牛奶是不对的。同样，不管是啥儿童都给他灌上一些教条也不会是对的。依照儿童具体情况，逐步引导他们走向问题的中心及解答问题，才是教育儿童的正确方法。比方儿童拿别人的东西，教员说"不应该"只说一句："不要拿别人的东西。"这样，儿童只知道你不让他拿，并不完全知道究竟为什么不能拿。假使教员能实地拿走儿童所爱的物件做譬喻，使儿童感受失去的痛苦，他以后可能不随便拿人家的东西了。

3. 表扬，批评，绝不可体罚

自我意识使儿童在表扬中更加特别得到鼓励，由于这些鼓励可以渐渐引导他们产生集体意识，告诉他们怎样在集体中享受到荣誉，是很有效的方法。有时我说："你们这班服务热忱最大。"儿童们便因此更喜欢扫地。利用儿童的互相批评与自我批评，有体罚所绝做不到的改正错误的效力，体罚只能使儿童暂时屈服，而绝没有解决问题。

4. 形式多样化，生活制度化

教育方式决不可拘板不变老一套，应该灵活新鲜，某些规则可以编成短歌，某些手势便可以代替口令，玩沙盘时可以讲常识，吃饼干时可以讲卫生。总之，教育儿童并不限于在课室里，而是充满于儿童活动的每一时空里。对于儿童可以说生活即是教育。

儿童们的生活必须规律化、制度化，科学管理下可以产生良好的集体意识、组织意识，泯除部分个性上的差别；所以，儿童午睡应规定时间，吃饭应排定次序，物件要放在固定的地方，活动要予适当的组织，这种组织制度生活所培养出的好习惯是最可宝贵的品质。

五、教学环境

校园：校园总宜广阔平坦，便于儿童活动，一般应有课室、游戏室、玩具室、洗沐室、厕所、卧室、餐室、厨室、保健室等。

设备：各室的布置应阳光充足，空气流通，简洁美观；家具最好是无角的东西，大小高矮应适合于儿童身量；图书挂表标语宜时时更换位置或样式，使儿童有新鲜感觉；院子里多铺点沙，栽点树木；玩具如沙盘、木偶、滑梯、秋千、小房子等应尽量多备。（具体设计因学校具备的物质条件而异，此处从略。）

注：如本机关托儿所因物质条件所限，关于设备一项便尽量简化：

①房屋——课室兼做游戏室、餐厅、洗沐室等用，儿童午睡由母亲带回家去睡，就不用卧室了。

②玩具——仅备下沙盘，其余秋千、积木都没有，我们最近用粉笔教小孩在地下画图游戏，以及利用废纸剪折花样等代替别种玩具。

③教具没有风琴我们用口琴，我们没有足够的画片就多运用姿态、表情。

以上这些方法虽然多少有些不便，但产生的效果是不可忽视的。我们若能正确地掌握教育儿童的基本精神与方法，那么虽在极端限制的物质条件下，仍是能够有效地展开培植下一代的教育工作。

六、怎样处理一些实际问题

1. 怎样处理孩子的纠纷？

有时孩子争吵甚至打闹是不必理会的，他们自己会平息下去的。如果争吵继续扩大，非干涉不可时，可用下列各种方式：

①用一种比较有趣的游戏转移他们的兴趣，不要他们知道你是在调停。

②找几个平素认为公平的小孩出来邀请当事儿童开评议会。

③把当事儿童找到没有人的地方自己公平地给他们分析、劝告。

三个方法都有效，至于用那〔哪〕个好，须看实际情况，千万不要给小孩硬加罪名严重打击。

2. 怎样管孩子的大便？

孩子随便大便无定时，大便是很难照管的麻烦事情，现在没有很好的办法处理这类问题。不过若能取得家庭的合作，家里不随便给孩子东西吃，吃奶、吃饭、吃饼干都有一定的时候，那么孩子的大便也不至于没准儿。至于孩子随地大便，就完全是家长或保姆、教员纵容的坏习惯，他们应该负责纠正。做妈妈、保姆、教员的发现孩子随地大便时，应该耐心仔细地告诉孩子，大便不是随地可以拉的，同时将他带到厕所或便盆跟前清楚地告诉他大便要在厕所或便盆上拉。这样地教他两三回后，他就不会随地大便了。

3. 如何对待"顽童"？

"顽童"常常是具有天才的早熟儿童。有时一个儿童表现得异常淘气，喜爱破坏物件，然而你若仔细观察，就可以发现那是惊人的好奇心、研究心在驱使他这样做，教员若不明了这些，妄加以罪名或处罚或开除，那就是亲手摧残儿童。无论是真顽童或天才儿童，你对待他的方法应是了解他的全部生活史、家庭环境，做个案研究，这样你可以掌握他的发展过程而加以正确的指导。

一九四九年一月三十日写于李家庄

【资料来源】

全国民主妇女联合会筹备委员会编：《中国解放区的儿童》，新华书店，1949年，第9—18页。

11. 陕甘宁边区政府通知
——关于保育院增收小孩及增加人员编制

〔生字第27号〕
（1949年3月10日）

王、章厅长，白、刘厅长，杨[①]院长：

为了大量吸收女干部参加工作，解决女干部小孩之保育问题，特决定保育院增收小孩一百八十名，增加干部及事务人员七十七名，并应按规定标准补充必需的运输牲口。自四月份起编造预算，仰即遵照。

特此通知。

主　席　林伯渠

代主席　刘景范

副主席　杨明轩

注：表格见下页。

【资料来源】

关保英主编：《陕甘宁边区行政救助法典汇编》，山东人民出版社，2016年，第452—453页。

---

① 杨芝芳，时任陕甘宁边区保育院院长。

一九四九年保育院组织机构编制表

项目	正副院长	院部-秘书指导员	院部-文化教员	院部-收发员	院部-通讯员	院部-理发员	院部-小计	保教科-科长	保教科-班长	保教科-幼稚教员	保教科-小计	卫生科-科长	卫生科-医生	卫生科-司药	卫生科-护士	卫生科-小计	总务科-科长	总务科-会计	总务科-保管	总务科-出纳	总务科-管理供给	总务科-运输队长	总务科-采买	总务科-小计	事务员-公务员	事务员-保育员	事务员-缝衣	事务员-洗衣	事务员-豆腐房	事务员-推磨	事务员-挑水	事务员-种菜	事务员-运输员	事务员-马夫	事务员-炊事员	事务员-小计	总计
编制	2	1	1	1	1	1	6	2	5	5	12	1	2	1	5	9	2	2	1	1	4	1	2	13	6	73	4	4	2	2	4	3	10	1	19	128	170
审核																																					

说明：

1. 保育院原有小孩120（人），干部、事务员93人。
2. 一九四九年拟收小孩180人，需增干部、事务员77人。
3. 拟收180名小孩，在四月份开始到五月底收90名，六月份开始到七月底收90名。
4. 牲口原有13头，需增9头（驮19，推磨2，公用1，共计22头）。

12. 陕甘宁边区政府通知
——关于准予关中分区设托儿所一处

〔生字第29号〕
（1949年3月14日）

王、章厅长，白、刘厅长，杨、张①专员：

为了培养吸收女干部参加工作，关中分区准予成立托儿所一处，收容能担任一定工作女干部的小孩三十人，设所长一人、幼稚教员一人、会计兼保管一人、管理员一人、保姆十人、伙夫二人、运输员一人，运输牲口两头，其小孩生活得照原标准预算。特此通知。

主　席　林伯渠
代主席　刘景范
副主席　杨明轩

---

① 杨玉亭、张凤岐。

附：关中地委、关中专署关于成立关中分区托儿所的呈文

随着局势的开展，革命工作日益繁重与扩大，各个工作岗位上都需要大批的干部。为了供应需要，便于抽调干部计，筹办托儿所是吸收女干部参加工作的关键。因此，关中地委会议决定成立分区托儿所，招收女干部及可造就为女干部的家属的孩子，预计招收六十个孩子，保姆、工作、杂勤人员，共计九十七人。特呈请核准。

此致

习、马书记，林、杨、刘主席

关中地委　关中专署
一九四九年一月

【资料来源】

关保英主编：《陕甘宁边区行政救助法典汇编》，山东人民出版社，2016年，第456页。

13. 陕甘宁边区政府批答
——关于批准绥德分区中心卫生所、托儿所、市政府之组织机构编制

〔力字第73号〕
（1949年4月28日）

杨专员，霍、曹副专员：

四月五日呈悉。关于专署、县、区、乡及所属单位之组织机构与工作人员马匹编制本府已于四月九日命令公布，希按该编制执行。

其未列入编制内之分区中心卫生所，可保持原有十八人之编制；分区托儿所可设所长、指导员、管理员各一人，伙夫二人，运输员一人，保姆十人（一保姆带三小孩），运输牲口一头，并同意暂收小孩三十人。接受小孩的条件，规定其母亲必须是参加一定工作之女干部。保姆可利用已带在机关来之干部家属充当。

此外，绥德市（区）政府除一般干部按照区政府编制外，市公安局可设干部四人、警察十六人。

此批

本批答抄请民政厅、财政厅知照。

主　席　林伯渠
代主席　刘景范
副主席　杨明轩

附一：绥德专署呈文

林、刘、杨主席：

兹为适应时局发展，大量配〔培〕养干部及工作需要，根据边区财经会议精神，各级行政机构整编数目，经职署政务会议研究将分区级机关及所属县（吴堡为小县，其他县与绥德县同）区乡人员马匹数目提出初步意见，分别造具表册呈上请鉴察审核，是否有当批示以便早为配备提高工作效率为荷！

此致

敬礼

专　员　杨和亭

副专员　霍祝三

一九四九年四月五日

附二：绥德县政府呈文

林、刘、杨副代主席：

接四月九日命令与县区乡的编制规定，内中唯未提明城镇之市（区）的编制，如属县之绥市原有公安局一处，设干部四人、警察十六人，不知这个机构是否依照原有的编制设立，故特呈请钧座早日示复，以赐职等遵照办理之便。特此

并致

敬礼

绥德县县长　史记全

副　县　长　吴补功

四月十四日

【资料来源】

关保英主编：《陕甘宁边区行政救助法典汇编》，山东人民出版社，2016年，第473—474页。

陕西省档案馆、陕西省社会科学院合编：《陕甘宁边区政府文件选编》第十三辑，档案出版社，1991年，第270—271页。

14. 陕甘宁边区政府命令
——关于将陕甘宁边区难童教养院拨归晋南行署领导

〔努字第85号〕
（1949年5月4日）

武、霍[①]主任并转白[②]院长：

为便利领导及适当处理难童，决定将原属陕甘宁边区政府民政厅领导之难童教养院（现驻永和县桑壁镇），从六月一日起拨归晋南行署领导。一切供给亦由晋南行署负责，望于令到后立即办理移交，务须于五月底以前办理完竣，并呈报民政厅备查。

此令

主　席　林伯渠
代主席　刘景范
副主席　杨明轩

【资料来源】

关保英主编：《陕甘宁边区行政救助法典汇编》，山东人民出版社，2016年，第475页。

陕西省档案馆、陕西省社会科学院合编：《陕甘宁边区政府文件选编》第十三辑，档案出版社，1991年，第293—294页。

---

① 武新宇、霍维德。
② 未详待考。

15. 晋绥一个机关的变工互助托儿所

晋绥机关托儿所

晋绥一个机关的托儿所是由母亲们实行了变工互助组织起来的，一年来对保育儿童和幼稚教育方面，取得了若干经验，并使三十一个孩子的二十一位母亲参加了工作，这给机关妇女干部和家属保育孩子问题引导了一个方向。

克服思想障碍，奠定建立基础

该所的创立和发展，曾经过了那些孩子的母亲们一番艰难缔造的过程。这些母亲原来都有相当工作经验和文化程度的，因自己带孩子，多的四五年，少的一二年不能很好地进行工作、学习和生产；而另一部参加土改工作的女干部的孩子，因寄食群众家中，无专人照管，致经常闹病。为此，她们深感有组织托儿所的必要。但当具体酝酿筹备的时候，困难问题也就多了：首先在母亲们的思想中大部分只想把孩子送了去，而自己不愿参加托儿所工作。有的怕担任了保育工作，将来脱离不开了；有的轻视这工作，说是"没前途"，并提出这是家属和农村妇女的事。同时，又有的对儿童集体托管有顾虑，而一些没有孩子的同志有的采取了旁观的态度，有的则毫无信心："女同志到一块就是一台戏，办不成！"为此，克服思想障碍就成为当前重要的事情。首先，她们在学习小组中配合读文件进行了反复的讨论，对抚养革命后代的保育工作有了正确的认识，并发扬批评与自我批评，打下互相了解、共同努力的基础，更加上组织的赞助和鼓励，这才使大家在思想上逐渐取得一致，确立了开办托儿所的先决条件。

母亲们亲自动手，儿童们获得生活乐园

晋绥本是瘠贫地区，加之正值备荒时期，物质条件的困难，也是一个很大的问题。为了节省开支，解决经费困难，该所的建立上主要靠母亲们亲自动手：大家修炉灶、铺路、抬石头，把床板和石块改制成桌凳，替孩子们做玩具，每人还借出了自己的物品，只添了一个公务员给担炭、送水及从机关打饭送给值班的母亲们等。在经费方面，是把孩子们每人一份抚养费集中起来开支，另外由母亲们生产节约补助一部分。

开始，因人力物力的限制，只能接收本机关以及母亲做土改工作的孩子；后来由于管理得宜以及领导上的帮助，部分母亲调走后又给增加了保育员，于是接收的孩子逐渐增多了。目前已有三十一个儿童。所内一切工作全由母亲中民主推选担任，如所长、班长、教员、卫生委员、伙食委员、会计等，保育员也是母亲兼任（有的母亲自带三个孩子）。一年来，在工作中都能发挥高度责任心，她们在工作和生活中都活跃愉快和飞快地进步起来了。

一年来入所的孩子普遍较母亲们自己带的为好，如闹病的少，更没有重病和死亡。据统计，孩子体重每月每人平均增加一磅，特殊儿童每月有增三磅的。孩子们每个都活泼健康，每天唱歌、听故事、游戏，他们已把托儿所看成是自己的乐园了。

"保育为主，教育为辅"的方针，科学的管理教育

教育方面，因为孩子们都是不足学龄的儿童，故采取"保育为主，教育为辅"的方针。按年龄把儿童们分成三班：大班的在五岁以上，二班的三岁以上，小班的三岁以下。日夜都有三个保育员值班。白天的任务：一、带领儿童游戏，启发儿童智慧，如教说话、数数目、辨别事物；二、注意孩子的健康情况，检查大小便，关心饮食；三、帮助儿童养成卫生习惯，如早上漱口、喝水，饭前洗手，饭后漱口；四、保持儿童一切活动场所和用具的清洁；五、洗补孩子的衣服，做到三天换一次衬衣，每礼拜洗澡、洗头，衬衣裤每周煮沸消毒一次。夜间值班的任务：一、巡视儿童睡眠状况，给孩子盖被；二、睡前注意室内温度及调剂空气；三、按时照顾撒尿。此外规定，在值班时间不做私事和看书报，以专心照护孩子。值夜班的白天要好好睡眠，夜间三人值班，轮流休息，换班时必须向班长及接班人交代儿童健康状况。在教学方面，多采取从游戏中进行

教育，启发诱导儿童智慧的发展，着重自由发展，禁绝打骂。此外还注意了对儿童良好习惯的培养，如对爱打骂、啼哭、打滚以及性情孤僻的儿童，即采取说服教育和选举模范儿童的办法，慢慢改变他们的习性。

伙食方面，主要由抚养费本身调剂。每天饭食标准是这样的：三岁以下的，鸡蛋两个、肉五钱、油盐各三钱、菜半斤；粮食每天白面两顿，共四两；米类一顿共二两。三岁以上的每天三餐，三岁以下的每天增多一次，两岁以下的从其抚养费中抽三分之一，调剂些糖、鸡蛋与水果。按孩子不同的要求与食性，定出饭谱。按以上标准，如抚养费不足的，由母亲们生产节约来补助。对工作的检查，主要通过每周的班务会议和事务人员会议以及每半月一次的所务会议，而检查工作的一个重要标准，是儿童每月体重的测量，工作之改进也是以它作为主要根据的。

在这一托儿所的推动与影响下，目前晋绥各地正在筹组更多的托儿所。

【资料来源】

全国民主妇女联合会筹备委员会编：《中国解放区的儿童》，新华书店，1949年，第4—8页。

16. "接孩子"

实验保育院

延安第二保育院为了弥补一部分孩子心灵的寂寞,以收到身心发育并重的效果,创造了一个"接孩子"的制度。

两种孩子的小心灵

在延安时,每到星期日,有些孩子的家长就带着糖果、鸡蛋、花生……各种孩子们所爱吃的东西来看望他们。这些被父母看望或接去的孩子,当再回到班上的时候,常常情不自禁地流露出他那从心底里迸发出来的幸福的愉快:"妈妈给我带糖来,爸爸给了我一大堆鸡蛋……"但其中也有许多孩子的父母为了祖国,为了人民,远在不同的地区里担任着各种不同的工作,有的连信也没有捎一封,甚至有些孩子的父母已经英勇地牺牲了。就是留在延安的家长,也有一部分常常因工作繁忙,以致星期日也抽不出时间来看望他们。当星期日,这些孩子见到别的小朋友被父母接回去的时候,有的就问:"阿姨,我妈妈今天怎么不来?"或是问:"我妈妈到什么地方去啦?"有的就围绕着被父母看过的儿童,问长问短,打听他们妈妈送来什么东西。他们羡慕别的孩子幸福和母亲的安慰,很热烈地盼望能临到自己头上。

他们需要"母爱"

为了解决这个问题，第二保育院创造了"接孩子"制度，即由本院保育员代替孩子的妈妈，在星期日把那些没有人看望的孩子接回去，每个保育员分到一个，这样给了孩子很大的安慰。半年来事实证明了，孩子们很喜欢星期日"接孩子"的制度，每到这一天，孩子们吃罢早饭，就等着阿姨来接，有时阿姨稍微接迟了一点，他们就着急地向值班阿姨打听，或是站在门外张望，从这可以证明孩子们是从阿姨那里得到与母亲同样的爱。记得一次何小彬妈妈由很远的地方托人来接他回去，当时他是舍不得每星期日接他的阿姨华叔，紧紧拉着阿姨的手，哭着不肯离开她。去年冬天保育员蕴英同志病了，她每星期日接的小学民知道了，跑来关切地慰问着蕴英同志，看见她躺在炕上肚子痛，学民忍不住地哭起来，经过蕴英同志安慰了好久，才停止了啼哭，直到第二天听说他阿姨病好了，才愉快起来。以后在蕴英笔下的"学民爱我，我爱学民"感动了许多人。四岁多的小征南很小便来院中，她妈妈早已去世。以后她知道妈妈死了，就非常不高兴，不爱玩，不要吃东西，而且容易哭，以后每星期日接她的玉爱阿姨注意到了，便接回去单独看顾她一个时期，用尽方法安慰她、满足她，让她感受到阿姨爱她就如母亲一样的温暖。七岁的小苏，入院后由幼稚班主任教员刘大姐做他的代理家长，每星期接他。入院前，他经常被父母打骂，因而失了自尊心，不相信会有人爱他，也不相信自己能成为一个好孩子，和小朋友们在一起玩时就欺弱怕强，初来保育院两天里，便破坏了七顶帐子。但从刘大姐做了代理家长后，他逐渐感到刘大姐很爱他，不听话的毛病慢慢地改了不少，再也不破坏东西了，最后他还和别的小朋友比赛做好孩子。当院内有了传染病，隔离期间，阿姨不能接孩子，便采用送礼物、写简单的信，向孩子们解释不能接的原因，但经过阿姨们精心巧制的小礼物小玩具送给孩子们，也使他们同样得到很大的安慰。

"母爱"与教育

阿姨们在接孩子中，掌握了怎样给予适当的爱与教育，在摸索中得到了以下几点经验：

一、爱孩子不能忘了教育孩子。溺爱一方面养成了孩子的坏习惯，一方面使得集体生活中的儿童受坏影响。

二、阿姨送给孩子的食物或玩具应鼓励他和小朋友们分食共玩，以免养成自私自利的坏习惯。

三、不能专以吃食和玩具和孩子建立感情，要诚恳地用爱和教育给孩子以安慰和鼓励。

四、和孩子说话，一定要避免可能使孩子和其他的阿姨或小朋友造成感情不合〔和〕的现象。比如问"谁不喜欢你呀""哪个阿姨照顾你不好呀"等等话语。这些都是在接孩子时常常会不自觉地流露出来的。

这些可敬爱的保育员同志总能随时警惕着，适当地给孩子们以爱和教育！

【资料来源】

全国民主妇女联合会筹备委员会编：《中国解放区的儿童》，新华书店，1949年，第19—22页。

17. 怎样开展边区的保育工作

琴 秋

与日寇进行长期的战斗是极端残酷的事，二年多来在我们的各个战线上曾经有着许多死伤，他们是为国家民族而壮烈地牺牲了，他们的战斗我们应该有成千百万的青年起来替代他们，有成千百万的儿童来接上。因此中华民族应该好好保育我们的后代，把他们抚养大了，变成一枝〔支〕新生的雄厚的力量，无论对中国今日抗战的前途以及对将来的建国事业，都有着重大的决定意义。

因此，在抗战以后，许多妇女在蒋夫人宋美龄女士领导之下，开展了儿童保育运动，设立保育院，吸收了不少的难童，在敌人炮火下，抢救栽培并教养了这辈幼年的种子，这是中国妇女在抗战建国伟业中新贡献之一。同时日寇非常重视儿童，在很多沦陷区、战区抢夺了我们中国的很多儿童，一车一车地装到了敌人占领区，去进行着奴化的教育，以实现它以华制华的美梦和对我中国亡国灭种的毒辣政策。

世界上除了苏联的儿童能享受无上的幸福以外，边区儿童比全国各地儿童都要幸福些，这是由于：一、边区的人民已经享有了平等民主的权利，广大的人民在生活上已有了很大的改善，他们已经有能力能够养活儿童。换句话说，就是边区的儿童在共产党的积极建设之下，已经使个个都有衣穿、有饭吃、有房住，没有因养不起而故意致死的现象再发生，也没有出卖儿童的事继续存在。今天边区已经消灭了流浪儿、乞儿。二、共产党及边区政府对儿童的保护，已经在尽着最大的责任。例如在边区的各机关和学校中的妇女生了孩子，可以领得生活费——从前十元现增至二十元，小孩子生后可以领得补助金，八岁的儿童可以免费上学，孕妇产前后可以得到四个月的休息。三、机关、学校已尽可能地开办托儿所，母亲可把初生婴儿放在托儿所里，每隔三小时喂奶一次，她们不只〔止〕可以用科学的办法来保育儿童，并且还可以仍然去做工作。

但是，虽然如此，边区今天的保育工作却还存在着很多弱点，这是急需我们想法来改进的。例如边区的儿童死亡率很大（可惜没有明确的统计），其原因不外是：一、一般人民不懂得卫生，没有科学常识，不会接生，不会消毒，故小孩发生惊风的很多；二、不论城镇及农村缺乏产妇科及儿科的医生，以致产妇或儿童得了病，没有人医治，反以封建的、落后的、迷信的各种不会科学的办法来摆弄他；三、父母的遗传影响到儿童的死亡数也不少。上述的各种原因，使得边区儿童还存在着极严重的死亡现象。边区的人民，尤其是妇女们常常为此影响情绪及家庭的快乐，因为这不仅关系了她们个人家庭的繁殖问题，而且是关系到整个抗战与建国的力量问题，所以我愿意把开展边区保育工作的具体办法，提供大家作参考的材料。

一、在边区人民中应有计划地广泛地进行社会教育

（一）各县指定中心地点，组织公共讲演，从粗浅的个人及公共卫生讲起，再讲到产妇的卫生，接生特应注意的事项，保育儿童时应注意的卫生——按时洗澡，常洗片子衣服，孩子长大了吃东西时要如何注意，如何使儿童身体康健、减少死亡，等等。讲时能有挂图则更好，不论男女都号召他们来读，这样给保育儿童会有很大益处，因为这个村里只要有一家的孩子养好了，大家会模仿学习的。当然，演讲的人应该注意，必须按照边区可能的条件来提供办法，才能见效。这样演讲谁来负责呢？我想不论男女只要有点医药卫生常识的人，都可负担这个责任。假使每个做妇女工作的同志能够担负这个责任则更为适宜。

（二）在现有各地剧团的基础上，来进行化装表演。当其下乡演戏时，最好戏里有关于讲究卫生、保育儿童、破除迷信等剧情，以便影响和感动他们。乡下群众爱看戏，利用这种办法来做宣传，吸引力量是很大的。

（三）出书刊和小册子要注意通俗，适合于老百姓的文化水平和口味；书刊和小册子的内容，主要的关于妇女卫生和保育儿童等问题。

二、每个妇女都要学习医药卫生常识

（一）凡有女生的各学校以及地方妇女干部的训练班、冬学，必须在课程内增添医药卫生常识一课，主要内容为产妇科及儿科，以便利于将来在实际工作中去运用。

（二）各机关的妇女应该集合在一起进行医药卫生常识的教育，至少每星期一次。尤其是领导妇女工作的各级妇联机关的干部，首先要来学习；这些干部学会以后，下乡工作时，可以去帮助老百姓解除痛苦，而且可以教大家来学习。可开办短期训练班来教她们。

（三）把乡村中原有的接生婆能找一中心地点集合起来，教以简单能做到的、比较科学的接生办法，克服并转变过去野蛮的接生法。

（四）医务机关最好能培养一批产妇科以及儿科专家出来，然后派她们到各农村去训练一批青年或成年妇女，并且随时替她们做访问，帮助她们研究一些问题解决一些问题。如果一个县有一人至二人，那末〔么〕这个工作亦可逐渐开展起来。

三、开设托儿所

（一）各机关、各学校、各工厂、各农村，应尽可能地成立托儿所，白天把小孩们集中在一起，由保姆来照管。保姆要选择懂得清洁卫生和保育儿童有耐心的妇女来做。一方面可以解放母亲一些时间，另一方面可用科学办法来保育儿童。

（二）农村成立托儿所最好是临时性质的，以村为单位，开始时仅仅在农忙时来组织，母亲们也可轮流看管。（农忙时间假使农妇不愿意把儿童送入托儿所亦不必勉强。）

（三）在各农村最好能组织一个比较模范的托儿所，可以吸引附近农妇去参观，要是她们认为满意而喜欢时，别的村亦可模仿起来。

四、扩大现有的保育院

（一）边区保育院自创办到如今，已经有了很大的进步和成绩，例如由二十到三十个难童成立起，到现在已有了三百余人，工作有了不少进步和成绩。但以边区儿童数量来比那就嫌太少了。今后我们应该多多吸收难童和抗属的儿童，遵照保育总会的指示（去年"三八"节前），扩充到五百个儿童的计划，尤以吸收难童为主。

（二）陕甘宁边区保育分会所领导的保育院之下，可以多多设立保育分院，使广大的儿童可以组织在保育院之内，按照总会指示去创办、去开展。边区的保育工作真正要想开展起来，首先要深入农村，按照上述的办法去试验一下，可以做到在提高边区妇女的文化、教育妇女卫生以后，真正能减少儿童死亡率，使边区个个儿童都较今日更健壮起来。这不仅是边区儿童之幸福，亦是边区人民之幸福——不仅是幸福，主要的是增长了中华民族抗战的力量和建设新中国的唯一的支柱。

五

今天我们不只希望全国关心儿童保育的人士能随时注意这个工作，并且，在边区的现状下，一切物质的设备都是困难的，如儿童医药、玩具，甚至适合他们睡和用的器具都没有，我们热烈地希望，全国各地热心关怀边区儿童的人士们，能为边区的保育会募捐——大量地捐助这些东西给我们中华民族的新后代。

此外，我们上面所提出的仅是一些比较原则的办法，我们还热烈地希望一切有保育事业育儿经验的人，能不断地把你们具体的经验——如喂奶、做小儿衣服等等以及凡是育儿所需要的一切知识，都请经常提供给我们，我们亦在本刊陆续刊载。

【资料来源】

《中国妇女》第一卷第十、十一期合刊，1940年4月25日。

陕西省妇联编：《陕甘宁边区妇女运动文献资料》（续集），1985年，第163—167页。

18. 一年来边区保育院儿童饮食改善的情形

徐 宜

"改善儿童饮食"的口号，成为陕甘宁边区整顿保育院工作中的中心工作之一，因为在去年的今天，孩子们吃的东西还不能令人满意。

自从侯大夫在去年七八月间来到保育院，看到儿童不分年龄的大小，七八十个孩子吃一样的饭，更不按着儿童身体的需要来规定质量，只是很简单的，而且不经常的肉类、蔬菜的供给；在做法上最多只是以熟为标准，更谈不到是否适合儿童消化的问题；就是病儿与乳儿的代乳粉和牛奶等补品的冲制，也是由保姆随意对水，并不按着一定的规矩。

因此侯大夫首先提出改善儿童饮食的问题，因为儿童之健壮与否，饮食的好坏是起着决定作用的；尤其儿童正在发育期，饮食的注意也就特别重要。在侯大夫正确的指示下，并按着实际的具体的环境，我们对儿童饮食的改善情形是这样的：

一、质量方面的改善——孩子们应该吃些什么，是非常重要而且非常复杂的问题，大夫是按照儿童的需要和陕北的环境来规定质上所必需的东西。

（一）蛋白质

1. 牛奶和奶粉是最好的，但是因为环境和经济的重重限制，得到这些东西非常困难，就是由重庆总会寄来一点（现在已很久没有了）只是帮助一下最必须吃的病儿及体弱的儿童，绝大部分的儿童是不能得到的。

2. 豆浆在含蛋白质方面说它可以代替牛奶或人奶，这是经过北平协和医院实验过的。这种营养品，我们现在做到每天而且每个小儿都能吃到了。

3. 豆腐和豆浆相似，现在我们也经常供给小儿吃，并做得非常嫩。

4. 羊奶内不但含有蛋白质而特具有别种生活素，因此比豆浆、豆腐更好。但因经济关系过去是没有奶羊，最近只能买到四五头奶羊，已供给较小之儿童吃。但我们又在延安农场订有牛羊奶，将来搬到延安，可能做到每个儿童吃到新鲜羊奶或牛奶。

5. 蛋类以鸡蛋为主，我们从春天起到现在可以保证每天每个儿童吃到两个，但因季节的关系，夏天过后又较困难。

6. 肉类主要以鸡肉、猪肉都是每天吃，有时有羊肉或牛肉换食之。

（二）炭〔碳〕水化合物——主要是大米、小米粉、面粉、豆粉、玉蜀黍粉、洋芋粉、枣等，都是经常有的。至于糖和蜜过去便宜时还能经常有，最近因太贵，除去最必须吃的稍有供给外，是不能经常和普遍地吃到。

（三）脂肪类——脂肪含有热力很高，并含有维生素，所以小孩子的食物中是不可缺少的。最好的脂肪是乳脂、牛油等，但在陕北难以得到这些东西，我们只有用青油和猪油来代替。

（四）无机盐——它是含在各种不同的食物中，如蛋、豆腐、青菜、菠菜、肝、血、海带等食物都是富于无机盐。在保育院，这些食物儿童是能经常吃到的。

（五）维生素——在有些菜蔬、水果内含有维生素较多。我们尽量买到陕北所有的含有维生素的水果和菜蔬给儿童吃，并计划将来自己培植葡萄和西红柿。

二、制法方面的改善——只在质量上的完备，而制法上不适宜，如做得不够程度就不好消化，或做的方法不对而食物内某种含素就会消失，这同样对儿童是没有益处的，因此需要按着儿童年龄的大小、肠胃的强弱等，虽然同样食物却有不同的制法。现在保育院儿童饮食大概情形如下：

（一）病儿的饮食——这部分的儿童多半是年龄较小，有着肠胃病和营养不足的经常的慢性病的儿童，他们饮食的做法是特别细烂容易消化的，而且按着他们消化能力天天规定吃的量数，他们平日吃的东西大致如下：

1. 炒面粉或米粉、玉蜀黍粉加水煮成糊粥，要浓度适合，煮的时间要久。

2. 豆浆有一定的浓度，我们平常的是一升豆子八斤水，不易消化的儿童用时还要多煮；其次有的儿童还加牛奶或新鲜羊奶补助。

3. 烤馍干，把馍切成片在不太急烈的木炭泥上烘得黄干，不能烧得过度或不黄。

4. 冲鸡蛋或软鸡蛋，不得过熟。

5. 枣泥。枣煮烂去皮，用干净器皿弄成烂枣泥。

6. 稀饭要煮得时间久。

7. 肝泥或肉松（用猪、牛、羊、鸡等肉）一定要做烂做细。

8. 肉汤（猪、羊、牛、鸡）或肝汤下挂面，也要煮烂。

9. 菜泥。白菜、胡萝卜、白萝卜、瓜、洋芋等各种新鲜青菜切成细屑，煮成烂泥，据大夫指示宜用细铜丝罗滤过，但陕北置不到（可用煮过消毒的纱布代），只有多费时间特别加细来做，或做成青菜水。

（二）婴儿饮食——婴儿由于年龄和体质的不同，因此也有不同的饮食：

1. 稀饭。

2. 肉汤、肝汤煮挂面。

3. 饭、馍或包子、饺子。

4. 菜泥或菜水。

5. 软鸡蛋或蛋糕。

6. 豆浆或新鲜羊奶。

7. 软面条或软大米干饭。

8. 肉松、肝泥。

9. 水果。

以上婴儿的饮食制法，有的不需要象〔像〕病儿的一样过细过烂；数量之多少按大夫之规定。

（三）幼稚儿童的饮食——幼稚生都是在三岁以上七岁以下之儿童，消化力比较强，因此也有不同之饮食：

1. 大米干饭（硬或软），间或有一两次小米粥。

2. 馍馍、包子、饺子、面条。

3. 肉类和各种菜类，做得不需太细太烂并味道要比较浓些。

4. 豆浆、煮枣、水果、挂面等做点心。

5. 鸡蛋有时做菜有时点心。

边区保育院儿童的饮食，由于侯大夫的正确指示，以及我们全院工作人员之加倍注意与集中力量的改善之下，才有了今天的显然的成绩——儿童们的脸色红润了，身体胖壮了，尤其是病儿渐渐都健壮起来，大半都会走路和说话了。这是值得我们向关心保育院的同志们以及每个儿童的家长们给以告慰的。

但是，我们是否说这样已是尽善尽美了呢？不可能。依大夫的指示，在婴儿与幼稚生的饮食内，还应按其年龄之不同至少再分出两种，但是，我们财力、物力、人力之不及，现在还不能做得到。

尤其是在补品内我们太缺少鱼肝油，虽然卫生部和我们自己买过一点，那只是太少而太不经常了。但是孩子们差不多每个人都需要。我们今天力量所办不及的地方希望各方面给以帮助，使我们培养出几百以至几千个健壮的革命后代。最后更希望大家给我们些宝贵的意见和批评，我们将是十二万分地欢迎！

（附：关于儿童饮食制法的正确的详细的说明，将另有单行小册刊出，这里不能多说。）

【资料来源】

《中国妇女》第二卷第四期，1940年9月10日。

陕西省妇联编：《陕甘宁边区妇女运动文献资料》（续集），1985年，第223—227页。

19. 孩子们在保育院

鲍 侃

边区第一保育院自一九三八年成立至今，已逾十年，前后抚育了一千七百名以上的儿童，现在有很多已参加了工作。目前在院的一百一十名儿童，正过着愉快的有规律的生活。在日常活动中，孩子们都显示着勇敢和刚强。由于集体生活的锻炼，孩子们也很少有自私的观念，母亲携来的糖果，他们都愿意向小朋友请客。大孩子帮助小孩子系鞋带，像一个大家庭里的兄弟姐妹似的，友爱地相亲着。孩子们亲切地呼唤着阿姨、叔叔，当升学儿童离院时，都表示了恋恋不舍的心情。如果有同志逗他们说："保育院可不好呢！"他们就气愤地噘起小嘴抗议："就好！就好！"妇女合作社助产士王二嫂子的娃娃王修广，现已升学到保小，当他见了保育院的杨妈妈和阿姨时，天真地投入她们的怀抱里问着："阿姨，什么时候接我们回保育院去呀？我想回保育院去呢！"这都说明孩子们对保育院是有了深厚的感情。

前年，胡匪进犯延安后，保育院转移到农村。由于工作同志们的加意照料，没有使孩子们的生活恶化；紧缩了一切其他的开支，适当地改善了伙食，使他们的体重每月都有增加，一个个都长得红胖胖的。冬天，农村里娃娃普遍患天花、百日咳，而保育院始终没被传染，更没有因病死亡的现象，这是因为我们在平日对孩子们有定期的五官检查和心脏听诊；如发现有慢性病如沙眼等，就及时进行治疗。同时，个别孩子患感冒或其他传染病时，立即进行隔离医治。新儿童入院，要经过一定时期的验〔检〕疫隔离。更重要的，是注意了日常卫生，如洗澡、换衬衣。定时的饮食起居，使孩子们消化很正常，食欲增加，所以保障了孩子的健康。

孩子们的家长，当他们看到了自己的娃娃都健康活泼地过着集体生活，而且还懂了很多道理，一颗惦念着的心就释然了。保育院经常能够接读来自前后方孩子家长的信件，对保育院都表示无限的谢意。毛勤同志来信说："我看到我娃长胖了，懂事了，就联想起你们辛勤地工作的成绩。作为孩子的母亲们，将如何以百倍的努力工作来回答你们啊！"这确是代表着母亲们的一般心情。

保育院的这些成绩是和全院同志自上而下的努力分不开的。院长杨芝芳同志，在前年转移中，就表现得非常热心负责，当时与政府失掉了联系，敌情不明，但为保障一百多大小孩子的安全，她冒着危险半夜到绥德专署去探询，不幸途中从马上跌到悬崖下，但她爬起来仍继续前进。后来与专署的关系并未接上，她就毅然决定自己转移，终于把孩子带到了安全的地带。到了绥德土地岔后，孩子们普遍患感冒，小儿科医生丁克同志细心地给予治疗，保姆、护理员都几天没有睡觉，侍候孩子，终于使孩子很快地恢复了健康。保姆们在夏天自动上山割艾搓成艾绳，为孩子卧室燃点，使孩子不被蚊蝇扰咬而安适睡眠；冬天，自动泥炉子盘坑〔炕〕生火，使孩子不受冷冻。洗衣员每次洗衣，都进行煮沸，使孩子在农村生活中也不至生虱子。采买员担着几十斤重的菜蔬鸡蛋，自二十里外往返采购。炊事员经常研究业务，把菜做得美味可口。大家在"一切为了孩子"的工作前提下，钻研不休。但是，我们工作中还有很多缺点，首先是全体工作人员对钻研业务、积累经验的工作不够；在儿童教育上，还没有更进一步地与实际紧密地联系起来。所以，孩子一般地较为娇养，较农村儿童的生活能力相差很远；在生活管理上说，还是落后于要求。这些缺点，我们敢于正视，而且愿在今后工作上努力求得改进。

一九四九年二月

【资料来源】

全国民主妇女联合会筹备委员会编：《中国解放区的儿童》，新华书店，1949年，第1—3页。

20. 陕甘宁边区的儿童保育工作

吴 平

一、前言

儿童保育这一神圣的工作，由于战时环境迫切的需要，由于中国战时儿童保育总会及其领导者蒋夫人有力的领导，在全国遂建立了儿童保育院四十八所，收容难童到达九万名。陕甘宁边区保育院的成立及其工作，一方面因为保育总会的大公无私的领导，另一方面由于中共中央妇委委员即保育总会理事邓颖超、孟庆树诸先生的直接指示，并在陕甘宁边区政府有力的帮助下，而得到许多成绩。

一九四〇年"三八"国际妇女节，延安妇女生活展览会上展览了边区保育院的全部生活及工作成绩，它引起了一般人的注意。现在我把陕甘宁边区儿童保育工作的情况写出来，以供关心边区儿童保育事业诸同志参考和研究。

二、陕甘宁边区儿童保育工作中的特殊困难及他们如何克服着这些困难

在陕甘宁边区这种特殊困难的物质条件底下，儿童保育工作的进行，必然会要遭遇到许多困难。这里主要的困难，首先第一个是：专门保育人材〔才〕以及对于保育事业具有信心的工作人员太少。在边区没有失业的存在，任何人在这里不是担任工作便是从

事学习。只要他是忠实于革命事业的人，他在任何场合之下，都会有着工作。因此在最初一个时期（小学部除外），任何男人或女人、知识分子，甚至家庭妇女，谁也不愿意去到保育院，从事那整天烦琐而又繁重的工作。特别是从外边来到边区的知识分子的妇女，她们经过千山万水，一心要学革命理论，即使用着怎样的大道理，勉强说服了她们到保育院去工作，但一则因为她们本身没有具备保育的常识和实践的经验，同时又多是未婚的青年妇女，所以很难使之安心于这一个工作或对于这一工作发生自信心。由于边区一般民众生活改善了，也没有可能使边区的家庭妇女为了找寻生活抛开自己的家庭和子女到保育院去工作。所以在最初保育院难遵照总会的指示，不收携带儿童（尤其是婴儿）的工作人员，但因工作人员的恐慌，遂不得不使用一班因为自己有孩子而愿意到保育院服务的工作人员。结果，便在保育院的儿童中间，有了一小部分是保育员的孩子。这种保育工作人员的困难，经过中共中央妇委和边区许多机关以及首长们的宣传、解释、说服，从前待在大都市受过高等教育的妇女和娇生惯养的小姐，也竟有跑到保育院去做教师、保姆甚至伙夫的了；专修政治经济的大学生，做了保育院的工作人员；外国回来的留学生，做了保育事业；中国最有名的医院的主任医生、国立医院的护士长等，在深夜的清油灯下，为病儿检查大便、注射药水针，现在是屡见不鲜了。这个首要的困难，便从这些朋友同志的努力苦干之中，逐渐减少下去。

再次一个困难是：医药卫生人才及药品用具的缺乏。边区地处偏僻，交通阻隔，加上普遍的战争的影响，在这里西药的来源将濒于断绝的地步。这里过去一直没有专门的儿科医生，即较有经验的中医也不可得。边区保育院成立最初的几个月内，儿童的疾病率是相当的大，虽然出于负责保育工作同志的日夜辛劳和边区各医疗卫生机关多方援助，幸而未发生很坏的影响，婴儿的死亡率也不太大。这个令人焦虑的问题，到去年七月，也有了很大的转变。因为红十字会第十四队来延安工作，儿科专家的侯健〔建〕存大夫随队来延。经过保育会、保育院以及延安关心保育人士的请求，由于红十字总会对于保育事业的重视，由于侯大夫对边区儿童的同情，便接受了留居边区保育院工作的请求，并由该队捐助一部分医药卫生材料和器具，从此儿童的健康有了保障。经过侯大夫的热忱努力，据今年的统计，儿童疾病率已降至百分之五，死亡率则更少了，连百分之一都没有了。这是最值得兴奋的事情！

第三个较重大的困难，便是儿童营养品的缺乏。这里无法得到新鲜的牛乳，没有必要的蔬菜和水果，白糖缺乏，豆腐、豆浆市产不多。发育期的儿童，缺乏这些滋养不是很小的问题。结果经过全院工作人员的努力，尤其是侯大夫热切的指示，在计划着用羊乳来代替牛乳，四乡去收买蜂蜜来代替白糖，用烤馍片、红枣、花生、核桃等边区出产的东西来代替点心和水果，自己买豆来磨成豆浆和豆腐，用猪肝、菠菜、山芋、洋芋等做成菜浆或菜泥，来补足某些缺乏的滋养元素。今天，保育院可以自骄了。儿童的饮食，有点心、有水果、有豆浆、有鸡蛋，日食五餐，而且经过医生的计划和监制有一定的份〔分〕量，按着年龄、健康情形之不同，幼稚部、婴儿部、乳儿部、病儿等，分别食用。儿童食品计划表、儿童饮食制法说明（是在边区条件之下可能实行的），在今年"三八"妇女生活展览会上，博得了最大的赞美。儿童疾病的降低，儿童双颊的红润和体格的壮健，说明了对于这个困难的开始克服。

最后，还要提到一个最大的困难，就是经济困难。在全国范围来说，每名儿童的保育费由五元递增到八元，工作人员报酬的部份〔分〕增加，这已经是保育总会及其领导者，较之任何机关都是更能爱护儿童及工作人员的具体表现。然而由于边区物质条件的特别困难，所以增加了在经济上的过重的负担，它具体地表现在以下这些问题上：

第一，院址很少能够利用旧有房屋。保育院前因防空，由延安附近某处移至某处，重建新址，幸得保育总会的批准，给以经济上的帮助，故得完成任务。但因该处土质不好，经雨即易倒塌，经修理，不幸又遭去年雨季的浸蚀（连下一个月之久），窑洞便倒塌过半，幸赖全院工作人员之机警，大人、小孩得免于难，而自此院址已必须另作打算了。为一劳永逸计，曾又向总会求援另建新址，最近据云已得总会批准经费，将开始新址的建筑，然而边区木料异常缺乏（每丈已售价十五至二十元），人工亦因物质增长而提高，从前挖一土窑（连石灰门窗）不过三十多元，而现在同样窑洞则须〔需〕百元上下！

第二，边区交通不便，一切依靠人和驴马、大车等，购置日常用品每次要走七八十里至百余里的路程。因经济困难，保育院至今仅只有瘦毛驴两头、瞎马一匹，缺乏这环境中最得力的骡马大车，若非边区政府随时帮助，不仅搬家不成，即连粮食，有时亦甚难到口！

第三，保育院的工作人员，本想遵照总会所规定的薪资发给，即院长七十元，教职员每月二十元，股主任每月三十五元，工友每月六元，院长、教职员伙食津贴每月四元。但工作人员的伙食、衣着、生育、医药、图书、杂志、文化娱乐等，都由公家负责，因为在边区这种条件之下，非如此不可的，实际这种负担平均超过了每一个人实得的薪金数目，这种超过幸有边区政府按月补足（每月全院大小人员的粮食，都由边区政府发给），所以每月的超出，赖以维持而未影响到儿童生活，正因为如此，所以全体工作人员是自愿地领取一元五至五元的薪资。

第四，因为不能不收一些无法赡养的乳儿和婴儿，所以保育员也必须增多（如小学部）。固然一个保姆可以照管十多个至二十多个较大的孩子，但在幼稚婴儿部，一个保姆便不可能照顾这样多的儿童。所有这些，都是在阻碍保育院的工作，不能更大地收容前方难童，不能使保育院的设备较为完善，特别是经济的困难。

上述边区保育工作中的许多困难问题，为什么能够在开始就克服着呢？我想，不外下面几个原因：

第一，首先是由于中国妇女慰劳自卫抗战将士总会儿童保育总会宋理事长蒋夫人及全体理事，对于陕甘宁边区保育分会及保育院的无比信赖与赞扬，奠定了全体从事边区保育工作人员的勇气和自信心，激发了全体工作人员发奋前进、不怕一切困难、消灭一切困难的决心。

第二，中共中央妇委以及陕甘宁边区保育分会、边区政府及关心保育事业的诸位同人直接帮助和爱护的结果。这种帮助和爱护，不仅实际上解决了许多困难问题，而且在精神上给了从事保育工作的人员以鼓舞和信心。

第三，工作人员的热忱和自觉的努力的结果。边区保育院工作是相当艰苦的工作，由于这些工作者自觉地认为是在执行伟大的革命工作一部份〔分〕，因而能够任劳任怨毫无退心。

第四，由于国内、国际先进人士对于陕甘宁边区保育工作的关切和赞助。陕甘宁边区保育院自成立以后，常常受到各方面关切的人士的热爱和援助，以及各方面先进人士寄以的无限同情，督促和鼓舞了从事保育工作的人们，不敢稍为懈怠。

三、陕甘宁边区分会第一保育院的工作现状

边区保育院的前身是边区托儿所，自二十七年九月改组为陕甘宁边区分会第一保育院以来，迄今整整十八个月了。它已由几十名乳儿设备极为简陋的托儿所，壮大到收容了四百余名的儿童，并且规模相当完整的今天的保育院了。

保育院内部的组织，分小学部、幼稚部、婴儿部、乳儿部四个部分。

小学部最初成立时，不到一百名儿童，现在已经收容到二百七十九名，其中男生占百分之六十五，女生占百分之三十五。学级编制分为五个年级。一二年级为初年级，三年级为中年级，课程以国语一科占最要比重，其次是算术和常识（包括历史、地理、政治）；四五年级为高年级，课程仍以国语、算术占较重要的比重，此外政治课已脱离常识课范围，每周单独进行，内容包括抗战理论、三民主义及一般政治常识。

"为争取抗战胜利，建设独立、自由、幸福的新中国，培养有民族觉悟、民主思

想，有现代生活的知识技能，能担负抗战建国之任务的战士和建设者"是小学部的教育方针，亦即它的教育内容。因此，小学部的儿童除学习以外，还参加生产工作——开荒、种地、种菜、缝纫、编制等，而且无论在那〔哪〕一方面都有显著的成绩。

去年开荒土地十垧，收种糜子三担，种了三四亩地的菠菜、白菜、萝卜，此外还收种洋芋三千多斤，养猪十余口；女生的缝纫编织都有很好的成绩；同时，为了"节约"经费，全体学生（除低年级外）自己学会编制草鞋。生产所获剩余，儿童们在"自力更生"的口号之下，都拿来改善生活了。当然这种生产教育的进行，一方面是在不妨碍身体发育、不妨碍学习进步的原则下进行的；另一方面也是与学科如自然科、劳作科配合着进行的。

小学部儿童是在集体的、民主的生活中受着锻炼。他们有自己的军事组织，如儿童团。他们各自民主地选举自己的大、中、小队长，这种组织除了给予儿童以军事教育，练习紧张的、战斗的生活外，他们还有实际的任务：在校外是放防空哨、查路条，他们曾经破获过偷运烟土的案件；在校内则是维持学校秩序并帮助教员处理生活方面的各种问题。除以上的军事组织外，另外还有儿童的自治组织——学生会。通过这种儿童自己的组织，儿童练习参加社会活动，进行各种救亡工作、民众教育工作。比如：逢到各种纪念节日，儿童的宣传队便去到各乡镇进行宣传工作，识字、卫生、锄奸、入伍、防空防毒、放足、破除迷信等都是宣传的内容。此外，进行小先生工作，把附近居民组织识字小组或经常开办夜校等，由儿童自己来进行扫除文盲的工作。慰劳抗属也是儿童经常社会工作之一，他们经常地为抗属背柴、挑水、写信、扫地，为抗战服务。

幼稚部现有儿童六十四名，均为七岁以下、一岁半以上之儿童。在"生活即教育"这一原则之下，他们按照年龄分成甲乙两组，每日在室内上课三节或四节——六十分钟到九十分钟。甲组儿童准备升入小学部，除进行识字课外，多进行集体游戏、唱歌、讲故事、美术等启发儿童智力的活动。幼稚部有幼稚教师，另有生活保姆，照管儿童的生活、起居、饮食、睡眠。

婴儿部是三岁以下、断乳以后的儿童。有生活保姆照顾，主要地注意儿童健康的保证与智力的启发。婴儿部现有婴儿三十九名。

乳儿部多是未断乳的乳儿。乳儿部的儿童不仅因为他们是受难儿童中间最脆弱最易遭摧残而应该救济的一部分，还因为在边区的环境，收容乳儿有特别的需要。由下面的成分可以知道，如果这一部分民族后代的嫩芽，不由以"保育战时儿童"为宗旨的保育院来收容和救济，便只有眼睁睁地看他们受到摧残而遭毁灭了。但由于物质条件的限制，今天仍有许多为了安心赴前线杀敌，要求把儿童送交保育院的工作同志，不得不遭受保育会的拒绝，而使他们感到对保育院的失望！

乳儿部共有乳儿四十四名。其中的成分，大部分是战区流浪来的难民、灾民，或是母亲已经丧亡，或是母亲无法哺乳；一部分是贫困的抗属的子弟；另一部分是参加前线救亡工作而不能顾及自己孩子的母亲遗留下的乳儿。

乳儿部除本部外，另有四个分部：一是延安中国女子大学乳儿分部。女子大学教职学员，一部分是从战区或沦陷区流亡来延的，一部分是抗日军人家属，再一部分是以前在前方或大后方参加救亡工作的，这些差不多都是无家可归的人，为了学习或工作无法兼顾自己的孩子。一是延安难民工厂、抗属工业社乳儿分部，这两处的妇女为了生活条件的困苦，为了本身参加集体的生产工作，她们也是无法照顾自己的孩子的。另一处是蓝家坪乳儿分部，收容附近医院工作人员的乳儿以及父母患病而无法抚育的乳儿。乳儿部生活保姆每人负责三名至五名儿童。各分部乳儿，都附设在母亲附近，由母亲自己哺乳，由其父母所在之机关或学校扶助之。乳儿部本部则多用牛、羊乳代替母乳。乳儿部的教育主要着重健康保护和感官的训练的教育。

总计全保育院儿童共四百余名。它的成分，包含有从前方流浪来的难童、抗属子弟、救亡工作的干部子弟以及其他一部分从事保育工作者的子弟。由于战争的普遍性，虽然上面将儿童成分分了三个类，其实都是战时难童的成分。这些抗属子弟和干部子弟，都是离开了沦陷区或灾区，离开了已经沦丧或在作战或在参加救亡工作的父母的、孤苦伶仃来自四面八方的儿童。

儿童保育会陕甘宁边区分会未能更多地收容前方和战区的难童，原因为人力、物力的限制，加上交通异常不便，战争的变化及阻碍，致使目前未能达到这一任务。但据该会负责同志的报告，他们已与晋察冀、晋西北、冀中的妇女救亡团体取得密切联系，委托她们代为收容前线受难儿童。

保育院全院组织，按总会之规定：院长以下，分设教导、保育、总务三股，各股下设各科。同时为了责任专一起见，各部添设主任一名，以总各部之成。

四、陕甘宁边区保育工作的希望与祈求

第一，陕甘宁边区保育工作还只在萌芽期间，它与我们的期望、它与客观环境的要求相差还有很大距离。在这里，边区的保育工作者祈望着保育总会及各地保育工作同人经常给以宝贵的指示和工作经验的交换，希望全国关心边区保育工作的先进人士给以更多的援助和同情。

第二，医药、卫生用具、儿童读物、玩具及一切保育的参考材料的极端缺乏，是今天边区保育工作中的最大困难。在这里，边区的保育工作者，诚恳地愿请各界的先进人士，在这一方面多给以帮助。

第三，希望爱护国家后代的人士，尤其是具有伟大母爱的女同志们，积极地参加战时儿童保育工作。因为我们这代人的辛苦就是为了下代人的安宁，我们所从事的工作是需我们的儿女来接替的。我们妇女都是现在的或未来的母亲，我们不仅应当保育自己的儿女，而且应当保育大家的儿女，只有把我们的母爱推广为爱人类、爱后代，那才是伟大的。

我们相信，边区保育工作，一定会在革命同志的努力下得到更大的成绩！

【资料来源】

《中国妇女》第一卷第十、十一期合刊，1940年4月25日。

陕西省妇联编：《陕甘宁边区妇女运动文献资料》（续集），1985年，第169—177页。

21. 替孩子们控诉
——记第二保育院的孩子们被迫离开延安

第二保育院

一、"三天到五天以内，全部离开延安"

一九四六年十一月七日的下午，得悉蒋胡卖国贼匪军要进攻民主圣地的延安。这儿，一百三十六名从几个月到七岁的孩子，要"在三天到五天以内，全部离开延安"，转移到巩固的太行解放区！

这是十分沉重而又光荣的任务。男的女的、老的少的，白天黑夜，紧张而又镇定地忙碌着。准备驮孩子的木架床及孩子们在路上吃的饼子、挂面、糖、水果、米、面等，陆续一箱一箱地装好了。

十二号中午，孩子们便分为两队，先后离开了延安。临行，孩子们有的哭了，有的舍不得放下心爱的玩具。走出山沟口，孩子们还不断地向来路望去：那儿，是他们的乐园，有各种游戏设备，有成行的桃李，有红眼睛的小白兔……正当队伍路过延安飞机场的时候，美制蒋机不停地在孩子们队伍的上空盘旋——谁也明白它的卑鄙目的何在，但阻止不了我们前进！

二、三个半月的流动生活我们永远记得

蒋胡匪军逼着孩子们离开心爱的乐园，转移中，孩子们或驮在马上、毛驴上，或是坐在牛车、马车、骡车上。途中，怕翻车，怕牲口惊跳起来跌伤了孩子，工作人员虽然夜里为了照顾孩子不能很好地睡觉，但白天也仍是紧跟着牲口，寸步不离地看顾着；上坡下坡，总得提醒一下赶车或是赶牲口的老乡，以免意外；有时遇到崎岖而多雪泥的山地、悬崖陡壁或年久失修的小桥，就抱下孩子来走过险路。当翻越太岳解放区的岷山山脉的十八盘大山的时候，早听说那座山在夏天也曾冻死过人，保育员们便把孩子用棉被包好，背着，大家鼓着勇气，喝着烧酒，嚼着辣椒，还得赶天气稍暖的中午时分通过。

逐渐孩子们的生活、饮食不能按照原来的规定了。当通过同蒲路、汾河蒋阎罪魁的封锁线时，孩子们整天整夜吃不到一点东西，甚至一口开水！他们失掉了温软的架床而只能睡在简陋的土炕上，或是干脆就睡在地上，好多次都是分散地住在老百姓的空房里，有些还缺少门窗。

还有使人们永远忘不了的是：当队伍辗转在这艰苦的行程中的时候，美制蒋机又曾几次扫射我们的孩子。

一次是在陕甘宁边区绥德东三十里铺。在我们出发的第八天到达该地，刚下了牲口正准备给孩子们喝水的时候，蒋机竟凶狠地低飞扫射。全体工作人员，无分男女，在敌机的弹雨下面，不知道个人危险地在奔跑着，抢救孩子到附近山凹〔坳〕里隐蔽，保障了孩子们完全平安无恙！

第二次，是在我们离开延安三个整月的时候，在晋绥解放区的柳林市到离石城当中的李家湾村旁。一个四十来户的村子，有什么军事目标呢？除了装载孩子的九辆大车外，就是那座安详的村庄了。可是蒋机一样地肆虐。曾经在敌机的弹雨下考验过的男女工作人员，依然镇定而迅速地把孩子们抱到可以隐蔽的地方。但有一辆骡车，牲口被机声弹声所惊而暴跳起来，车翻了，睡在小木架床里的小汉援被翻到大车下面了。待人赶到抱起惊吓得已哭不出声来的小汉援时，真万幸！小木架床压碎了，孩子却未伤着。

第三次，是当队伍将达目的地，正南得了重病，由保育员肖桂英抱去太行解放区长治市医院诊疗，途中，竟又遭到蒋机的轰炸扫射。炸弹就落在她们身旁，黄土被翻掀起来，压在她们身上。市政府打来电话说："她们已在敌机轰炸时被炸死了。"可是在空袭警报解除后不久，肖桂英拖着有点浮肿的左腿，抱着活泼健康的小正南回来了！

三、全部胜利到达目的地

经过一千六百里的长途跋涉和三个半月漫长的时间，我们从一个家到了另一个家——太行解放区。不但孩子们和工作人员都平安健康，就连外国友人过去捐赠的一座磅秤和六十顶蚊帐，也在困难重重中，完好无缺地带到目的地。

在艰苦的旅程中的那些保育工作者，精神上是如此坚定、愉快！——他们是充满了革命者和母亲的心情，来照顾着我们这宝贵的、革命的、新的一代。

【资料来源】

全国民主妇女联合会筹备委员会编：《中国解放区的儿童》，新华书店，1949年，第23—26页。

第四部分 小学教育

　　延安时期的小学教育，是国民教育的重要组成部分。陕甘宁边区的小学教育密切结合革命斗争的实际，结合边区的实际情况，经历了曲折的发展道路。与社会教育密切结合，发展形式、类型多样化，特别是通过民办公助的方式发展农村小学，是延安时期小学教育的重要特色与创举。延安时期的小学教育，在扫除文盲，培养当地知识分子，促进边区政治、经济、文化发展方面做出了重要贡献。

　　本部分主要收录延安时期关于小学教育的条例、草案、指示、通告、批示等，内容涉及干部子女的教育、民办小学的发展、民办公助、增设私立学校、各小学发展状况等多方面内容。

1.小学教育制度暂行条例草案

第一章 基本原则

第一条 对于小学教育的建设不仅要根据一般的儿童的特点，尤其要根据目前国难时期儿童的特点，用客观的具体的分析来进行儿童教育。

【附注】儿童的主要特点：

（一）就中国的社会方面说：中国儿童第一是目前参加民族解放运动有力的一个助手，尤其是在文化教育阵线上表现特殊的作用。第二是破产的农村中解决家庭穷困上的附带劳动，尤其是樵牧和家中的什务成为儿童的中心工作。第三是革命胜利和新社会建设的主力，决定新社会的命运者。

（二）就一般的儿童身体的发育和知识能力发展上说：都是没有成熟的，迫切需要教育，尤其是在目前科学发展的世界，同时儿童虽参加生产和社会工作却比成人有更多的游离时间给他以学习。

第二条 儿童在或迟或早的时期是无产阶级社会的主人，目前应该一切儿童不分男女成分施以同等免费的教育，更要特别注意的是在历史上被排除在教育外的女儿和贫民子弟。

第三条 在集体的分工、合作、会议、批评中，吸收他人的新意见、新方法以发展每一个儿童的天才，同时每一个儿童在群众工作中加强他的纪律性和组织性。

第四条 读书和工作、校内和校外亲密联系着，使儿童一切活动都含有教育意义，使一切教育都是领导儿童的活动。

第五条 依照信教个人自由的原则，学校不得列入宗教科目和孔子的经学。

第二章 编制

第六条 目前的编制不过是一个基本的规定，同时要在各种不同的经济文化条件和民族革命战争的特殊环境中，在一定的基础上须有若干临时的变更和补充。

第七条 从满七岁至满十二岁为学龄，修业期间共计五年，分为前后两期。前期三年毕业，后期两年毕业，在特别条件下后期可缩减为一年，也可以延长一年。在前期必须修完最基本的课程，使之有升学和服务两种出路。后期采取半日、整日、冬学各种办法，以便教育正在服务的前期毕业生。毕业生的规定不是单纯地以时间决定，而是以课程完毕为标准得以提早或延期。

第八条 年长失学的儿童，在补习教育条例中另行规定。学龄前的儿童另设幼稚园，首先从都市开始。

第九条 儿童较多的都市以单式编制为主。儿童较少的乡村，以复式编制为主。在特别条件下可以两种并用。

第十条 每一年级的人数，前期不得少于十人，超过三十人；后期不得少于十人，超过四十人。

第十一条 分级的标准以年龄智力比较接近的为一级，不采取绝对的智力平等制，采取优劣混合制，以便优等生帮助劣等生，同时优等生也在帮助工作中得到学习的应用。

第十二条 每一学级分为若干学习小组，以小组为自动的学习单位，以便在集体生活中个人得到充实的活动机会。

第十三条 学校儿童的社会活动，须与儿童团取得亲密的联系，在某些儿童活动问题上，得与儿童团订立某种互助协定，使学校成为校外儿童活动的机关，同时使学校得到校外的生力军的帮助。

第十四条 一年分为两学期。第一学期从二月十六日起至七月十六日止，第二学期从八月十六日起至来年一月十六日止。在特别情形下可以提早或延迟，但假期总计不得超过两个月。乡村小学校在农忙时得酌量放忙假一两次，每次不得超过一周。

第十五条 纪念日休业除依照机关企业部队一般的规定外，学校特殊纪念日可以休业。

第十六条 小学校设立除政府设立外，群众团体或个人在不违背政府法令下也得设立。

第三章 课程

第十七条 为着学习时间的经济和思想科学化，一般课程的规定必须体系化，同时在儿童工作方面采用设计教学法，以破除体系中凝固的部分，以充分地配合抗日和民主的运动。

第十八条　校外的非书上的及其他一切没有列入课程中而有一般教育意义的和民族解放意义的活动，需在学校年历、月历、周历中编入，与有体系的课程有机地联系着。

第十九条　各科按年级的百分比如下表：

年级	科目							合计
	国语	算术	自然	社会	运动	唱歌	国画	
1	25	25	10	10	10	10	10	100
2	25	25	10	10	10	10	10	100
3	25	25	15	15	10	10	10	100
4	25	25	15	15	10	10	10	100
5	10	20	20	20	10	10	10	100
备考	读、作、写三项开始时并重，以后逐渐增加工作	思考、知识、技能并重，技能方面测量和计算并重	观察、实验、实习并重，而实验重要	社会工作和理论并重	体操、游戏、游泳、旅行及简单器械操	低年级重唱歌，高年级了解乐理	写书、作画、图案等并重	

第二十条　第一年级的自然和社会在国语中教学；二年级以下分科学习，同时在分科中需还有相互的联系。

第二十一条　各科的特点及教学方法另行规定。

第二十二条　每日教学时间规定如下：

一、课本的教室的学习平均每日不得超过三小时。

二、每日在教室内和教室外的游戏和工作平均不得超过四小时、少于二小时。

三、各科时间的规定按照第十九条的百分比大概估计。

第四章　教员

第二十三条　小学教员在地方上是文化政治水平较高的一员，帮助市乡政府工作，帮助一切文化教育工作，应该站在最前线；同时在工作中教育群众和自己。

第二十四条　小学教员及其家属的待遇除政府工作人员外另行优待和奖励。

第二十五条　实行年功加薪制，使小学教员得以献身于教育。

第五章

第二十六条　学生有权派代表参加学校管理会议和教学会议。

第二十七条　学生得以自己组织自己的团体（如抗日救国会之类），进行自己的工作。

第二十八条　学生应该在自己的组织领导下自动地进行群众的文化教育工作和其他社会工作。

第二十九条　学生有信仰的自由，有遵守他自己民族习惯的自由。

△五、六、七三个月的教育工作计划

Ⅰ. 组织方面

一、依照办事处组织纲要并斟酌目前需要的条件，健全各级教育部的组织，三月内各级一律完成，并于五月二十日以后六月一日以前报告中央办事处。

二、各级教育部建立巡视登记统计报告制度，六月内完全实现。第一步登记已入校的儿童和教员。登记表由中央教育部颁发。

三、中央教育部在五月下半月组织巡回教育团，在中央附近地方实习一月。六月下半月到各省工作。

Ⅱ. 学校及识字组的建立

一、陕北省的中心问题是恢复去年六月后停办的小学校，数量和质量并重。恢复的限度：在六月内数量达到二分之一，质量不得低于去年六月以前补习教育。首先，在省府所在地或附近县区开始数量质量并重。六月内是实验期，需要得到很具体的经验，七月以后发展到各县，数量质量的决定，在实验经过中制定具体办法。

二、陕甘宁省的中心问题，是择中心区域，建立新的学校和维持旧有的学校数量，大概在四校上下。在六月内开办教员训练班，五十人上下，中心科目是政治和新文字的学习。教育方面注意巡回教育方法。

Ⅲ. 教员训练问题

在暑假期间各省召集小学教员会议并进行实际批评。

【资料来源】

《新中华报》1937年5月23日第6版。

甘肃省社会科学院历史研究所编：《陕甘宁革命根据地史料选辑》第四辑，甘肃人民出版社，1985年，第20—25页。

2. 教育厅关于改进与发展小学的指示
——四月初至六月底工作计划

一、普通小学——改善质量和扩充数量

（一）改善质量的工作。边区的小学教育，在去年的下学期有相当的发展。学校数目增加了约二百处，学生数目增加了约三千名，连同原来的已有五处小学八千多名学生，在数量上是大的发展，质量上也有相当的成绩。但是个别县区的小学，有的念旧书，有的只有教员和四五个学生。因此我们今年要特别着重质量的改善，以改善质量为小学的中心一环，把扩充数量的工作围绕在这一环的周围去进行。我们提出几个工作：

1. 争取各地受训的教员都成为小学校的教员，不让一个站在教育工作外边。

2. 保证原来的小学一律开学，不让倒闭一处。

3. 除推动原有学生到校外，凡不足二十名的学校，在开学后，要努力动员扩大到二十名以上。

4. 统一教材。教厅的教材都编好了，国语第一、二两册已发下，三、四等册在四月底可以发下。各县在五月中一定要把不适用的教材停用，采用教厅出版的教材。

5. 建立统一的课程和作业，课程重心要和抗战联系起来。其他一般课目照旧。常识课可讲抗战形势、防空、防毒、统一战线等。体育可上儿童体育达到的军事动作，如打野外、行军、紧急集合。课外活动，应当尽量帮助抗战工作，如锄奸、放哨、查路条、帮助抗日军人家属担水、砍柴。

6. 改良教学法管理法等。要把教员在训练班内所学到的关于国防教育的理论，运用

到实践中去。

7. 学生少的学校，应当扩充和动员使其逐渐充实起来，在原则上反对合并学校增加学生的办法，为了质量而减少数量。在过去的经验中证明，一合并之后，学生仍然不能增加，反而学校减少。

（二）扩充数量的工作。虽然边区小学有大的发展，但因过去文化的落后，失学儿童在百分之八十以上，而且地阔人稀，每校学生数量平均不到二十人。故本厅前已通令各县，今年上半年全边区应增设二百四十处小学，增加八千名以上的学生，迄今已三个月了。今年上半年只有三个月了，各县进行情形，尚未报告，本厅因此将增设二百四十处小学的工作重新布置，以求实现。

（三）今年上半年三个月前工作没有进展的原因：

1. 各地教员受训延缓了开学日期。

2. 因为紧急抗战动员工作的关系，各县教育工作的同志放松了这个工作，同时个别地区群众也不愿意送儿童到学校中去。

3. 冬学结束工作没有和小学开学工作连〔联〕系进行，放松了这一工作。这是主要原因。

（四）最近要做的几件工作：

1. 即日督促受训的和未受训的教员开学。

2. 教育行政干部，无论配合抗战动员的何项工作，不要放松本身自己的任务——教育工作，要联系进行，不要忘却自己的责任，不要放弃了对群众的解释。

3. 教厅增加二百四十处小学的计划，主要的是根据冬学的基础，我们要用全副力量保证并发扬这个成绩，完成增加小学的计划。

（五）各地应完成的数目字：

直属县以每校二十名学生为原则，庆环分区以十五名为原则，三边分区以二十名为原则，关中分区以三十名为原则，神木以二十名为原则。

（六）加强经常工作的制度：

1. 抓紧领导，详细布置工作，切实检查工作，定期巡视、按时做报告等作风，把它更加加强起来。过去各县对于这些工作，一般进行得都很好，近来有些县的第三科报告很少，我们今后应建立上下级经常的工作关系，对于工作是有利益的。

2. 各学校和区乡一月要给县上报告两次，县一月要给教厅一个有系统的报告，半月一次工作通讯，一定要在这三个月中间加强报告制度。

3. 巡视工作也要注意，各县在这三个月中间要巡视各小学三次或两次，把每个小学的实际内容尽量地反映上来。

4. 工作计划

（1）各个县一月做一个计划，要在前一个月十五号以前寄教厅。

（2）各分区三个月做一个计划，愈快愈好寄教厅。

（3）工作计划，根据以上教厅决定的原则，细心估计当地的条件，把计划具体化；一定要在可能条件下计划，不要过高，不要简单。我们的规定有不适合当地情形的，可删去，在使工作前进的原则下灵活运用。

（七）分配数目字时要注意到没有学校的地方，困难多的地区我们要设法建立学校，不要使学校的发展过于不平衡。同时要注意到地区情形、人口、文化、干部等实际情况，反对机械的平均摊派办法。教厅前次分配数目字时，是根据各县的报告，原则地提出，当然不能完全符合各地情形。在今天的情况下，我们认为有些地区是可以完成的，有些地方只可作为努力的标准，估计有些过高，各县三科长及专员都有伸缩的权利。

二、开办高级小学

（一）数目的分配：三边分区二，庆环分区二，关中分区四，直属县六，共十四处。我们要保证这个计划的实现。

（二）经费：

1. 竭力筹措基金。固临可筹六七百元，庆环分区已筹到一百二十元。但必须照基金保管办法去生息。安定在冬学运动中节余洋六十元，靖边已筹得九十元，已准备做修理费用，但必须节省。同时不适规定之修理费，最好根据教厅通令（十元至十五元）去修理。如有用过的，则教厅即不负修理费之责任。这种原则应当保持，方才适合抗战时期经费的处理。

2. 开办费——十元至十五元。校长教员待遇同初小教员在原则上是一样的。学生用费自备，如有特殊情形，由教厅拨。校长教员等，每月文具灯油暂定一元五毛。

（三）地址、设备——地址原则上决定利用旧校址公家的房屋，不许建筑和大量修理。设备力求简朴，以借用群众的为原则。关于非用不可，在教学用具如黑板等之开办费内支配。

（四）校长和教员——校长是当地的，在群众中有威信的为最好。教员要有相当程度的，不论当地的外来的都可以。

（五）课程和教材——课目为：国语、算术、政治、自然、史地、唱歌、体育。课程教材已大部编好，在四月底可以印好发下。因为印刷纸张困难，因此不能赶上急需。

教材到前，由教员选择材料自行解决。

（六）学生——

1. 程度要初小毕业或有同等学力者。年龄在十岁以上二十岁以下。

2. 学生要有二十名以上者可以开办高小。如暂时不足二十名，有十七八名，将来有动员到二十名以上的保证，亦可开学。不要机械运用，有了十九人还不许开学。

3. 如只能动员十人以上十五人以下的学生，可以附设高级班，成立模范小学，以备下半年转变高校，或在一两月以后转变高校。

（七）结论——关于建立高校的工作，现已知道：

1. 直属县、延川、固临、延安、安定四县有保证；

2. 关中赤水县已开学；

3. 庆环、环县、曲子筹备就绪；

4. 三边、定边、靖边也有保证。

十四处高校，九处有了保证，其他五处谅已进行工作，只是没有得到报告。如果各县负责教育工作的同志，再来个努力的动员，完成十四处高级小学是有保障的。

三

关于小学教育的工作，现在已经是四月三号了，各地原有的小学开学的还不到三分之二，因此在后三个月中，一定要抓紧这个工作。这个指示，是我们检查了前三个月的工作所得到的教训，希望切实参照执行。

四

到上月底，教厅一定要派员到各地检查执行的程度，如果有先进的县，能够像照金冬学工作中提出挑战办法，订立竞赛，造成一个热烈的改进小学、建立高校的运动，在实际工作中回答教厅的这个指示，我们是万分地欢迎并期待着。

【资料来源】

《新中华报》1938年4月25日第2版。

甘肃省社会科学院历史研究所编：《陕甘宁革命根据地史料选辑》第四辑，甘肃人民出版社，1985年，第61—65页。

3. 陕甘宁边区抗战时期小学应该注意的几个工作的通告

当此抗战时期，尤其是敌人逼近边区，边区将成为直接抗战区域的形势下，我们的小学校也应该配合着抗战动员，适应着战时的环境和需要，更具体更紧张地把应教的课、应做的工作推动起来，这样才能和群众的抗战运动与儿童的战时活动取得密切的联系，使国防教育在任何环境下可以继续发展，不致受丝毫的妨碍，因此就决定了以下的几个工作。

（一）学校军事化：除加强日常游戏体操外，要实习游击战术。在陕北过去游击时代，曾运用过这样办法，很有效果。第一，要行动军事化。就是在上课时不一定采取课室形式，可以在山野中随时随地上课。学生的文具用品经常随身携带，一遇警变立即移动；教员授课不要黑板，以石板代替，所有日用教具由教员自己携带。所谓露天学校，这种办法虽很简单，但最适用于战时环境。第二，要锻炼爬山野战。就是每天爬山一次，学习山战的简单办法，使学生在某种环境下，可以配合游击队行动。第三，团体纪律。就是要照军队班排的编制来组织学生，在行动上和少先队取得一致、取得联络，养成儿童团体生活的习惯，并能遵守一定的军事纪律，使成为有训练有纪律的儿童组织。教员要负一切指导的责任。第四，要教学劳动化。就是要学会做侦探传消息、做慰劳等的劳动工作，使学生成为战时很有作用的小部队，同时要使学生养成吃苦耐劳的习惯和克服困难的能力。

能根据以上的办法去做，才能应付战时的环境。但这样做法，对某些落后地方的群众一定会引起他们的怀疑，须深入解释，使他们了解战时的准备应该这样，同时要保证学生的不散漫，在任何环境下团结如故。

（二）课程重心的转移：首先应该注意到统一战线和抗战政治的教育，使学生对抗战的形势和抗战的工作有简单的了解；当然其他一般的科目，还是照常去教。其次就是防空防毒、反汉奸托匪等，因为这是目前迫切需要的常识，假使不注意到这些科目，就不能应付战时环境。这些教材除教育厅供给一部分外，可向冬学及政府机关去找，应认为是最重要的科目，同时须在最短时间内教完，使他们具有战时的常识。

（三）课外的活动：在过去已有这种规定，但执行得非常不够。在抗战紧张时期，课外活动更须提到最高度。第一，小学应积极参加每个抗战动员工作的布置（如目前的反托匪除〔锄〕奸工作及战时的春耕动员）。特别是战争形势的报告，小学应负很大责任，利用早晚农民休息时间去报告（如读报等），必须使学校周围的村庄都了解目前抗战形势。第二，每个小学除学生参加当地少先队外，教员应该做自卫军少先队的文化政治教员，经常地去给他们教字或政治课，以提高战时民众的文化政治水平。第三，群众教育，运用小先生的办法，领导附近的群众识字工作，并实行每周检查，以提高农民的识字热忱。第四，每礼拜六，全体学生要实行优待抗属，以慰劳他们。第五，学校应负动员春耕配备的责任，同时每校亦可种瓜菜一二垧，以解决教师和学生的生活问题。总之，要把课外活动的工作更紧张起来，以配合抗战动员。

边区教育厅
一九三八年三月六日

【资料来源】

教育科学研究所筹备处编：《老解放区教育资料选编》，人民教育出版社，1959年，第117—118页。

4. 中央关于积极参加国民党区的小学教育与社会教育的指示

（1940年2月18日）

一、近十年来特别自统一战线成立以后，国民党积极推行其教育政策，其基本内容如下：

（一）教育的"最高原则"是一个党一个主义。

（二）把"管、养、卫、教"的"建国政策"运用到教育方面来，确定"政教合一"（"管之教"）、"建教合一"（"养之教"）、"文武合一"（"卫之教"）的基本方针。所谓"管之教"，即是孔子的伦理教育（忠孝仁爱信义和平八德与礼义廉耻四维）。所谓"养之教"，即生产劳动的与生产技术的教育。所谓"卫之教"，即军事训练。总结地说，这是一种半封建半殖民地专制主义的教育政策。

（三）以学制的划一、课程教材的划一、人事的统治、经费的限制，以及导师制度、军事管理制度等等办法来实现上面的"最高原则"与基本方针。

二、国民党正在把上述教育政策厉行到小学教育与社会教育方面来，并已采用和推行以下的办法：

（一）小学校注重乡土教育，童子军制，并采用中央教育部所编制（正在编制中）的统一的教材。

（二）实行政教合一的乡保小学制。每保一个国民小学，保长兼小学校长；乡建中心小学，校长由乡长兼任。

（三）小学教师必须是国民党员或强迫加入国民党。实行小学教师"受训"制度，实行督学制度。

（四）推行社会教育（即民众教育），以识字教育、道德教育（"管之教"）与军事训练为主要目标，并使保长兼壮丁队长。

（五）使小学教育、社会教育、家庭教育密切联系和打通起来而以小学校为中心。

三、国民党对小学教育与社会教育的统治办法，由于它的统治力量与我们党的组织在这方面注意得不够与工作薄弱，已经达到了部分的目的。

但是，也由于以下的原因，国民党的教育政策不容易实现和不能完全实现。

第一，国民党缺乏下层组织，对下层行政机构（保甲）还不能完全统治。

第二，小学教师的生活极其艰苦，特别在抗战时期中，国民党的忠实信徒不肯干这种苦事，因此小学教师不能"清一色"。

第三，抗战的影响与共产党八路军的影响，小学教师的觉悟程度增高，他们不满意于国民党的统治办法，不满于强迫入党与强迫受训的办法。

第四，许多比较先进的青年到民间去，到农村去，从事抗战动员与文化教育的活动，国民党不能完全统治我〔他〕们，特别在战区，国民党还不能不利用他们。

第五，在战区的民众不愿接受国民党的教育。

第六，有许多在教育界有历史有地位而又比较前进的教育派系，如生活教育社派、平民教育促进会派、中华职业教育社派、乡村教育派等等，其中有一些比较先进的干部，在各地从事于小学教育与民众教育的活动，国民党还不能完全排斥他们。

这些条件使得国民党的教育政策不容易实现，使得我党有参加进去活动的绝大可能。

四、各级党的组织特别是县区委，必须认识小学教育与社会教育是密切和巩固党与群众联系的关键之一，重视这方面的工作，并且积极参加进去。为此必须注意下列各点。

（一）无论在小学教育（或社会教育）方面，必须利用国民党所规定的形式，否则就不能参加进去。

（二）努力争取小学教师和小学教师的位置，因为小学教师是小学教育、壮丁教育、社会教育与家庭教育的主要环节，为此目的须选择一些适宜而且可能当小学教师的党员，使之固定在小学教育的战线上，同时努力去接近和争取小学教师中的同情分子在党的周围。他们应当去参加国民党所办的小学教师训练班，在不得已时可以加入国民党（党员须在党的许可下）。

（三）争取在农村中活动的青年和回乡学生，帮助他们利用国民党的形式从事社会的小学的教育。

（四）与国民党的进步分子与地方上有正义感的绅士与一切非国民党的教育派系，在这方面建立共同合作的统一战线，联合最大多数，向教育界的顽固分子做斗争。

（五）所有参加小学教育和社会教育的党员和同情分子，地方党的组织须从各方面帮助他们能够长期地工作，不被发现革职或驱逐，他们自己必须忠于职守，必须善于联络地方绅士，必须善于应付联保主任与保甲长，必须与民众及学生家庭建立亲切的关系（但不是领导他们做公开的斗争），取得在当地各界各阶层中深厚的信仰。

（六）县区委经过党的支部与党所领导和影响下的群众团体，启发群众和绅士等倡办小学教育与社会教育事业。

（七）动员党员参加夜学、补习学校和冬学等，以提高自己的文化水平。

五、各级党的组织应经常研究国民党的教育政策及其实施情况，而适时地提出自己的对策。应该经过各种刊物对国民党的教育政策实行适当的批评与提出自己的教育主张。

中央书记处
一九四〇年二月十八日

【资料来源】

中央档案馆编：《中共中央文件选集》第十二册（一九三九——一九四〇），中共中央党校出版社，1991年，第305—309页。

5. 干部子女入保育院小学暂行方法

（1940年6月1日）

一、各机关学校部队团体之干部之子女入保育院小学者，须依照本办法办理。

二、保育院小学收受学生，仅限于下列儿童：

1. 中央一级机关及直属机关、团体、学校之干部子女。

2. 边区一级党政机关及直属各机关、团体、学校之干部子女。

3. 八路军、新四军、后方留守兵团及所属之干部子女。

4. 从边区以外来的干部子女。

5. 革命遗属子女。

三、县一级干部子女可就近入当地之小学，并得《普及教育暂行条例》第五条之优待办法，酌量优待之。

四、县级干部如因调换工作到边区一级，要求子女入保育院小学时，须事先经其上级机关批准，而商得教育厅同意后才得转学，否则不收。

五、年令〔龄〕规定：

1. 初读生六岁到十二岁。

2. 插班生最大不得超过十五岁。

六、介绍手续。各干部子女入保育院小学，必须依系统经下列手续介绍到教育厅，经审查后转介绍之：

1. 中央一级机关及直属机关、团体、学校，须经中央组织部之介绍。

2．边区一级党政机关及直属机关、团体、学校，须经边委组织部或边区政府各厅处主管首长之介绍。

3．八路军、新四军、后方留守兵团及所属部队，须经总政治部或后方政治部之介绍。

4．由外面来之干部子女依其情形分别按上列系统介绍之。

5．各机关负责首长介绍必须签名盖章。

6．经医生检查有重大传染病者不收。

七、介绍入学时期：

1．凡家住边区内之干部子女，须在开学初介绍。春季开学在二月初至三月底止，秋季开学在八月初至九月底为收生时期。

2．外来干部子女及有特殊情形者，酌量变通处理之。

八、入学准备，凡干部子女入学须准备以下各物：

1．必需之被褥。

2．个人用之碗、茶缸、手巾等必需品。

九、既入学之干部子女，不得自由离校，于寒假暑假时可由其家长领回。

十、本办法自公布之日起施行。

【资料来源】

中央教育科学研究所编：《老解放区教育资料》二《抗日战争时期》下册，教育科学出版社，1986年，第316—317页。

6. 中央宣传部关于各抗日根据地内小学教育的指示

（1940年11月15日）

研究了华北各抗日根据地及华中个别地区内小学教育的材料以后，中宣部向这些地区的党和党领导的政府提示以下的意见：

一、一方面由于抗战建国需要广泛地提高国民的文化水平与政治觉悟，又一方面由于需要战胜过去地主资产阶级专制主义在小学教育中的传统，我党应当积极进行普及的新民主主义的国民教育。各根据地党和政府的领导机关，必须把建设新民主主义的小学教育事业提到重要的地位上来，并注意纠正克服党内轻视或忽视国民教育的倾向，指导督促县区乡各级党组织、政府机关以及群众团体（尤其是青年团体）把地方教育事业当作自己的中心工作之一，实际地积极地参加小学教育的建设。

二、我们的民主是统一战线的民主，国民教育更是不分阶级的，但必须估计到广大农村中存在着广大贫苦的失学儿童与失学青年，他们没有足够财力和足够的时间用在教育方面，从而我们小学教育应当包括这广大失学和半失学的儿童与青年，对于他们入学的年龄需要从宽，并在实际上解决他们入学的物质困难。政府的教育经费要多用在经济落后文化落后的区域，不要机械地平均分配。文化先进尤其是经济发达的地方，应当发动当地自筹经费自立学校，尤其要发动和奖励私人和私人集团设立地方性的私立学校，以减少目前政府的负担，同时也可希望将国民教育逐渐普及及提到同一水平。在不违反政府基本法令的条件下，对于教会学校亦应利用之。

三、估计到抗战时期的政治经济条件，小学教育的年限不可提得太高，暂时以采用三二制或四二制为宜，即初小三年高小二年或初小四年高小二年。初小为义务教育，以政治动员及政府法令配合进行之。每学年分二学期，每学期修业以二十周为标准，延长或缩短以一周为限。

四、关于小学课程，这里只提出一般的原则（另将陕甘宁边区采用的课程标准寄作参考）。

（一）课程的内容应包含初级普通教育所必需的关于自然、社会、劳作之知识、技能及学习方法。

（二）初级小学的课程以国语（常识在内）、算术、唱歌、运动为必修科目。国语以（一）项所规定的自然、社会及劳作为主要内容。

（三）高级小学的课程以国语、公民常识、算术、自然、史地、唱歌、运动为主要科目，辅以时事政治的教育。公民常识以根据地建设为主要内容，自然包含生产及卫生知识，运动包含半军事的教育。

（四）教科书原则上应重新编辑，但来不及时，可利用已有教科书改造补充之。无论初小和高小教科书的取材，必须尽量采取乡土材料，但亦不是束缚在乡土范围，而是由近及远，并注意使之科学化。

五、在教学方面应注意以下的原则：

（一）教学的东西，务需〔须〕少而精，切合实际应用，不能课予儿童以过重的负担。

（二）要注意提倡儿童的创造性，要使学生自学的活动时间与教师教授时间适当地配合，随学随练习随发表，不得有所偏重，尤其不得偏重教授而忽视练习和发表。

（三）低年生每周教学时间以十八小时至二十小时为限，高年生以二十小时至二十四小时为限，课后散步、游戏不在此内。

六、关于小学的训育工作，须注意以下各项：

（一）在学校内实行儿童自治，自治的形式可采用学生会或俱乐部，纪律由学生自定，以培养集体主义精神与民主主义作风。教师对于学生自治只居指导地位。

（二）参加必要的校外活动，使学校与社会打成一片。这种活动以有利于儿童教育与社会事业为标准。抗战宣传、经济建设与文化教育工作等都可参加，尤以文化教育工作方面为最适宜。

（三）严格禁止对儿童采用恐怖的惩罚或体罚。

七、各地小学师资多感数量不够、质量太差，解决办法应当从以下各方面着手：

（一）争取和改造已有的师资。过去遗留下来的成万的小学教员，虽然是旧时的师资，并且许多加入过国民党（多是被迫的），但他们都是乡村中知名的"老师"，同群众有密切联系,我们必须尽量地争取他们改造他们,使他们继续为小学教育服务。改造办法经过假期教师讲习班、教师联合会、教学工作的辅导检讨及吸引他们参加一般政治活动等等方法进行之。

(二)培养训练新的师资。在各根据地内办理初级师范学校。师资修业期限暂时可规定为一年。但可设两种班次:第一种班次招收高小毕业及与高小毕业有同等程度的学生,以培养初小师资;第二种班次招收初中毕业及相当于初中毕业程度的学生,以培养高小师资。其学科依据教育目的及学生程度规定之。

师范学校须附设讲习班,作为现任小学教师轮流讲习之用。

(三)师范学校或讲习班应以研究、编辑小学课程教材为中心课目之一,其结果供给各小学校做参考。在没有完善的教科书以前,教育机关更应充分利用这一方式作为解决教材的重要办法。

(四)可能时由高级教育机关出版教育刊物作为研究教育理论,交换教育经验及从思想上政治上改造与提高师资之用。

(五)动员民众优待小学教师,政府奖励优良小学教师并提高良好教师的政治社会地位。

一九四〇年十一月十五日

【资料来源】

《共产党人》第十四期,1941年1月20日。

中央档案馆编:《中共中央文件选集》第十二册(一九三九——一九四〇),中共中央党校出版社,1991年,第563—567页。

7. 陕甘宁边区政府指示信
——关于提倡研究范例及试行民办小学

〔指字第51号〕

（1944年4月18日）

各专员、县长：

过去边区小学教育，比较革命以前，是有了很大的进步，但，还从旧教育里面遗留下许多缺点，特别是在教育方针不能完全适合边区社会和群众的需要。

首先，在教育内容方面，它不拿边区人民实际生活中的经验与问题来教育学生，相反的是拿了繁杂的非农村所迫切必需的课程来作为教授内容。结果，叫学生脱离生产、脱离家庭，学生回到家里，不能"照顾门户"，完小毕业后，即有轻视劳动、不愿务农的心理；女生进了完小，就有家庭不和、闹离婚等现象。其影响所及，妨碍群众生产发展，破坏家庭关系，对于当前边区生产建设的要求是相矛盾的。因此，很多地方群众，不愿送子弟入学，使普及教育消灭文盲的工作受到很大的限制。这些事实，经过去年整风以来，渐渐被各级政府及干部所认识。在个别地方，教育方针、教育内容开始有了新的转变，如绥德分区提出"学校和劳动、社会、政府、家庭结合"的方针，并已开始向着新的方向有所改革。其他地区，个别学校，从去秋以来，也开始注意到教育内容与生产和家庭相结合，如延市完小，从去年下半年起，四年级以上学生添教记账法、写信、写路条、写契约、珠算，并提倡学生写字；注意劳动，鼓励学生回家后帮助家庭工作；有礼貌，孝敬父母；春节时闹了秧歌，参加了延市防疫宣传。这一切都得到了初步的成绩，取得了群众的赞扬，今春延市群众均纷纷送子弟入学，改变了过去对学校的态度。又如延安县最近教师联席会上，也提出"生产和教育结合"的方针；鄜县第一完小、子长第一完小，均提出了一定的生产任务，使生产和教育结合；其他地方也有同类现象。这一切说明了边区小学教育已向新的方向转变，这是非常可喜的现象。从这里，我们又得到一个证明：只要我们想到群众，为群众打算，适合群众的需要，我们的学校就可以办得好，群众也就一定欢迎我们的学校。自然，在今天，我们这样的转变，还没有普遍，并且仅仅是开始。

其次，在学校形式方面，过去边区的小学也是不适合边区群众需要的。因为抄袭旧的一套制度、课程，学校很难普遍设立，一个乡甚至一个区以上才有一所学校；多数学生都要离家住校，既不能参加家庭的生产，还要加重家庭的经济负担；又因学校的活动家庭不得而知，年限久长，更造成了家长们很大的怀疑，以为儿童一进了学校，就变成了"公家人"。这样，大多数的家庭就不愿或不能送儿童入学，大大限制了边区教育的普及。加以我们的教师程度也不够高，对于农村的群众缺少联系，县、区政府也缺乏经常的领导。所以，我们的学校很不容易办好。我们只知道政府来办学校，而不知道真正发动群众的力量，根据群众的意志，来办群众自己的学校，由群众来决定学校的形式与内容。过去也有个别地方有民办小学，但，那里的政府常常给以限制，或者听其自流，不加以指导。现在，我们应该来一个大的转变，把大多数的甚至全部的小学交给地方群众自己办，政府则在物质上予以补助，在方针上加以指导。在这个方针之下，将来应做到每村都有一个民办的村学，在村学的协助下来办冬学、夜学、识字组，以达消灭全边区文盲之目的。这种新形式的民办公助的小学，在今年的延市、延安县，已经开始出现了，它们已经创造了许多宝贵的经验，我们应该加以发扬。

各级政府应该注意所属小学教育的改革，提倡研究各地范例，奖励优良学校、教师，发现教育英雄，搜集材料，总结经验，并将这些材料提供今年下半年准备召开的国民教育会议，以期制定彻底改革的方案，于明春普遍地实行。此外，应本着民办公助的方针，提倡人民自办小学，每县至少试办一处，并将现有公办小学逐渐转变为民办小学，这是今年上半年各级政府对于国民教育应严加注意之点。关于民办公助的方针，还提出以下几点说明：

（一）民办小学的形式与这一方针执行的步骤，一般按各地具体情况决定，不求一律。目前各地人民要求开办小学甚多，据已有的事实，新开办的有完全民办，有公私合作的。一般普小，人民如要求改为民办，而群众确有能力接办时，应即改为民办，逐渐达到自中心小学以下均归民办。

（二）关于民办小学的学制、教育内容等，应尊重群众的意见，按群众自己的需要，学制的长短、上课时间（是整天或半天，一年上几个月的课）均不求一律。课程科目可同意群众的要求，废除暂时不急需的科目，如群众只要教识字、写字、珠算，不教其他的东西，也可以允许（在原则上我们希望还能教些乡村日常生活上学生可以接触到的政治生产知识）。教材如群众不愿意用我们的课本，而要求教《百家姓》、"杂字"等书，我们可以和他们商量，并代他们编写旧形式新内容的东西（教厅拟专为这类学校编出新课本）。但是，过于陈腐的东西，则应告诉群众：这些娃儿学不得，学了在今日也无用处。教师也可以让群众聘请他们最信任的人，只要是好人，年纪大些也无妨，政府则应给以指导和帮助；群众要求我们代聘教师，我们可以介绍人给他们。其他如学生名额不必加限制，十个八个都可以；最近有的县政府提出要上三十名额及一定的设备，才允许人民办学，那是不适当的。在校址选择、经费、教员待遇等等，完全可以让群众去决定。

（三）民办不能和公助分离，不能听其自流，以为这样可以减轻我们的责任，恰恰相反，我们更要加强领导。在开始民办时，县一级更要多加注意，要有人经常负责督促、检查、帮助，随时解决群众的困难，纠正不应有的偏向；但直接的切实的领导要逐渐责成区长、乡长。今后检查民办小学，应是区长、乡长行政工作之一部分，县一级的总其成。这样，民办小学才能办好，并有发展。区、乡干部过去对于教育素不过问的现象，必须加以纠正。在民办公助方针实行之前，各专署、县政府首应在财务会议上详细讨论，并召集区、乡干部开会，讨论本指示，并将这一指示传达下去，务使每一干部彻底了解，以达到今后各地小学教育有彻底转变。

此致
敬礼！

主　　席　林伯渠
副主席　李鼎铭
厅　　长　柳　湜
副厅长　贺连城

【资料来源】

《陕甘宁边区政策条例汇集》续集，1944年，第248—252页。

甘肃省社会科学院历史研究室编：《陕甘宁革命根据地史料选辑》第一辑，甘肃人民出版社，1981年，第438—441页。

陕西省档案馆、陕西省社会科学院合编：《陕甘宁边区政府文件选编》第八辑，档案出版社，1988年，第133—136页。

8. 陇东分区小学教育概况

（1945年）

一、各县小学教育情况[①]

（一）镇原县

1. 镇原县的小学情形，根据一九四五年上学期镇原县政府给专署报告，将该县小学数目及学生数目列表如下：

学校类别	校数	学生 半年级	一年级	二年级	三年级	四年级	五年级	合计
完小	1	4	47	20	16	20	20	127
民小	4	16	71	23	14			124
女小	1	19						19
回小	1	10	4	5	3			22
私学	68	209	512	258	78			1057
合计	75	258	634	306	111	20	20	1349

2. 教师质量统计：

程度	高中师范班毕业生	高中肄业	初中毕业	高小毕业	短期毕业	国语毕业	初小毕业	念书 13年	念书 5年	合计
人数	1	1	5	14	1	3	3	1	1	30

[①] 部分统计数据疑有误，原文如此。

（二）庆阳县

1. 全县学校学生数目统计，根据一九五四年上学期庆阳县政府给专署的报告统计如下：

项目		校别			合计
		完小	公立初小	民办初小	
校数	去年原有数	2	8	45	55
	增加数			22	22
	减少数		1		1
	现有数	2	7	67	76
学生数	去年原有数	251	247	614	1112
	新增加数	29	72	319	420
	退学数	62	83		145
	现有数	218	236	933	1387

2. 完小学生情形，依据上述报告统计如次：

项目		各年级人数									总计		
		一年级		二年级		三年级		四年级		五年级				
		男	女	男	女	男	女	男	女	男	女	男	女	合计
第一完小	原有	85	20	13	6	14	5	13	10	4		129	41	170
	退学													
	毕业									3		3		3
	现有	57	21	32	6	11	5	9	2	9	4	120	38	158
第二完小	原有	33	5	10	1	14		10		8		75	6	81
	退学	3		2				3		1		9		9
	毕业									8		8		8
	现有	39	3	23	2	17	1	17		8		104	6	110
合计	原有	118	25	23	7	28	5	23	10	12		204	47	251
	退学													51
	毕业									11		11		11
	现有	98	24	55	8	28	6	16	2	17	4	224	44	268

3．公立初小情形：

学校	各年级人数									合计		
	一年级			二年级			三年级					
	原有	退学	现有	原有	退学	现有	原有	退学	现有	原有	退学	现有
庆市初小	35	4	57	13	4	3	8	6	2	56	14	62
赤城初小	23	9	20	6	2	4	2		2	31	11	26
太乐堡初小	20	16	10	4	8	8	4	0	8	32	16	26
安家寺初小			32			12			5			49

续表

学校	各年级人数									合计		
	一年级			二年级			三年级			原有	退学	现有
	原有	退学	现有	原有	退学	现有	原有	退学	现有			
樊家川初小	21	2	19	5		6	1		5	27	2	30
三十里铺初小	12		12	3		3	8	0	6	23		31
高楼初小	17	7	15	11	4	7	3		3	31	14	22

4. 民办小学情形：

		高迎区	庆市	新堡	驿马关	桐川	三十里铺	赤城	共计
去年后季	校数	5	4	4	9	12	2	9	45
	人数	80	54	51	174	111	29	115	614
今年前季	校数	8	5	6	14	13	7	14	67
	人数	110	56	54	244	157	74	238	933
增加	校数	3	1	2	5	1	5	5	22
	人数	30	2	3	70	46	45	123	319

5. 民办小学教员统计（年龄）：

年龄	18—19	22—25	26—35	36—50	51—60	61—70	71	合计
人数	2	10	6	9	3	6	1	37

（三）合水县

1. 公立学校情形：

（1）完小、初小合为：

校别	校数	学生数				
		一年级	二年级	三年级	四年级	合计
完小	1	142	59	44	30	275
初小	未计					

（2）完小、初小分开计：

校别	各年级人数				合计
	一年级	二年级	三年级	四年级	
完小	53		44	30	127
初小	148				148
合计	201		44	30	275

2．民办小学情形：

地区	校数			学生数		
	原有	新增	现有	原有	新增	现有
城区	6	1	7	38	40	78
西华池区	6	5	11	81	158	239
店子区	7	1	8	58	69	127
哨咀区	6	2	8	90	69	159
磐马区	4	2	6	56	73	129
共计	29	11	40	323	409	732

（四）环县

1．全县学校增减情形：

		环城	洪德	耿湾	虎洞	车道	毛井	甜水	共计
去年	完小	1							1
	普小	1	1	1	1	1	1		6
	民小	1	1						2
	私学	2	1	2	3		2	2	12
今年	完小	1							1
	普小	1	1						3
	民小	2	1	1	1	4	1	1	11
	私学		4	4	4	1	3	4	20

2．全县学生数：

	完小										普小						民小						私学	
	一年级		二年级		三年级		四年级		五年级		一年级		二年级		三年级		一年级		二年级		三年级			
	原有	现有	原有	现有	原有	现有	原有	现有	原有	现有	原有	现有	原有	现有	原有	现有	原有	现有	原有	现有	原有	现有	原有	现有
环城	14	18	7	3	8	6	22	13	12	8	15	15	3	3		3	16	20	11	10	6	3	27	
洪德											12	8	8	7	6	9	11	12	7	7	3	4	19	60
耿湾											21		7		8			9		10		6	16	33
虎洞											14	2	14	9	3	5		16		9		2	25	28
车道											7		11		9			50						11
毛井											9		3		2				6		6		22	38
甜水											78						6		2				31	43
共计	4	18	7	3	8	6	22	13	12	8	156	25	46	19	28	17	27	81	11	44	9	21	140	213

3．学生增减情形：

	完小	普小	民小	私学	合计
去年学生	63	150	47	140	400
今年学生	48	61	146	231	486
减少	15	89			104
增加			99	73	172

（五）曲子县

1．完小学生统计：

班次	高甲	高乙	初甲	初乙	初丙"幼稚"	合计
旧生	12	7	6	10	5	40
新生		9	1	2	20	32
合计	12	16	7	12	25	72

2．初小学生统计：

地区	学生变动						学生年级				
	去年原有学生	今年退学学生	升入完小	今年新增加	今年现有	转入民小	一	二	三	四	共计
曲子市	32	16		5	21		8	3	8	2	21
曲子区	32	4	1	4	31		4	9	8		21
木钵区	42	10	1	6	31	6	17	8	6		31
马岭区	19	4		7	22		16	4	2		22
土桥区	25	3	1	7	19	9	11	6	2		19
龙印寺	31	2		6	24	11	19	3	2		24
合计	181	39	3	35	148	26	75	33	28	2	138

3．民办小学学生统计：

地区	学校数			学生数			级别			
	去年原有	今年减少	今年增加	去年原有	今年减少	今年增加	一年级	二年级	三年级	共计
曲子市	1	1	4	3	3	47	40	6	1	47
木钵区	1		1	9		17	21	5		26
马岭区	3		5	67	31	59	75	14	16	105
八珠区	3		2	53		37	45	20	18	83
合道区	2		1	38		18	36	13	7	56
土桥区	5		2	26		64	68	21	1	90
天子区	4	1		53	9		26	15	3	44
合计	19	2	15	249	33	235	311	94	46	451

4. 全县学校数目统计：

	完小	初小	民小
原有	1	6	19
新增			15
减少			2
现有	1	6	32

5. 全县教员统计：

绥师毕业	米中毕业	陇中肄业	高小毕业	高小肄业	初小毕业	初小肄业	老秀才	念书 十年	七年	六年	五年	三年	未详	合计
1	1	1	11	2	3	1	1	3	1	2	2	2	1	32

（六）华池县

1. 华池县的学生情形：

		完小	悦乐小学	元城小学	柔远小学	赵湾小学	白马小学	上堡民小	元城三乡民小	元城五乡民小	元城六乡民小	悦乐二乡民小	元城四乡民小	总计
去年原有学生		94	43	33	26	12	16	8						232
今年减少数	毕业或升学	22	7	3	6									38
	转学	2	9	26										13
	退学或休学	31	7	6	2	4	2							52
	共计	55	23	11	8	4	2							103
今年留校旧生		39	20	22	18	8	14	8						129
今年增加人数	升学	16												16
	转学	5					2	2				2	2	13
	新生	2		9	8	7	4	4	13	10	9	16		82
	共计	23		9	8	7	6	6	13	10	11	18		111
合计		62	20	31	26	15	14	14	6	13	10	11	18	240

2. 全校学生数统计：

	完小	初小	私学	合计
原有	1	5	1	7
新增			5	5
合计	1	5	6	12

3. 全县教员统计表：

程度	陕公高中肄业	抗大初中肄业	绥师毕业	陇中毕业	鲁师高小毕业	鲁师私塾五年	初级师范半年	陕公初中肄业	边师高小毕业	高小毕业	高小一年	私塾五年	私塾四年	鲁师毕业	合计
人数	1	1	4	1	2	1	1	1	1	2	1	2	1	1	20

二、综合研究

上面根据一九四五年上学期陇东各县给专署的报告，把各县小学教育的概况做了个概括的叙述。现在再综合起来看一看，看它说明了些什么事实。

（一）全分区小学数目

校别	县别						合计
	镇原	庆阳	合水	环县	曲子	华池	
完小	1	2	1	1	1	1	7
初小	2	7	缺	3	6	5	29
民小	4	67	40	11	32	6	160
私学	68			20			88
合计	75	76	47	35	39	12	284

（上表中，合水初小未报故缺，镇原女小、回小作为初小统计。）

从上表可以看出两个事实：

第一，民小和私学似乎难严格划分，比如镇原县有大量的私学而民办小学数目很小，庆阳、合水、曲子则有大量的民小而无私学。实际上，后3县的民小中不见得没有象〔像〕镇原私学一样的学校（比如庆阳民小教员统计中，61—70岁的教师6人，71岁的1人，像这样的教员大概也是采取私学的教书方法），所以民小和私学应看作是民办的一类。

第二，公办的学校数比重很低，计占10.79%强，民小和私学则占89.21%。

（二）学校数目增减统计说明（表略）

第一，学校的增加超过了减少数，列表如下：

	原有	减少	增加	现有	实增
实数	132	8	72	196	64
百分数	100	0.06	54.55	148.49	48.49

第二，公立完小、初小在减少，民小私学在增加，列表如下：

	原有	减少	增加	现有	实际减少或增加	
					增加	减少
完小及初小实数	24	4		20		4
百分比	100	16.67		83.33		16.67
民小及私学实数	108	4	72	196	68	
百分比	100	3.7	66.67	162.97	62.97	

（三）全区学生数目统计

校别	县别							合计
	镇原	庆阳	合水	环县	曲子	华池	
完小	127	268	127	48	72	62	704
初小	41	236	148	61	148	106	740
民小	124	933	732	146	451	72	2458
私学	1057			213			1270
合计	1349	1433	1007	468	671	240	5172

从上表可以看出完小、初小学生数目比民小、私学要少得多，用百分比来表示：

	完小及初小	私学及民小	合计
学生实数	1444	3728	5172
百分比	27.92	72.08	100

另一个现象也是应当注意的，在7个完小中有学生704名，而30个初小中仅有740名，至于庆阳两个完小有学生286名，7个初小则仅有236名。这说明公立学校（中），完小太集中，初小发展得不够。

（四）全区学生增减统计（表略）

从表上可以看出以下几个事实：

第一，一般地说来增加的数量大于减少的数量，就是说学生的数量在向上发展。

	原有数	减少数	增加数	现有数	实增数
学生实数	1877	300	838	2375	570
百分比	100	16.33	44.9	128.57	28.57

第二，私学、民小的学生数向上发展，完小、初小的学生数目向下低落。

	完小、初小	民小、私学
减少	27267	33
增加	728	610
百分比	27.45/23.6强	3.79/70.3

第三，完小、初小学生都向下低落，而完小低落程度比初小要大些。

	下落数	百分比
完小、初小	124	30.39
民小、私学	142	25.62

三、上面的材料说明些什么

（一）陇东分区有不少的民小和私学，不仅现在在政府提倡督促下才有，而是在过去就有不少的私学，现在则是大量地发展着。这说明陇东人民对于文化教育之要求是高的。

（二）人民虽有学文化的要求，但人民不很愿意送子弟入公立的学校，这从过去存在着不少的私学和现在民小和私学大量发展，公立学校向下低落说明这一事实。

（三）人民不很愿意送子弟入公立学校，必然是公办学校没有很好适应人民的要求。在上面收集的材料中，固然这一方面材料没有收集，但一般地说来，在陇东平均一个区不到一个小学，这是在分散的农村办集中的学校，对于农民的生产、生活、习惯不适宜。因为有这些不适宜，学生就流动。学生流动大，教学效果就低。效率低就引起人民不满，就更引起流动。学生流动大，政府要办学就要制止流动，强迫动员，硬说服，这就是退学的不自由，这就要勉强把初小的学生送到完小，把完小的学生送到中学，最后把学生送到政府工作的岗位上，这就使人民觉得一入学便变成了"公家人"。人民送子弟入学是为了满足自己生活的利益，因为学校不适宜于农村，学生流动大，学生少，政府强把学生提到工作中去，就和人民利益相矛盾。这就是公学不能开展的主要原因，这也就说明民办公助的方针是正确的。只有办适宜于农村的学校，适宜于人民的利益，人民才能大量送子弟入学；只有读书的人多了，政府才能更顺利地提拔干部。

（四）发展民办学校，公办的学校低落，因此，将来的完小学生来源主要依靠在民办学校的学生上。完小的课程、办法，就更要适应这个新条件，在这个新基础上提高。这说明了完小的前途。

（五）要办适宜于农村的学校，就须培养适宜于农村的领导。第一要有适应于分散的农村具体情况来办学的能力和热心；另一方面要有农村的知识和新民主主义知识，只有这样才能教育适合农民需要而又适合于新民主主义社会的新青年。这又说明培养师资的迫切。没有这一点，也是不能很好地发展教育的。

（六）总括起来说，人民有学文化的要求，这是好的，我们应当适应这个要求办适合于农村的学校。只有学校适合农村，农民才大批地送子弟入学。青年读书的多，政府才能更有利地提拔工作人员。要大量地开办适合于农村的学校，我们就须注意培养农村教育干部。我们的完小将来也要建立在这个新基础上，应当适应它。

四、陇东小学教育向陇东中学提出了什么问题？

（一）今年的前学期，5个县的统计只有61个五年级学生，这说明今年完小毕业的学生不会多，明年中学招生恐怕程度也是不齐。

（二）私学、民小特别发展，公立的学校向下低落，就必然有不少的私学、民小学生被吸收到完小里去，他们学习的课程就不是顺序了。这也是程度不齐的原因之一。

（三）学生的程度不齐，在短时间的将来是不能改变的。因此，在中学的教学，就应当从程度不齐这个现实出发。

（四）要打破过去教育上的矛盾局面，必须大量发展适宜于分散农村的学校。因此，大量培养适合于农村学校的教师，应是中学的中心任务之一。

（五）在现在小学教育的基础上，中学的学生来源既少而又程度不齐，在客观上又迫切地需要干部，那么陇中的教育首先应照顾目前实际工作的需要，集中起来教以实际工作需要的知识，而不把重点放在研究高深知识的准备——自然少数程度好的还应照顾这点。

【资料来源】

中共庆阳地委党史资料征集办公室编，刘凤阁主编：《陕甘宁边区陇东的文教卫生事业》，内部资料，1992年，第523—537页。

9. 陕甘宁边区中小学实施战时教育情况

（一）关中各县小学实施战时教育

边区三科长联席会议讨论的"边区教育应为自卫战争服务"的方针传至关中分区后，各县完小立即开始实行。课程增添战时工作内容，学生组织看护队，并积极学习制地雷。赤水县完小自然课改学地雷与手榴弹之制造与使用；历史和国语课教革命先烈及英雄故事；地理课按情况发展灵活选教，将《吕梁英雄传》作为教材，现已教至25节。大多数同学已学会制用地雷。教学方法是边讲边做，他们试验了一个大石雷，威力很大。现全校师生每5人要赶制1颗大地雷。曾因看护伤兵受到专署奖励的新宁完小，亦正加紧学习防空、防毒、救护伤兵等实用常识。另外该校同学纷纷要做木手榴弹，课外活动时就练习投掷。新正完小同学58人，自动组织了8个看护队，积极准备为战争服务。关中师范全体师生亦已组成自卫军，他们并认真练习瞄准，在实习中成绩很好。

（二）安塞县保小教职员组成自卫军

安塞县第一保小教职员已组成自卫军，自11月初即开始训练，每晨30多个自卫军队员均进行操练。他们还练习爬山、滑冰、瞄准和掷手榴弹等活动。

（三）子长中学毕业生自愿参加部队工作

子长中学修业期满的第一班学生36人中，毕业后即有20余人自愿参加部队工作，并带动了其他几位同学自愿参军。这批新知识青年已于本月17日携带简单行装，整队去某地。该校于16日举行了第一班毕业典礼，会上王校长分析了目前时局，勉励毕业同学为自卫战争服务。继由各班同学演出自编的游艺节目,毕业班同学演出《保卫我们的好光景》,恰切地反映出该班学生的心愿。

【资料来源】

教育科学研究所筹备处编:《老解放区教育资料选编》,人民教育出版社,1959年,第125—126页。

10. 陇东各县民办小学普遍发展

近年以来，随着群众经济生活的向上发展，分区庆阳、镇原、合水一带的民办学校，有如雨后春笋，以一种非常活跃的姿态相继出现。据不完全统计，现在庆阳有民办学校31处，镇原、合水各20余处。庆阳全县在校学童总数950余人，其他民办学校约占半数。赤城全区上半年有公立学校1处，民办学校却达7处之多。该区在校学童174人中，有134名在民办学校读书。这些民办学校多为群众感到文化生活的迫切需要，或通过地方干部，或通过劳动英雄，或通过各种绅士自发成立起来的。他们自己选举校董会来聘请教员，邀集学生，安排教员的生活。课程各校不一，教材大致有边区教育厅出版的小学课本、杂字、《三字经》《百家姓》等。教员的待遇有两种形式：一种是包学制，即教员薪金按学生人数多少来定，一般是十几个学生，一年两石麦子，教员吃饭由学生挨家负责。这两石麦子，由学生家庭平均负担，每个学生每年需要1斗至2斗麦子作为学费。另外一种是按人数计算，如庆阳桐川区一个民办学校，每年每个学生是2斗麦子。自今年新文化运动在分区展开后，群众大批送子弟入学读书，学校数量日渐增加，质量也在迅速提高。如桐川区去年只有民办学校4处，今年夏季即增加到7处。特别是许多劳动英雄及地方干部所领导创办的民校，给旧的私塾带来新的榜样。如桐川区劳动英雄常子银，在庆阳劳动英雄大会上听了生产和文化教育结合的号召，回家取得乡干部赞助，邀请12个娃娃，借了一些桌凳，创办了一所民办小学。他每隔三两天就到学校里检查一次，亲自给学生讲解生产知识。3个离家较远的学生回家吃饭不便，他把他们安置在自己家里。现在这个学校教员教课认真，学生不旷课，半年之内每个学生已认识两百字以上。另外桐川区三乡文书段兴发一面担负行政工作，一面办了一所民办学校，他把乡政府附近的6个学龄儿童邀集在一起,在自己家里教,自己不在乡长教,这所学校很受群众拥护。庆阳赤城区四乡蒋家寨子民办小学开学以来完全采用新课本,这是支部书记程仲荣同志创办的,那时其他民办学校尚多采用旧教材,而他坚决主张读新书,自己不惜翻山越岭亲身到庆阳替娃娃们买课本。

【资料来源】

《解放日报》1944年8月15日。

中共庆阳地委党史资料征集办公室编,刘凤阁主编:《陕甘宁边区陇东的文教卫生事业》,内部资料,1992年,第415—417页。

11. 镇原政府关心教育　大量增设公私学校

【镇原讯】镇原国民教育已获有相当成绩：原来全县公办学校学生只有197人，半年来增到260人；原有私学22处，共学生303人，今年增到32处，共有学生489人。而且现在许多乡村还在创办和建立之中，下半年将有很大成绩。能有此成绩的主要原因是：政府对国民教育的领导加强了，而且实行奖励制度，最近一次教师联席会上有何登畔、庞静涵、张炳文、李焕章、孙如堂、贾吉昌等公私学教员受奖。马渠区普小教师何登畔，年纪虽大，对教育却非常热心。今年3月他的腿被狗咬了，在家调养半月仍不见好，他急得在家呆〔待〕不住，娃娃每天用牲口送他到学校去教书。又如张炳文老先生，他是新集区二乡私学教师，他一贯关心学校，爱护学生，今年4月传染病流行，学生十分之八九得了病，他自动到各学生家里去给学生看病（他学过医），大部分学生被他治好了。由于县上加强领导，批评了区乡干部对教育漠不关心的现象。现在区干部思想搞通，作风改变了，如新集区二乡有一处私学，就要垮台了，后由乡上干部姚望福、张子治亲自倡导才又成立起来。

【资料来源】

《解放日报》1944年8月23日第2版。

中共庆阳地委党史资料征集办公室编，刘凤阁主编：《陕甘宁边区陇东的文教卫生事业》，内部资料，1992年，第417页。

12. 生根和提高中的杨家湾小学

《解放日报》编者按：杨家湾小学是去年边区文教大会奖为模范小学的学校之一。本文是根据该校教员陶端予同志所作"延市教育工作报告附册之一"的《杨家湾小学》摘编而成。该校关于如何进一步在群众中生根，使群众自己掌握办学经验，及教学内容适当地提高一步等方面的一些经验，可供其他小学参考。

生根在校董、家庭和乡上

杨家湾小学的七位校董中，经常想到自己责任的是老董事长兼校长的高文亮，他几乎天天都到学校看看！他奔走着收经费、征求意见、召开会议……但是，在听取一些工作情况或教员的报告时，正如他自己所说的："说下这些，过后就不记得了！"一次，教员去开会了，托他抽空照顾一下娃娃，他一进门就向娃娃们说："你们陶姐姐会说哩；我不会说，可会打哩！"所以当真希望他老人家来研究接受一些新的经验，确是比较困难。在校董中有对教学管理肯关心的，有对学校工作热情可是有其他的工作的，有的住地太远，家务又忙，对经常工作只能"有心无力"。

校董们的经常工作，大致为收集经费、决定临时工作，如参加备荒、学校建设以及收新生、日常经费开支、接待来宾参观等。但是在照顾教学问题上，却是难于处理的问题，即是说：在他们从来不懂得什么叫教育、没有文化工具的农民中，自己办了一个学校，请知识分子来帮忙、来教书，很自然地容易造成"教员为政"的现象。因此，怎样真正打破这种习惯，使他们获得这种办学经验，确是当前一件重要工作。该怎么办呢？

在本学期中，还只开始注意到下列数点：

一、尊重他们，有问题时，教员要经过他们，向他们请示。但是他们常常不善于说出他们的意见，因此首先就是使他们熟悉自己的学校、熟悉情况，这样就会产生意见。比如，校董中有的对学校情况多少了解些的人就会提出："大娃娃学打条、记账都差不多了，以后要多学算术。"有的说："碎娃娃也要学提毛笔。""一个老鼠坏了一锅汤，对有的太调皮或进步慢的娃娃，还是要打！"虽然有些意见不对，必须解释，但这也说明他们是眼到心到了。

为帮助启发他们发表意见、管理学校起见，在态度和方式上尊重他们也是必须注意的。这样能使他们真实地感到办好学校是自己的责任，在具体工作中意识到自己是学校的主人，公家或教员不过是帮助，是替他们服务的，慢慢他们就会形成习惯。比如，开始有人来参观请他们去招待时，他们总觉得自己"解不下"，但后来当交际处有外边的朋友来参观时，他们就以主人的资格出面接待，并主动地谈话，介绍本校的情况。

二、更重要的，使他们也能得到一些办学方法和经验，以免教员离职后，经验也随着带走了。因此，有些管理，如废除打骂、体罚制度，娃娃不仅要学会打条条、记账，还要懂得一些政治常识科学知识的原因，也要好好解释，某些处理带娃娃的办法，也尽可能使他们知道。

三、在具体困难上，要帮助他们克服，取得办法和经验来增强信心。比如学生多了，原来两个阴暗的窑洞用不上了，急需修筑校舍，但董事长总觉得没有钱，动员人困难，没办法，将就些吧。于是副乡长孙山首先说明这事的必要与完全可能，用各种方法帮助解决。正副乡长、支书和老百姓都参加动手做工。经过大家同心合力，两座窗明壁净的新窑洞可以称为漂亮的"村书房"了。新校舍的完成，也是从实际中使董事长懂得了"只要发动和组织大家的力量，困难便可克服"的道理。

另方面从群众实际体验中，也可以得到两点经验：

教学成绩决定群众情绪：比较了解学校情况的本村家长和自己娃娃成绩好的家长，如侯学林、王有前等，对学校的关心和帮助就很积极。他们给学校的捐助多，借取东西也方便，给教员做鞋子还在鞋子里塞上钱给买袜子穿，还提出来给教员补助棉衣呀、被里呀。学生小爱子今年进步快，他的老祖母一向对人冷淡，但因此也特别关心起教员来，问鞋问袜的，还送给学校很多扫把。今年春季讨论学校经费时，大家都提出：反正是为了给咱乡上多教出几个识字的来。这些事实说明：教学有了成绩，学校的威信就会建立起来，当群众感到这学校对他们是必需时，总会想办法维持下去的。

使家长熟悉学校，争取家长督促办学：本学期中有好几位家长来"查学"。文老汉的孙子转变进步后，他就常到学校来看个究竟，认真地查问娃娃的成绩，有时还打断教员的讲解，用他的见解给大家讲。当他看到一个教员两个教室时，他又注意研究教员的复式教学法。高祖发是不识字的人，一次他的一个识字的亲人考问他的娃，结果，娃都记下了，于是，他有希望了，几辈子瞎受苦人，以后有个识字的后代了。他就扛着镢头到学校来，坐在他娃的旁边，仔细地看他娃学字，还督促着："操心听，好好学。"临走时还要和教员拉一阵话。

再，必须得到乡政府的具体指导。今年学校经费自给和修建校舍两大问题，完全是通过乡政府配合校董会而得到解决。尤其是乡上的同志常到学校检查，以及提出具体的指示，如备荒中提出要加强组织进行生产等，学校工作也尽可能配合政府号召，帮助政府了解一些群众动态。所以，学校通过乡政府打下群众基础，也是"杨小"发展的重要因素之一。

总结本学期办学问题的中心，就是怎样使北郊乡小学在以后某些公助条件如干部的调动、经费的援助等发生变化后，群众依然能积极地办下去，借使学校在群众中生下根。

不脱离实际地提高

开学以来，家长们对教学内容的原则意见，是"手头用得着的东西"，一些大娃娃也受家长们的影响，当教员给他们讲些自然常识等课程时，常常吵着："讲这些做什么？快教字吧！"至于家长们所谓"教娃娃懂道理"，也只限于"尊长让幼"之类，这样，只有打条条、记账、写信、通名姓是最受欢迎的了。由于学校初创，对这些意见就须多照顾一下，而在政治常识、科学常识等分量上就受了限制。经过半年多来，学校在群众中已有初步信任，群众本身也摸到了一些娃娃学习的经验，娃娃们的脑子也进步了。又经过了一次宣传解释和说服，于是在教学内容或形式上进行了适当的增加或改进，如每周增加半天时事教育，使大些的娃娃了解到世界和中国现势，以及边区的各项具体建设。这主要是根据报纸讲解，因此也就必须配合简单的天文地理常识的课程。又如在自然常识上，地球、太阳和月亮、风、雨、雷、电、蚀、虹等的知识，以及一般常见的益虫、害虫、卫生的生理故事等等，也成了教材的组成部分。

教学内容适当提高，主要是打破他们生活狭小的看法，使他们觉得这些东西不是和他们毫无关系的事。如懂得苏联和我们共同打日本的关系，打日本打得好不好，国共关系的变化，都直接影响边区人民的生活；懂得天上地下怎么回事，就可以晓得务庄稼的许多道理，可以研究改进务庄稼的办法。事实说明：加强这些基本的教育，就无形中打破了他们保守、自私、封建迷信的落后思想。如他们懂得了风雨雷电的道理后，就自然地了解"龙王爷"和"风神娘娘""金蛤蟆"等是假的。

另外，家庭和村庄也时时影响娃娃们的思想。有的家长常以自己的想法来希望娃娃，娃娃呢，也常以他的父母做榜样。如商人文志汉常对他孙子说："操心学，学出来，这辈子就再不用你受苦了！"娃娃的父亲呢，一出门就戴上一副用大犍牛换来的平光水晶眼镜，穿着簇新的衣裤长袍，骑着一匹红骡子，自杨家湾庄稼前跑过去了。而娃娃呢，也就把这些作为他最理想的将来了。所以娃娃一进学校就拒绝一切劳动和值日。他说："我是为了不受苦才来上学的。"他还常在娃娃中夸说："我们今天吃了大米和肉，我大明天上安塞给我买缎子、瓜皮帽、细马裤。"这些情况虽然经过学校半年多来的教育，在认识上已有了不少转变，可是家庭的影响对学校教育起了很大的抵消作用。前些时，这娃娃的一支钢笔的尖头断了，他就装在笔套内跟别人进行交易了："谁跟我换换新的钢笔？"当易主发现坏了时，他就说："不成，不能退，谁让你和我换的。"一种损人利己的旧商人意识已开始侵染他的小脑袋了。

要解决这些问题，无疑的是要加强思想教育。比如从这娃穿的一身衣服，他住的窑、睡的炕，一天三餐白面、黄米、菜，用的锅、碗、瓢、盆，等等，来说明劳动是世界上第一等重要的事，工人农民是世界上第一等重要的人，没有他们，大家就活不成、吃不成、穿不成，所以最光荣的也是劳动和劳动的人。当然，做交易的商人也很需要，于是给他介绍边区合作社的交易道德。但在这中间，要避免涉及他的父亲。在家庭方面，也可以进行一些劝说："要娃娃学得勤俭一点，学得长处在娃娃身上，日后过光景只会有好处，不会吃亏！"这样通过家庭的教育后，效力也大些，以后娃娃就开始爱点籽锄地、大扫除了，尤其是今年六月以来在劳动上的表现很好。

可是，娃娃的思想提高后，家庭的落后思想却不能一下革除。在较大的娃娃中问题又产生了。比如嫌家庭不卫生啦，迷信落后啦，嫌妈妈不讲理啦！尤其是一些大女孩子，更感到家庭和社会落后的束缚，多说多笑都有不是。三能说："照顾了自己，还要给大家办事，这辈子小米才不白吃！"被她妈妈听见了，母女就吵起来。有人说："呵哈，思想一满学洋了！"在这种情况下，学校又要出来解释了，要对娃娃们说明：老人们生长在旧社会里，听惯见惯都是旧的，一时当然改不掉，要原谅他们；二则，要替大家办事，就要先得人心，大家才能拥护你，所以方法上要慢慢来。同时也要告诉他们家庭和学校的关系，不能和家庭对立。

此外，如有些家长因家庭忙乱，对娃娃打骂无常，赏罚不明；另有些家长则因"缺娃娃",而过于溺爱自己的娃娃,也会直接影响到娃娃们的学习情绪和教育效果。因此,教员也要兼顾双方,务使学校的一套和家庭的一套逐渐一致。

总之,在摸索中,感到学校要向前发展,就需要在教育内容上提高一步。怎样提高呢?现在仅仅认识到和开始初步试验着。总起来说,即是从今天出发,又照顾到明天;从具体开始,又要懂得一般;自北郊乡出发而又不要限于北郊乡。然而,要使这种提高成为群众基础的,得到群众的拥护,就得通过家长,提高家长,取得他们起码的同意。另方面,这些提高,以及对家庭和社会某些落后点的突破,目的是提高农村教育的效果,使学校在农村中生根和更有作用,所以必须避免造成学校教育和家庭、社会脱节的对立现象。

【资料来源】

《解放日报》1945年10月7日第2版。

教育科学研究所筹备处编:《老解放区教育资料选编》,人民教育出版社,1959年,第278—284页。

13. 陕甘宁边区政府批答
—— 关于延市完小增添教员等

〔力字第65号〕
（1949年3月26日）

白、刘厅长：

据延安县来呈及教厅了解：延市完小学生现已扩大至五百名，应编为十三个班。除原有教员十二名、校役二名外，尚须增添教员八名、校役二名，可准予依标准编造预算报销。

由于该校教员、学生增多，校舍教室不敷应用，可予批准细粮四石，从简修补。

此批

主　席　林伯渠
代主席　刘景范
副主席　杨明轩

【资料来源】

关保英主编：《陕甘宁边区行政救助法典汇编》，山东人民出版社，2016年，第467页。

14. 陇东教育事业的主体——小学教育

小学教育是陇东革命根据地继军队教育、社会教育、干部教育创立之后，建立的又一新型教育体制，始创于土地革命战争时期。1934年，南梁政府一成立，就颁布文化教育政策。在文化教育政策中，提倡兴办列宁小学，废除旧的教育制度，建立民族的、科学的、大众的新民主主义教育制度，提出"不分贫富男女，都可以上学读书"的原则。在这一教育思想指导下，陇东开始逐步创办新学校，改造旧学校，发展小学教育。

1934年创立于华池县南梁转咀子的南梁列宁小学，是陕甘边苏维埃政府建立后，发动和依靠群众在陇东境内创办的第一所新型小学。首先对儿童和青少年实行新教育，使教学内容与生产、革命斗争和学生实际生活紧密结合；在教学管理上实行民主管理，废除打骂体罚制度。南梁列宁小学的创办，在当时产生了极大影响，并为后来发展小学教育做出了典范。不久，在合水县太白镇的葫芦河也建起了相同的一所小学。1936年，西征红军解放了曲子、环县等地后，党和政府又在环县、曲子这块文化荒漠地带采取创办新学校、改造旧学校、鼓励私人办学等办法发展教育事业。同年8月，建立于环县河连湾的普小（三年制），就是陕甘宁省委、省政府从陕北洛河川迁至环县河连湾后，动员群众在当地办起的第一所学校，从而结束了穷人子弟无学堂的历史。9月间，环县苏维埃政府又在环县老城利用旧城隍庙为校址创办初小1所，后改为环县第一完全小学。就在同年，新宁县苏维埃政府在齐家城创办新政府成立后的第一所小学。1937年9、10月间，曲子县在县政府主席马锡五（兼）亲自指导下接管了国民党于1933年在合道区陶洼子开办的一所普小，对旧的教学方法、学制、教材内容进行了全面改造，实行以抗战为主要内容的新教育。在此期间，党和政府还鼓励发动群众创办私学，使私学在当时成为发展小学教育的一条重要渠道。1936年，曲子县合道区前原子村群众自愿组合，自己聘请教师，自筹经费，解决校舍，办起私立小学1所，虽然在教学内容上对学生仍教旧的《三字经》《百家姓》等课本，但在当时对推动普及教育事业起了积极作用。在这一时期，新宁、新正县还在游击区域创办了许多敌来放学、敌去上学的"游击学校"。

1936年12月，红军教导师和陕甘宁省委工作团相继进驻庆阳后，除开展抗日民族统一战线宣传工作和组织工作外，还十分关心教育事业。在红军教导师和省委工作团关怀指导下，很快接管了国民党在庆城创办的1所女小。为了加强女小的教学工作，还从红军教导师选派了4名女教师到该校任教，并从教材、教法上都进行了彻底改造。

抗日战争时期，陇东根据地的小学教育经过不断整顿改革，得到迅速发展，取得了巨大成绩，其发展轨迹是：

一是贯彻"国防教育"和"普及教育"的宗旨，把发展小学教育作为主体。抗战初期，陇东在发展小学教育事业中认真贯彻党中央提出的"国防教育"和陕甘宁边区政府制定的"普及教育"指示和规定，在教学内容上执行了党中央提出的"改变教育旧制度、旧课程，实行以抗日救国为目标的新制度、新课程"的教育方针，积极发展小学教育，大力兴办学校，采取各种措施动员学生，使学校数不断扩大，学生数逐年增长。

1938年，环县、曲子、华池、新宁、新正等县除了对原有旧的学校进行改造外，又创办了一批新学校。到了1939年，陇东各县（除合水、镇原未统计）共有各种小学271所，学生6822名。截至1940年底，环县、曲子、庆阳、合水、镇原、华池等县共有完全小学11所、模范小学18所、普通小学190所、私学50所、女子小学9所，共278所。新正县到1939年底统计有小学77所，其中完小3所，共有学生2293人；新宁县1940年有小学31所，其中完小2所，共有学生1068名（男926，女142）。这一时期，陇东根据地的小学教育在发展的同时，从学制到内容还进行了初步整顿和改革。规定完小为五年制，中小、模小、普小均为三年制，并要求各小学逐步废除《三字经》《百家姓》等一类旧的教材，采用边区教育厅编印的统一课本进行教学。在教学管理和方法上废除打骂体罚学生和让学生死记硬背、囫囵吞枣的教学方法，引导学生开展形式多样的课外活动。1940年11月，庆阳县墨一平发起并组织的"陇东小朋友函谈社"就是很有影响的课外活动项目，对丰富学生的学习内容、开阔视野、增强学生的学习兴趣起了一定的积极作用。

二是随时纠正和解决小学教育中出现的偏差和问题，重视提高教育质量。陇东小学教育在抗战初期得到了迅速发展，但在发展的道路上出现了明显的起伏和曲折。主要表现在办教育没有从本地的实际出发，片面追求学校数量的发展和学生人数增加，忽视了质量的提高与巩固；其次是教员质量差，教育经费少，不能保证教学要求；再次由于学生多是强迫入学，流动较大。针对这些问题，1941年秋，陕甘宁边区教育厅提出"减少数量，提高质量"的口号，并于同年10月召开全边区第四届各县三科长会议，会议决定加强完小、裁并小学（即初级小学）的工作方针，并且具体规定了建立小学所具备的条件："每个学校的学生必须在25名以上，有单独的教室、宿舍、教员住宿和游戏场所，教室要有黑板和足够的桌凳等，凡不符合这些条件的学校一律停办。五里以内的小学按规定要实行合并。"同时要求在教学内容上由抗日为主转变为以科学为主。在这一新的政策指导下，陇东分区专署举行政务扩大会议，讨论教育工作，提出了"求质不求量，办一处象〔像〕一处"的口号，并于1942年2月召开各县三科长会议，讨论和部署整顿学校的问题。从此，裁并、整顿小学的工作在陇东分区各县全面铺开，不到半年时间，全分区小学由1941年底的156处减为69处；学生人数由1941年底的3927名减为2744名；教员由224名减为151名（新宁、新正县数字不详）。除镇原县外，其他各县裁并学校数量均在45%以上。经过大规模地裁并初级小学，部分完小得到一定加强，学校经费和教师待遇较前有所提高。但由于过分强调正规化和机械地执行有关指示，小学裁并过多过快，学生数量大大减少，加之教学内容与群众需要脱节，不但没有广泛地吸收儿童入学，而且还限制了儿童入学的机会，又忽视了"普及教育"的宗旨。

  三是实行"民办公助"政策，调动广大群众办学的积极性。1943年开展的整风运动，使陇东根据地广大教育工作者从思想上和工作作风上，清除了主观主义和教条主义影响，纠正先前工作中的偏差，为后来发展小学教育奠定了思想基础。同时从1939年逐步开展起来的大生产运动，逐步提高了人民群众的生活条件，为发展小学教育奠定了物质基础。特别是1944年10月边区文教大会召开之后，陇东分区认真贯彻边区文教大会提出的"民办公助"的办学方针，并将这一方针作为发展陇东小学教育事业的一条重要措施。这一年关中分区也召开了文化工作者代表大会，贯彻边区文代会议精神。在各级党政组织领导下，各县掀起一股群众性的办学热潮，出现了不少由劳动英雄、有威望人士倡导兴办的民小。象〔像〕曾担任合水县西华池小学校长的杨振甲先生，他除带头捐款5000元外，并动员西华池街公营、私营商店集资47万元边币，帮助西华池高等小学维修校舍，添置桌凳及教学设备，并积极动员儿童入学，为发展地方教育做出了突出贡献。曲子县回民参议员李秀如先生，力排众议，各方奔走，召集回胞进行座谈，带头捐资助学，在曲子街办起一所伊斯兰小学，并动员20多名回民子弟走进了学堂。由于调动了群众办学积极性，小学教育事业有了较快发展。1945年，陇东分区共建民办小学160所、私学88所，民私小学占学校总数的89.2%，在校学生也达5172人。这一时期小学教育在强调数量发展同时，还注重提高质量。1945年，陇东分区根据边区教育厅指示，将初小由原来3年改为4年，并将秋季始业改为春季始业。在教学内容和方法上也都有了新的改进。小学教学除选用边区教育厅印发新课本外，还根据实际需要选编一些乡土教材及边区《群众报》《解放日报》等报纸文章进行教学。同时，还加强应用文、珠算、政策法令等一般常识教育。教学方法也注意启发和研究讨论，培养学生独立思考、分析事物的能力。在此，陇东分区进一步加强对私学的管理，采取逐步淘汰，或者进行改造，使其成为新式学校。像镇原县孟坝区四乡西坳私学教员贾其昌改造私学的经验和典型事例，对改造其他私学起到了典型示范作用。1944年在陇东分区和镇原县召开的文教会上，给其以"模范教员"和"模范私学"的称号。这一时期，陇东分区在积极发展学校，进行教学改革同时，为提高教学质量，不但大量吸收外来知识分子，还注意加强对本地教师的培训与提高。从1940年到1945年，陇东各县选派保送了一批小学教员前往延安、陇东中学等地深造学习。数年间，仅陇东中学就为各县培养小学教师221人，为实现教师地方化打下了坚实基础。

1946年，国民党反动派对解放区实行大规模的军事进攻。为使教育工作更好地服务于战争，陇东分区各级党政组织认真贯彻边区政府颁〔颁〕布的《战时教育方案》精神，组织动员学生做好自卫战争准备，帮助提高认识、树立信心，并在教学中对学生进行军事知识和防卫等基本技能训练，以适应战争的需要。

1947年2月，国民党反动派大举进犯陇东解放区，敌人所到之处，学校的房屋、桌凳以及其他教学设备均被破坏，使正在健康发展的小学教育遭到浩劫。在此，各县小学全部停办，年龄较小的学生分散回家随家长转移隐蔽，年龄较大的学生参加站岗放哨、送信、看护伤病员等活动。1948年，陇东分区大部分地区收复，新解放区不断开辟。在此形势下，陇东专署于同年5月30日发出《关于恢复学校的指示》，要求各县完小、普小应随局势好转逐渐巩固，提早筹划，逐渐恢复，并指示：在陇东分区首先重点恢复较巩固区之完小。其次，在群众自愿原则下恢复民、私学校，并逐步对已恢复之学校进行改革，使之适应于革命发展之需要。当时，陇东分区除曲子、环县、华池县外，其他各县均属游击区和国统区。因此，恢复学校工作先以曲、环、华3县进行，在恢复中继续贯彻"民办公助"的方针。截止〔至〕1948年底，3县共恢复完小、普小、民私小学38所，学生587名。此后，其他各县小学也相继得到恢复，使曾一度停滞的小学教育事业又重新获得生机。并于1948年11月3日成立了分区干部子弟学校，解决干部子女入学问题。

1949年，陇东分区全部收复并解放。此时，在恢复中小学的同时，还开始对旧学校的接管和改造。到1949年底，全区共有小学730所、学生30700名，从此陇东根据地小学教育事业进入了新的历史阶段。

【资料来源】

中共庆阳地委党史资料征集办公室编，刘凤阁主编：《陕甘宁边区陇东的文教卫生事业》，内部资料，1992年，第52—59页。

第五部分
中等教育

中等教育是延安时期新民主主义教育的重要组成部分，包括师范学校教育、普通中学教育和中等职业学校教育。从总体上讲，中等教育属于国民教育的范畴；但从实质上讲，又属于干部教育的范畴——由于边区所处的历史环境，当时的中等教育承担着培养现任干部和未来干部的双重任务。这是边区中等教育的一个显著特点。再者，中等教育担负着培养小学师资的重任，且十分重视师范教育，这是边区中等教育的又一显著特点。边区中等教育的实践，培养了大量知识分子，提高了区乡干部的文化水平，为抗日战争、解放战争和边区建设做出了重要贡献。

本部分主要收录延安时期有关中等教育的办法、指示、通令等，具体内容涉及中等教育的方针、学制、课程设置、组织领导与管理、经费开支、招生标准、贫寒生补助等，以及各类中等教育学校。延安时期的中等学校具体包括师范学校如边区师范学校、绥德师范学校等，中学如陇东中学、米脂中学、黄龙分区中等学校等，中等职业学校如边区农业学校、边区妇女职业学校等。

1. 陕甘宁边区中等学校贫寒生补助暂行办法

一、为扶植贫寒子女入学，使教育为广大群众服务，特制定本办法。

二、陕北、晋西北地区已实行公费制的中学、师范学校（包括分区干校附设之中学班、师范班）学生之待遇，一律按边区政府或晋西北行署原规定执行。

三、晋南、黄龙及今后新解放地区师范学校（包括中学附设之师范班）之学生，每人每月一律补助麦子（产麦区）五十斤或小米（产米区）三十五斤。

四、晋南、黄龙及今后新解放地区之中学学生一般地均实行自费，但具有下列条件之一者，得享受贫寒生补助费。

（甲）家境贫寒之烈、军、工属子女；

（乙）家境贫寒且成绩优良之劳动群众子女；

（丙）家境贫寒之少数民族子女。

五、中学生贫寒生补助费之标准规定为：产麦区每人每月麦子五十斤，产米区每人每月小米三十五斤。此项补助，以学生实际在校时间为限。在学期中途因私事离校逾一周以上者，或寒暑假返家者，均自离校之日起按日照扣。

六、中学贫寒生补助名额以不超过该校中学生总数百分之十五至百分之二十为限。

七、无依靠之烈士子女按第九条（乙）项所规定之手续，审查合格者，得按后方机关人员供给标准全部供给之。此项学生不得计入第六条所规定各校学生百分之十五至百分之二十的补助名额内。

八、家境贫寒之烈、军、工属子女，有优先取得贫寒生补助费之权；在女子入学人数甚少之地区，若贫寒程度相同，女子有优先取得贫寒生补助费之权。

九、中学生取得贫寒生补助费之手续：

（甲）须先取得该生原籍县政府之证明信，由学校初步审查后，送呈专署批准，呈报行署或边区政府备查；

（乙）无依靠之烈士子女需要供给者，由其父母工作机关或其他有关机关证明，由专署审查，行署或边府批准；

（丙）受补助之贫寒生，应每年审查一次，其有家庭经济情况改善供给能力提高者，应向该生妥为说明理由，停止补助。

十、本办法自一九四九年四月份起施行。

附注：

1.关于干部子弟入学待遇办法及新解放的较大城市之公费生待遇办法另行规定。

2.本办法暂以十六两旧秤为计算单位。

【资料来源】

关保英主编：《陕甘宁边区行政救助法典汇编》，山东人民出版社，2016年，第469—470页。

陕西省档案馆、陕西省社会科学院合编：《陕甘宁边区政府文件选编》第十三辑，档案出版社，1991年，第239—240页。

陕西省档案局编：《陕甘宁边区法律法规汇编》，三秦出版社，2010年，第210页。

2. 陕甘宁边区政府关于各中等学校今后招生标准的指示信

（1944年5月8日）

各分区专员：

为使各中等学校具体实现"提高现任干部和培养未来干部的双重任务"，各校今后招收学生的标准，地方干部应重于完小毕业生，工农穷苦子弟应多有入学机会，同时亦须照顾其他阶级子弟。各校公费生名额，原有规定，现在略有改变，公费制度之外，如绥德分区可酌设自费生。兹将各校公费生名额以及现任干部调训学生和完小毕业生应占之比例等重新规定于后：

（1）延安师范公费生最高额以四百名为原则（连同学校工作人员在内，延大中学合并时其名额不在内，但必须留数十名额预备接收延安附近完小毕业之干部子弟）；地方干部调训的学生应逐渐增加到一半名额（没有一定工作经验的不能列为地干班学生）；同时延属各县完小毕业生，各县可按其工作需要就地设训练班，经过一时期工作再行升学。

（2）绥德师范、米脂中学两校公费生名额（工作人员在内）共定为八百名，以地方干部及完小毕业学生各占二分之一为原则，过此名额可设自费生或半自费生，其办法可由绥德分区按具体情况自行规定。

目前两校须从高年级学生中调出一百五十人，内五十人由绥德分区专署分配工作，一百人送交民政厅分配。绥德师范地方干部学生在最近至少须再扩充五十名，将来两校地方干部学生须达到四百名。

（3）关中师范公费学生名额为二百名，地方干部学生及学校工作人员共八十名，完小毕业学生一百二十名。

（4）陇东中学学生名额定为二百五十名，完小毕业生八十名，地方干部学生连同学校工作人员一百七十名。

（5）三边师范学生名额定为一百六十名，地方干部学生应占二分之一，完小毕业生连同学校工作人员占二分之一。

绥德、延属两分区完小毕业学生较多，应鼓励他们进工厂学习生产技术或到卫生机关、学校学习医药技术，以养成为工业和人民卫生事业服务的能力。现在有多少学生愿意学习上项技术，即希调查并报告教育厅为要。

此致

敬礼

主　　席　林伯渠
副 主 席　李鼎铭
教 育 厅 长　柳　湜
副教育厅长　贺连城

【资料来源】

陕西省档案馆、陕西省社会科学院合编：《陕甘宁边区政府文件选编》第八辑，档案出版社，1988年，第174—175页。

3. 陇东教育园地的新葩——中等学校教育

1938年4月,由陕西延长县搬迁于新正县马家堡办学的鲁迅师范学校,是设立在陇东境内最早一所中等学校。在这之后,边区教育厅又于1940年3月在原鲁迅师范办学的马家堡建起边区第二师范(关中师范),习仲勋兼任校长。两校虽则在陇东办学时间较短,仍为边区培养了一批小学教员及教育行政管理人员,更为后来陇东发展中等学校教育提供了初步经验。

1940年后,随着陇东革命根据地巩固、扩大和革命政权建立,急需一批有文化人才去组织和领导群众进行革命斗争和建设。但当时陇东的教育状况远远不能适应革命形势发展需要,也满足不了广大青年求知深造要求。为了对陇东青年就地实施中等教育,陕甘宁边区政府决定在陇东分区首府庆阳城创办一所中等学校,初定校名为边区第四师范,后改称为陇东中学。陇东中学于1940年3月开始筹建,同年9月正式开学。马文瑞兼任校长,赵长远为副校长,陆为公为教导主任,孙萍为副教导主任。此时,教职员工仅有8名,招收新生122名,编为师范班、中学班、预备班,学制均为一年。其办学宗旨是:"实施新民主主义教育,培养抗战建国人才。"同年11月,学校根据边区政府"提高国民教育质量"的指示精神,对学校各项工作进行整顿。首先,提出了学校正规化口号,确定教育宗旨为"实施新民主主义教育,培养小学师资和地方干部",并将学制改定为二年;同时,对课程设置也进行系统调整,减去战时不适用课程。其次,调整领导,扩充教员,并建立健全各项规章制度,使学校管理工作走上正规〔轨〕。再则,开展生产自救活动,初步克服生活困难和经费不足的问题。随着学校各项工作出现新的气象,陇东中学于1941年春秋两季又扩大招收新生,到9月份,全校教职工28人,学生也增加到247人，含中一、中二、师一、妇训班、新文字训练班、预备班等6个班次。

1942年陇东中学结合整风，对以往教学工作中出现的偏差进行纠正，使教学活动更自觉地走上为革命斗争服务、与生产劳动相结合的轨道。学校组织师生开荒种粮、纺线织布、背柴烧炭，创造了一定的物质财富，克服了办学中遇到的物质困难和经济困难。与此同时，学校逐步健全学制。同年秋，根据边区教育厅指示，将学制改为三年，春季始业改为秋季始业。1943年又在考试基础上进行精简整编，取消预备班，5月接收陇东地委举办的第十二期地方干部训练班。为使学校与社会结合，从实践中学知识、开眼界、增才干，1942年7月下旬，陇东地委组织以陇东中学首届毕业生为主的陇东青年学生参观团赴延安参观学习，曾受到毛泽东主席、朱德总司令等领导的接见。在延安期间，学生团参观了延安自然科学院、工厂、学校等10多个单位，不但增长了见识，而且受到"延安精神"熏陶，增强了革命的决心和信心。

1944年，边区文教大会召开之后，进一步推动了教育事业发展，陇东中学面貌也随之发生巨大变化，各项工作又有新的改进。党支部工作得到加强，领导作风有所改变；学生人数成倍增长，政治思想工作更加细致；改革教育方法，精简课程，整个学校掀起教学改革和教学方法研究、探讨高潮；教学质量也得到提高，使陇东中学进入发展的黄金时代。1946年上半年，全校教职工达37人，学生330人，教学班增至7个。

1946年6月，国民党发动内战，开始向解放区发动全面进攻。为适应解放战争需要，陇东中学根据陕甘宁边区政府发布的《战时教育方案》指出的"目前，教育工作的中心任务是结合军事、政治、经济、群运等工作，争取人民自卫战争的胜利"的指示精神，一面进行战备宣传，一面进行军事训练，并抽调部分学员参加土改工作。1947年3月，国民党胡宗南部队进犯庆阳城，陇东中学遭到严重破坏。在此形势下，学校被迫东迁至华池城壕村；5月间又迁到二将川一带；6月份局势更加严峻，陇东地委决定，学校保留建制，停止上课，师生全部参加到动员担架、筹集粮食、运送伤员以及土改工作中去；9月，随着战局好转，陇东地委决定陇东中学师生返校，恢复上课，校址此时仍设在二将川；1948年3月，遵照上级指示，陇东中学停办，改为陇东分区党校；1949年5月底，易名为陇东分区干部学校。

这一时期，陇东中学之所以能够克服重重困难坚持办学，为革命培养了一批人才。首先，是始终受到党和人民亲切关怀和热情支持。1940年3月，学校开始筹办时，陕甘宁边区政府、教育厅十分关心学校筹建工作，除派专人、拨专款外，还对建校工作做了具体指示。陇东地委书记马文瑞亲自主持筹建工作，并帮助解决干部、教师、经费等问题，还积极动员学生，建成后又亲自兼任校长。开学时毛泽东主席为学校题写了"陇东中学"的校名，刘少奇、周恩来、朱德也题了词，成为陇东中学师生前进的指针和动力。在此后的教学过程中，当地驻军首长王维舟、耿飚等常来校做报告，使广大师生倍受鼓舞。1943年，陇东中学整风期间，陇东分区专员马锡五亲自参加并指导学校的整风运动，帮助师生提高认识，解决存在的具体问题，有力推动了学校各项工作。1946年9月，王震率领三五九旅从中原突围到达庆阳驻防后，他亲自组织师生进行座谈，鼓励广大教师"好好办教育"，使师生深为感动。

其次，是坚持了自力更生、勤俭办学的原则。陇东中学开始筹建时，只有边区教育厅专拨的2000元筹办经费。但在物质匮乏、经费不足的情况下，凭着筹备人员辛勤努力，各级党政组织领导关怀以及群众大力支持，仅费时5个月时间，就完成了学校维修改建工作。开学后，学校又组织师生开展建校劳动，并在教学活动安排上，将劳动生产列为经常性活动。1941年，由于国民党实行经济封锁，学校在办学中遇到重重困难，为了度〔渡〕过难关，陇东中学组织师生开展生产自救活动，开荒种粮85亩，开办合作社，组织纺织组。1943年，在边区大生产运动号召下，学校在以前生产自救基础上，开始更大规模的生产活动。当年新开荒地110亩，收获粮食30余石、蔬菜5000余斤，其他收入约15000余元（边币）。1944年学校组织师生开展以整修校舍为主的生产劳动，同时还制定每人生产5斗细粮、捻5斤毛线等新的生产计划。经过全校师生辛勤努力和艰苦奋战，到1945年初，学校共存各种粮食182.4石，饲养大家畜80余头（只）。参加生产劳动不仅创造大批物质财富，为后来搞好教学活动打下坚实的基础，而且通过勤工俭学培育了新的人才。

再次，坚持实践第一，不断进行教学改革，使得教学活动顺利进行。1940年学校初创时，由于缺乏办学经验，加之受旧教育的影响，在教学内容安排上贪多求全。当时，中学班、预备班开设课程有国文、算术、政治、历史、公民、地理、自然常识、中国问题、音乐、美术、体育。师范班除上述课程外还开设国防教育概论、教育行政、教育心理、教学研究、教育测验与统计、小学教育等课程。虽然在教学中侧重于文化课和基础课的教学，但学习时间仅只有1年，难以完成教学计划。针对这种情况，1941年初，陇东中学教育工作者联系教学实际，进行初步改革，修订学制为二二制，对课程设置也进行系统调整，减去不适用和不急需的课程。师范班就由原来的17门课减为11门课，同时对部分课程教学时数也做了调整。到了1945年，刘泽如接替校长职务后，积极带领教职工总结教学经验，进行教学改革，坚持了以教学活动为主的办学原则。第一，压缩了非教学活动，规定每学期上课不得少于3个月。第二，根据实际需要和学生接受能力，对课程进行增删。调整后的课程为边区建设课、国文、算术、政治、自然、历史、地理、音乐、周会。第三，对过去课堂讲授不注意联系实际以及学生死记硬背的教学方法进行了改革。如教边区建设课，学校就组织学员到基层第一线实际工作中去学习。

最后，开展教学方法和教学研究的探讨活动。1946年学校成立了教研室，招收"研究生"30名。教研工作主要是根据新民主主义教育原理，结合本校实际开展教研活动；除举办教研活动报告会外，还于1946年10月创办了带有总结经验与研究业务性质的刊物——《陇中教学》。教学活动的开展，不仅促进了教学改革，而且在教育理论研究方面取得可喜成绩。

【资料来源】

中共庆阳地委党史资料征集办公室编，刘凤阁主编：《陕甘宁边区陇东的文教卫生事业》，内部资料，1992年，第59—64页。

4. 陕甘宁边区政府指示
——关于老区中等教育工作

〔产字第5号〕

（1948年7月13日）

各专员、各中学校长：

历年来边区中等教育，坚持了为人民服务的方针，并初步实现了提高现任干部、培养未来干部的任务，迄今至少已有五千名中学生参加边区各种建设工作和直接为前线服务。现在西北革命形势日益发展，各个地区各种事业的干部需要日益迫切，因之培养更多青年知识分子为新民主主义建设人才的任务就日益繁重。为此特就几个主要问题指示如下：

一、恢复行知中学和米脂中学，各招收青年学生三百名。关中师范和新接收的栒邑中学合并办理，学生暂定二百五十名。三边、陇东暂在分区党校内附设中学班或师范班，学生暂定八十名。各中学的方针、课程、编制及主要干部的配备，概由本府教育厅统一决定，其他工作责成各专署负责领导。

二、在目前形势下，由于工作需要，经常抽调学生势难避免。但领导上应尽可能做到有计划地抽调，减少教学中的困难。同时各种设施应适应这一特点。学习期暂可缩短为一年至二年，并缩减寒、暑假期，保证每年最低限度学习十个半月。

三、在学以致用、以文化教育为主、与政治教育密切配合的原则下，改进教育内容和方法，使与学生实际情况、边区实际需要及当前主要斗争任务结合，为此：

（甲）确定国文、政治（包括时事）、算术、历史、地理、自然为必修课程，另外酌授艺术（主要是音乐）、军事及酌量进行生产劳动。国文学习时间应保证相当于全部学习时间的三分之一。各课课本教育厅拟在年内新编一部分，有新课本前各校根据情况自行研究决定。

（乙）确定学生社会活动为教育计划的组成部分，领导上应有重点有组织地率领学生参加各个时期的各种主要社会运动，由此总结经验，充实实际知识并培养工作能力。

（丙）确定学生日常生活教育，即从学生日常政治、文化等生活中及工作作风、思想动态中发现、研究、解决问题进行教育，为教育计划的组成部分，使有限的课堂讲授和更丰富的实际生活结合起来。

（丁）为适应频繁的调动，今后制订教育计划时最好以半年为一小单元，并按照实际情况规定大单元，使学生不致因中途离校、所学太少。

四、老区中学生多属劳动群众的子弟，各中学不应因其文化程度较低拒绝其进入中学，但又必须有步骤地提高收入学生的质量。为此应经常有计划地主动与地方党政领导机关及各地完小取得联系，应将帮助改进当地的国民教育工作，当作自己当然业务之一。

五、在目前情况下，抽调老区中学的部分干部去新区工作，势所难免。干部缺额应由各分区自行解决。各专署及各中学应经常及时研究缺额时仍能恢复、坚持和提高中教工作的办法。一方面，应更加强干部的政治及业务学习，提高干部的工作责任性〔心〕和教育能力；另方面，应更加强对学生会等学生自治组织的领导，提高学生互教互学的自治能力，使教育干部或有减少，教育计划不致受挫。

以上各点希认真研究，切实执行，并将执行情况随时报告本府。

主　　席　林伯渠
副　主　席　杨明轩
　　　　　　刘景范
教育厅厅长　贺连城
副　厅　长　江隆基

【资料来源】

关保英主编：《陕甘宁边区行政救助法典汇编》，山东人民出版社，2016年，第423—424页。

甘肃省社会科学院历史研究室编：《陕甘宁革命根据地史料选辑》第三辑，甘肃人民出版社，1983年，第287—289页。

陕西省档案馆、陕西省社会科学院合编：《陕甘宁边区政府文件选编》第十二辑，档案出版社，1991年，第148—149页。

5. 陕甘宁边区政府关于黄龙分区中等学校工作的指示

(1948年)

一、中共中央西北局关于黄龙新区学校教育的指示颁发后，获得了新区广大青年学生与教育工作者的拥护和赞许。在此基础上，黄龙分区的中等学校多数已在政府领导及地方教育界人士的协助下，分别予以整理、恢复或合并开办。某些学校在短期内，已达到甚至超过原有人数。这个成绩是不小的，今后应进一步贯彻西北局指示的精神，有计划、有步骤地办好业已恢复的学校，加紧团结和帮助当地教职员，加强学习领导，改进教育内容和方法，在现有基础上，提高学生的觉悟程度，并继续恢复条件具备的学校，动员原有学生大部以至全部复学。

二、为适应日益发展的西北情形，黄龙分区中等学校的主要任务是培养大批具有为人民服务思想的青年知识分子，以补充军事、政治、经济、文化等各方面的干部需要。在新学制确定以前，学习期限暂时维持原状。各中学招生时，在学历及年龄上不必限制过严，使各完小毕业生及自学有成绩的穷苦青年，只要程度合格，即能得到充分的求学机会。各中学并可设立贫寒生补助金，以鼓励贫寒学生入学。各校明春均可增设春季始业班。为便于提高现任区乡干部与培养当前急需的各种干部，各校与当地政府可依据可能条件设立各种短期训练班。

三、课程方面，凡含有反动内容的科目，应坚决取消（如公民）或改编（如国文、史、地），另设政治课。各种课程应以切合实际达到学用一致为目的。在启发多数学生及教职员觉悟的基础上，逐渐改进，避免单纯以行政命令办事的方式。初中必修课程确定为：国文、政治、数学、历史、地理、动植物、生理卫生、理化、音乐、美术。高中必修课程为：国文、政治、数学、历史、地理、生物、理化。初中新生不授英语，旧生及高中生可根据需要设英语选修课。此外，还应在课外进行适当的军事体育及生产劳动教育。为使课程学习能正常进行，学生的社会活动及生产劳动，每周不得超过六小时。除自习及选修课外，必修课每周上课时数初中以二十四至二十八小时、高中以二十至二十二小时为宜，每年上课时数不得少于三十八周。师范学校的课程除二、三学年增设切合实际需要的业务课外，基本上与中学同。各科教员在正式授课外，还应切实地负责指导学生预习、复习、作业及必要的讨论，并深入地研究学生的学习状况与思想状况，以便不断地改进教学内容与教学方法。学生应着重个人学习，辅以集体研究、互相帮助。讨论会应限于有关思想教育的课程，每周以一次为限。

四、在学校组织上，应改变教务处与训育处分立现象，统一设立教育与事务两处。校务会议为校长直接领导的学校最高行政会议，由校长、主任、教职员代表组成，并吸收学生会代表参加。另设干部学习委员会，以组织和领导教职员的政治业务学习（学委会正副主任由正副校长或教育主任兼任，其他委员均由民主选举）。组织经费稽核委员会，以实现经济民主，改进学校生活。各校均应组织学生会，团结全校学生，实现民主自治，组织与推动各班学习，协助行政上把学校办好。学生会之成立要有足够的思想准备，经民主选举，领导上则应经常给予帮助和指导。

五、黄龙分区一般青年学生，对于国民党统治的贪污腐化、丧权辱国、欺压人民与残害青年等罪行，是深为痛恨的。解放以前，他们经常受到失学和失业的威胁，迫切要求进步。且其中大部分是劳动人民的子弟，作风朴素，有劳动习惯。但另一方面，由于长期受敌人的欺骗宣传与奴化教育，及封建落后的社会与家庭影响，因而存在着许多错误观念与落后意识。学校领导者必须针对他们的特点，加强思想教育，逐渐地纠正其错误认识，建立为人民服务的革命观点、群众观点及劳动观点，养成实事求是、艰苦朴素、虚心学习、自动自治、自我批评及遵守纪律的学风。进行思想教育时，必须通过学生的学习及生活实践，根据其觉悟程度，运用自由争辩、民主讨论、耐心说服等方式，逐渐提高。注意防止急性病及自流偏向。

六、黄龙分区各校主要依靠当地教职员开展工作的方针是必要和正确的。大多数教职员对于国民党的黑暗统治与奴化教育不满，愿在民主政府领导下，参加为人民服务的教育事业。因此领导上对他们应加紧团结、放手使用，在工作中诚恳耐心地予以帮助，使他们理解并掌握新民主主义教育的立场、观点和方法，以便逐渐地成为健全的新教育工作者。今后并应继续吸收那些可以参加而尚未参加工作的当地知识分子共同建设学校，设法争取那些因不明情况或其他顾虑而跑到敌区去的教员回来任教。

七、中等学校的方针、学制、课程、编制及主要干部的配备，由本府决定。其他日常工作，责成专署负责领导，离专署较远的学校可委托所在地的县政府指导。专署应定期召开会议，检查和研究中等学校工作，并注意着重办好一两个学校，取得经验，推动、改进其他学校。

以上指示，务望切实研究执行，并将执行情形随时报告教育厅。

【资料来源】

甘肃省社会科学院历史研究室编：《陕甘宁革命根据地史料选辑》第三辑，甘肃人民出版社，1983年，第317—320页。

6. 米脂中学政治课细目

（1948年）

一、绪论：现中国的两种社会（参考书：《中国革命与中国共产党》《近百年史话》）

（一）中国社会

（二）半殖民地半封建的蒋管区的历史变化

（三）新民主主义解放区的简单历史发展

二、蒋管区的经济现状（参考书：《四大家族》）

（一）四大家族有多少钱？

（二）四大家族的财产从何处来？

① 政治经济互为因果

② 内战发了财，发了财又内战

③ 买办发财

（三）全国经济一把抓

① 四大家族的四大银行控制了全国金融

② 工商业一把抓

③ 全国最大的地主

（四）蒋管区人民的经济生活

①"地皮刮尽"

②"今古奇捐"与"民国万税"

③ 物价飞涨

④ 争活命的斗争

三、新民主主义解放区的经济（参考书：《目前形势与我们的任务》）

（一）新民主主义的经济

① 新民主主义革命的三大经济纲领

② 新民主主义经济的三个组成成分

③ 新民主主义经济的指导方针

四、蒋管区的政治（参考书：《人民公敌蒋介石》）

（一）封建买办法西斯统治的新朝代

① 蒋介石的国家是什么？

② 蒋介石的政权基础

（二）蒋介石反革命统治的特点

① 特点一：法西斯主义的特务统治

② 特点二：武装的反革命

③ 特点三：帝国主义的代理人

（三）日寇投降及蒋管区的政治动态

① 政协会议

② "国民大会"

③ 蒋介石把中国出卖干净

五、新民主主义解放区的政治（参考书：《新民主主义论》）

（一）新民主主义国家

（二）新民主主义的政治

（三）解放区人民的政治权利

六、人民解放战争（参考书：《目前形势与我们的任务》《中央关于军事形势评论》）

（一）毛主席的十大战略方针

（二）战争的转折点

（三）一年左右打垮蒋介石反动统治

七、党派介绍（参考书：《国际常识》《群众日报》）

（一）中国共产党与中国革命

（二）国民党概况

（三）中国几个民主党派与团体

①中国国民党革命委员会

②中国民主同盟

③中国民主促进会

④致公党

⑤中国农工民主党

⑥中国人民救国会

附：各党派致毛主席电响应"五一"口号召开新政协会议

八、中国人民公敌蒋介石（参考书：《人民公敌蒋介石》）

九、中国人民领袖毛泽东（参考书：《毛泽东的人生观与作风》）

十、政策问题

（一）新区政策："减租减息""统一战线"

（二）土地登记

（三）工商业政策

（四）生产运动

（录自陕西省档案馆筹备处保存的原始档案）

【资料来源】

教育科学研究所筹备处编：《老解放区教育资料选编》，人民教育出版社，1959年，第136—139页。

7. 陕甘宁边区政府通令
——关于颁发中小学人员编制及待遇标准补充规定

〔通字第33号〕

（1949年5月19日）

各行署主任、各专员、各中等学校校长：

本府前次颁发之中小学人员编制及教职杂务人员待遇标准，尚有未尽之处，兹再补充规定如下：

一、自费制中学、师范学校医生之薪金按初中教员分数计算。

二、公费制中学、师范学校学生在三百人以下者设理发员一人，每增二百五十人左右增设一人，工资与杂务人员分数同。

三、经边府批准编制内有运输力之学校，运输员之工资，按勤杂人员最高分数计算。如有不足之数自行解决。

四、中学、师范及干校女教员之小孩，年在六周岁以内者，每两个小孩雇保姆一个，工资按勤杂人员分数计。

五、干小教职员之薪金与完小教职员分数同。（不包括保小在内。）

望即遵照执行！

主　席　林伯渠
代主席　刘景范
副主席　杨明轩

【资料来源】

关保英主编：《陕甘宁边区行政救助法典汇编》，山东人民出版社，2016年，第477页。

8. 陕甘宁边区政府通令
——关于颁发《新区中等学校贫寒生补助暂行办法》

〔通字第43号〕
（1949年8月14日）

各行署主任、各直属市长、各专员、各县（市）长、各中等学校校长：

兹制定《新区中等学校贫寒生补助暂行办法》，随令颁发，希即于八月份起开始实行。

此令

主　席　林伯渠
代主席　刘景范
副主席　杨明轩

附：新区中等学校贫寒生补助暂行办法

一、为培植师资与职技人才，扶助贫寒子女入学，使教育为广大群众服务，特制定本办法。

二、新解放地区各中等学校（包括中学、师范、职业学校）均设有贫寒学生补助费，其名额而下：

（甲）中学贫寒学生补助名额以不超过全校学生总数百分之十为限。

（乙）师范贫寒学生补助名额以不超过全校学生总数百分之五十为限。

（丙）职校贫寒学生补助名额原系自费者与中学同，原系公费者与师范同。

三、贫寒学生补助费之标准规定，为每人每月麦子六十市斤（产麦区），或小米四十二斤（产米区）。此项补助以学生实际在校学习时间为限，学期中途因私事请假逾一周以上者按日扣除，寒暑假一律停发。

四、新解放地区各中等学校（中学、师范、职校）学生具有下列条件之一者，得有优先享受贫寒生补助费之权：

（甲）家境贫寒之烈、军（解放军）、工属子女。

（乙）家境贫寒且成绩优良之劳动群众子女。

（丙）家境贫寒之少数民族子女。

（丁）在女子入学人数甚少之地区，若贫寒程度相同，女子有优先取得贫寒学生补助费之权。

五、贫寒学生补助手续：

（甲）须先取得该生原籍县政府负责证明信件，由学校初步审查后送呈专署批准，呈报行署或边区政府备查。

（乙）享受补助费之贫寒学生应每年审查一次。其有家庭经济情况改善、供给能力提高者，应向该生说明理由，停止补助。

六、本办法自一九四九年八月份起施行。

附注：

（一）关于干部子女入学待遇办法另行规定。

（二）上项补助费由学校列入经费预算经主管机关批准后由教育事业费项下开支。

【资料来源】

关保英主编：《陕甘宁边区行政救助法典汇编》，山东人民出版社，2016年，第493—494页。

9. 陕甘宁边区政府通知
——规定颁发《中等学校经费开支暂行办法》

〔生字第59号〕
（1949年8月14日）

各行署专员、县（市）长，各中等学校校长：

  为改善学校设备，提高教学效果，及统一经费开支起见，特规定《中等学校经费开支暂行办法》，随令颁发，希即遵照开始执行！

主　席　林伯渠
代主席　刘景范
副主席　杨明轩

附：中等学校经费开支暂行办法

一、教育经常费中之公杂费、教育费，采用包干制办法。新区自费制中学及师范学校，按全校人数平均，每人每月公杂费小米四市斤，教育费土布三市尺。老区公费制中学及师范学校，按全校人数平均，每人每月公杂费小米六点二斤，教育费土布五市尺。（公费制学校包括学生文具用品、灯油、烤火等在内。）

二、公杂费包括办公用品（麻纸、墨、笔、邮电）、灯油、火柴、烤火炭、烧木炭、笤帚、揩桌布、糊窗纸、校具、灶具及其他等项。教育费包括参考书、刊物、报纸、体育、娱乐、讲义、粉笔、考试纸、奖励等项。其中讲义、书报等费，比重数应较大。如有节余，亦应多购图书。购置物品要随时登记，校长调动时，须负责移交，并造具交接清册，呈报主管上级备案，不得私自处理。

三、中学及师范学校之临时费，由主管行署或专署根据学校规模大小与实际需要，造具预算呈边府教育厅批准拨付。

四、老区公费制中学及师范学校学生供给及马干、杂支等，依照后方党政民机关统一标准预算。

五、职业学校之公杂费、教育费，除师范学校标准开支外，得依实际需要，酌加实习费。

六、本办法自四九年八月起施行。

【资料来源】

关保英主编：《陕甘宁边区行政救助法典汇编》，山东人民出版社，2016年，第495—496页。

10. 陕甘宁边区政府关于中等学校改革的指示

（1949年8月25日）

（一）国民党反动统治时期的教育，从其根本性质上讲，是反人民的教育，是为少数统治阶级服务的教育。这不仅是因为它以其封建买办法西斯的思想统治学校，使进步思想受着极大的压抑，而且是因为它采用特务化的管理方法，使教职学员的民主活动经常受着迫害（但是，这些反动目的和实施，因为种种原因，在不同的地方受到不同程度的反抗和阻碍）。现在，国民党的罪恶统治被打倒了，人民当了主人。这个新的人民时代的教育，是为人民所有，并为人民大众服务的教育。依据这个原则，根据可能的条件，有步骤有计划地改造旧教育，使之适应人民的利益和新民主主义国家建设的需要，是教育工作者当前的首要任务。

（二）旧的课程教材是为实现旧的教育方针而设施的，应逐步进行改革。依据目前条件，必须首先停授或改变含有反共反人民毒素的科目与教材。各校须立即停授的科目是公民、伦理、童训、军训，须改用人民政府审定教材的有国文、历史、地理。在审定教材到达之前，应停授其中反共反人民的内容。实际需要不大的英文，初中停授，高中改为选修。公民停授之后，另设政治常识，以使学生正确地认识社会发展和中国革命的基本规律，培养其为人民服务的思想。其他科目暂仍延用旧本。改革后，初中、简师的必修科目为国文、数学、政治常识、中外历史、中外地理、动植物、理化、生理卫生、音乐、美术、体育；高中及后期师范的必修科目为国文、数学、政治常识、生物、理化、中外历史、中外地理、体育、艺术；师范学校加授教育课；高中加授英文选修；职业学校的必修科目另定之。

除自修及选修课外，必修课每周上课时数，初中、简师以二十七至三十小时为宜，高中、师范以二十四至二十八小时为宜。各科教员在授课时应注意与人民大众的生活、生产相联系，并注意学生的接受能力。除正式授课外，应切实负责指导学生的自习、作业及各种活动，使学生不仅能领会教学内容，且能在行动中贯彻。

课外活动与社会活动应予重视，必须有计划地去组织领导。如组织课余劳动生产、社会宣传、民主活动和各种课外学习，以补助课内学习之不足和培养锻炼学生的劳动观点和群众观点。只对学生书本学习负责，不对学生实践活动负责的观点是错误的。但是，课外活动太多了，又必然妨碍学生的学习，课外活动要适度，限制在一定时间之内，一般的不得占用课程表上规定的时间，不得妨碍既定教育计划的执行。

（三）取消以毒化和奴化学生为目的的训导方针，培养学生为人民大众服务的思想，改变其轻视劳动与劳动人民的旧思想旧观点，培养其实事求是、艰苦朴素、虚心学习、自我批评、自动自治、遵守纪律的新作风。取消以管制学生为目的的训导制度。反对思想统治与消极处罚，提倡自由思想、民主争论、耐心说服等新的教导方式。取消烦琐的徒具形式的规则，提倡根据工作、学习、生活的需要，经过民主讨论、上级批准所建立的必要的制度、规则或公约；这些制度规则或公约，既经规定之后，就要号召和组织全校人员自觉地严格遵守，坚决实施。

（四）废除国民党统治时期的不民主的领导方式，建立在校长领导下的有主要职员二人（教育、总务主任）、教员代表二人及学生代表一人参加的校务委员会，统一领导学校的一切工作，并对政府负责。凡属全校性质的重要事项，均须经过校务委员会充分讨论，共同执行。此外由教职员代表及学生代表组织经济稽核委员会，检查经费开支是否合理及有无贪污浪费情况，以实现经济公开及经济民主。废除训教分立，实行教导合一，在校长及校务委员会下设教育处，负责课内教育及课外学习生活指导。废除导师制，每班设班主任一人；在班主任领导下由本班主要教员及学生代表一至二人组织班务委员会，负责组织领导本班学习和其他活动，并对教育处负责。

各校应在适当时机（多数人有此要求时）组织教职员会及学生会，并在充分酝酿讨论后，以民主选举方式产生。这个组织的主要任务是团结和教育全体教职学员，以主人翁的态度来工作和学习，发挥工作、学习的自动性与积极性，组织各种课余活动，举办教职员的各种福利事项，号召大家遵守纪律，建立同学间、师生间、同学与学校间的正确关系。

（五）宗教团体所主办的私立学校，不得将宗教科目列为必修课，不得在课内时间进行宗教宣传，不得强迫学生信教，亦不得强迫学生参加宗教仪式。少数民族举办的学校可根据其民族特点，设立民族课程，但不能违反人民政府的法令。

对于已经立案的私立学校，一律采取保护政策，并鼓励其发展。私立学校可以向学生征收定额的学费；不缴学费者，学校有权停止其学籍（但确属无力缴纳学费的贫寒学生，可介绍至公立学校学习）。

（六）学校的改造与提高，是目前教育工作者的首要任务，但学校改造与提高的一个基本问题是教育工作者自己的改造与提高。

学习马列主义与毛泽东思想是改造与提高教育工作者的基本方向。因此，在今后一年内，各校教员及有中等以上文化程度的职员，除学习时事外，应普遍学习政治经济学、社会发展史、大众哲学、中国革命与中国共产党、新民主主义论、文艺座谈会讲话及其他与当前工作有关系的文件。学习方法应以自学为主，讨论为辅，联系自己的工作和思想进行检讨。为了有组织有计划地进行学习，各校须以校长为首组织三人至五人的学习委员会，负责计划、组织、领导教职员学习，行政上应保证每天给予两小时的学习时间。但能否学习好的基本关键在于全体人员对学习有没有充分的认识，因此，应进行充分的酝酿和认真的思想动员。

（七）中等学校暂时仍维持原有学制，原有的学生应争取返回原校学习，招收新生须经文教委员会或市人民政府教育局的批准。教职员薪金将另有规定。（私立学校不在此限。）一般中等学校学生以自费为原则，师范生及贫苦学生的奖学办法另有规定。私立学校经费均以自筹为原则，成绩优良者将给予奖励。

（八）为了及时了解情况，交流经验，提倡工作，解决问题，各校应按照隶属关系，每月做书面报告一次。第一次应做全面报告，其他报告只限于本月内新发现的问题。报告要有内容，有分析，有重点，有改进工作的意见，文字以不超过三千字为宜。写报告前应经过有关人员酝酿讨论，写成报告后应对全体人员传达和组织讨论。各校应认识写报告不是对上级敷衍应付、照例行文，而是总结经验、改进工作、教育干部的重要工作方法，因此，要实事求是，有多少写多少，不夸张成绩，不掩饰缺点错误。

（九）本指示适用于公私立中等学校，望各校认真研究执行，并将执行的情形，按领导关系随时用书面报告军管会文教委员会（西安市区）和陕甘宁边区政府教育厅（西安市以外地区）。

【资料来源】

甘肃省社会科学院历史研究室编：《陕甘宁革命根据地史料选辑》第三辑，甘肃人民出版社，1983年，第439—443页。

陕西省档案馆、陕西省社会科学院合编：《陕甘宁边区政府文件选编》第十四辑，档案出版社，1991年，第36—39页。

11. 中共中央西北局宣传部、陕甘宁边区政府教育厅拟定中等学校新课程

西北局宣传部及边府教育厅，在中央宣传部协助下，已拟定边区各中学师范三年（六学期）的教学科目及各科主要内容，并已分配专人编撰教科书。基本教学科目及时间如：边区建设（第一至第三学期，每周四小时），政治常识（第四至第六学期，每周三小时），国文（第一至第四学期，每周五小时；第五至第六学期，每周四小时），数学（第一至第四学期，每周四小时；第五至第六学期，每周三小时），史地（第一至第四学期，每周三小时），自然（第一至第四学期，每周三小时），生产知识（第五至第六学期，每周三小时），医药知识（第五至第六学期，每周三小时）。各学期之课程表如下（括号内为每周时数）：

	学　期					
	一	二	三	四	五	六
课程	边区建设（4）	边区建设（4）	边区建设（4）	政治常识（3）	政治常识（3）	政治常识（3）
	国文（5）	国文（5）	国文（5）	国文（5）	国文（4）	国文（4）
	数学（4）	数学（4）	数学（4）	数学（4）	数学（3）	数学（3）
	史地（3）	史地（3）	史地（3）	史地（3）	生产知识（3）	生产知识（3）
	自然（3）	自然（3）	自然（3）	自然（3）	医药知识（3）	医药知识（3）

这个课程表的特点有四：一、实际。以边区建设列为第一项，以生产与医药列为最后两项，使学生入学以养成为边区人民服务的观念始，以掌握为边区人民服务的技术终，一改过去学生学一二十门课程而无一涉及边区的教条主义作风。二、精简。三年中

只学八门课，前三学期上课每周共十九小时，第四学期只十八小时，末两学期只十六小时，较旧制减少一半，使学生摆脱不必要的负担，多的时间进行课外研究与课外活动。三、集中。三年只学八门，每学期又均只学五门，每门每周至少三小时，使学生可以集中注意力于所学功课，不象〔像〕旧制之课目繁杂，而多数又只学一两学期，或每周只一两小时，学生因抓紧两三门重课，对这些课即不能得到深刻的印象，结果还不如不学。四、连贯。如先学边区建设及史地，后学政治常识，由具体及于抽象；先学自然及一部分数学，后学生产医药，由原理及于应用等。数学、史地、自然、政治常识各门都不象〔像〕旧制之再分为几门，亦为使学生获得完整的概念。

至各科内容，已经根据实际需要，详细研究。据悉，边区建设包括边区史地、边区政策、边区组织三项；政治常识包括经济政治常识、抗日战争与三民主义常识、组织生活与工作方法等三项；国文以养成日常工作中各种实用文字的正确读写能力为主旨；数学以养成财经合作等部门需要的会计统计人材〔才〕为主旨；史地以第一学期教鸦片战争以前的中国史，第二学期教近百年中国史，特重五四以后的现代史，外国史仅于两学期中取必要者参〔掺〕入教授，第三学期学中国地理，第四学期学外国地理，均重在经济政治地理；自然以根据地战争与生产的需要为背景，使学生得到关于自然现象自然规律的综合而有系统的常识；生产知识，在各部中侧重农业，亦兼及工业商业等的初步概念；医药知识，教一些接生救急防疫兽医等简易切用的技术和一些常见的中西医药品的性能，以为推广边区群众卫生运动之用。

【资料来源】

《解放日报》1944年5月27日第1版。

教育科学研究所筹备处编：《老解放区教育资料选编》，人民教育出版社，1959年，第21—23页。

第六部分
社会教育

延安时期的社会教育是对不能脱离生产的广大民众进行的教育，不包括学校教育，主要对象是不能脱离生产的文盲和半文盲大众，动员妇女参加文化学习也是边区社会教育工作中艰巨而重要的任务。社会教育的主要内容包括文字教育、政治教育以及自然科学教育等。延安时期社会教育的组织形式有识字组、识字班、夜校、半日校、冬学、民众教育馆等六种。其中，冬学是社会教育最主要的形式。边区教育厅规定冬学为一种经常的学制，从1936年开始，无论是政府还是民众自己组织的，都要利用农闲季节开展大规模、有组织、有计划的冬学运动。本部分主要收录延安时期有关社会教育的方案、决议、通知、指示、通令及经验总结等，内容涉及社会教育的学制、课程、教材、教学方法、办学形式等多方面，具体包括培养产业工人干部、陇东冬学工作、镇原冬学、庆阳冬学、刘家城卫生冬学等内容。

党中央的正确领导和边区政府的重视是社会教育取得成功的关键。延安时期的社会教育与群众的生产生活密切结合，坚持群众的需要和自愿两条基本原则，坚持文教工作中的统一战线。延安时期的社会教育不仅提高了边区人民的文化科学水平和政治觉悟，在破除迷信、讲究卫生、移风易俗、建立新的社会风貌方面起了重要作用，同时也提高了基层干部的政治思想水平和工作能力。

一、社会教育综论

1. 陇东特委、专署等1941年关于社教工作的联合通知

《解放日报》1941年10月21日报道了陇东特委、专署、青救会、妇联、工会曾向各县发出联合通知,就社会教育的任务、规模、时间、教学内容、经费等作了具体规定:

(一)今年冬季社会教育工作。以开办冬学为中心,集中社教工作领导力量,奠定今后冬学的社会教育的基础。在开办冬学有利条件的地区,建立真正有内容的冬学71处,学生1380名——曲子20处400人,环县14处280人,华池10处200人,庆阳10处200人,合水10处200人,镇原7处100人,重质为主。为此,必须达到以下标准:①每校最低20人,并保证从始至终不得缺学。②学校的实际时间应保证三个月足。③教学的成果要达80%。

(二)教学内容:以新文字、文化教育为中心,方块字为辅。

(三)各地冬学教员,由新文字冬学教员训练班毕业生充当;偏缺差额,须经各地自行聘请。

(四)冬学教员经费及办公费,须从教育经费中筹借开支。办公经费的不足余额(如燃油等)可由学生负担。

(五)冬学授课时间以3个月为限(从12月3日起到明年2月底止),当旧历年关,可以安排群众习惯休假几天(不得超过一星期)。

(六)动员办法(略)

(七)领导问题:在开学以后每10天向区汇报一次,每10天区向县报告一次,县向分区得15天报告一次。

1941年10月
(抄自华池县档案馆)

【资料来源】

中共庆阳地委党史资料征集办公室编,刘凤阁主编:《陕甘宁边区陇东的文教卫生事业》,内部资料,1992年,第328—329页。

2. 延安大学教育方针及暂行方案

（1944年5月）

一、教育方针

（一）本校以适应抗战与边区建设需要培养与提高新民主主义即革命三民主义的政治、经济、文化建设的实际工作干部为目的。

（二）本校进行中国革命历史与现状的教育，以增进学员革命理论的知识与新民主主义即革命三民主义建设的思想，并进行人生观与思想方法的教育，以培养学员的革命立场与实事求是的工作作风。

（三）本校教育通过以下各种方式和边区各实际工作部门及实际活动相结合，以期实际经验提升至理论高度，达到理论与实践的统一、学与用的一致：

1. 与边区各有关实际工作部门建立一定组织上或工作上的联系，各有关实际工作部门负责人，依具体情形，直接参加本校有关院系的教育工作之领导。

2. 边区建设各方面政策、方针与经验总结，为本校教学之主要内容，技术课以适应边区建设当前需要为度。

3. 本校研究人员有计划有系统地进行边区建设各方面实际问题之研究，并依具体情形定期地参加各有关实际工作部门的工作。

4. 本校学员在修业期间，定期地分派到各实际工作部门进行实习。

（四）本校实行教育与生产结合，以有组织的劳动，培养学员的建设精神、劳动习惯和劳动观念。

（五）本校在教学上实行以自学为基础的集体互助，教员与学员互相学习，并使教员、学员中书本知识与实际经验互相交流；同时发扬教学上的民主，提倡质疑问难、热烈辩论的作风，以培养独立思想与批判的能力。

二、学制

（一）本校分设行政学院、自然科学院、鲁迅文艺学院及医药系，以分别培养各种专门干部。行政学院分设行政、司法、财经、教育四系，自然科学院分设工学、农学、化学三系，鲁迅文艺学院分设戏剧音乐、美术、文学三系，各系内依照业务学习性质分班或分组。

此外，本校并得依临时需要或特殊需要附设各种训练班。

（二）本校各院之修业期限，暂定为：行政学院两年，自然科学院三年，鲁迅文艺学院两年，医药系一年至二年。但年限并非机械的规定，主要以修完规定科目为标准。

（三）本校教育之进行，校内学习（包括听讲、阅读、漫谈、讨论等方式）与实习并重。在整个学习时间内，校内学习占60%，实习占40%，各院系得依具体情形伸缩之。

（四）本校教职学员均须参加经常的生产劳动。其时间与学习时间之比例为学习占80%、生产占20%，教职员得依具体工作情形缩减之。

三、课程

（一）课程编制：

1. 本校课程分为全校共同课与各院系专修两种，另设补助课程，以适应部分人之特殊需要。

2. 全校共同课之内容，为中国革命历史、现状之研究，革命人生观与思想方法之修养；各院系专修课之内容，为与业务有关的理论与政策之研究，及知识技术之训练等；补助课内容为文化补习课等。

3. 在校内学习之全部时间中，全校共同课占30%，各院系专修课一般占70%；在各院系专修课中，理论政策课一般占30%，业务知识课与技术课占70%，各院系得依具体情形加以伸缩。

（二）科目：

1．全校共同课

（1）边区建设概论；（2）中国革命史；（3）革命人生观；（4）时事教育。

2．行政学院

（1）全院共同课：边区民主建设的现行政策。

（2）行政系：

行政班：①三三制与民主集中制；②乡政权工作；③干部工作。

警政班：①警政业务；②社会常识。

（3）司法系：①边区法令；②判例研究；③司法业务；④民间调解；⑤法学概论；⑥现行法律研究。

（4）教育系：①边区教育文化概况；②小学教育；③中等教育；④社会教育；⑤教材研究；⑥现代中国教育思想研究。

（5）财经系：

全系共同课：①边区经济概况；②会计审计与统计。

经建班：①边区农业；②边区工业；③合作问题；④交通运输。

财政班：①财政业务；②税收业务；③银行业务；④贸易业务。①

（6）补助课：文化课。

3．自然科学院

（1）全院共同课：①数学；②物理学；③普通化学；④绘图；⑤外国语。

（2）机工系：①力学；②材料力学；③工程材料学；④工艺学；⑤机械原理；⑥原动机学；⑦建筑学；⑧机械设计；⑨电工学；⑩工厂管理。

（3）化工系：①有机化学；②工业化学；③理论化学；④定性分析；⑤定量分析；⑥工业分析；⑦化学工程；⑧普通地质学；⑨工厂管理。

（4）农业系：①农业植物学；②农业化学；③土壤肥料；④遗传育种学；⑤农业病虫害学；⑥边区农业概论；⑦农业生产组织及管理；⑧作物学；⑨畜牧学；⑩森林学；⑪园艺学。

4．鲁迅文艺学院

（1）全院共同课：文艺讲座（包括文学艺术历史、现状、理论诸问题）。

---

① 财政班的业务课任选二至三种。

（2）戏剧音乐系：①语言；②舞蹈；③发音及唱歌；④器乐；⑤民间音乐；⑥名曲研究；⑦排演实习；⑧民间戏剧；⑨名剧选读；⑩戏剧运动现状；⑪音乐运动现状；⑫创作实习。①

（3）美术系：①素描；②速写；③中国民间美术研究；④世界名画研究；⑤美术运动现状；⑥创作实习。

（4）文学系：①中国文学；②应用文；③文艺现状研究；④世界名著选读；⑤写作实习；⑥新闻学；⑦边区教育。②

5. 医药系（科目从略）

四、教学方法

（一）本校教学方法的第一个特点是学与用的一致，即一面学一面做，从学的过程当中去做，从做的过程当中去学。为此：

1. 本校教员及有工作能力之学员应积极参加有关的各项实际工作，并从事各种实际问题之研究，在实际工作中，一面立即直接地服务边区，一面进行教学。参加实际、研究实际，为教员的重要的业务。

2. 学生在校内学习一阶段完毕后，一般规定下乡实习三个月，再回校总结经验，进一步地学习。在校内学习期间，以学校附近地区为进行实习的场所。

3. 技术课以实习（或实验）为主。

4. 本校考核学习成绩以学而能用、知即能行（即注重实践与反省）为主要的标准。

（二）本校教学方法的第二个特点是自学为主，教授为辅。在自学的基础上实行集体互助，提倡教员与学员间互相学习，组织全校不同程度、不同成分之各种学员间在学习上的互助。教学一般地依如下程序进行：

1. 讲授：教员就该课内容提要讲授，着重提出问题，启发学员研究线索。

2. 研究：学员根据实际材料，依照教员提示，进行研究，做笔记与讨论（漫谈、讨论、墙报）。

3. 总结：研究完毕后，教员汇集研究过程中之争论与疑难问题，分别予以解答，或对全课作出一较有系统之结论。

（三）本校教学方法的第三个特点是在教学上发扬民主精神，教员有讲学研究自

---

① 名曲研究、音乐运动现状、名剧选读、戏剧运动现状任选二种。
② 新闻学及边区教育任选一种。

由，不同意见可以互相争论，互相批评。学员对教员讲授亦可提出意见和批评。在领导上则着重思想领导，力避用行政手段解决问题。

【资料来源】

教育科学研究所筹备处编：《老解放区教育资料选编》，人民教育出版社，1959年，第119—124页。

3. 关于培养知识分子与普及群众教育的决议

（1944年11月6日边区文教会通过，边区二届二次参议会批准）

（一）边区干部教育中培养知识分子的任务与群众教育中的扫除文盲的任务，由于战争形势与边区建设的发展，现在比过去任何时候更为重要了。抗战以来，边区的干部教育与群众教育在规模上虽都较前有了大的发展，但在领导上曾经有一个时期受过教条主义倾向的严重妨害，直至整风运动以后，领导工作中的这个倾向才被纠正。另一方面，多数干部和学生在整风运动中已广泛认识到知识分子与工农互相结合的需要，而人民群众由于近年的生产发展与生活改善，也开始认识到学习文化的需要。因此以正确的方针和广大的规模来有系统地培养边区的知识分子、扫除边区的文盲，现在不仅完全必要，而且有了相当条件了。

（二）培养大量的边区知识分子，是今天边区的头等任务之一。各级领导干部必须了解：要完成长期建设边区的任务，没有一万到几万个高小毕业至中学毕业程度的本地知识分子，是不能设想的。要达到这个目的，须经过提高现任工农干部的文化和培养与工农相结合的新的知识分子两个方法。在提高现任干部方面，凡不识字或文化水平过低的同志，均应分别经过各中学地干班、干部冬训班、干部文化夜校、干部读报通讯组等，在两年至三年内一律扫除文盲，达到至少能看懂《群众报》的程度。已识字的亦应努力学习，达到具有高小毕业至初中毕业的程度，以求自己的工作能力与时俱进而不至落后。在培养未来干部方面，应确定延大及其相当于高中之预科除训练一般外来知识分子外，并须多收各分区中学毕业生，按照情况与需要予以一定时期的教育，使其为边区服务。各分区中学及其地干班均应在提高质量的条件下扩大数量，使区乡级现任干部及能升学的高小毕业生有学习的机会。完全小学中的高小部分，在文化发展地区是属于所谓国民教育范围，但在边区目前情况下，高小亦负有干部教育的一方面任务。各县应尽量设法克服高小学生入学的困难；其毕业后的出路，原则上应由学生本人或其家长决定，但应尽量争取其在地方服务或升入中学。边区各级领导机关，对于所属在职干部的文化教育与高小以上的各级学校教育，均须以首长负责亲自动手的精神认真领导，按时检查工作的执行情况，使培养知识分子的要求在两三年内达到一定的成绩。

（三）各级干部学校应彻底肃清教条主义的恶习，这就是说干部学校的教育内容应从边区工作的实际需要出发。中等学校以上应按其性质培养出了解政策并具有相当实际工作技能的人才，同时必须注意一定的必需的知识水平；各中学尤应加强和实际结合的文化知识与科学知识的教育。现在有些学校由于各种原因所形成的教育效率下降的现象，应该迅速克服。脱离实际脱离群众的恶习，对于任何学生和教育人员都是应该继续严格纠正的，但我们所要培养的知识分子，应该不仅具有为人民服务的满腔热忱与实际技能，并且具有一定水平的现代科学知识。

为了提高各学校的质量，有关的各级领导机关应该负责帮助这些学校及其主要负责人（包括主要教员）使其与实际保持密切接触，了解本地工作的具体情况与各个时期训练干部的具体要求，以便在编制与课程上更切合实际；某些课程并应由有关领导机关直接担任。高小、中学和延大预科，其招生标准依具体情况规定之，但各级学校的程度一般仍应大致衔接，其升级与毕业考试应认真举行；各中学与高小的课程，虽因各地需要不同须有伸缩，但应分别取得其上一级主管机关的同意；学校的生产主要应由学校专门部门负责，学生的生产应不妨碍其必要的每年至少九个月的学习时间；学生的课外活动（如学生会工作、群众识字、卫生教育、戏剧工作等），亦均应不妨碍学习，并应有目的地配合辅助学习，使成为学习计划的一部分。

（四）群众教育应从边区群众的实际需要出发。在目前边区情况下，群众教育的中心任务就是扫除广大成人与失学儿童的文盲，提高其文化与政治觉悟。群众目前迫切需要的是起码的读写算能力；而成为群众生活中最大问题的生产与卫生两项知识应构成读写算的主要内容。群众教育的形式，也应适合于边区环境。在边区农村分散、劳动力不足、群众学习要求尚未普遍的条件之下，为了广泛地发动群众学习的积极性，广泛地发动群众与政府合作解决教育中人力物力的困难，边区的初级学校应以民办公助的村学为主要形式，其年限与学制视各地情况决定之，不强求整齐划一，以不误生产为原则。为了便于贫苦儿童尤其是成人的学习，所有小学校（包括完小）均应按照需要与人力设立早班、午班、晚班，并由有能力的学生组织校外识字组，在冬季应着重组织冬学。在没有学校的地方则应发动政府机关、驻军、合作社、变工队及其他热心分子领导成立识字组、夜校、冬学等学习组织。经过上述各种形式及其他适用的形式，各地应按照具体情况，计划在若干年内首先吸收学龄儿童与青年男子之大部，及其他学习积极分子（如劳动英雄及若干青年妇女，一般妇女则首应学习卫生），都能参加一种学习组织；然后逐渐推广，在若干年后，做到彼时十岁至四十岁的人口之绝大多数都能识一千字以上。

（五）扫除全边区文盲的任务是巨大和艰难的，但在领导骨干和广大群众搞通思想、大家动手通力合作之下，是可以实现的。群众教育不但应该服务于群众的需要，而且应该经过群众的自觉自愿，依靠群众的积极性与创造性，因此必须广泛采取已见成效的民办公助和民教民办法。领导方面，必须首先在思想上作风上肃清官僚主义和形式主义，抛弃脱离群众的强迫命令办法。民办学校成立之前，应该在群众中经过必要的酝酿，以求积极分子的出现与多数群众的支持，又须适当地解决教员与经费问题，而教员能否在教学内容与方法上体现群众的需要，尤为一个学校能否获得群众拥护的关键。民办必需公助，教员教材经费都需要政府帮助解决，而更重要的则是方针的领导，这比领导公办的学校更要细发。民办也不是不要公办，一般完小的初级部和好的公办初小不但仍应存在，且应予以加强，使在民办学校中起核心作用。至于识字组、冬学等，则民办公助适应范围自更广泛。无论学校或识字组，为了吸引群众参加都须群众亲自看到学习的利益，因此都须建立据点，培养典型，表彰模范，以便由小而大、由少而多，平均主义和急性病是有害的。总之，只有在符合群众的需要与自愿的条件下，群众教育才能达到目的。

（六）为实现上述干部教育与群众教育的任务，必须切实解决教育干部问题与教材问题。各级领导机关对于现任教育干部必须在政治上、学习上、生活上予以亲切的关心，并对他们加以必要的尊重，提高他们的工作能力与热情，同时并应动员与征调有教育经验或教学能力的知识分子到教育岗位上来，以充实与加强各级教育行政机关与学校的干部。各级政府应责成所属干部学校依其性质有计划地分别培养各级教育干部，以应日益增加的对于教育干部的广泛需要。各级学校与群众教育的教材应于一年内全部完成。最后各级教育行政领导机关本身必须予以加强，提高行政效率，改善工作作风，如此方能贯彻正确方针的执行，引导边区教育达到巨大的辉煌的成就。

【资料来源】

《解放日报》1945年1月10日第4版。

教育科学研究所筹备处编：《老解放区教育资料选编》，人民教育出版社，1959年，第23—27页。

4. 中央关于大量提拔培养产业工人干部的指示

（1948年12月21日）

各中央局、分局：

中国革命正在迅速胜利地发展，全国各大城市及大工业、大运输业、大商业和银行、对外贸易等，均已或将要归人民政府所掌握。我党必须立即训练和准备大批接管全国各大城市及大工商业的干部，否则，绝不能应付迅速发展的客观形势。据沈阳、郑州及其他城市工作的经验，新提拔的产业工人和职员干部、懂得工商业技术的干部，对于接管大城市及大的工商业是很能干和很积极热情的，起了很大很好的作用。而农村工作干部及缺少工商业知识的干部，则对于接管大城市和大的工商业，就有很多困难。为此，我党必须从一切解放区的产业工人和职员中，立即训练、培养和提拔大批的干部，以便能够派遣他们和老干部一起去接管新解放的大城市及大的工商业，并参加党政军民各方面的工作。在一切可能的地方，大批地培养、训练和提拔产业工人和职员干部，已成为目前全党性的迫切的中心任务之一。为了迅速完成这个任务，各中央局、分局必须督促各城市党委及工会党组大大加强和改善各产业中的工会工作与党的工作，从产业工人和职员中细心挑选大批思想进步、工作积极、忠实可靠、懂得技术并有组织才能和办事才能的优秀分子，开办职工学校或速成的训练班，给他们以短期的普通的政治训练，及组织纪律训练和城市政策教育等；然后，依照情况并在自愿条件下，征调他们到新解放区去工作。

在产业工人和职员干部脱离生产后，他们的家庭困难，必须加以解决。所有被党、政府、军队和经济机关因有特殊需要而征调参加受训或担负无工资的工作,脱离生产的产业工人和职员干部,其家属生活困难又不能依靠农村代耕制度来解决者,须按其困难程度,发给其家属以原来工资或薪水的若干成以至全部工资或薪水,以解决其家庭困难,而其本人则按供给制的干部等级待遇。如果其以后在新的工作岗位取得新的工资或薪水,不少于其原有的工资或薪水时,即取消这种家庭津贴。这些家庭津贴或由企业机关发给,或由地方政府发给均可,但均须由国库开支。在目前必须不吝啬地发给这种必要的家庭津贴,才能成百成千地训练培养和提拔优秀的工人和职员干部到党的、政府的、军队的特别是经济的各种工作岗位上去,这在目前党的政治任务与组织任务上,都是一件十分重要的工作,望各局加以严重的注意,并将你们的计划和办理的情形及其中经验随时报告。

【资料来源】

中央档案馆编:《中共中央文件选集》第十七册(一九四八),中共中央党校出版社,1992年,第609—611页。

5. 面向群众、形式灵活的社会教育

社会教育是以文化、政治、卫生和群众文艺活动为内容的民众教育，土地革命战争时期，在陇东逐渐兴起。1930年，刘志丹等人在积极开展兵运工作的同时，就曾经常深入饥民群众和绿林好汉中间宣传革命道理，开展争取和改造工作，寻找兵源，扩大队伍。1931年南梁游击队成立以后，这支在陇东创建的第一支由中国共产党领导的独立工农武装，不论走到哪里，都采用张贴布告、演讲、刷写标语、召开会议等形式，将革命道理宣传到哪里。1934年，随着以南梁为中心的陕甘边革命根据地开辟与建立，南梁政府根据当时斗争形势组织穷苦老百姓以唱歌谣为主要形式，开展社会教育活动。"一杆杆红旗一杆杆枪，刘志丹队伍到南梁。……男当红军女宣传，革命势力大无边。"这些"信天游"充分表达了人民群众心向红军、想〔向〕往革命和对美好未来的憧憬，听了使人倍受鼓舞。这一时期的歌谣在其思想内容上各有特色，象〔像〕《妇女放脚歌》《跟上哥哥上南梁》等都以丰富的思想内涵表现人民群众对黑暗世道的仇恨和参加革命的决心，在当时起到鼓舞人心、激励人民的战斗作用。1935年，中央红军长征途经陇东的镇原、环县等地，广泛的革命宣传，打富济贫、惩处恶霸的革命行动，更加唤醒了陇东人民，增进了陇东人民对革命的信心和希望。之后，又随着陕甘宁省委、省政府成立，红军教导师、红二师等在陇东境内驻扎，在他们组织领导与帮助下，社会教育事业以不同形式日趋发展。

1936年陕甘宁省委帮助曲子县建立列宁俱乐部，开展识字扫盲及文艺活动；1937年红军教导师帮助庆阳县建立民教馆，充分利用其场所采用举办演讲会、教唱革命歌曲、办墙报和黑板报等形式开展生动活泼的社会教育活动，很有吸引力。然而，陇东的社会

教育事业全面系统地开展则是抗日战争时期。

1937年秋陕甘宁边区政府成立后,党和政府十分重视社会教育事业,提出了"发展民众教育,消灭文盲,提高边区成年人之民族意识与政治文化水平"这一为抗战服务的教育方针。在这一方针指导下,陇东各级党政组织为配合革命斗争和生产建设,在广大劳动人民中间进行扫盲和识字教育。在"扫除边区文盲"的号召下,组织广大工农群众参加识字教育运动。当时,陇东在开展社会教育活动中,根据农村居住分散的特点,照顾生产习惯和生活利益,因时因地因人制宜地创造了多种多样的学习形式。冬学、夜校、识字组、民教馆、俱乐部等是陇东根据地社会教育主要的组织形式。1937年冬首次开办冬学,1938年冬学发展到95所(合水、镇原因无资料未统计),有学员1581名。以后随着识字组的建立,以小学为中心建立半日学校和夜校,组织不脱离生产的男女进行识字扫盲。到1940年,陇东社会教育事业以各种组织形式有了广泛发展。据统计各县创办冬学80所,冬学学生1334名;夜校239所,有学生3182名;识字组374个,学生2390名;半日校62所,学生1124名。其中以新正县最多,全县参加学习人数2535人,妇女达1105人,占妇女总数的40%。与此同时,各县还相继创办民教馆、俱乐部以及剧团等社教组织。1939年成立的陇东剧团,它是在陇东这块土地上成长起来的最早的一支文艺宣传队。1940年该剧团在延安鲁艺学习期间进行汇报演出,曾受到毛泽东、朱德等领导人的接见。毛泽东主席并为该剧团题词"向前进,勇往直前",使全团同志倍受鼓舞,在返回陇东后,以更加高涨的热情投身于社会教育工作,演出了许多反映新生活、服务于抗战与生产、群众喜闻乐见的戏剧,在当时很有影响。这一时期,陇东社会教育工作总的发展趋势是蓬勃向上的。但是,从1941年开始,由于机械地执行边区教育厅规定的办学标准,"每校最低20人,学习时间必须保证3个月……"等规定,出现大量合并裁减各种社教组织,致使冬学等社教组织大为减少,对社教工作产生不良影响。1942年陇东各级党政组织结合整风运动对社教工作存在过份〔分〕强调正规化的偏向进行纠正,并按照群众"需要"和"自愿"的原则进行相应改革。从此社教活动在抗战的后4年间出现了蓬勃发展的新局面。

第一,社教组织以各种形式脱颖而出。1942年整风运动之后,社会教育工作又重新获得生机。陇东地委认真贯彻陕甘宁边区教育厅关于成人教育重于儿童教育的方针,以及社会教育"进一步为群众服务,为政治服务"的口号,在开展社会教育活动中,根据本地区的实际状况,大力创办各种社教组织。各县民教馆、夜校、识字组、读报组等在以前基础上又有大幅度增加。同时还采用"旧瓶装新酒"的办法,利用社火、秧歌等民间艺术开展活动,寓教育于娱乐之中,掀起了社会教育活动高潮。在当时众多的社教组织中，以冬学最为突出。从时间、对象、教学内容分，有全天冬学、半日冬学，有男子冬学、妇女冬学，有行业冬学、文武冬学、卫生冬学和一揽子冬学，等等。这些方便群众的组织形式，符合人民群众要求，因而也调动了他们识字学文化的积极性。据1944年统计数字，陇东的庆阳、合水、镇原、环县4个县冬学就由1942的12所发展到474所，参加冬学人数也成倍增加。尤以庆阳县最为突出，冬学由1942年的5所增加到148所，学生由112人增加到2800名，特别是一向被关在屋里的妇女也走出家门参加学习。

第二，教学方法与教学内容同群众生产、生活利益相结合。这一时期社会教育在其教学方法上与抗战初期相比较，有了明显改进，并显得比较灵活。因时因地因人制宜地创造了个别教、互帮互教、家庭互教等多种形式。在时间安排上采用大忙不学、小忙少学、农闲多学、雨天雪天集中学习的办法。如1943年环县新营湾冬学在办学过程中，女教员叶冷除挨家挨户上门动员群众参加冬学外，她还见缝插针、送教上门，创造了"炕头冬学"，妇女不出家门也可学文化。还有象〔像〕华池县白马庙石怀玉识字组创造的"字条子教学方法"，即教师把所教的字写在纸条子上，先教会组长，再由组长把字条子分发给他们的组员，这样的识字教学很有效果。

群众迫切需要掌握的东西，也就是社会教育所教的主要内容。通常以识字为主，同时还进行政治、生产技术和卫生教育等。1944年曲子周湾冬学女教员赵晋英在教学当中为照顾不同对象要求，就创造了"一揽子冬学"，即：对一字不识者则教扫盲识字；对乡、村干部教记账、珠算以及写信等；对妇女教认票子。由于所教内容与群众需要密切相关，他们都乐意参加，后来该村1/3的群众自愿报名参加冬学。同时，社会教育在其教学内容上也注意同群众生活利益紧密相联〔连〕。镇原县刘家城冬学，起初是以识字为主，后来教员李冰珠根据农村妇女疾病多的状况，便将冬学教学内容改为群众需要掌握卫生常识的"卫生冬学"，参加学习人数由原来26人很快增加为70人。经过学习，全村绝大多数妇女掌握了一定卫生知识，有效地预防疾病传染，出现人人讲卫生的好习惯。

第三，发动和依靠人民群众共同办社会教育。发动群众，依靠群众共同开展社会教育工作，这是对以往单纯靠政府创办教育事业制度的重大改革，有效地促进社会教育事业发展。当时，陇东各级党组织和人民政府除号召动员全社会积极参与和支持办学外，主要是依靠劳动英雄、变工队长及各地较有影响人士出面组织社会教育工作，由他们动员群众解决经费、设备并进行管理，政府则根据情况予以指导。象〔像〕当年陕甘宁边区特等劳动英雄张振才，他在自己识字的同时，还领导全村的识字运动，立下了要在两年半内消灭全村文盲的计划。他所在城壕村，除老弱病残和不到学龄的儿童外，其余31

人全部参加识字运动。后来他还将识字组发展成为相当正规的夜校，用开公荒、人合作办法解决全村识字运动经费。张振才创办社会教育事业的成功经验赢得党和人民赞誉。教育家蒋南翔曾在1944年10月2日《解放日报》撰文，对张振才领导的识字组给予很高评价。又如庆阳县"社火头"黄润用"唱曲子、耍社火、教识字"办法组织群众参加识字运动。与此同时，在党和政府号召下，曲子、新正等县的宗教界著名人士积极组织动员回民利用主麻日在清真寺内读报识字，深受回民拥护，也有力促进了陇东社会教育事业发展。

解放战争时期，陇东社会教育工作认真贯彻边区政府制定的《战时教育方案》精神，在社会教育内容上密切联系战争实际、土改实际和生产实际，在组织形式上根据斗争任务和群众需要而决定。

首先，为支援战争服务。教育内容主要是教育群众树立革命观念和战争观念，动员广大群众参军、参战、拥军、优属、担负战争勤务和加强地方武装。1946年，陇东战争迫近之时，庆阳县将冬学改为文武训练班，每区一处，训练民兵、民夫队。陇东其他各县也同时进行反奸、防匪、巩固后防，支援前线教育。

陇东战争爆发后，陇东各级党政组织发动各级学校和各种社教组织参加各种形式战时宣传活动，分头下乡，从实际活动中对农民群众进行战时教育工作。镇原县先后从民教馆、镇原完小等单位抽调人员组成秧歌队、宣传组分头到孟坝区各村进行战备宣传，收到了良好效果。与此同时，各地还采用上门宣传，办黑板报和墙报、散发传单、演讲等多种多样形式，因时因地制宜地对农民进行宣传教育工作。由于广泛深入地宣传教育，广大人民群众的阶级觉悟和政治热情提高了，广大青壮年积极参军参战，奔赴前线杀敌。1947年陇东分区各县以及关中分区的新宁、新正两县征兵达9580人，其中新宁、新正两个县征兵4850人，既加强了地方武装，又为主力部队输送了大批优秀战士。

其次，社会教育为土地改革服务。为配合土地改革运动进行，陇东解放区利用冬学、夜校、识字组等社教组织及时宣传土地改革政策，从政治思想上武装人民群众，使他们真正认识到土改是穷人从政治上、经济上翻身的大事。广泛地宣传教育，使广大群众积极投入到土地〔改〕运动中去，推动土改运动蓬勃发展。

再次，随着各县收复和解放，陇东各级党政组织在恢复中发展和建立各种社教组织，并根据当时的中心任务开展扫盲识字、拥军支前、反封建、反迷信活动，为迎接全国解放做了较大贡献。

陇东根据地开展的社会教育活动，是老解放区教育事业的组成部分。它不仅为根据地建立和巩固做出了重大贡献，而且在提高群众政治觉悟和文化水平、革除封建陋习、促进生产发展、保障人民群众健康水平等方面都取得很大成绩；不仅创造出了形式灵活、多种多样的组织形式，而且在教学内容和方法上也是紧密联系革命斗争实际和群众需要进行的。它在老解放区教育史上占有重要地位。

【资料来源】

中共庆阳地委党史资料征集办公室编，刘凤阁主编：《陕甘宁边区陇东的文教卫生事业》，内部资料，1992年，第39—46页。

二、社会教育的主要形式：冬学

1. 冬学运动进入新阶段（节选）

各县冬学运动，自去年12月初开始以来，两个月的时光，已收到了相当的成绩，大部均已在数量上完成并超过了边区教育厅给予他们的任务。目前正进入第二阶段。这一新阶段的特点是保证教育计划的完成，保持学生的数量的原状并格外扩大等等。兹将各县工作进行状况汇报于后：

宁县

宁县是文化最落后的地方，过去因为种种原因，又没有注意到教育工作。可以说宁县的教育工作从去年4月间才开始的，所以大部分的小学教员还是老先生，读的还是四书五经。可是冬学运动在该县开展以后，给了群众一个极大的刺激，给了宁县教育一个刷新的机会。老先生们旧教育的弱点完全暴露出来了。因此，二区四乡的任章小学与三区二乡的黑庄小学，学生都起来反对老先生教古书；二区三乡的宋家庄小学，学生要求并到冬学里去；三区一乡的姚家村小学，学生更自动地跑到冬学中来。这些事证明了冬学运动在该县的丰富收获。

新正

该县的冬学运动，一般的是在猛烈地开展，但在个别现象中，却发现了一个极坏的例子。即是该二区五乡冬学教员，因为是当地人，就利用群众的封建观念，来反抗区级的指示，而且自己对于冬学的校务又极不负责。后来不得不发动群众，来和他们的恶劣倾向作斗争，结果总算把它克服了。

环县

环县在冬学运动中，由于干部首先遣送自己的子女到冬学里去的模范作用，引起了群众对冬学的热烈拥护，而且也产生了两位小英雄：一位是洪德区新七乡朱家河的某女孩，一位是项儿堡的李改娃。她们不但自己在冬学运动中学会了好几百个字，并且还能把自己认识的字去教爸爸、妈妈、弟弟、妹妹。

【资料来源】

《新中华报》1938年2月5日第3版。

中共庆阳地委党史资料征集办公室编，刘凤阁主编：《陕甘宁边区陇东的文教卫生事业》，内部资料，1992年，第325—326页。

2. 陕甘宁边区教育厅通令
——关于冬学问题

在目前的抗战阶段里，敌人正集中火力夺取武汉威胁西北。我们为了迎击敌人的大的进攻，要集中一切人力、物力、财力，保卫大武汉，保卫西北。而今年的冬学，是在这样的情况下举办的，无疑义地与保卫大武汉、保卫西北、保卫全中国、争取抗战最后胜利有密切联系。办冬学是给农民受教育的良好机会，同时也就是普及教育消灭文盲的重要办法之一，并且是政治动员军事动员的一种深入群众的力量。今年的冬学工作，有它有利的条件：首先是天年丰收，农民给足有余。其次一年来的坚决抗战，泛起了全国抗战怒潮。特别在抗日模范的民主区——边区的人民，对于抗战认识大大提高，并且从各方面积极动员参加抗战。因此需要精神上的食粮非常迫切。同时有去年举办冬学的基础，群众对冬学已有进一步的认识。今年再办，当更获得群众的拥护。

但是另一方面，今年举办冬学，也有它困难的条件：

（一）去年鲁师延师学生，担任各地冬学教员二百三四十名；今年鲁师边中，仅可抽出六七十名学生担任教员。

（二）今年春各地冬学结束，有不少转变成了小学，把不少的冬学教员吸收到了小学教育方面；同时还有不少的冬学教员参加其他的工作。因此本年冬学教员较去年少。

所以在数量方面，只能订出四百个冬学和六千个学生的计划。但是虽然有这样的困难条件，我们若能用最高的积极性与工作热情去做，那么我们相信今年的冬学任务，是一定能够完成的。

关于冬学工作进行的办法，提出以下各点。各地特派员及县三科同志，应根据此各点，积极准备。

（一）各分区直属县应办冬学及学生数目：

1. 直属县：

延安四十、延长二十、延川五十、安塞二十五、固临二十、安定二十五、甘泉十五、志丹十、靖边十五。

2. 关中分区：

赤水二十五，新正二十五，淳耀十八，宁县十二。

3. 庆环分区：

曲子二十四、环县十五、华池六。

4. 三边分区：

定边十五、盐池十。

5. 神府分区：

神府三十。

6. 新正、赤水、延川、神府，每校学生平均要在二十名以上。定边、盐池、曲子、环县、华池、志丹，每校学生平均要在十二名以上。延长、固临、甘泉、延安、安塞、安定、淳耀、宁县、靖边，每校学生平均要在十五名以上。

（二）冬学教员：如上所说，今年的教员比较缺乏。鲁师因需致力于培养小学教育的师资，不能将师范学生全部调出搞冬学工作，今年能从予〔预〕备班及师范班两班中共抽调五十位学生出来做冬学教员；边区中学是新创办的，且为一普通中学，学生在教学方面的训练可谓完全没有。因此，顶多只能选拔二三十人去充任冬学教员。从延安的其他学校，或可再抽调一部分学生去教冬学。总之，本厅今年除抽调鲁师五十人外，只能再供给各县六十个冬学教员。所缺少的教员，要各县三科举办冬学教员训练班，尽量动员当地知识分子来参加，训练期满，即派往各乡充任冬学教员。并在各小学内斟酌附设冬学，冬学教员由小学教员兼任，这样可以弥补没有教员的困难，而照样可以进行并完成我们的冬学工作。

1. 教厅分派各县教员数目：

A. 关中分区：

新正八　赤水七　淳耀十二　宁县八（鲁师学生担任）

B. 庆环分区：

曲子六　环县六　华池三（鲁师学生担任）

C. 直属县：

延川五　延长五　固临五　安塞五　安定五　靖边十　志丹七　延安十　甘泉八（由教育厅选派）

D. 三边神府，由当地提拔训练或附设于小学，教厅因教员缺乏和路途遥远，故不派去。

2. 完全小学、模范小学在可能范围内附设一二个冬学。至于普通小学，可根据地理环境、学校条件等方面决定。但附设在小学内的冬学，不得超过全县冬学总数目的二分之一。

（三）冬学教员训练班：开办冬学教员训练班，要各分区教育特派员、各县三科切实讨论执行。办法：

1. 深入地调查并动员能教冬学的知识分子，集中县三科所在地进行训练。

2. 要保证能够当冬学教员，不致受训练后或不胜任，或中途辍职。

3. 训练班经费，由各县三科事先造好预算，呈交教厅行政科核发。经费预算标准：学员待遇与小学教员相同，文具费，每人二个礼拜，不能超出一毛五分。灶具由三科筹措，不得开支经费。

4. 训练日期：二个礼拜（教材由教厅发给）；在十月十五号开始，月终结束。毕业后，可发给毕业证书，以资奖励。

（四）冬学班次：分高级班、初级班。去年上过冬学或识字较多的，可编入高级班内。今年初上冬学或识字很少的，可编入初级班内。编的办法有二：

1. 单独的——高级班、初级班，各取校址，分别成立。

2. 混合的——高级班、初级班，虽分班而不分校。

单独的、混合的二种办法可以酌量情形采用。

（五）领导问题：组织冬学委员会。

1. 各县在十月一号前，一律要把县冬学委员会组织起来。由县三科及社教指导员会同县委宣传部、青救会、妇联会等各单位五至七人组织之。

委员会要按时计划、讨论、布置、宣传、动员、组织冬学工作，并在各直属系统下的组织内，详细动员和检查督促，社教指导员更要在委员会内起积极推动作用。

2. 各分区冬学委员会主任，由各分区教育特派员分别担任，并负责督促及充实冬学委员会的工作。

3. 东地区——延川、延长、固临，及西地区——安塞、靖边、安定、志丹的冬学委员会主任，由教育厅选派；延安、甘泉直属教厅领导。

（六）冬学课本及课目：

1. 冬学用的课本，由教厅编审科积极负责编印，赶冬学前一律发到各县。

2. 冬学课目：（1）政治；（2）识字；（3）唱歌；（4）军事。以上四门功课为今年冬学主要课目。其他副课，由校斟酌自定，教育厅另外发给课本。

（七）冬学经费：

1. 冬学教员的粮食、菜钱，学校办公费，以发动群众负责为原则。要经过很好动员、宣传与说服，绝对避免摊派现象。但各县应按照各地具体情形，统一地规定，禁止乱收乱用。

2. 每个教员，每月津贴一元五毛，在群众自愿负担的原则下，可以发动群众担负，否则由教育厅发给。

3. 小学教员兼任冬学的，除粮食、菜钱、办公费不另发外，由教厅发给津贴费，每月一元。

（八）冬学开办时间三个月，国历十一月一号开学，次年一月底结束。

本厅今年的冬学计划，希望各级教育科详细订出工作计划，加强工作的速度，用竞赛等办法，积极动员执行，保证冬学数目的完成、冬学质量的提高，以及教育计划的完成。并将执行的情形，随时报告本厅，此令。

教育厅　周扬

【资料来源】

《新中华报》1938年9月20日第4版。

甘肃省社会科学院历史研究所编：《陕甘宁革命根据地史料选辑》第四辑，甘肃人民出版社，1985年，第93—97页。

3. 陕甘宁边区政府关于冬学的指示

（1945年10月23日）

各分区专员、各县（市）长：

去年冬学教育的规模比往年扩大好几倍，数量上和质量上都有相当收获。有些识字成绩较好的冬学，例如靖边县的三十七处，共有学生五七一名，平均每人识字四九五个，其中九四人能写简单的句子，一四六人能写简短的便条，七一人会珠算的加减乘除法，九九人能记账，四〇人能读《群众报》。全部冬学中有一〇二处转变为民办小学，这证明冬学还可在群众自愿的条件下成为推广小学的桥梁。

特别可贵的收获，是一部分冬学接受了需要与自愿的原则，并在此原则的实践中发挥了高度的创造性，使冬学的发起、组织与教学的方法，都能适合于极端分散的农村环境，适合于农民群众的生活情况及其具体需要。在发起的方法上，不是贸然的号召和简单的动员，而是先在积极分子和有威望的人士中进行酝酿，形成冬学的骨干和核心，经过他们去了解群众对冬学的态度、需要、困难和顾虑，进行宣传、解释和说服的工作，启发群众自愿入学；在开始的时候，不拘求学生数量，而是有多少教多少，力求在教学上作出榜样，以影响和推动其他的群众入学。在组织上，力求照顾不误工、不误活、不误时以及上学地方的方便，而采取了分散经营与分时教学的方式。例如分散经营：按距离远近分成小组，或轮校、轮先生或家庭识字、捎条子、小先生等形式。集体上学之外，又辅以个别教学。又如分时教学：全日、半日、夜校、午校等方式。按时上学外，又辅以随到随教。在教学内容上，虽主要是识字，但不拘于识字；虽有通用课本，但不拘于课本；而是从具体群众的具体需要出发，群众要学哪类字就从哪类字教起，要学啥就教啥。例如某地村主任要学数字和计算法，就从算术教起；某地妇女要学认票票，就从认票票教起。又如妇女有病娃娃养不活，心闷识不下字，一经发觉之后，就改教妇婴卫生，附带识字。一般除教学外，也依群众需要讲讲时事，甚至说古朝等等。

所有这些方式和方法，都是发扬了实事求是的老实作风，实践了需要与自愿的群众路线，足为今后冬学的楷模。

由于群众对识字的需要很难在短时期内达到自觉，又由于过去教育工作中命令主义的影响，去年冬学的大部分还不是民办，而是公办。但在需要与自愿原则执行得较好的地方，有些冬学就从公办逐渐过渡到民办，并有百多个冬学转变成民办小学。经过需要与自愿的经验，一部分群众觉悟到识字教育和冬学是他们需要的事情，是他们自己也能办理的事情，于是政府动手为主，就可能过渡到人民自己动手为主。从贯彻需要与自愿的原则，去推广群众教育方面的民办公助政策，这是去年冬学的宝贵经验，应当广为传播。

但去年冬学中，有相当多的一部分不是执行需要与自愿的群众路线，而是重复了过去的命令主义。他们强迫动员学生，摊派和指定学生，或分据点强迫编组，甚至采用捆绑或借人代替的办法。他们不顾地域远近，不顾时间忙闲，一味地集中办学，拒绝采用分散经营与分散教学的方法。他们死守课本，不顾具体群众的具体需要。因此，不但教育效果极小，而且在群众中造成了很坏的影响。这是今后冬学应该深深引以为戒的。

今年边区各地应该继续办冬学，依据去年冬学经验及当前的情况，向你们提出如下的指示：

一、鉴于今年有些地方歉收情况的严重，加以不能从延安派出冬学干部，今年冬学应该是量力而行，并看当地具体情况行事，灾情严重的地方无须办。此外则可集中力量于有完小的地方、普小有基础的地方、去年冬学生了根的地方、居民比较集中而又有识字需要的地方，并且注意鼓励识了些字的人和比较容易识下字的青年入学，为识字教育打下比较可靠的根基。

二、公办为主，或民办为主，或两者并行，看当地群众的情况决定。但有了去年的经验，今年应进一步提高群众的自动性，更多地注意启发、鼓励和帮助人民自己动手来办冬学。在有条件办冬学的地方，事先邀集当地群众中有威望的人士、关心识字教育的积极分子、小学教员（或派出的冬学教员）和地方知识分子，共同商量，形成冬学的核心，由他们出面办冬学，政府给以指导和帮助。

无论公办或民办，今年必须坚持需要与自愿的群众路线，严格纠正命令主义。自然，依据群众的需要和自愿办冬学，不是说我们就此可以采取放任主义态度，相反地，要使群众对识字发生需要和自愿，就要我们善于启发他们这种需要和自愿，而在他们有了需要和自愿之后，又要我们善于组织和领导他们。但如果采取命令主义，就只能使群众发生反感与消极，决不能发生需要与自愿，更不能产生民办。所以，必须严格地纠正命令主义，同时在纠正命令主义倾向之时，又要防止走到放任主义。

三、在冬学的组织形式上，应该接受去年分散经营与分散教学的经验，依当地具体情况运用之。在教学的内容和方法上，应该接受去年从具体群众的具体需要出发的经验，以通用教材为蓝本，但不要拘泥于现成教材。

四、在文盲占大多数的农村社会中，旧知识分子多有相当的地位，而对于识字教育，他们可能有很多的贡献。因此，在冬学教育中也同在一般识字教育中一样，应该尊重他们，极力争取同他们的合作，争取他们实际地参加冬学工作，至少应该避免造成他们同冬学对立的情况。

五、去年冬学教育中曾出现几处以妇婴卫生为主的妇女冬学，深得群众欢迎。今年各分区和县（市）在有妇婴卫生常识教育的条件下，应创办这种冬学。

六、各县政府依照上述一、二两项原则，指示区乡政府进行冬学的发起工作。县三科应召集冬学主持人和教导员开会，介绍去年冬学的经验，讨论清楚冬学的方针和办法，并给冬学以经常的具体指导（如巡视、检查、用通讯方法传播经验，以及帮助解决困难等等）。

七、冬学结束时，对于办得好的冬学及其得力的人员，应该由县政府给以奖励。

【资料来源】

甘肃省社会科学院历史研究室编：《陕甘宁革命根据地史料选辑》第三辑，甘肃人民出版社，1983年，第36—39页。

陕西省档案馆、陕西省社会科学院合编：《陕甘宁边区政府文件选编》第九辑，档案出版社，1990年，第275—278页。

4. 陕甘宁边区政府关于冬学工作的指示

（1946年1月19日）

各专员、各县（市）长、各中等学校校长：

（一）当此内战烈火烧遍全国，边区亦处在战争威胁之下，动员全体人民加紧备战，成为一切工作的中心。因此今年的冬学就要与自卫军的冬训密切结合，在教学内容上时事教育应与识字教育并重，配合若干自卫防奸的训练。各级负责同志，应有计划地到冬学去讲时事，尽量吸收当地群众来听，以提高群众对战争胜利的信心，并可邀请当地驻军或民兵干部去讲一些必要的军事常识，或请懂得国术的教授武术，以加强保卫边区的实力。

（二）按照各县的具体情况和可能条件，计划出应该办冬学的地区，分配干部深入农村抓住群众中的积极分子推动一般群众，说服消极分子，经过民主酝酿和讨论，大家动手办好冬学。领导上（特别是区乡政府）要经常注意检查和经过群众帮助解决冬学的困难。

（三）根据去年冬学经验，一揽子的冬学形式，最为群众所欢迎。如吴旗县去年有几处冬学，除编为早班、午班、晚班、半日班按时实行分班教学外，还辅以随到随教方式，既不耽误生产，又能进行教育。又如志丹、吴旗两县去冬还创立了巡回冬学，分地编组，教员轮教，便利于群众，值得取法和大大推广。

（四）其次还有几个具体问题：

1. 冬学教员的来源：延聘地方知识分子和开明人士；专署就近与师范中学商量抽调

一部分学生任教；各县市完小中小民教馆附设冬学班；各县机关部队的干部可在驻地附近办冬学。各县于冬学开学前，以县或区为单位开三几天冬学教员座谈会，把方针和具体办法研究清楚。

2. 学生对象以成年、青年为主，尽量争取他们入学，并争取去年上过冬学的学生继续入学。各县应根据实际情况给各区确定出具体任务，以免过去的自流现象。

3. 学习时间自十一月一日（旧历十月初八日）起至明年一月十五日（腊月二十三日）止，至少要保证两个月的学习。

（五）文化教材以教厅审定的日用杂字、识字课本、农村应用文为主，读古书的现象应加以说服，时事教材可采取《边区群众报》及分区的地方报。各县需负责供给报纸。

各县于接到这一指示后，立即动员起来参照去冬所发冬学手册，研究出具体办法，指示各区乡按时开学；其已发过冬学工作计划各县，应根据本文再作补充指示。务望各县三科长于来延开会前把冬学工作布置好，并责成专人分期督促检查。

【资料来源】

甘肃省社会科学院历史研究室编：《陕甘宁革命根据地史料选辑》第三辑，甘肃人民出版社，1983年，第61—62页。

5. 陇东布置冬学工作

【陇东讯】陇东特委、专署、青救、妇联、工会，关于今年冬学问题，于最近向陇东各县发出联合通知，其主要内容如下：

一、今年冬季社会教育工作，以开办冬学为中心，集中社教工作领导力量，奠定今后冬学的社会教育的基础。在开办冬学有利条件的地区，建立真正有内容的冬学71处，学生1380人。曲子20处，学生400人；环县14处，280人；华池10处，200人；庆阳10处，200人；合水10处，200人；镇原7处，100人。重质为主，为此必须达到以下的标准：

1. 每校最低20人，并保证从始至终不得缺学。
2. 学习的实际时间保证3个月足。
3. 教育的成果，要达80%。

二、教育内容：以新文字、文化教育为中心，方块字为辅。

三、各地冬学教员，由新文字冬学教员训练班毕业学生充当，短缺差额须经各地自行聘请。

四、冬学教员经费及办公费，须从教育经费中筹措开支。办公品的不足余额（如灯油），各校自筹。

【资料来源】

《解放日报》1941年10月21日第4版。

中共庆阳地委党史资料征集办公室编，刘凤阁主编：《陕甘宁边区陇东的文教卫生事业》，内部资料，1992年，第327—328页。

6. 合水教干联席会决定开办冬学整顿小学，加强干部学习工作制度

【合水讯】县三科于本月6日召开各区教育助理员、完小校长及教导主任等教育干部联席会议，布〔部〕署工作。会议进行两天半，当决定：

（一）全县共成立冬学6处，内汉字冬学两处、新文字冬学4处，每处学生至少20名，并保证经常到校。各区冬学一律在本月15日开学，三科及区助理员应集中力量于冬学工作。

（二）加强完小与整顿小学：

（1）建立新制度：建立完小校委会、校务会、教务会讨论行政与教育问题，规定每两月向政府报告一次。（2）教育管理：建立级任制，加强学生会领导，严格考试制度，举行月考、年终考试，教员每周研究教学法一次。（3）设备：除现有设备外，增设挂图、桌凳、图书、游戏器具。设立成绩室、阅览室。（4）建立学校秩序。（5）整顿小学，合并徒有形式的学校，取消不称职的教员。

（三）干部学习：三科及完小教员学《中国现代革命运动史》，每日读《解放日报》；初小教员看《边区群众报》及《救亡报》，看书做笔记。两月进行一次测验，成绩优秀者给予奖励，不好者批评。

（四）工作制度：县府在今年内赴各区学校巡视一次，划分全县为两个督学区，以二、四、五区为第一学区，一、三区为第二学区。

【资料来源】

《解放日报》1941年12月5日第4版。

中共庆阳地委党史资料征集办公室编,刘凤阁主编:《陕甘宁边区陇东的文教卫生事业》,内部资料,1992年,第331页。

7. 镇原的冬学（节选）

杨洛夫

去年，陇东的冬学镇原办得比较好。现在趁着各县冬学工作又在开始的时候，谈谈镇原冬学开办的经验，以供各县冬学工作同志参考。

注意两点准备

分区的联合通知一下来，县上便成立了冬学委员会。当时有的同志主张不要冬学委员会，特别乡冬委会不应该组织，可是，事实上县冬学委员会起了很大作用，前后召集了5次会，都解决了重要的问题。西豪的冬学在开学前10天才接到通知，然而，在乡冬学委员会合力动员下，却最先开了学。

桌凳在乡下是最难找的，尤其是黑板。因此，县冬委会决定：冬学都附设在初小里面，初小校长兼冬学校长，冬学教员仅负教学的责任。这样做有以下好处：冬学有了桌凳、锅、灶，可以马上开学；冬学学生见初小学生天天到校，也养成到校和遵守校规的习惯；初小校长有经验、有威信，学生信服他，好管理，如唐家原〔塬〕的冬学，学生还从校长那里学会简单的算术，初小学生也从新文字教员那里学会新文字，并培植了冬学和初小学生在学习上的竞赛心理，及生活上的友爱精神。

民主劝学

办冬学最困难的是招收学生，不仅要将学生收来，还要使学生经常到校，还要使学生学好，这是不容易的。镇原县去年办了3处冬学，64名学生，自愿来的7名，说服来的有53名，强迫来的4名，没有绑和拉的。唐家塬开办冬学时，县三科同志一下乡就向区长要学生名单。区长开不出，向乡长要；乡长也开不出，结果无法开学。后来县青救会的同志和乡青救会的干事商讨了一下，估量了一下，确定还是用说服的方法好。于是，就照着对象挨家解释，学生很快地就到校了。这就是说，开名单不是办法，只有民主劝学才能收到效果。

不能多办　最好少办

起初镇原决定成立7初〔处〕冬学，11月13日（开学日期）二次冬委会检查工作时，有的学校连校址都没有找到，坚持下去，将完全没办法。因此便决定成立5处，开学日期延误10天，但是，县、区、乡干部都去搞征粮工作，人少跑不过来，也就没办法按期开学。开学后半月，有的学校还是没有人。冬委会又决定合并为3处，将3处的书报、经费、教员、设备都增加，学生5里外的都住校，并由县委宣传部、县府三科、青救会分工各领导一处。这样一来，人力、物力集中，学校就容易办好。12月下旬，各校学生便超过了要求的数目。

60天学会写信

3处新文字冬学，时间不满80天，都有很好的成绩。64名学生毕业了30名，9/10的人会读，会写字母；5/10的人会拼音，会复合母音，会造句，会读《大家看》；并有2/10的人会写信。唐家原〔塬〕学生毛遇光没有念过书，在冬学住了60天，居然能用新文字写信记账。

【资料来源】

《解放日报》1942年11月16日第2版。

中共庆阳地委党史资料征集办公室编，刘凤阁主编：《陕甘宁边区陇东的文教卫生事业》，内部资料，1992年，第329—330页。

8. 陇东冬学工作庆阳成绩较好

【本报陇东24日电】庆阳县各区冬学先后开学，庆市有两处女冬学，已开课很久，今年学生多系年轻妇女，学习情绪很高；有专人任教员，市府对冬学帮助也很大。另外，民教馆主办之工人学徒补习夜校，每晚有六七十人，分甲乙两班，学生质量好，只有课程仅上识字课较单调。高迎区冬学分新文字汉字两组，新文字组共15人。因为教员刘克秀同志工作积极，教授得法，讲课能同实际生活中的问题联系，除新文字课外还有算术、音乐等课，现有很多学生已会写信。桐川、驿马关等区的冬学，亦已开课。今年该县冬学较好之原因：首先由于领导上抓得紧，一开始即成立了冬学委员会，三科对之亦甚注意；其次，各校均有专任教员，在经费上也有了准备，设备还好。

【资料来源】

《解放日报》1942年12月27日第2版。

中共庆阳地委党史资料征集办公室编，刘凤阁主编：《陕甘宁边区陇东的文教卫生事业》，内部资料，1992年，第332页。

9. 边区政府指示各分区今年普遍开办冬学

陕甘宁边区政府于6月3日发布今年冬学指示，原文如下：

各分区专员、各县（市）长：

（一）"天寒地冻把书念，花开水暖务庄农"，这两句陕北的俗语，说明了冬学制度在群众中的历史基础。今天边区由于农村环境、经济发展不足与文盲占大多数的情况，冬学仍然是极其重要的教育形式。它不但是广大儿童的学校，而且是广大成年男女及许多初级干部的补习学校。要消灭文盲，要提高文化，就要广泛地组织冬学运动。过去，我们办过冬学，有些地方办得有成绩，但由于多数人民的经济地位还未提高到适当程度，我们办学的方法又有许多毛病，所以未能开展，已办的也多未能持续。两年来农业生产的大发展，人民生活逐渐走上丰衣足食的水平，劳动力逐渐进入合作社的形式，识字的要求、提高生产认识的要求，也跟着增加和普及起来，为开展冬学运动造成了有利条件。因此，决定从今年起，每年组织全边区进行普遍的冬学教育。今冬的口号是每乡办一个冬学，条件好的地方还该尽量多办。自卫军冬训时，必须加识字课，与冬学配合进行。将来要做到每村1个，达到全边区公民除年老至50岁以上而确实不愿学习的人外，每人识1000字，都能读《群众报》的目的。不识字或识字过少的干部，尤应做人民识字运动的先锋与模范。

（二）过去冬学不能开展，且多不为群众所欢迎的主要原因之一，是我们没有采取更正确的方针，首先是没有采取群众自愿入学和劝学的原则，在群众中很少宣传酝酿。反之，实行了强迫动员，引起群众反感，视冬学如一种负担。过去那种方针，是脱离群众的，是一种错误，必须纠正，并坚持群众自觉自愿和劝学的原则，绝对禁止强迫动员。最好采取民办公助的方针，由地方劳动英雄、变工队长、读报组、识字组的组长，及地方有威望的人士自己出头办，县、区、乡级政府则给以帮助和指导。

冬学形式和内容要符合群众需要

（一）过去冬学的形式是不符合群众生活情况的。在分散的农村办集中的冬学，要学生离开家庭在校起灶，那不仅不能普遍使群众入学，反而加重群众的负担，引起群众不满。今后必须纠正，必须采取分散的原则，以村学形式出现，凡有学习者5人、10人之村庄，群众要求办冬学，就在那里办，村庄虽小而群众愿意入学的也要设法办。不要重蹈过去那种形式主义，一定要多少人才开办，以及照一般学校的办法等错误。

（二）在教育内容上，过去是不符合群众的当时需要，实际效果很低。今后应尊重群众的意见，以群众的需要为主。冬学的中心目的在扫除文盲，主要是识字，但在适当情形下，亦可用传授为群众所迫切需要的珠算或农业、手工业技术，或简单的医药卫生知识。关于教材，也可按照群众的意见，采用不求一律（教育厅正为冬学准备新旧形式的二类课本）。

（三）过去我们的冬学没有争取驻军、机关人员和学校师生（虽然取得一些小学教师的协助，但也不够），没有与冬季地方具体工作取得联系，那是做不好的。今年冬学不仅要联系当时地方具体工作，且要和秧歌运动、卫生运动等取得密切联系，尤要争取当地驻军、学校、团体及民间知识分子、老冬学教员等参加与帮助。

试办干部冬学，各县应提前准备

（一）除群众的冬学外，今年各县要特别试办干部冬学，由县政府负责同志主持，时间两个月，以提高干部文化程度、工作能力及研究工作经验、克服工作弱点为目的，故其学习内容除识字外，并可兼及业务或有关业务的技术，但识字的时间应占一半以上。

（二）在领导上各专署、县、区政府要有系统的领导，要具体地计划帮助和检查。本府将按各分区需要，届时分派大批干部，组织文工团下乡帮助工作。

以上是我们今年的方针，各分区专署、县政府应提前开始准备。首先要在干部中进行思想动员，讨论本指示，并配合检讨过去办冬学的经验教训。巩固目前群众中的各种形式的识字组，在变工队和纺纱组中，进行识字运动，宣传识字的好处，奖励表扬学习的积极分子，在群众与干部中利用各种机会酝酿一个"今冬农闲了，大家都来识字"的运动。这又要首先抓住劳动英雄、变工队长、群众中有威望的人、新近识了一些字的人出来说话，在干部中也要找到努力学习的分子，予以奖励表扬，让他们把话慢慢传开。在中等学校、完小高年级学生中，也要进行宣传酝酿，务使今冬大部分中小学教师、中等学生及一部分完小高年级学生及地方知识分子办冬学和教冬学有经验的人，都自愿充当冬学先生，为人民服务，并联络当地驻军与机关取得帮助。各专署、县政府应估计自己的力量，于9月初作出今年冬学（群众冬学与干部冬学）具体计划，呈本府审核，并提出各分区所需干部人数及课本数量，以便适当分配干部及印刷课本数额。但绥德分区在干部方面，原则由该分区自行解决。

主　　席　林伯渠

副 主 席　李鼎铭

教育厅长　柳　湜

副 厅 长　贺连城

【资料来源】

中共庆阳地委党史资料征集办公室编，刘凤阁主编：《陕甘宁边区陇东的文教卫生事业》，内部资料，1992年，第338—340页。

10. 边府发出冬学补充指示信

边府于本月二十二日发出关于今年冬学的补充指示信，原文如下：

各分区专员、各县（市）长：

关于今年开展冬学运动，已于六月三日发出指字第五十五号指示信，现在日渐迫近冬季，各地即须早做具体规划与准备，兹再就今年冬学工作的问题补充指示如下：

一、今年冬学的目的，主要有两个：第一是认识（对完全不识字的说）或增加识字（对识了些字的人说）三百至五百字，做到会认、会写、会讲、会用，单识了孤立的字不算。第二是扎下识字的根，即创立下据点，培养出积极分子（能做识字组的发起者、领导者或教师），以便经过冬训之后，明年的识字运动能够在全边区普遍开展起来。为此需注意吸收已经识了些字或对识字热心的分子做冬学学生，不应只收完全的文盲。如今年的某处冬学不能确立明年该处识字组的基础，则这个冬学工作就是失败的。

二、为了实现这个目的，又为了贯彻民办公助方针和群众自愿原则，今年的冬学运动，首先必须充分利用已有的读报组、识字组、民办小学、民教馆、夜校等各种形式的群众教育组织。因为这些组织在目前有些地区已有极大发展，并在组织形式、教育内容、学习方法上发挥了群众的创造性，获得成绩；又因为这些教育组织多同当地变、扎工队及妇纺小组等生产组织相结合，多为劳动英雄、农村干部、热心教育人士所关心，有的且取得了合作社、陆军及机关的帮助。所以今年的冬学运动，在原有群众教育组织的地方，不是把这些原有组织停止或拆散了，去孤立地设一冬学，而是在有了这类组织的乡村，从原有的基础上使识字运动向前发展，使之扩大成为冬学，或实际上起冬学的应有作用。在没有这类组织的乡村，采取群众愿意的形式创办冬学，力求通过乡村积极分子（劳动英雄、变工队长、自卫军干部、热心教育人士）和附近的合作社、驻军、学校等来进行。这样，冬学的组织，从当地现有条件及群众的家庭生活农村生活出发，联系到当时地方具体工作。如自卫军冬训等，可以采取整日班、半日班、夜校、妇女班及识字组、读报组、黑板报等种种形式。任何形式，都让群众大家讨论，议论规约，选举校长、班长、组长等等管理他们自己的学习生活，不能主观地规定一套，硬要他们去遵守。如有两种以上的形式同时存在，只要有存在的条件，亦不必强求统一。

冬学的地点，可依据前次指示之目的和本项指示之条件，适当地选择之。

三、关于课程，除主要教识字外，还应传授群众所迫切需要的卫生常识，如群众要学珠算，亦需教给他们。关于教材，除教育厅编印的课本外，教员可根据当地情况及学生程度随时编选补充，如农谚、春联、歌词等。有成绩的民办小学、识字组和夜校的经验证明：只要从群众当前需要学的知识出发，识字的进度就快，学习的兴趣就高，群众的创造性就能发挥。有的民办小学，让群众口编、教员记录整理，再教给群众，就是生动实际的教材，这办法值得参考。此外报纸是宣传、组织群众、推动工作的有力武器，也是最现实生动的教材，因此，每个冬学应有一份报纸，《边区群众报》或分区的、县的地方报纸均可。由各分区设法调剂供给。

四、在教学方式上，要根据教育对象、学习组织及教材灵活运用。如"民教民""小先生"、个别教学、分组与集体教学的配合等方式，"啥时来，啥时教""早来早教""家里实在忙就可以回家"，以及"轮回教育""家庭教育""挨户教育"等办法，只要适合群众需要，均可采用。在识字的方法上，现有经验如"分合教学法"（把一个字拆成几个字：如合作社的"合"字拆成"人、一、口"，三个字再拼成"合"字）、加笔画的教学法（如先教"一"字，逐渐增加教"二、三、王、主、羊"字）、部首分类教字法（如"艹、木、土、氵"等部首联系教有关的实用字），以及给每个学生订一本子，捉手写字，先写易的后写难的等，都是识字组或民办小学应用有效的识字法。冬学教员，可依据学生程度及教材，研究酌量采用，在实际中发挥自己的创造性。卫生、珠算及其他常识的教学，亦需与当地实际相结合。

【资料来源】

《解放日报》1944年8月25日第2版。

中共庆阳地委党史资料征集办公室编，刘凤阁主编：《陕甘宁边区陇东的文教卫生事业》，内部资料，1992年，第341—343页。

11. 陕甘宁边区冬学教学经验介绍

（1945年11月）

从具体群众的具体需要出发

一、要学啥就教啥

（一）满足了村主任的要求：曲子周湾村村主任杨百杰不愿学"杂字"，要求学他在工作中最迫切需要的东西——记账、打算盘和写便条。于是教员便根据他的要求，最初从一、二、三、四等数字教起，接着教大写的数字和笔算码字，然后再教他记账、打便条。在教记账的过程中，新的问题又提出来了，他说："花名册，还不会写呢。"教员就又以行政村的花名册为教材，同时教了村名、区乡名、县名。因为满足了他的要求，他毫不厌倦地学习，白天没空，晚上学到深更半夜，还教了他婆姨。他自己满〔蛮〕高兴，别人见了他，也羡慕地说："杨百杰，过去连自己的姓名都不认得，现在会写自己的姓名了，还会写咱全村的花名呢。"他笑眯眯的，越发高兴了。

（二）要学认票票，就教认票票：另一例子也是周湾冬学的。一个28岁的妇女常梅英，因为两个娃娃牵累，离不开家，教员就采取送字片的办法。头一次送一个"针"字，第二次送一个"线"字，教员以为这是婆姨们最熟悉的东西，一定愿学，谁知第四次她提了意见说："我不会认票票，你教我认票票吧。"这以后便教她认票票，在纸片上写"百、圆、壹、贰"等字，不到一月，她就会认票票了，并得意地说："过去我对花票票全都不认得，现在能认了，这不是笑话（奇怪又自谦之意）吗？我要不是有娃娃累着，我一定要好好地念书。"

（三）20天的学习成绩：赤水周家山冬学教员黄森同志，在总结教学经验中，有这样一段——"张福是个文盲，我的意见是要他以识字为主，他却认为学算盘比学字用处更大。开始我没有了解他这点，主观地强要他识字，结果弄得他情绪不高。后来根据了他的要求，教他学算盘，他的热情就马上高涨起来，表现了惊人的用功：在20天内将全部珠算的加减乘除学会，同时还学会了笔算的加、减、乘、除以及简单的小数，附带还认会了200个字。他原来连算盘和阿拉伯字母最基本的常识都没有，能在这短短的20天中，学会了这样多的东西，的确是惊人的成绩。"

（四）一首旧诗：有一首旧诗，群众都喜欢，一个老婆婆觉得它特别好。教员感到这首旧诗没有什么很不好的地方，在某一点上也许它合了难民的心愿，就教了这首旧诗："人生在世间，一心务田庄；口存万石粮，合家保平安。"

在教时又采用了分合教字法（人、一、口、合），引起了难民们的学习热情。（淳耀难民乡冬学）

（五）从唱曲子教起：庆阳史家店与三十里铺有个黄润，是位出了名的社火头，他们那里耍社火、唱曲子，搞得非常热闹，史家店的群众也受了影响。冬学教员吴志坚同志了解这个情形，他也教学生唱起曲子来，以后学生由8名增加到48名，识字的进度也快了。群众感兴趣，有的对别人宣传说："冬学真美气，识字不算，又唱又玩。"

（六）发挥了群众的创造性：关中中心区志庄子冬学，有个寇金魁，编了一个《毛主席爱老百姓》的新歌，投登黑板报，区上奖励了他，他又编了《冬学任务歌》。这样一来，推动了群众；大家编，大家唱，一时造成了编歌的风气。教员把他们自编而心爱的歌词，记下来作为教材，更发挥了群众的创造性。先后编了《十绣郭区长》《四季歌》《咱们最爱他》等十几首，有的在《关中报》上登载了。下面这首《四季歌》，是一个没上过学的青年农民张金喜编的：

春季里来哟地气阳，开荒下籽真正忙；你有牛马我有人，大家变工有力量。哎嗨哎嗨哎嗨哟，大家变工有力量。

夏季里来哟庄稼青，唐将班子把地增；大家锄地来竞赛，看谁争先当英雄！哎嗨哎嗨哎嗨哟，看谁争先当英雄！

秋季里来哟庄稼黄，大家变工收秋忙；收回担回赶快碾，装在囤里心才安。哎嗨哎嗨哎嗨哟，装在囤里心才安。

冬季里来哟农事闲，延安政府派教员；冬学到处大家办，男女老少把书念。哎嗨哎嗨哎嗨哟，男女老少把书念。

二、冬学妇女班以妇婴卫生为主

（一）一个成功的例子：刘家城村的54个妇女，有43人是有病的；194个产儿中，死了的就有106个。这个严重的事实，对于冬学妇女班提出了新的任务——必须进行妇婴卫生教育。据此，教员李滨珠同志把怎样养娃娃的新法在群众中挨门挨户地宣传开了。青年妇女、白发的婆婆、女娃娃们都围拢她来，她以现实具体的例子告诉了她们不讲卫生养不活娃娃的原因。7天里学生由26名增加到64名，不报名只听讲的还不在内。趁此，她就按具体对象分3班进行教学：第一班，10岁至15岁的以识字为主，卫生为辅；第二班，20岁到35岁的着重卫生，其次识字；第三班，年龄大的和一些老婆婆，专门进行卫生教育。其效果：冬学结束时，有35个妇女按新法做了月经带；有4个产妇用了新法接生；有3个怀孕的婆姨也按照新法做了准备；还有几家注意了小娃娃的卫生。其他洗手、洗脸、不吃生冷饭的有30多家。而年轻妇女，还附带识了五六十到一二百不等的字。李滨珠同志的经验：（1）事先调查妇女们最迫切的问题是什么，针对这个问题做起。如她们认为屋内人（妇女）认字没用处，自己害病娃娃养不活；了解之后，即改教妇婴卫生，附带教识字。这里，对不同的人，又有不同的做法，如：刘继昌的婆姨有月经病，就从教她做月经带开始；刘太媳妇头两胎娃娃得了"四六风"死了，现在怀了孕，又怕这个保不住，就从教她新法接生开始。（2）从妇女们可能接受和可能做到的条件做起。如她们不相信剪刀上有小虫虫，就利用刘光汉母亲的话，说剪刀有毒，宣传了煮剪刀剪脐带的办法；如刘见元、刘曾昌家，大人娃娃吃的一样饭，娃娃常常肚子痛，就告诉她们：给娃娃吃些面馍，喝米汤，一岁的喝一碗，半岁的喝小半碗，睡觉给娃娃垫好毡子。（镇原刘家城冬学妇女班）

（二）等待一下再教：赤水秦家洼冬学有个妇女识字组，她们开始不敢单独一人去学校。一天，教员在《解放日报》上看了一篇妇孺卫生常识，把它编成四字一句的教材，盘算着教给她们。教前，征求意见，问她们愿不愿学。只有两个婆姨愿意，其他有的未表示意见，有的则羞答答地说："我们女子家怕村里大人说，女子家学这个干什么。"因此，教员就暂时不教。以后，人熟了，也知道她们本身还是想学的，教员就启发她们，把《关中报》上新法接生的文章和旧法接生害死人的消息读给她们听，用拉话的方式宣传解释，告诉她们回去问问老人家。这样，她们接受了妇婴卫生的教育。

和群众的业务生活联系起来

一、和群众的业务直接联系

（一）运盐队学《驮盐歌》：华池温台冬学的组织形式是按着学生的业务来分的，所以就按着不同业务编了不同的教材。如驮盐组常去三边驮盐，就为他们编了《驮盐歌》："吆上毛驴走三边，去驮盐；驮回盐来赚了钱，全家老少有吃穿。"他们学了后，在路上边走边唱边识字，回来检查考问，再继续编新的教。

（二）行行业务不同，教材形式也不同：新正马栏街冬学和延市旧城冬夜校，也曾按群众职业编了补充教材。前者采用的是新课文形式，如放牛娃，开始教"放牛"，再教"放八个牛"，续教"我十四岁，放牛八个"等；卖面粉的，教打卖面条子，教"年、月、日、石、斗、升、合、斤、两"等，再教记账；卖零食的，教"梨、枣、核桃、芝麻糖"等。其编法是根据由浅入深、由切身事物到周围有关的事物，力求适合教学进度。后者采用的是韵文形式，如"你姓张，我姓王，你卖烧鸡我杀羊，他做豆腐又开面粉坊"。其编法是根据几个学生的具体业务综合写成的，采取韵文式，便于学生记诵，引起学习兴趣。

二、和群众的切身生活直接联系

（一）婆姨也高兴地学起来：延市杨家湾民办小学，冬季里附设了冬学。教员陶端予同志的经验，认为根据各个人的需要、学习的能力和已有程度去进行教学是最好的办法。如丈夫来了信，就是婆姨的教材，同时也教她学着写信；看报告条和写报告条，就是治安组长的教材；收条就是优抗委员的教材；等等。总的说来，大体上相同的是由单字开始到联句子、认票子，学写收条、买条、报告条（这3种便条应用最普遍）以及个人和家庭的简单情形。程度好的圈些《群众报》上的消息教他读。而从每个人特有的实际生活出发，再到实际中去应用。这一办法对任何人都有很大的效果。如一天给卖布的吴三教"五丈黑布二斤花，男做买卖女纺纱"，连他婆姨也高兴地学起来。这样鼓励了学习情绪。

（二）今天做啥事，就以啥事编教材：庆阳市二乡女冬学和环县赵家沟门冬学都采用过学生当天做啥事，就以啥事做教材的办法。前者的例子如："今天下雪了，娃娃哭起来，你啥时回娘家？"这是教员把一个妇女当天曾说过的话记下来作为教材，念起来生动活泼，易懂易记，不费解释；缺点是还未顾到句与句之间的联〔连〕接。后者的例子如："今天拾粪两筐，倒在粪堆上。"这是教员教一个略微识些字的农民写日记的办法。

（三）群众中有迷信的生活，就进行反迷信的教育：赤水强家咀村里常常送神送鬼，冬学教员就想法进行反迷信的教育，但总不敢贸然从事。一个晚上，人很多，他读了一篇《群众报》上男女巫神斗法的通讯，就开始扯起有神没神的道理来。人们当时七言八嘴都说有神，并且对求巫神更是相信。教员冷静考虑：只是凭空说理，恐难说服众人，就暂时保持缄默态度。又一次，一个外村的巫神，穿着单衣来到村里，人们都说他有神护身，不怕寒冷。教员即计划从这件事情上用事实来打破人们对于巫神的崇拜。隔了几天，狂风大雪，冷得厉害，教员当众约巫神同去凤川。走了一段路，巫神冻得支不住了，飞快跑回来坐在热炕上，还抖抖打战；教员却因棉袄棉裤，抵住了寒冷。相形之下，村人大笑。此后，该村送神送鬼之事大为减少。

程度不同采取不同的教材、教法

以盐池石家坑冬学为例：在教材方面，对8岁到12岁的娃娃，原想教他们三边编的《放羊杂字》，第一句是"三边地场宽又广"，娃娃感到难学，于是根据由简入繁、由浅入深、由单字到短句的顺序，编了课文："人，大人，娃娃，一只羊，三个瓜……"小娃娃们感到容易学了。对十六七岁的放羊娃教《放羊杂字》，在内容上说来是比较适合的，但起头仍嫌太深，也另编了临时教材作为学习课本的桥梁："山羊，绵羊，羊皮，羊毛，皮毛值钱，羊皮缝衣，羊毛做毡……"一方面和他们的生活相联系，另方面兼顾了教学的顺序。对成年农民，当教员问他们愿学什么时，都毫不犹豫地说："庄户人么，就是操心庄稼和牲畜，学会记账画码码就好了。"于是让他们提了些庄稼、牲畜、皮毛、甘草之类的名称和有关度量衡的字，编为课文，认得百来字，再过渡到《日用杂字》。

在教法上，除5个娃娃外，以个别教学为主。防止娃娃滔口歌的毛病，就指出单个字先后颠倒地让他念、让他讲，以后再连起来念句子。对已经识些字的人，就特别注意教他用。因有些"白识字"的人，看《群众报》，只能读音，不解其意，写起来错别字特别多。所以主要的给他们讲，帮他们写，教他们开条子、写信，多予机会练习，引起他们用字的兴趣。

课本的使用及其他有关教学的经验

一、怎样应用课本

去冬教育厅供给各地冬学用的有《识字课本》《日用杂字》《庄稼杂字》3种课本，还有一种参考用的《卫生课本》。各分区也有编印了课本的（如三边有《放羊杂字》《新百句文》等）。现在把一些好的冬学使用课本的经验综合介绍如下：

（一）了解对象定课本：在选用课本之先，教员应注意了解学生的家庭生活、学习能力、学习情绪等等情况，因为不了解他们，就不能教导他们。其次是研究课本，知道它的内容和特点（包括插图、练习和编者说明等），因为不研究课本，就不能掌握课本。然后把课本大意告诉学生或直接念给他们听，和他们商量，共同决定采用。陇东、三边的经验，认为大体上《识字课本》适用于儿童和妇女，《日用杂字》适用于一般成人和青年，《庄稼杂字》适用于务农的成年人。

（二）简单的教学过程：关中、陇东的经验是先把课本中的生字摘出来，写在黑板上或本子上（对一些不识字的应先教单字），讲解后让学生练写、练讲，把字认会后再讲课文，然后是复习考问。这种办法最为普遍。

（三）广泛采用的教学法：教姓名村名时联系本人本村的名字；教识字时采用拆写法（如言、忍为认），加笔画（如一、十为土，走、肖为赵等）；先认后写，把手写字，教笔顺以及采取同部首（偏旁不同字根同，字根不同偏旁同）等识字方法，已在冬学中广泛采用。在引起学生兴趣、使课文联系实际上，也有许多教员做得很好。如赤水周家山冬学教"巫神进家，主人遭殃"时，先问学生"这里有没有巫神？你家请不请巫神？"等，并进行反迷信教育；如赤水秦家洼冬学，教"纺线织布"时，就问学生"你家有没有纺线车子，你穿的衣服是怎样解决的？"等，同时了解当地妇女纺线情形。在教学生造句写东西时，同样，有许多冬学采用了好的方法。如延市旧城乡冬学讲解"长"字时，说明"长字既当长短的长字讲，又当生长的长字讲"，同时造一句子为例："狗娃长高了，狗娃拿的绳子可长哩。"又根据学生学过的字、词编成句子，教员口念，让学生写出，并借以测验学生。

总之，应用课本为蓝本，不是局限于教材，遇到不适合此时、此地、此人的情况时，就可以改变。如陇东不叫"壕坊""圪塔"等名字，就不教这些名字；碌碡叫"滚子"，就改教"滚子"两字（庆阳赤城街上冬学）。农家吃的饭与书上的不一样时，就可以把"干饭、稀饭、高粱饭"改为当地的"面条、蒸馍、洋芋蛋"（赤水蒙家湾冬学）。能编教材的可以根据需要编补充教材。在教法上同样不能是老一套，唯有实践中证明有效的方法，才是最切合实际的方法。

二、怎样克服溜口歌

延川城内冬学的经验是：反对溜口歌，不是反对朗读；读书不念是绝对不行的。要克服它有两种办法：一是改变过去先生念一句、学生跟上念一句的方式，要学生用指头指着字一个个地念几遍后，再反复地念。另一种是念音要念正确，在认识单字时，就要打好基础。

赤水张家咀冬学和靖边野鸡岔冬学的经验是：首先开始教单字，或一个一个指着念，免得溜口歌。因为有韵的课文，常常小孩子念了之后，问他这是个什么字，他会把一句全说出来。如："南瓜茄子"，问他"南"字，答"南瓜茄子"；再问他"瓜"字，他还是说"南瓜茄子"。克服办法，除开始教单字外，要认熟一个再教一个，反复练习，组织学生们互相考问。

三、教学工具的创造

有些冬学采取送字片、字条的办法，字片、字条就代替了课本。子洲周家圪崂冬学和庆阳钟楼巷女冬学在崖上、窗台上、磨道上、门箱橱柜上到处贴满了字，识字的人"抬头见字"，造成了学习环境。定边梁圈冬学许多妇女把砖块磨光，涂上烟煤，用粉土写字，代替了石板、粉笔。定边何梁冬学，搜集了许多谷麦花草树枝等物，写上名字，进行看物识字。赤水一区三乡冬学把课本中生字全部写出贴在墙上，成了群众的检字表。盐池石山子冬学在各村推行了识字牌。曲子周湾冬学群众自己创造了木笔。合水二区的李含英老先生把4类从一至十的码字列出，教给群众，贴在炕头灶旁，宣传说："把这些认会了，看票子不吃亏。"凡此等等，都表现了冬学运动中群众学习的积极性与创造性。而盐池深井村的"字拖拖"则成了该村青年学习的珍宝，它的情形是这样的：

当你走进深井村，遇到青年人，问他："念冬书来没有？"他会回答你说："念来。""书本本呢？"他会一边回答"在这哒"，一边从贴身衣服的口袋里取出装钱的夹子，或是一个小圆铁盒，或是一个绣着四季花草的荷包，这里边装满了一寸大小的白纸片，用楷书写着"马、牛、驴、羊"等字，这就是课本，他们叫作"字拖拖"。这个冬学采取识字组的形式，教员是本村的朱彦政，因为大家忙，才想出这个办法。趁空时到教员那里，把自己愿意认的字，请教员写在"字拖拖"上，都随身带着，抽空练习；下次来时，一面检查考问，一面再换新的。他们自己作了一首歌，唱出了这种方法的好处："大家心里都爱干，不误生产不花钱，有事就去做事情，无事就来把书念，一举两周全。"

四、团结学生的老先生和劝说调皮娃娃的女教师

吴堡张蛮咀冬学教员宋成年，是个当地的老先生。他善于和人接近，高的低的大人娃娃都能团结在他的跟前。他的办法是对年纪大的学生，采取拉话谈心开导思想的方式，从拉话中了解这个学生情况，有什么经历、困难和心事。学生感到他和蔼可亲。学生有不对的地方，以商量的态度帮助他，学生心里就明朗了。对于娃娃，宋先生和他们一起说笑话、讲故事、教唱歌，说说笑笑，他变成了孩子，是娃娃群里的一个成员。在开学时，家长们说："咱村里没立过书窑，恐怕这些娃娃不好好地念哩！"谁知娃娃们越念越高兴，回家饭罢，把碗一放就走。教员教法也好，娃娃识下字，回家就当小先生。一个7岁的秦来虎，识了170个字，回家不管父母有空没空就给教字，弄得家人又喜又恼。老先生知道了，就嘱咐娃娃回家要听大人话，教字也要看大人有空，因此，深得家长称赞。来虎的父亲秦得保说："人家宋先生，究竟是教书有经验的人，把学生教识了字，可听家里说啦。"

曲子周湾冬学教员赵晋芙，是公家派的女先生，非常爱护儿童。冬学里有个白猪娃，13岁，是个调皮鬼，骂人打人之外，经常闹鬼脸，不是打搅别人，就是躺在炕上。教员说他，他掉过脊梁来，就把眉头一皱，身子一扭，还是不理会。女教师并不生气，总是和他好好谈，讲道理，鼓励他某一小点的进步；同时把情形告诉他家里，以便取得配合。一天，白猪娃骂了人，偷着跑掉了。没有派人去找他。第二天，又悄悄地来了，看他的表情，似乎心里有些不安，教员即把他叫到另一屋里，轻轻抚摸着他，很和气地问道："你为什么骂了人跑掉呢？别人为啥不跑呢？"他说："别人还念书哩！""你为什么不念书？你偷着跑掉了对不对？骂人好不好？别人骂你怎么样？"反反复复地讲道理，终于白猪娃答应不骂人了。教员又趁此鼓励他说："不调皮不逃学就是好学生。"一直说得他笑了，以后改正了坏毛病。女教师能够把白猪娃劝说过来，她的经验是：对学生讲道理，决不威逼他们，耐心做到诲人不倦，摸熟他的个性优点和弱点。白猪娃自尊心很强，所以不采取当面说的方式，而用叫到别的地方好好规劝的方式，这就是她成功的地方。

（原载陕甘宁边区教育厅《冬学手册》）

【资料来源】

教育科学研究所筹备处编：《老解放区教育资料选编》，人民教育出版社，1959年，第284—294页。

12. 刘家城卫生冬学

瞿定一

一、一个70人的妇女冬学

去年冬，镇原县政府决定在刘家城、高庙两个村庄（相隔2里地，各24户，离县府不远），试办一处妇女冬学。老百姓听到这个消息，有好几天心里忐忑不安。"哎呀，咱们从来没有办过的事情。还刻要屋内人认字，看象〔像〕个啥？！"校董们也失掉信心了。刘平海几次跑到县上，声言男冬学可以办，女冬学没有把握。

到旧历十月初八，冬学教员李冰珠同志（延大同学）被分配到这里来，当时县府给她的任务是：按照自愿原则，把妇女们组织起来。于是她协同村主任，挨家访问，根据情况的了解和群众的意见，采用了上门教学、分村巡回的办法去组织她们："不误生活，在热炕上就把字认了！"结果，在半月内，学生由6人逐渐增加到26人。从旧历十一月初二起，冬学又转变以卫生为主，学生即由26人增至70人（男人例外）。至此刘家城妇女冬学乃真正成为群众所喜爱的学校了。

二、识字为主还是卫生为主

从进行一般的识字教育到以卫生为主，这个转变是经过一个过程的。如果说，冬学初期主力应放在如何组织群众的话，那么，工作一深入，群众就会自然进一步要求解决她们实际生活中所需要的东西。譬如，教员在进行教学时，妇女们就常常提出"屋内人识下字能有多大用处"的疑问来。她们说："我几年不生娃不想念书了！"或说："我浑身病，那〔哪〕有闲心念书呢？"据后来的调查，刘家城能生育的39位妇女中，共生过194个娃，其中只养活了88个。儿童死亡率占54%还多。苏铁匠的婆姨生了13个娃，死了10个，当教员动员她参加冬学时，她就很痛心地说："我的心事不在这上头哩！"

妇女们急切需要的是什么？这个问题在教学开始半个月以后，是已经尖锐地被提出来了。

然而，人们的认识也不是一下子就转过来的。识字为主还是卫生为主呢？教员猜疑着。另一位同志则说："上面没有通知，还是照旧做下去吧。"后来县长和一科长到该村调查了，根据文教会妇女以卫生为主的精神和实际的需要，乃于十月底召开了村长、校董教员联席会，讨论了这一个有关冬学发展的问题。

会议是有准备的，目的是打通干部思想。先由村长、校董报告该村卫生情况。他们说到妇女月经病，就宣传做月经带的好处；讲到旧法生娃、带娃，就宣传新法生娃、带娃的优点……经过这样的讨论，大家一致地同意了妇女冬学"卫生第一，识字第二"的方针，同时又具体确定了"妇女卫生为主，一般卫生为辅"，从卫生教学中进行识字的原则。

谁不愿儿孙满堂？谁又愿常年生病？妇女冬学讲卫生的消息在高庙、刘家城到处传开了，他们先说服了婆姨，然后挨家宣传。请人画了6幅新法接生的挂图，教员又就近说服了刘续昌婆姨，教她做了月经带。经过这样几天宣传酝酿，在妇女动员大会上，群众的情绪就不同了。刘续昌婆姨成了会议上的积极分子，她向众人解释挂图上新法接生的好办法（事前教员教会的）。当教员讲到妇女养不下娃娃的原因及月经病时，她就把自己新做下的月经带拿来给大家看。在她的影响下，当场就有几位妇女要求给她们做一个。会后，人们亲热地拉着教员，盼望能快些听到这个怎样养胖娃娃的好事情。

三、卫生工作是怎样进行的

随着方针的转变、人数的增加，冬学的组织也变动了。他们规定8岁至15岁的女子，以识字为主，卫生为辅；16岁至35岁的妇女以卫生为主，识字为辅；年纪大些的则专讲卫生。

从哪几个方面讲呢？给年轻媳妇讲，她们是冬学的主要对象，因为她们正在生娃带娃，与她们切身利益大，也容易接受。给她婆婆讲，你仅给媳妇讲是不够的，媳妇们的旧法生娃、带娃，都是婆婆教给的，婆婆就是接生婆，如果她不相信，工作就不好做。给她丈夫讲，在工作中，妇女们提出："男人不同意，生娃用的吃的不给买，还是没办法。"所以同时又要给男人讲。对于儿童，除主要教识字外，则辅之以一般卫生常识教育。

讲的内容，按每人情况不同而分先后轻重：有月经的，先教做月经带；怀娃娃的教新法接生；带娃娃的教怎样带娃；一般卫生教育，则围绕着这个中心进行。

当时，刘家城、高庙有8个孕妇，其中两人已经快要生娃了。这是一个亟待解决的问题。他们就把工作中心放在这上头，以便由此而推动其他。方法是先做调查，找那些受不卫生害处最大的人，针对着她们的利害关系来讲。刘前海婆姨，她男人年纪大了，早想要个娃，但过去生了两个都得"四六风"死去，现在又快生第三个了，教员就抓紧这个机会，三番五次地给她说，帮助她了解娃娃得"四六风"的原因和避免的办法。这样，她就按教员的话做了准备。

但工作也并不是那样容易。起初，教员到刘太置家讲新法，讲剪刀上的小虫虫，剪了脐带得"四六风"，她媳妇马上拿出剪刀问教员："你看这上边〔哪〕有小虫虫？"教员只好告诉她虫虫太小肉眼看不见的道理。有一天，教员又到刘家汉家讲，他妈说："不对的，生剪子有毒，剪了脐带会得风气。"以后，教员就用她的话来解释，她才信服了。可是给她讲生娃后不要坐土3天，要睡下时，她又说这是"土脉"传下的，睡下会得"血迷"。并不是睡下得的，正是因坐土而错倒死了，这是一个活教员，"血和水一样向下流，血流多了就要死人"。教员这样给她说，同时又请了县上两位女同志来，以自己亲身的经验告诉她。这样经过一次一次的说服帮助，她才慢慢地转过来了，结果生娃时，用消毒剪刀剪脐带，后用干净布包起来。她身下垫的是灰袋，吃面条多，吃了15个鸡蛋、1只鸡。到满月时，大人娃娃长得胖胖的。这是一件大事呀，群众很快地就传开了，其余6位孕妇，有3人也做了准备，另3人还早，也答应以后一定按新接生法接生。

此外，宣传新法带娃、做月经带及一般卫生工作大体上也是循着上述方式进行的。到腊月十六冬学结束时，这两个庄子已有35位妇女做了月经带；有4家婆姨用新法带娃；有30多户人家，大人娃娃洗手洗脸，不给病人儿童喝生水，能经常打扫院子。同时，因为解决了妇女们的主要问题，识字的情绪也提高了。在两个月中，最多的能识下200余字，一般的能识100字或50字。

四、值得介绍的几点经验

经过这一时期的工作,一部分妇女是开始认识到工作的重要了。几千年来旧社会遗留给她们的坏习惯,从无知到认识,从认识到行动,这的确不是一件容易的事情,根据她们的经验,有几点是值得介绍的:

首先,开展群众性的卫生运动,要从老百姓的经济状况和认识程度做起。开始教员到苏正义家宣传卫生,他妹妹讽刺道:"教员给咱们拉几车银子来了!庄稼人还能讲卫生?!"接受这个教训,在以后的工作中一方面不提卫生的事,只说咱讲"怎样养胖娃娃",或讲"叫人不生病的好法子来了";一方面又给他们计算是否花钱,是否能做到,如:新法接生就没有全照着"怎样养胖娃娃"上面谈(孕妇要常洗澡、要找医生检查、要准备10块尿布等,在当地是不容易办到的);产妇的营养也没有十分强调,只要他们起码的做到,多吃面条、馍馍,多放醋(老百姓的经验多吃醋奶多)就够了。进行一般卫生也同样要照顾这个。如刘文英婆姨说:"做过饭,又去洗锅,费柴火,没工夫。"给他们想的办法,是前锅做饭,后锅烧热水,喝开水不要另外烧。锅烧开下米前打出一盆开水放着,谁渴了就可以喝,这样他们就乐意接收〔受〕了。整个说来,妇女们接受的方式,均可分作3种:一是真正愿意接受的,一是看面子或大家都这样做了才接受的,还有一种是不愿接受的。真正愿意接受的,多是没娃或受不卫生害处最大的人,反之,就不容易接受。如刘兆里婆姨,当教员给她讲新法接生时,她就说:"没有用新法接生,我的娃娃还不是长大了。"愿意接受的程度上也有差别:刘太昌婆媳〔姨〕,产前产后都用了新办法,但不敢马上睡下(坐了半天);刘规亭婆姨,生娃前包脐带用的是新法子,却不愿坐灰而要坐土。对于这样的人,学校的态度是,尽量说服,认识到什么程度就提到什么程度,做到哪里就算哪里。

其次,开展群众性的卫生运动,要从农民希望"多子多孙"的心理着手。前面说过的,刘继昌婆姨是最先做月经带的一个,但最初她却不愿意,她说:"自家的抹碗布才是一块呢!"后来从闲谈中知道她有月经病,男人因嫌她不生娃,要再办一个婆姨,她因为这个而苦恼着,抓住了她这个痛处,教员就宣传开了:"用两块旧布做月经带,可以不得病,能生娃娃。用羔羊皮那上有毒,毒跑进去,人就腰腿疼。得了病,就不会生娃,没有娃娃你的家财给谁?"这样打中了她的心,她就拿了新布叫教员教她做。饮食卫生的教育,一下子要求大人改变也不喝生水、不吃零嘴的话(习惯),慢慢地也治(变)好了,把她弄得到处宣传。

再次,开展群众卫生运动,同时要与反迷信的工作配合起来。人生病,娃死了,她们并不以为这就是不卫生的结果,而是认为"命苦",或撞上"太岁爷"了。因此,在进行工作中,就要据实解决,以便破除她们的迷信观念。在上述妇婴卫生的宣传中,对于破除群众迷信思想都曾收到相当的效果。可惜教员在这方面缺乏必要的医药知识,有时老百姓请她看病她只好介绍到别处去,这就不免多少影响到工作的进行了。这个经验证明,一个决心从事于群众教育的同志,学习医药卫生知识是如何的重要啊!

五、"自愿""卫生"是这处冬学的特色

从这处卫生冬学的开展来看,无疑的它是给群众留下了一个好影响——自愿的组织,巡回的方式,卫生的内容。事实证明,这是最易于动员群众和组织群众的。讲卫生前,学校只26人,识字情绪不高,大部分群众观望不前。讲卫生后,学生增加到70人,识字情绪也提高了。有些群众还特意请教员到家里来讲的,讲卫生以后可热火了,有说有笑的,每次都要留教员吃饭,为什么会这样?请听听积极分子冯玉梅反映吧:"识字好,卫生更重要。旧法接生,生一个死一个,不讲卫生,将来还有谁来念书呢?"这的确是代表群众心里说出来的一句话。

【资料来源】

中共庆阳地委党史资料征集办公室编,刘凤阁主编:《陕甘宁边区陇东的文教卫生事业》,内部资料,1992年,第332—337页。

13. 陕甘宁边区政府指示
——关于一九五〇年的冬学工作

〔产字第31号〕

（1949年11月3日）

事由：关于一九四九—五〇年冬学工作的指示。

各省主席、行署主任、直辖市长、专员、县（市）长：

（一）西北广大地区，除汉中一隅外，均已获得解放。为提高新区群众的政治觉悟与适应老区人民学习文化的要求，利用一切机会，广泛地开展社会教育，是我们目前很重要的一个工作任务。根据以往经验，利用冬季农闲时间，有组织、有计划地举办农村冬学、进行政治思想与文化教育，是适合农村群众要求，为广大群众所拥护的一种很好的农村教育方式。这一形式不仅可以提高农民的政治文化水平，而且可以配合当时当地的中心工作，推动群众运动的开展。西北各地的解放，虽有先后的不同，但大部分新区农村秩序已逐渐恢复。群众生活已日趋安定，因之，适当地配合新区当前的群众运动，有重点地开办冬学，是十分必要和可能的。至于老区各种条件较好，且有多年办冬学的经验和工作基础，更应注意加强这一工作。

（二）根据上述情况，提出今年冬学工作的方针和必须注意事项为：

第一，冬学工作必须根据不同地区的情况，与当地当时的中心工作密切配合。如在新区应围绕着剿匪、肃特、反霸或减租等斗争，在老区应围绕着冬季生产、评产、选举等工作去进行。必须防止把冬学与中心工作对立起来的思想，以为搞中心工作就不能办冬学，或办冬学就要妨碍中心工作的认识是不对的。如果把开展冬学工作和冬季中心工作很好配合起来，通过冬学就可以进行各项中心工作的思想动员与政策教育，甚至商讨解决工作中所遇到的一些思想和政策上的问题，把冬学就可以作为协助与推动中心工作的一种有利的组织形式。同时也要防止与纠正脱离实际地孤立地办冬学的思想，必须认识一切教育都是为政治与生产建设服务的，离开当时当地的群众运动去办冬学，一定是办不好的。

第二，冬学工作必须根据群众的需要与志愿去进行。这就是说要体会群众的要求，启发群众的觉悟，联系群众的实际生活，帮助群众解决具体困难去做工作，绝不可强迫命令，包办代替，把冬学变成群众的一项负担，造成脱离群众的现象。当然对于冬学工作采取自流放任态度，更是错误的，必须严加防止和纠正。

第三，今年的冬学应是普遍号召重点推行。由于战争尚未结束，冬季任务繁重，再加人力财力的困难与课本教材的缺乏，普遍大量开办冬学，一时尚难办到，因之，各地必须根据主观和客观的条件，有重点地进行。每区或每乡选择几个条件较好的村庄作为据点筹办冬学，并对其加强领导，取得经验，以推动附近村庄仿照举办。

（三）今年冬学的教学内容，新区应以政治思想教育为主，文化教育为辅；老解放区应以文化教育为主，政治思想教育为辅。政治思想教育除配合中心工作解释某些政策问题及解决某些思想问题外，还要用通俗的语言，系统地讲解中华人民共和国的成立，它的性质（人民民主专政），它的阶级构成（以工人阶级为领导，工农联盟为基础，联合小资产阶级、民族资产阶级），它的任务（反对帝国主义、封建主义、官僚资本主义，建立独立、民主、和平、统一、富强的新中国）。此外，在新区应讲解阶级和剥削及劳动创造世界、劳动者自求解放的道理，以提高劳动人民的阶级觉悟；在老区要继续进行反封建（如缠足、早婚、买卖婚姻、不卫生等）、反迷信（如巫神、阴阳、一贯道）的教育，以贯彻社会改革。文化教育以识字、读报与珠算为主，配合教些自然常识和简短的革命歌曲（特别要学《义勇军进行曲》）。

文化课教材可按学生程度，采购边府教育厅编印的冬学文化课本、《新三字经》《日用杂字》《识字课本》《农村应用文》及解放区出版的其他通俗读本。政治教材教育厅正在编写中，如赶不及需用，各地可从《群众日报》上选择有关的通俗材料进行讲授。

（四）冬学能否办好的主要关键在于领导。首先各专署、县府必须迅速讨论拟定计划、具体布置，区乡政府和干部必须认真切实执行，各县三科及区教育助理员必须经常督促检查，各群众团体必须尽力协助。为了加强领导，统一步调，县、区、乡必要时可成立冬学委员会，由党政宣传教育部门及农民、青年、妇女等团体的代表组成，共同负责领导这一工作。各机关、部队、学校对于所在地的冬学工作，尤应多方予以帮助。冬学教员，除由区乡干部及小学教员兼任外，可吸收当地的知识分子或识字较多的农民中思想较进步的担任。开学之前，应将冬学教员集中起来进行三五日训练，将政治教育内容及开办冬学的方法加以研讨，然后分赴各村，举办冬学。学生对象应以工农群众中的青年男女为主。进行教学时，应照顾社会习惯，实行男女分班。

冬学教员，如系在职干部兼任，不另给酬；如系专任教员，可由群众讨论，酌量补助其生活费用，或减免其战勤负担。此项补助费及冬学必需之灯油煤炭等费用，由各该村群众自行解决。教员集中训练期间所需之伙食文具等费，由地方经费开支。

（五）冬学开办时间，应尽量争取早日开学，一般以办至旧历年底为止。旧历年节应在冬学的基础上开展有教育意义的群众性的文化娱乐活动，并为经常的成人补习学校或夜校打下基础。

各县三科应组织冬学通讯，将各地冬学活动经常利用报纸报道，以便交流经验。冬学结束后，应在半月内做出总结，按级递送至上级政府，关中各县并须直接送呈本府教育厅一份。

【资料来源】

甘肃省社会科学院历史研究室编：《陕甘宁革命根据地史料选辑》第三辑，甘肃人民出版社，1983年，第502—505页。

张希坡编著：《革命根据地法律文献》第三辑《抗日战争—解放战争时期老解放区的法律文献（1937—1949）》第二卷《陕甘宁边区》（下），中国人民大学出版社，2021年，第351—353页。

第七部分
干部教育

　　延安时期的干部教育在全部教育工作中的重要性是第一位的，而在职干部教育工作在全部干部教育中又是最重要的。延安时期在职干部教育是陕甘宁边区各类教育中最具特色的，之所以能取得显著成效，在于全党重视且领导带头，坚持从实际出发，分类施教，提倡独立思考。延安时期的在职干部教育不仅强调业务教育，而且强调政治教育。再者，延安时期的高等干部学校教育颇具特色，在新民主主义文化教育总方针指引下，打破了中外传统教育模式，从中国革命战争和边区实际情况出发，创造了一种具有中国特色的干部学校教育，培养出大批政治、军事、经济、文化教育等方面的人才，为赢得土地革命、抗日战争、解放战争的胜利做出了重要贡献。本部分主要收录延安时期有关干部教育的决定、指示、通知及经验总结等，主要涉及干部教育方针、制度、计划、教学过程、学习方法、学习内容、教育经费等具体内容。

1. 中央关于在职干部教育的指示

（1940年3月20日）

中央书记处一月十三日[①]《关于干部学习的指示》已经一般地提到了干部教育的方针、课程与在职干部的学习等问题。兹更对于在职干部教育补充以如下的指示：

一、现时的在职干部大致可分四类：

（一）有相当文化理论水准的老干部；

（二）文化理论水准都较低的老干部；

（三）有相当文化水准的新干部；

（四）工农出身的新干部。

二、上述各类干部的课程，大致上可依如下的不同的次序：

（一）联共党史、马列主义、政治经济学、哲学。

（二）文化课与中国问题同时并进。然后转入（一）类课程。但文化课须提到能够自由阅读普通书报。

（三）中国革命与中国共产党（党建）、中国问题，然后转入（一）类课程。

（四）文化课与党建同时并进，文化课须提到能读普通书报，党建学完则学中国问题。

三、时事问题为一切在职干部必须经常研究的课目（党报为主要材料）；军事工作

[①] 原注：此时间有误，应为"一月三日"。

干部必须研究军事，地方工作干部必须学习必要的军事知识。

四、凡课本提纲、参考材料已由中央出版的，一律使用，不足的由各中央局、中央分局、区党委、省委解决之。

五、各课的进度，由各区党委、各省委及师政治部或军区政治部斟酌具体情形规定之。

六、全党在职干部必须保证平均每日有两小时的学习时间，非因作战或其他紧急事故不可耽搁。各个环节的负责干部必须以身作则地保证之。

七、凡环境许可的地方，可依类编成学习小组。学习小组每月开讨论会二次。

学习小组的讨论会，应采用生动的座谈会的方式，相互间应采取同志的友谊的讨论态度，不可采取"斗争"及"戴大帽子"的方式。

八、凡八路军、新四军所在地，在可能条件下可将军队中和地方组织中（秘密组织除外）的同类干部集中上课，由党内适当的负责同志担任教员。党的领导机关可指定各科学习顾问（一人或一人以上）以便指导和帮助学习。

九、教学的原则，参看《中央关于办理党校的指示》。

十、必须使所有在职干部了解，学习的成效主要靠自己努力。因此努力自习是基本的方法。在小组会和大课的前后，必须有充分的自习（预习或复习）。

十一、学习的组织责任属于支部，支部应设学习干事。学习的领导属于各级宣传部。各级宣传部应经常检查学习状况，并指导之。

十二、各级党的组织须为在职干部解决必要的物质资料（书籍等），在经常预算内须列入在职干部所必要的费用。

十三、决定五月五日马克思生日为学习节，总结每年的经验并举行奖励（以集体奖励为原则）。今年"五五"为第一届节日。

十四、各级宣传部的报告须列入在职干部学习的材料，省及区党委以上宣传部的报告须寄中央一份。

中央书记处
三月二十日

【资料来源】

《共产党人》第六期，1940年5月。

中央档案馆编：《中共中央文件选集》第十二册（一九三九——一九四〇），中共中央党校出版社，1991年，第333—335页。

2. 中央宣传部关于抗日根据地在职干部教育中几个问题的指示

（1940年10月26日）

估计到敌后抗日根据地在职干部教育的现况及其所处的战争环境，如要在那些地区切实地开展在职干部教育，须注意处理和解决以下的几个问题：

（一）过去各地区的教育计划，多是各自为政，没有一定的标准，而计划又多只有科学的规定，没有课程的指出，从而计划的实施常表现自流的现象。以后各根据地的在职干部教育计划，应以今年三月二十日中央书记处《关于在职干部教育的指示》及八月十三日中央宣传部《关于加强干部策略教育的指示》为标准，而依据各地的干部状况及教育进度灵活制定之。计划中宜规定课程标准，以便有所依循。为了适应战争的环境，计划宜短小精干，时间不太长，才便于施行。

（二）战争环境中所使用的教材，一般地宜采用教科书式的读本，附以研究大纲，不另指定参考材料，读一本算一本。每行每句读懂，不懂者质疑。如果没有这种现成的读本，则参考材料须选精采用，随同研究大纲一起印成袖珍本，以便利于携带与阅读。

（三）由于实际斗争的要求，在敌后根据地的在职干部中，实际策略的研究与教育进行得较多。今后应使实际策略的教育更有系统性与原则性，同时这种教育可以利用干部会议及党的小组来进行，而使学习小组更多地去进行一般理论的学习与研究。

（四）估计到中下级干部文化水平不高，并且由于紧张的战争环境，生活不安定，工作繁忙和流动，为要保证他们有效地进行学习，则专任的教员或学习辅导员的设立，是一个决定的条件。各根据地党的组织须尽量做到：每个县委（包括县级机关）和每个区委（包括区级机关）有一个专任的教员或学习辅导员。为了解决这个有决定意义的问题，各中央局、分区〔局〕及区党委须物色这种教育干部，并在自己的党校中设专门的班次来培养这种干部。如有可能，这种干部派出帮助某级在职干部学完一种学科后，仍然调回继续训练，而派出另一批干部去代替他们。各根据地高级党组织必须注意大批地训练和保存这样的干部。

（五）展开在职干部教育的另一个有决定意义的问题，就是各级领导干部能够在一方面保持自己学习上的积极性与经常性，在又一方面积极去推动和帮助其他干部的学习。过去许多领导干部在这方面做得还不够，特从〔重〕新提起大家的注意。

【资料来源】

《共产党人》第十五期，1941年2月20日。

中央档案馆编：《中共中央文件选集》第十二册（一九三九——九四〇），中共中央党校出版社，1991年，第533—535页。

3. 中央关于延安在职干部学习的决定

（同时亦适用于各地）

（1941年12月1日）

一、在工作中学习

（一）在职干部的学习应该分成两部分，一部分是本身工作（职务）以内的学习，一部分是本身工作（职务）以外的学习。第一种学习对在职干部是主要的；第二种学习是补助的，但是必须〔需〕的。

（二）有的在职干部常常把自己的工作看作同学习无关，以为只有阅读同本身工作无关的一些理论书籍或其他书籍，或只有进学校、训练班才叫作学习，因此产生了两方面的恶果：一方面以为工作中无可学习或不必学习，另一方面以为要学习必须抛开工作。这种看法是错误的，或者是不完全正确的，其结果，是工作与学习脱节，工作本身固受损害，学习也变成了教条式的记忆与背诵。在职干部因此在工作中亦无法进步，理论与实际也就统一不起来。

（三）在职干部的学习，首先是在自己所担负的实际工作中。根据《中央关于调查研究的决定》，无论那〔哪〕一领导部门工作，都必须要能够做到了解情况与掌握政策。而要做到这一点，就必须做极大的调查、研究工作。这种同本部门工作有直接关系的调查、研究工作，过去不是没有，便是很少；而这正是本部门工作的基本的与经常的部分，这种调查、研究工作，即是在工作中学习的基本方面。

（四）关于本部门工作的调查、研究，不但是指具体材料的搜集、研究与总结，不但是指中央每一重要文件或有关材料的仔细研究，而且也包含同本部门工作直接有关的马列主义理论及其他各种理论的研究与批判。如果在职干部能够经常对自己所负责的工作部门进行有系统的经常的这种调查、研究，做到真正了解情况与掌握政策，那他不但能提高自己的工作能力与技术，正确完成自己的任务，而且他也更能对自己的工作发生兴趣，更能使自己进步，而本部门的工作，也就因此更能活跃、更能深入了。

（五）因此，在在职干部的学习中，首先应该强调学习的这个主要方面。各部门工作的主要负责同志都应该在这个方面大大努力，适当地分配每个工作同志以一定的调查、研究任务，适当地在工作会议上进行生动活泼的讨论与研究，得出一定的正确的结论。各部门工作的负责同志，如果不在这个方面努力，他要把自己的工作做好，是不可能的。

二、工作以外的学习

（六）但是每个在职干部除在他专门部门工作中学习，使自己成为本部门称职的工作人员外，还应该在工作以外学习。这种学习应该包含文化的（国文、史地、社会知识、自然知识等）、时事与策略的、理论的（包含辩证唯物论、历史唯物论、政治经济学、军事学等）。这种学习对在职干部带补助的性质，其目的，在帮助他们提高文化、政治与理论的水平，使他们对革命、对工作更有信心与能力。

（七）不同种类的在职干部，他们的要求、希望与需要，是不同的；他们的文化、政治、理论、经验的水平，也是不同的；因此，他们在学习上，也不应该是千篇一律的，而应该是有分别的。一般说来，延安在职干部，在学习方面，主要地可分为下列四类：

1. 有工作经验又有较高文化水准的高级及中级老干部（简称第一类）。

2. 有相当工作经验但文化水平很低的（甚至半文盲的）中级及下级工农干部（简称第二类）。

3. 工作经验不够，但有较高文化水平的中级及下级知识分子新干部（简称第三类）。

4. 在学术上、技术上有较高造就的专门人才（哲学家、经济学家、军事家、文艺家、科学家、教育家、技术家）（简称第四类）。

（八）为求得理论与实际的一致，解决这四类在职干部学习问题的基本原则应如下：

1. 凡实际经验多而理论缺少者，以学习理论为主。

2. 凡缺少实际经验者，以学习实际知识为主。

3. 凡文化水平很低者，以提高文化为主。

4. 所有干部，均应了解时局动向与当前党的政策。

5. 一切学习，均应使之同自己本身工作有直接、间接的联系。

（九）根据上述原则，对四类在职干部学习的具体方向，大体应规定如下：

1. 第一类，应以学习马列主义理论（从同自己有联系的某一方面学起）为主，同时应增加中国历史，首先是中共党史与现实的知识。

2. 第二类，应以学习文化，首先以学习国文、数学、自然常识为主，同时应增加政治常识与社会常识。

3. 第三类，应以学习中国历史首先是中共党史与现实的知识为主（从同自己工作有联系的一方面学起），同时增加马列主义理论的知识。

4. 所有一、二、三、四类干部均应研究时局动向与党的政策。而第四类，即以了解时局动向与当前党的政策为主，同时应增加中国历史，首先是中共党史与现实的知识。

（十）在组织上，第一类干部，除参加高级学习组者外，可在各部门内组织研究组，研究科目可依自己的需要决定。第二类干部，应组织文化补习班，依照不同文化水平及工作上的便利，组织不同的文化补习小组。第三类，可在各部门内组织学习组，研究有关的中国历史与现实。第四类，可参加本部门第三类的学习组。关于研究组、学习组、补习班的具体组织与工作（包含学习具体科目，分组，每次开会时间，指导员、文化教员的聘请，课本、参考材料的选择等），各部门主要负责同志应依照本决定一般原则，及总政宣传部、西北局宣传部、中央直属党委宣传科的一般规定，及其本部门的具体情况独立决定之。在一切部门内规定千篇一律的具体办法不但不必要，也是不可能的。

（十一）估计到我党内一般干部文化水平的低下，在在职干部的学习中应特别强调普遍提高干部文化水平的必要。这里，我们对各级干部提出如下的要求：凡党内下级干部应提高自己的文化水平到相当于初小毕业至高小毕业的程度，中级干部到相当于初中毕业至高中毕业的程度，高级干部到相当于高中毕业到大学毕业的程度。这是全党干部的战斗任务，这个任务不解决，党内理论水平及政治水平的一般提高是不可能的。中央宣传部应指导西北局宣传部、总政宣传部、中央直属党委宣传科在延安各适当地点设立各种业余文化补习学校（晨校或夜校），聘请文化教员，担任各班功课。

（十二）《解放日报》（包含在日报上发表的党与政府的公开文件）应成为每个干部学习时事与策略的必需材料，各研究组、学习组、补习班均应在一定时期内举行时事座谈会。第二类干部中不能阅读《解放日报》者,应阅读比较通俗的报纸如《边区群众报》等。文化教员有给补习班学生在一定时间内通俗地、简单地讲解时事与策略的责任。

(十三) 对第四类在职干部学习政治的提倡,决不能了解为要这类干部放弃专门职业实行"改行",或在实际上妨碍他们在专门学术方面与专门技术方面的进一步发展。相反地,党应该鼓励每一个专门人才在专门学术上与专门技术上有所造就,集中他们的最大注意力在自己的专门事业上。他们的政治学习,只是为了使他们不从中国一般现实生活与政治斗争孤立起来,而使他们成为民族、民主革命的积极参加者,使他们成为专门的革命家。因此,或者对于他们的政治学习采取漠不关心的态度,或者对于他们的政治学习提出过高的要求,都是错误的。为发展他们的专门知识与技能,应吸收他们到延安各种学术团体中去。中宣部与中央文委应负责活跃这些团体的工作。

(十四) 应该特别指出:每个在职干部学习的能否进步,主要决定于各个干部自己的努力。除第二类干部学习应比较著〔注〕重于采取上课的方式外,其他各类干部的学习,均以个人阅读与自我研究为主,各种小组会与大讲演等只能起些辅助作用。学习要依靠自己持久的努力与艰苦的奋斗,任何轻便的终南捷径是没有的。多读、多看、多研究、多注重其实际应用,而反对空洞的、形式的、所学非所用的学习方法,是马列主义者取得学问的必要条件。这种正确学习习惯的养成,开始是困难的,但坚持下去,就习惯成自然了。这种习惯是一个干部应该具备的优良品质。

三、在职干部学习的领导

(十五) 在职干部学习能否成功的关键,决定于各部门主要负责同志的领导。应该确定他们是在职干部学习的主要负责者,他们应该把这一工作当作自己业务的一部分,经常给以关心与指导。一个机关、一个团体、一个部队的主要负责人及各个次要负责人,就是该机关团体部队一切在职干部的学习的校长与教员。

(十六) 各部门党的支部的宣传教育干事,应推动党员在在职干部学习中起模范作用,经常注意吸收非党干部参加在职干部的学习。

(十七) 延安在职干部学习的直接组织、检查、督促与领导之责,属总政宣传部、西北局宣传部及中央直属党委宣传科。中央宣传部应经过它们实现统一的领导。

(十八) 中宣部应在明年出版计划中保证必要的在职干部读物及文化课本的出版,并从中央津贴延安各干部学校基金中,拨出一部分为发展在职干部教育经费之用。

（十九）本决定适用于延安。但本决定的一切基本原则，同样亦适用于其他地方。

（二十）中央关于延安直属干部学校的决定中关于反对主观主义、教条主义及教学方法部分，亦适用于在职干部。

一九四一年十二月一日
（根据中央档案原油印件刊印）

【资料来源】

中央档案馆编：《中共中央文件选集》第十三册（一九四一——一九四二），中共中央党校出版社，1991年，第240—247页。

4. 中共中央关于延安干部学校的决定

（本决定同时亦适用于各抗日根据地）
（1941年12月17日中共中央政治局通过）

一、目前延安干部学校的基本缺点，在于理论与实际、所学与所用的脱节，存在着主观主义与教条主义的严重的毛病。这种毛病，主要表现在使学生学习一大堆马列主义的抽象原则，而不注意或几乎不注意领会其实质及如何应用于具体的中国环境。为了纠正这种毛病，必须强调学习马列主义的理论的目的是使学生能够正确地应用这种理论去解决中国革命的实际问题，而不是书本上各项原则的死记与背诵。第一，必须使学生区别马列主义的字句与马列主义的实质；第二，必须使学生领会这种实质（不是望文生义，而是心知其意）；第三，必须使学生学会善于应用这种实质于中国的具体环境，而抛开一切形式的空洞的学习。为了这个目的，除正确地教授马列主义的理论之外，同时必须增加中国历史与中国情况及党的历史与党的政策的教育，使学生既学得理论，又学得实际，并把二者生动地联系起来。党地委以上、军队团级以上的干部（在解决了文化问题之后），应以联共党史为学习马列主义的基本教材，特别应注意于具体应用辩证唯物论与历史唯物论基本观点（不是其大堆的抽象原则）的学习，借以克服主观主义与教条主义这种极端恶劣的毛病。

二、各学校没有明确规定自己的具体目的，亦是缺点之一。为此特规定：

（一）中央研究院为培养党的理论干部的高级研究机关。

（二）中央党校为培养地委以上及团级以上具有相当独立工作能力的党的实际工作

干部及军队政治工作干部的高级与中级学校。

（三）军事学院为培养团级以上具有相当独立工作能力的军事工作干部的高级与中级学校。

（四）延大、鲁艺、自然科学院为培养党与非党的各种高级与中级的专门的政治、文化、科学及技术人才的学校。

上述各校的课程教材与教学方法，必须与各校具体目的相适合。

三、为加强各校的具体领导及使各校教育与中央各实际工作部门联系起来，决定中央研究院直属中央宣传部，中央党校直属中央党校管理委员会，军事学院直属军委参谋部，延大、鲁艺、自然科学院直属中央文委。各校主管机关，应把自己直属学校的工作，当作本机关业务的重要部分。中央宣传部对各校课程、教员、教材及经费，应协同各主管机关进行统一的计划、检查与督促。

四、为实现各校具体目的，使党的有限精力、财力收到最大效果，各校对招收学生应采取少而精的原则。各校及其主管机关应重新审查学生成分，凡不合各校具体目的的学生，以分配工作或转学他处为原则。

五、改善教员质量是学校办好的一个决定条件。凡地委及团级以上干部的教育，应由中央委员及中央各机关负责同志亲身担任指导。对现有各校教员，应根据新的标准分别审查处理之。中宣部应给各校专任教员以实际帮助，提高他们的质量。对教员的政治的与物质的待遇，应改善之。

六、没有较高的文化水平，马列主义理论的学习是不可能的。凡文化水平太低而又需要与可能学习的县级营级以上工农出身的老干部，应先补习文化。这种补习，不应只限于识字之多少，而应包含阅读写作能力、历史地理常识、社会政治常识与自然科学常识的获得。文化班编制的标准，应依照学生的文化水平，而不依照其工作职位。

七、凡带专门性质的学校（例如军事的、政治法律的、财政经济的、自然科学的、文艺的、师范教育的、医学的等等），应以学习有关该项专门工作的理论与实际的课程为主。文化课、政治课与专门课的比例应依各校情况决定之。一般说来，专门课应占百分之五十（不须补习文化之学校，则专门课应占百分之八十），文化课应占百分之三十，政治课应占百分之二十。坚决纠正过去以政治课压倒其他一切课目的不正常现象。

八、凡担任学校教育工作的同志，均应认真地研究教课内容与教学方法，使理论与实际一致的原则，在教课内容与教学方法中贯彻起来。在教学方法中，应坚决采取启发的、研究的、实验的方式，以发展学生在学习中的自动性与创造性，而坚决废止注入的、强迫的、空洞的方式。在教学中，陕甘宁边区及其邻近地区的实际材料，应经过各种调查研究的方式充分地利用之。

九、关于马列主义的教授与学习，应坚决纠正过去不注重领会其实质而注重了解其形式、不注重应用而注重死读的错误方向。学校当局及教员必须全力注意使学生由领会马列主义实质到把这种实质具体地应用于中国环境的学习。学生是否真正领会（理解、认识、懂得），以学生是否善于应用为标准。这里所说的应用，是指用马列主义精神与方法去分析中国历史与当前的具体问题，去总结中国革命的经验。使学生养成这种应用的习惯，以便在他们出校之后善于应用马列主义的精神与方法去分析问题与指导实践。

十、在学校政治教材方面，应该充分利用《解放日报》、中央文件及中央各部委出版的材料书。各种必要的课本及辅助读物，应该有计划地编印或翻印。中央宣传部应协同出版机关及财政机关制定一九四二年有关教育的出版计划及经费预算，交中央批准实行。

十一、各校学生生活及教育设备，应按现有条件做必要的改善。

十二、学校行政组织以短小精干为原则。学校内党支部的任务，是在保证学校教育计划的完成，纠正支部与行政并立的不正确现象。支部对学校行政的建议，可经党的路线提出，但不能出于干涉。在统一战线性质的学校内，应纠正党员包办一切的党化作风。

十三、应在学校内养成学生自由思想、实事求是、埋头苦干、遵守纪律、自动自治、团结互助的学风，而坚决反对主观主义、宗派主义、教条主义、好高骛远、武断盲从、夸夸其谈、自以为是及粗枝大叶、不求甚解的恶习。关于这种学风的养成，教职员应该以身作则。

十四、本决定适用于延安。但本决定中的一切基本原则，同时亦适用于各抗日根据地。

【资料来源】

《解放日报》1941年12月20日第1版。

中央档案馆编：《中共中央文件选集》第十三册（一九四一——一九四二），中共中央党校出版社，1991年，第257—261页。

5. 中共中央关于在职干部教育的决定

（1942年2月28日中央政治局通过）

一、在目前条件下，干部教育工作，在全部教育工作中的比重，应该是第一位的；而在职干部教育工作，在全部干部教育工作中的比重，又应该是第一位的。这是因为一切工作，包括国民教育工作在内，都须经过干部去做，"在政治方针决定之后，干部就是决定一切的因素"；如不把干部教育工作看得特别重要，把它放在全部教育工作中的第一等地位，就要犯本末倒置的错误了。同时，着重地认真地办理干部学校，抽调许多干部进入各种干部学校，施以系统的教育，当然是很重要的任务，对此决不应该稍有忽视；但最广大数量的干部，百分之九十以上的干部，还是在工作中，在人力、财力与工作需要上，目前又不可能办理很多的干部学校；因此，对在职干部，就其工作岗位上，施以必须〔需〕的与可能的教育，实是全部干部教育工作中的第一位工作，应该引起党政军各级领导机关及其宣传教育部门的充分注意。游击战争的特点，不但允许我们这样做，而且必须这样做的。

二、在职干部教育，自六中全会以来，已经引起党内相当的注意，在许多地方与许多部门的在职干部中引起了学习的热潮，这是极好的现象。但忽视的现象还是存在着，在有些地方与有些部门中，甚至还没有开始。没有强调业务教育，而大多数在职干部要求学习业务与精通业务的热情则是很高的。政治教育虽一般地注意了，但或则不得其法，或则轻重不分，或则没有经常性。文化教育是我党多数工农出身的干部所迫切需要的，但也没有引起党政军各级领导机关的充分注意。高级干部的理论教育，或则至今没有引起注意，或则脱离实用，成了教条主义的东西；而理论教育的成败则是革命成败的第一个关键。所有这些，都是必须改革，或必须加强的。

三、在职干部教育，应以业务教育、政治教育、文化教育、理论教育四种为范围。

（一）对一切在职干部，都须给以业务教育，实行"做什么、学什么"的口号。不论从事军事、政治、党务、文化、教育、宣传、组织、民运、锄奸、财政、经济、金融、医药、卫生及其他任何工作部门的干部，必须学会与精通自己的业务，这是第一个教育任务与学习任务。每一部门的领导机关及其负责人，必须指导所属干部有秩序地进行学习。而各级党委各级政治部及其宣传教育部门则负总领导的责任。其学习范围，包括如下五项：第一是关于与各部门业务密切关联的周围情况的调查研究。例如军事部门精密调查敌友我三方情况，加以分析研究，择其要点，编成教材，用以教育军事干部；其余类推。第二是关于与各部门业务密切关联的政策法令指示决定的研究。例如财政工作人员应熟习财政政策与财政法令，锄奸工作人员应熟习锄奸政策与锄奸法令，其余类推。第三是关于各部门业务具体经验的研究。例如党的组织部门研究党的组织工作与干部工作的经验，加以分析和综合，抽出要点，写成文件，教育所属干部；其余类推。第四是关于各部门业务的历史知识。例如党的宣传部门将我党廿年宣传鼓动工作及其政策的变化发展加以叙述与总结，编成教材，教育宣传工作干部；其余类推。第五是关于各部门业务的科学知识。例如军事干部研究军事学、医务干部研究医学等，每一部门均须研究自己的理论。对于上列各项业务学习，各部门领导机关负有供给教材、指导学习及考查成绩的责任，务使所属干部从理论与实际两方面，逐渐达到学会与精通自己职业之目的。轻视学习业务与精通业务的观点是错误的。

（二）对一切在职干部，都须给以政治教育。其范围，包括时事教育及一般政策教育二项。关于进行时事教育的办法，包括督促所属干部看报，对所属干部讲解时事问题，及以地区或部门为单位召集干部做时事报告等项。关于进行一般政策教育的办法，或为一切干部所应普遍学习的，例如将中央对时局宣言、中央关于增强党性决定和关于调查研究决定，及边区施政纲领等，督促干部阅读，加以解释及讨论等；或为虽与本部门业务无直接关系，但有间接关系，有使所属干部加以研究之必要者，例如向军事指挥员解释中央关于土地政策的决定等。政治教育之目的，在于使干部除精通其专门业务局部情况与局部政策之外，还能通晓一般情况与一般政策，扩大干部的眼界，避免偏畸狭隘不懂大局的弊病。必须指出，好谈一般政治而忽视专门业务的倾向是不对的，但局限于专门业务而忽视一般政治的倾向也是不对的。又须指出，一般情况与一般政策虽为一切干部所必习，但其分量轻重应依各部门工作性质而有所不同。例如对于医生、技术专家、文学家、艺术家等，其分量应该减轻，而对于党务工作人员、宣传工作人员、政府工作人员及军队中政治工作人员等，则其分量应该加重。关于政治教育缺乏经常性的毛病，党政军宣传教育部门应有计划地克服之。

（三）对于一切文化程度太低或不高的干部，除业务教育与政治教育外，必须强调文化教育，反对轻视文化教育的错误观点。对于他们，学习文化，提高文化水平，是他们全部学习的中心一环。其教育与学习范围，暂定为国文、历史、地理、算术、自然、社会、政治等课，宣传教育部门应负责解决课本问题。其教育与学习办法，在环境许可的地方，必须一律开办文化补习班或文化补习学校，或一机关独办，或数机关合办，或采取轮训制，轮流抽调干部集中一地学习，都是好的。在这些补习班或补习学校中应有专任的教职员，辅之以兼任的教职员。在环境不许可的地方，则用小组学习制，以该机关某一文化程度较高的干部减少其日常工作使他兼任教员，亦可专用教员。文化班或文化学校，可分为初级的及中级的两种。初级班为不识文字及粗识文字的人而设，以学至大体相当于高小程度为合格。中级班为已有相当于高小程度的人而设，以学至大体相当于中学程度为合格。干部分班应以文化程度为标准，不以职位为标准。此外，某些从事宣传教育工作的干部，虽属知识分子，但尚有补习国文及文法之必要者，则用小组学习制或其他办法补习之。为着提高广大干部的文化水平，应在党政军机关内提高文化教员的地位，最好的文化教员应受到极大的欢迎与优待。办理文化教育有功的人员应受到奖励。

（四）高级及中级干部之具有学习理论资格（文化程度、理解力与学习兴趣等）者，于业务学习与政治学习之外均须学习理论。其学习范围分为政治科学、思想科学、经济科学、历史科学等项，依次逐步学习之。其学习方法，以理论与实际联系为原则。例如政治科学以马列主义论战略策略的著述为理论材料，以我党二十年奋斗史为实际材料；思想科学以马克思主义的思想方法论为理论材料，以近百年中国的思想发展史为实际材料；经济科学以马克思主义的政治经济学为理论材料，以近百年中国的经济发展史为实际材料；历史科学则研究外国革命史与中国革命史。其具体进行，应采取高级学习组与中级学习组的办法，以自学为主，加以集体的讨论与指导。

四、四种教育的时间分配及课程分配，使之互相联系而不互相冲突与脱节，由党政军宣传教育部门负责调理之。

五、不论任何工作部门，也不论业务教育、政治教育、文化教育、理论教育的任何方面，均须贯彻反对主观主义、宗派主义与党八股的精神。一切材料均须由领导机关加以审查，任何包含主观主义、宗派主义与党八股毒素的东西，均须严格加以清除或批评。

六、在职干部教育是长期的，以发展其业务而不妨碍其业务并不妨碍干部健康为原则；在前方，尤其不应妨碍战争。在情况许可的地方或部门，一律坚持每日两小时学习制；在情况不许可的地方或部门，学习时间可以伸缩。一切为着在职干部教育而耗费的时间，均算入正规工作时间之内，把教育与学习看作工作的一部分。在鉴定干部的时候，学习情况如何应作为鉴定标准之一。

七、实行对于在职干部教育的考核测验与赏罚制度，其办法由中央宣传部订定之。

八、各级党政军领导机关应以极大的注意力放在干部教育（在职干部教育与干部学校教育）上面。为着干部教育而需用的人员（教员与职员），应加以严格的审查，并应首先调给之。各级领导人员有参加教课的责任。为着干部教育而需用的经费，应最大量地供给之。

九、对于从事干部教育的人员，尤其是教员，应加以教育。其办法由中央宣传部定之。

（根据一九四二年三月五日出版的《宣传手册》刊印）

【资料来源】

中央档案馆编：《中共中央文件选集》第十三册（一九四一——一九四二），中共中央党校出版社，1991年，第347—353页。

6. 中央组织部关于延安几种干部培养与使用的决定

(1942年4月4日)

（中央批准了中央组织部提出的关于延安几种干部培养与使用的决定。现将这一决定告诉你们，但不要在报纸上发表，只做你们在干部工作方面的参考。）

一、有工作经验但文化水平很低的在职的老干部，尤其是属于这类的中级和高级干部，必须根据中央关于在职干部教育的决定进行学习。对于文化学习决不能轻视，必须认真学习以提高文化水平。

二、文化水平虽高，但没有或很少工作经验的新干部，除一部分学习专门知识者外，必须首先参加工作或学习一个很短时间后即去工作，以便获得工作经验，不应该长期在学校中学习。

三、党龄虽长，但很少或没有工作经验的干部（例如与党失去联系很久的干部），必须参加工作，尤其下层工作，以增补其工作经验之不足。

四、长期在高级领导机关工作，但没有或很少下层工作经验的干部，在不妨害该机关工作的条件下，应将一部分调去参加下层工作，同时吸收有下层工作经验的适当干部去代替之。

五、机要部门及有专门技能或正在学习专门技能的干部，不应调动，并应使他们长期安心工作。

六、必须纠正以为党务工作才是党的工作，其他工作不是党的工作，或轻视党务以外其他工作的错误观点。一切党务、行政、军事、机要、经济、民运、文化及其他工作，都是不可缺少的革命工作。必须克服只愿做党务工作，不愿做经济技术或其他工作的倾向。

中央组织部
（根据中央档案原抄件刊印）

【资料来源】

中央档案馆编：《中共中央文件选集》第十三册（一九四一——一九四二），中共中央党校出版社，1991年，第368—369页。

7. 陕甘宁边区政府通知
——关于教育研究班增加学员一百人希拨经费

〔生字第80号〕

贺①厅长，江②、赵③副厅长：

教育厅举办的教育研究班，原定学员三百人，现增加至四百人，希照四百人发给经费。

特此通知。

主　席　林伯渠
代主席　刘景范
副主席　杨明轩

---

① 贺连城。
② 江隆基。
③ 赵仲池。

附：边府教育厅函

王[①]、章[②]厅长：

关于教育研究班经费方面几个问题，我们的意见如下，请转财厅办理。

一、教育研究班学员均为抽调在职政治上较好的中小学教员，在学校时均为薪金待遇，受训（第一期四个月）后仍派回各学校做〔作〕为骨干分子。因系短期训练，采取供给制有很多不便，如服装补充、家庭生活补助、往来路费、医药费等，因此我们意见是采取半薪金制的包干制，如：原系中学教员者，每月每人面粉七袋（比原薪低二至三袋）；原系小学教员者，每人每月面粉五袋（比原薪低一至一袋半）。

二、职员、杂务人员多系使用旧人，按中等学校标准薪金待遇。

三、主任、教员多为政府派去的老人，可按其在机关标准用供给制，如果采用两种办法不方便，可按在政府原来等级或中等学校职员待遇发给薪金。

陕甘宁边区政府教育厅
十一月二十四日

【资料来源】

关保英主编：《陕甘宁边区行政救助法典汇编》，山东人民出版社，2016年，第527—528页。

---

① 王子宜。
② 章夷伯。

8. 从实际出发、学以致用的干部教育

陇东地方党政干部教育，在1934年南梁政府建立之时已经开始，不过当时尚未形成制度。到了抗日战争时期，特别是1938年党的六中全会召开之后，根据六中全会确定的干部教育重于群众教育、成人教育重于儿童教育的方针，陇东各级党委把对干部的培养教育、提高干部素质提上了重要的议事日程，从此使干部教育在数量上有较大发展，质量也不断提高。当时，陇东干部教育主要采取在职学习与离职培训两种形式，改革中等学校教育使其担负一定培养干部的任务与直接创办干部学校结合的教育形式。

在职干部教育在陇东有组织、有计划地实施是从1938年开始的。首先，是组织动员区、乡级干部同群众一道参加冬学、夜校、扫盲识字班学习文化知识。到了1939年陇东各县的干部教育已初具规模，仅环县就成立区级干部识字组11个、乡级干部识字组40个。华池、曲子等县也较前有所发展。1940年根据陕甘宁边区党委的指示，陇东分区党委组织地、县两级干部系统学习了《共产主义和共产党》（下册）、《中国现代革命运动史》（上册）等理论书籍，以提高领导干部的马列主义理论水平。

1942年，党中央做出《关于在职干部教育的决定》。决定指出："在目前条件下，干部教育工作，在全部教育工作中的比重，应该是第一位的。而在职干部教育工作，在全部干部教育工作中的比重，又应该是第一位的。"陇东分区根据《决定》精神，结合本区实际，大力开展干部教育工作。为使在职干部教育真正形成制度，并有始有终，分区和各县、区都专门成立了指导委员会，各乡也成立了学习小组，建立健全各项考核、检查、奖惩制度。同时还根据干部的文化素质和工作需要具体规定了受教育的内容和方法。县级以上干部不仅进行业务教育和政治教育，还组织一些文化程度较高的干部进行

理论学习；区级干部以学习文化知识为主，政治教育与业务教育为辅；乡村干部以识字为主要内容。1942年整风运动开始后，陇东分区各级干部以学习整风文件为主，并结合学习对思想、工作、作风上存在的问题进行对照检查，使广大干部普遍受到了一次马列主义教育。1946年，随着抗日战争的胜利，中国革命的对象、任务发生巨大变化。为了使各级干部从思想上、行动上紧跟形势的发展，陇东地委要求组织各级干部学习"七大"文件，武装思想，结合学习检查党务工作。

解放战争初期，由于国民党反动派进攻，各级干部都参加到对敌斗争中去了，使在职干部教育一度中断。1948年随着陇东根据地逐渐收复，陇东地委根据中共西北局指示精神，重新加强和开展干部教育，组织各级干部认真学习中共中央、陕甘宁边区关于土改、统一战线等文件和政策，武装干部思想，使各级干部为迎接全国解放做贡献。

党政干部的离职培训，也是当时干部教育的一种重要形式。1938年到1939年底，陇东根据地（除新宁、新正县外）其他各县共举办长短不定期学习班28期，培训干部1046人（次）。学习内容主要有党的建设、统一战线、政治常识等。与此同时，庆环分区党委以及曲子、华池、环县、庆阳等县还举办妇女干部培训班，共培训妇女干部67人。1941年陇东中学代培妇干24名。妇训班在学习内容上主要以妇女运动史、政治常识、妇女卫生常识等为主。此外，庆环分区党委还选派县级以上干部赴延安等地学习。同年，陇东中学又举办了一期新文字冬学训练班。1944年下半年到1945年上半年，陇东分区各县举办区、乡干部培训班，培训人员达500多名。

解放战争时期，为适应革命形势发展的需要，新宁县于1948年1月20日举办一期区、乡干部训练班。曲子、华池县也于翌年8月举办第二期区、乡干部训练班。这些干部训练班在具体教学中认真总结先前教学经验，在内容上用啥学啥、学以致用，学习方法也进行了改进。为使干部教育真正走上正规〔轨〕，培养合格的领导干部去组织群众、领导群众进行革命斗争和建设，党在陇东解放区除开展在职干部教育和举办干部离职培训班外，还创办了许多干部学校。同时，对中等学校也进行改造，使其担负一定培养干部任务。当时，在党中央和陕甘宁边区党委领导下，在陇东地区境内创办的干部学校有庆环分区党校、陇东中学地干班、陇东分区党校、陇东分区干部学校。还有1938年7月从陕西云阳镇迁至新正县看花宫办学的陕北公学分校等。这些干部学校在整个办学、教学活动中，都从实际需要出发，坚决贯彻党提出的教育为革命战争服务、教育与生产劳动相结合的方针，为党培养了大批的优秀干部，适应了革命战争和革命建设的迫切需要。

1937年9月创办的庆环分区党校，它是陇东地区创办最早的一所干部学校。校址设在原曲子县（今曲子镇）东沟岳王庙内，校长彭飞，教员吴广文、李景膺、马仰西、孙明等人。学校没有其他机构,管理教务、总务及搞文书工作各1—2人。庆环分区党校办学条件极其简陋,岳王庙有3间破庙和4孔菩萨土窑洞,是教师和学员的教室、宿舍。没有桌凳,支块砖就地而坐;没有笔,剥根树枝当笔用。就在这样物质条件极其困难的情况下,学校克服困难坚持开办了两期学习班,每期2—3个月,培训干部近100名。培训对象主要是庆环分区所辖各县属科、部、局以及区级干部。学习课程有"社会发展简史""国际共产主义运动史"以及"地理常识""游击活动"等。在教学方法上坚持理论联系实际,教员讲述后,学员分组讨论达到基本理解。同时在教学安排上还注重社会实践活动。1937年12月,庆环分区党校选派部分学员前往华池、曲子、环县等县开展征粮、征兵的宣传动员工作。经过参加一段社会实践活动,又返回学校,使理论与工作实践密切结合。1938年夏,党校停办。

陇东中学地干班,是1943年陇东地委为贯彻中共中央关于"干部教育第一"的指示精神,适应边区建设需要,在对原陇东中学的教学进行调整改革之后,使其担负干部教育性质的学校。

1943年陇东地委决定将第十二期干部训练班交陇东中学办理,改称为陇东中学地方干部训练班(简称地干班)。地干班培养的对象是区、乡级干部和个别县级干部,其目的是提高干部的文化水平,增强其革命观念和群众观念。学员由地委和专署协商推举,学制为两年,学员入学条件是工作1年以上的党员干部以及政治上有发展前途的非党员干部,年龄在18—35岁之间。地干班从1943年3月招收第一届学员开始到1947年上半年共招收学员308名。在具体教学当中,地干班遵循"因人施教""学以致用""理论联系实际"的教学原则,减去不必要和不急需的课程。同时,根据学员文化程度偏低和文盲、半文盲多的实际,学校将文化课的比重由原来总课时的50%增加到80%以上。与此同时,地干班对学制和教学方法也进行了相应改革,学制由初定两年减为半年到1年,在教学方法上一改填鸭式,注重理论联系实际。其次在教材选编上也注意摘选《群众报》上比较通俗易懂的文章以及各类应用文体,使学员易学易记,学了也能用。地干班在整个教学活动中,还十分重视加强思想政治教育,根据不同历史时期革命的性质、任务,相应地采取不同的要求,以培养学员树立为革命献身的精神。陇东分区党校是在原陇东中学的基础上改建而成的。1948年3月陇东地委和专署做出决定,将陇东中学改为分区党校。其任务主要是培训土改中涌现的优秀党员、积极分子以及区、乡级干部。5月间党校正式开学,初设两个班,即党政干部训练班和新区干部训练班。党政干部训练班的任务是培养村、乡、区三级干部和好的党员,以提高思想认识、改进作风和进一步学习掌握党的政策。新区干部训练班主要培训目标为整顿思想作风和学习党的方针、政策,以适应新区工作的需要，学习期限均为4个月。

党校设校委会及党总支，各班设班委会及党支部。在校长领导下设秘书和教务处。校长贺建山，教务处主任汤般若。

党校开设的课程为政治课和文化课。政治课是根据党章和《修改党章报告》的内容及党的常识与政策，由教员自编。文化课包括识字、写作与读报。其教学方式是政治、文化并进。学习方法和步骤为：上课—由教员提出问题—集体讨论—教员总结。随后校领导又深入学员中，听取反映，再加以总结和深化。

1948年9月，李景亭接任校长职务后，在总结第一期培训班的教学经验上，对学制、教学方法以及内容进行全面改革，由于工作的改进，教学质量有显著提高。

陇东分区干部学校是在全国解放的前夕，为加强对非党干部的培养，经西北局批准，陇东地委于1949年5月30日做出决定，由陇东分区党校易名而成的，校长仍为李景亭。到全国解放为止，干校共招收两期学员，培训干部567名。党校设有党政、青年、妇女、新区知识分子、预备班等班组。除党政干部训练班学期为6个月，其他各班均为3个月。学习内容根据不同对象要求，采取不同的教学内容。干校办学阶段由于经济困难等原因，曾4次搬迁校址，两次下乡帮助工作。但就在这样困难条件下仍坚持办学，使学员经过培训后政治觉悟、工作能力都有不同程度提高。陇东根据地的干部教育虽然采取多渠道、多层次的办学形式，并在培养目标上各有不同，但在其教学方法上具有一些共同特点：第一，教学内容紧密结合各个历史时期的斗争实际，认真实施国防教育；第二，强调理论与实践相结合，学员参加实际工作、群众工作和生产劳动；第三，教学采取讲授、自学、讨论、辅导、个别帮助等方式，充分发挥学员的积极性和主动性；第四，重视对学员的思想政治教育，始终注意把转变学员思想、学习文化和加强党性教育结合起来。其作用保证在短时间内培养出质量好、数量多的干部，他们无论是在前方还是在后方，都为迎接全国解放做出了一定贡献。

【资料来源】

中共庆阳地委党史资料征集办公室编，刘凤阁主编：《陕甘宁边区陇东的文教卫生事业》，内部资料，1992年，第46—52页。

9. 延安几所干部学校的生产劳动

抗大所发动的生产运动，包括种菜、喂猪、养鸡、牧畜和出版事业等等。现在这个生产运动，在全校人员中风起云涌地开展起来。他们流行着一种口号："三期的同学可以挖窑洞，难道我们第四期的同学就不能够开荒种菜吗？"抗大每一个人特别是学员，深刻了解生产运动的意义，它不只是在经济上开源节流，帮助学校解决经费问题，改善各队自己的营养，使同学们自己多吃些可口的菜蔬与肥美的猪肉，而且更有伟大的意义，这教育着同学以刻苦耐劳的方法，锻炼同学艰苦卓绝的意志，它是由实践中去学习艰苦的工作作风的一种方法。

自政治部提出生产运动的口号后，在同学中，在工作人员与干部中，立刻造成了一种热烈自动的劳动空气，开始了具体行动。借农具、垦荒地、买种子、找肥料……在课余游戏时，满山遍野的人群活动着，忙碌着。为了有计划有组织地筹划与指导这一工作，在连队中、在机关中组织了生产小组，学校组织了生产委员会，这样保持了这一运动的经常化，没有并且也不会发生什么寒热症与中断。

同学们对自己亲手所创造的菜园，经常关心留意，去驱逐牲畜的践踏，抚育菜苗的生长。他们对这些菜园不但当作自己从事生产的场所，并且成为课余消遣的公园。

此外，在各连队，各伙食单位，有普遍的养猪事业，从两个到七八个之多。学校由校务部负责，开始了工作队（泥木工、理发员、缝纫工等组成的）的组织与集体的牧畜事业。

（摘自动员社：《抗大动态》，1938年版）

我们的工作开始了，山谷中荡漾着愉快的九十多个人的谈笑，锄头和泥土石子发出铿锵的和谐的合奏。这是一幅伟大的劳动的景象！

冬天的太阳给人们以无限的温暖，我们这一群在他的抚爱之下佝偻着身体，挥舞着锹锄，一天、两天、三天过去了，狭小崎岖的小径，已经是宽阔平坦的大路；防空壕也作成了，避飞机的山间容积增大了。

我们顺利地克服了土地的顽固性，人类原来就是在伟大的劳动当中成长和发展起来的啊！

劳动力能够利用大自然的一切来满足人的生活，发挥劳动力最重要的东西是"手"……

（摘自陕公同学会编委会：《陕公生活》，1939年4月版）

她们[①]不但学习，而且从事生产劳动。在今年边区所热烈进行的生产运动中，她们一样地以不弱于男同志的英勇姿态走上自己的生产岗位；她们一样地分得土地，去开荒、播种、锄草以至秋收。在秋收的季节里，她们在曙色蒙昽〔朦胧〕中便赶了上山，她们发起突击和竞赛，每个人露出那结实的臂膀，挥动了熟练的——开头是不熟练——镰刀，雪亮的锋刃霍霍向着那茁长着谷穗累累的谷杆〔秆〕上割去。傍晚时，那赤着脚蹚过了河来的人群，就是这三三五五的女劳动英雄们，她们欣喜的面孔背着一束束黄金色的谷穗，这是胜利的微笑，一颗谷子是自己的一滴汗。那在劳动中锻炼后更矫健的身体，那响亮而清脆的歌声，在夕阳晚照中，她们回校来。这次秋收是胜利的，她们举行了庆祝的晚会。

（摘自《锻炼妇女的熔炉》一文，载《妇女生活》第八卷第八期，1940年1月20日）

学员除了学习以外，还要参加生产劳动。一般规定是生产劳动占学习时间的百分之二十。这种生产劳动有手工业的也有农业的，有个人的也有集体的。一到了春耕农忙的时候，这些"学生哥""洋教授"就和农民一样扛起锄头上山去开荒种地了。每人对于劳动都是以愉快的心情来接受的。有一个时期几乎每个学生都有一架手摇纺纱机，将纺出的线纱交给工厂织布制衣服穿。这种生产劳动一方面可以减轻政府及老百姓的负担，解决财政问题（学校经费要自给百分之七八十）；同时是为使青年知识分子养成劳动习惯和劳动观念，纠正"万般皆下品，唯有读书高""劳心者治人，劳力者治于人"等错误观点，以便能够更好地和劳动人民结合，更有效地为人民服务。

（摘自《延安大学》一文，载《新文化新教育》，新民主出版社1949年版）

---

① 延安女子大学学生。——《老解放区教育资料选编》编者注。

【资料来源】

教育科学研究所筹备处编：《老解放区教育资料选编》，人民教育出版社，1959年，第208—210页。

10. 战时干部学校教育

——根据陕北公学教育经验的总结

罗　迈

一、教育方针

（一）两种政治，两种教育

教育服务于政治。有什么样的政治，就有什么样的教育。"教育独立论"，实际不过是虚伪和自欺。

"建国"是一个抽象的名词。建立一个什么样的国家呢？是半殖民地半封建的资产阶级专制主义的国家呢，还是革命三民主义的新民主共和国呢？建国教育是什么样的教育呢？是为地主资产阶级专制政治服务的教育呢，还是为新民主主义政治服务的教育呢？

新民主主义的教育是以前进科学理论作依据的，以民族独立、民主自由与大众解放为目的的，是要把历史推向前进的教育。

资产阶级专制主义的教育，是以孔子主义作依据的，以维持半殖民地半封建统治为目的的，是要把历史拉向倒退的教育。

政治上的顽固派极力维持资产阶级专制主义的教育，而政治上的前进人士则为新民主主义教育而斗争。

（二）教育应为长期抗战而服务

教育方针或教育政策，是时代的产物。抗战时期的教育必须首先服务于坚持抗战的需要，所以，中国共产党提出了"使教育为长期抗战服务"的方针。

有些人至今固执着"教育无所谓战时与平时之分"，而要"使之合乎国家任务时期之需要"。抗战以来，当局对于教育的设施，虽然在某些具体问题上有过多少的改革，但在根本政策上，则仍然坚持着十余年来地主资产阶级专制教育的传统。

要使教育真正服务于抗战，则一方面，必须根本改变过去的教育政策或所谓"教育的最高原则"，又一方面，必须使教育的实际设施适合于战时情况与战时需要。

我们主张教育要有战时与平时的区别，却反对把抗战教育同建国教育机械地分立或对立起来。新民主主义中国的建立，必须以抗战胜利为前提，建国的许多根本条件必须培植于抗战中；同样新民主主义的教育也必须从抗战中建立其根基，而建国人才的训练与培养不能同抗战隔离开来。我们主张：教育的根本原则与根本方针要适合于新民主主义的政治，而目前教育的具体制度与实施办法要适合于抗战国策。所以，中共六中全会在"教育为长期抗战服务"的方针下，提出了："第一，改订学制，废除不急需与不必要的课程，改变管理制度，以教授战争所必需的课程及发展学生的学习的积极性为原则。第二，创立并扩大增强各种干部学校，培养大批抗日干部……"

（三）陕北公学的教育方针

陕北公学是战时干部训练班的性质。它的开办，首先为着训练抗日人才；它的教育对象是抗日民族自卫战争中涌现出来的前进青年，他们要求获得抗日的理论与实际。

因此，陕北公学的教育方针有如下的几个特征：

1. 使学生获得前进的宇宙观、社会观与人生观，获得社会发展规律的知识与民族解放、社会解放的知识。

2. 使学生获得当前革命运动发展规律的知识，获得坚定正确的政治方针。

3. 使学生获得抗日民族战争的知识，首先是游击战争的知识。

4. 训练抗日战争中的民众运动工作者和文化教育工作者。

5. 在教学过程中，培养学生的敢作敢为的精神、艰苦奋斗的习惯、革命的实际主义与大众的民主的作风。

依据这些特征，可以看见，陕北公学的教育原则是要把教育同政治统一起来，把革命的理论同革命的实际联系起来，把教导同培养统一起来。

只有这样的教育，才能真正培养出忠实于民族、忠实于国家、忠实于抗战建国的先进战士。

关于教育方针，就是这样。

二、教育制度

这部分只讲五个问题：

（一）政治指导同教育作业一致；（二）学习第一；（三）民主生活；（四）学生会之地位；（五）干部政策。

（一）政治指导同教育作业一致

什么是政治指导呢？就是关于学生政治的、思想的和日常活动的指导。

学校的政治指导没有它独自的目的，它同教育作业的关系，是服从于教育方针与教育计划，并当作教育作业的一部分而存在。理由何在呢？在于：

1. 关于学生思想意识和政治方向的指导，原来是教育作业的目的，它同整个教育过程不可分离。

2. 学生的课外活动和社会活动，也是学习，也是教育作业的组成部分。

3. 就学生方面说，生活同学习应当一致。

4. 就教员与教育工作者说，教授同指导应当一致。

无疑义的，政治指导同教育作业的一致，是陕北公学教育方针的要求。可是，过去一时期，在我们的实际工作上和组织上，曾把它们分立起来了，学校设有政治处，政治处和政治工作者把他们工作的目的看成是从教学过程以外去"保证教育计划的实现"，于是政治工作者不过问教学，而教学工作者不过问政治指导。于是形成政治指导同教学指导的分裂，形成两方面工作者的分歧与争执。现在已证明，这样的工作制度不适合于教育方针的要求。

现在应该把这个制度加以改革，改革的办法是：

第一，取消当作独立工作部门的政治处，把政治指导工作统一在教育处。

第二，在各队的领导上，同样要消除政治指导同学习指导分立的状态，而把它们统一起来——统一于指导员。

第三，关于学生政治活动和日常生活的指导，一般地经过学生会。

第四，我所说的政治指导，实际是干部教育的指导。关于干部，除开教育外，还有登记、分配的事宜，这一部分工作，可以设立干部处来管理。

（二）学习第一

干部学校的基本目的和任务，在于教导学生，使他们获得革命的知识和技能。所以，"学习第一""一切为了学习"应当成为学校全部生活与全部活动的最高原则。

为了实行和坚持这个原则，必须：

1. 充实和加强教育处的领导与工作，使它真正成为学校生活的中心。而教育处的工作，则以指导学习为中心。

以学习指导科及以该科科长为首的学习指导委员会（委员成分包括教员、学科指导员和驻队指导员），应当负责计划并实地指导学生的学习，以保证教学过程的计划性和教学的一致性。

队为教育单位，同时又是自治单位。队长、副队长和学生会主任所组成的三人委员会作为队的集体领导机关，他们之间的分工是：队长主要领导学习，副队长领导日常生活，而学生会主任则经过学生会领导课外活动和社会活动。这种组织形式和分工，为的是使队长和驻队指导员能以组织与指导学习为自己活动的中心。

2. 严格地实行"三八"制。每天八小时学习（上课和自习），不许侵犯。每天八小时睡眠，不许侵犯。其余八小时，作为学生课外活动、社会活动与自由支配的时间。此外，设救亡日，作为学生政治的社会的活动时间。

学生必须有充分的休息和娱乐，才能在八小时学习中有足够的强度。因此，课外活动和社会活动，都不应超过必需的限度。尤其是从上的或从下的组织与会议，务要力求简单，以必需为限度。多一个不必要的组织，多一次不必要的会议，就使学生多些不必要的负担，多耗费些时间与精力。

整个学校的作风，也要坚持埋头苦学的精神，不要贪好表面的铺张。

（三）民主生活

民主生活是我们的政治要求，而民主生活同我们学校的关系，好比空气同人的关系，我们不可一日无民主。有了民主的生活，可以发扬教学和工作的积极性，可以巩固学校的团结，可以使学生养成正确的民主生活与民主作风。我们学校的全部生活中应当贯彻着民主精神。自然，我们的民主是同集中制联系在一起，而不是无政府主义的民主。

陕公的民主生活，遵循以下的原则：

1. 在抗日民族统一战线的原则之下，不论有无党派关系，一律平等。

2. 凡关于政治的和理论的原则问题，遇有意见分歧时，采用辩论、争论、解释和讲道理的办法，反对"强制统一""戴大帽子"与"打击"的办法。

3. 凡教学和工作中的实际问题，采用大家讨论商议和少数服从多数的办法，反对命令主义与自由主义。

4. 教育计划和工作计划的讨论、决定与检查，由学生派出代表参加；而在计划的实施过程中，学生有监督之权。

5. 任何学生和教职员，他们对于学校的全部工作有权随时提出自己的意见和建议，有权越级控告。

6. 队上的各级干部由学生选举。

7. 实行真正的学生作自治。

8. 在民主集中制的原则之上，建立和巩固学校中自觉的纪律。

对于民主的选用，采取宽广的态度。学生在民主的享用中，可能时常发生错误，但在我们看来，这是不可免的，教育工作者正好利用他们自己的实践来教育他们，使他们对民主生活有正确的认识和习惯。

（四）学生会之地位

学生会是学校民主生活中重要环节与重要标志之一。我们的学校同资产阶级学校比较，在这方面也有根本的不同。资产阶级的学校不承认学生会，即使名义上承认，而实际上则窒死它或强制它成为自己御用的工具。与此相反，陕北公学不仅承认学生会，而且尊重它的组织上的独立性，给以实际的帮助。这因为资产阶级学校在政治上同大多数学生处于对立地位，而我们的学校则在政治上同学生们处于同一立场；这因为我们的教育目的，是要培养能够独立思考问题、独立解决问题与敢作敢为的人才，而资产阶级学校的目的，则是要培养"驯顺的绵羊"。

然则在陕北公学里，学生会的地位是怎样的呢？

1. 学生会是全体学生的自治机关。它有领导全体同学恪守学校制度、规则与纪律的权利和责任；而学校的制度、规则、纪律等，是在民主集中制的原则之上建立起来的。

2. 学生会是组织学习积极性的重要助手，它在这方面有推进、号召、鼓励、规劝与督促的责任。

3. 学生会是学生课外活动（文化、娱乐、体育、游戏等）的组织者和领导者。在我们的学校里，需要十分生动、活跃、愉快的生活，而这种生活的养成，大部分要依靠学生会的活动。

4. 学生会是学生参加社会活动的组织者和代表者。

5. 学生会是学生在精神上和物质上的互助组织。

6. 学生会积极参加学校内的生活改善、物质建设和行政设施。

由此可见，学生会能够发挥学生的自动性、积极性、创造性与敢作敢为的精神，它能够在政治上、生活上，培养学生的自治能力与民主习惯。因此，学生会的活动也就是教育活动的一个环节，对它的作用和地位，不能不有足够的认识。

学校领导者同学生会之间，则注意保持以下的正常关系：

①学校领导者给学生会以必要的指导，同时尊重其组织上的独立性。

②学校领导者注意倾听学生会的意见和呼声，经常吸引学生会代表参加行政方面的各种会议。

③在救亡日和课余，给学生会保持必要的活动时间。

④学生会的组织须力求简单，它的活动要注意：一方面不使同学疲劳，又一方面不侵占学习时间。它应当尊重学校的领导，遇有建议或不同意见，其提出和解决，均须经过一定的组织和一定的手续。

现时，陕北公学的学生会——其活动，其成就，都还没有完全达到上述的要求，今后在这方面需要更多的努力。

（五）干部政策

干部学校中应当把干部政策提到教育原则和政治原则的高度，这是为了：

（甲）在教学过程中能正确地进行教育，即"因材而教"。

（乙）在教学完毕时能正确地使用干部，即"因材使用"。

资产阶级也办干部学校，对于干部也有考察和登记。可是，他们的目的，不是要能"因材而教"和"因材使用"，他们更不会为干部的前途打算。他们的考察和登记，实际就是特务工作，实际是为了埋没人才、挑选奴才。

在我们这里，干部的认识和登记，是非常郑重其事的，因为我们第一要发现人材〔才〕，第二要识别人才，第三要不埋没人才，第四要正确地使用人才。

我们怎样认识人才呢？

1. 把干部的学习和生活、他的思想和行动统一起来看。通常的毛病，是只注意他的生活和行动的一个方面。

2. 把干部的过去和现在联系起来看，换言之，即是从他的整个历史发展过程来看。不要只问过去，不顾现在；或只看现在，不管过去。

3. 把干部的长处和短处、优点和弱点对照起来看。不要只看到长处和优点，或只看到短处和弱点。

4. 把干部的一时的和个别的表现同他的经常的和全部的表现联系起来看。通常的毛病，是被一时的和个别的表现所迷惑。

这样的认识干部，绝不是一张登记表可以够用的，绝不是几次谈话可以了事的，也不是单靠干部处或几个组织工作人员可以尽责的。这样的了解干部，必须通过一切必要通过的人和组织环节：通过队上的组织，通过学生会和共产党的支部，通过指导员、教员和上述各种组织的负责干部。

对于干部的错误又应该怎样呢？

对于干部的错误，主要是教育他，帮助他以自我批评的精神来纠正自己的错误。对于干部的行为和活动要通过决定时，特别是要作出组织结论时，必须使他亲身参加，并给他以充分发表意见的机会。当他不同意决定时，他有上诉之权。

对于干部鉴定，又应该怎样呢？

对于一个干部的鉴定，必须根据全面的材料，特别要重视他本人所属的组织的意见，而持之以十分慎重的态度，任何的肆意与草率，都可能成为罪过行为。鉴定的结论，应该通知干部本人，如他本人有坚持的不同意见，应从〔重〕新考虑，或把他的意见写成声明书，附在鉴定表上。

对于干部的使用和分配又应该怎样呢？

对于干部的使用和分配，第一要根据工作的需要，第二要根据干部本身的觉悟程度和实际能力。要大公无私"用人唯贤"，不可凭自己爱憎"用人唯私"。

在我们的学校里，干部处就要依据上面的原则，通过上述的组织和方式去认识干部与登记干部。平时有了周详的认识和登记，则在分配干部时，便不致埋没人才和错用了人，至少不致弄出大的错误来。

三、教育计划

什么是教育计划？它主要的是关于课程与教材的选择、排列、配置及进度等等问题的计划。其次是关于学生自治、课外活动、社会活动等的指导计划。这是一个重要而又复杂的组织工作。这里只说四个问题：（一）课程的选择、配列、进度；（二）大纲、提纲和参考材料；（三）教学单位的编制；（四）教学计划的检查。

（一）课程的选择、配列、进度

关于课程的选择、排列、配合、进度等的计划，应该依从一定的根据和原则。

首先，应该依从于教育方针。例如，依据我们学校的教育方针，可以把马列主义及马列主义的社会科学当作基本课程，可以把中国问题、中国共产党与时事政治问题等作为主要课程，可以有游击战争、民众运动和文化教育工作等课程。

其次，要依据于教育对象的文化水准与政治水准，要依据于教育期限的长短。尤其是课程的分量、深浅、繁简等，必须取决于这些条件。因此，如果有水准不同或期限不同的队次，也就有分量不同、深浅不同的课程。

其〔再〕次，还必须依据于教学的根本原则，即把理论同实际联系起来的原则。这个根本原则不仅要反映在教育方针上，同样要实际地贯彻到教育计划中来。课程与教材的选择，首先要依据这个原则。

除开每个根本原则，在计划课程与教材的排列、配合以及进度的时候，还要注意以下的五个原则。

1. 由少到多；
2. 由浅入深；
3. 由中国到外国；
4. 由历史的到论〔伦〕理的；
5. 课程之间的论〔伦〕理的有机的联系。

对这些原则，不是要求把它们当作公式来机械地拘守，而是要求灵活地具体地运用它们。依据我们的经验，能够尽量照顾这些原则时，有很多好处，尤其对于学生精力的节省有很多的好处。

"少而精"，曾经在我们学校里被当作原则通行。其实"少而精"只是意指着：在短期的训练班中，只能教学少量必要的课程，而对这少量的课程，必须好好地教，好好地学。因此，"少而精"不是一般的原则。一般说来，学业的进程是：少到多，浅入深。

（二）大纲、提纲与参考材料

大纲、提纲与参考材料的制定，是教育计划中的重要组成部分。

大纲、提纲的作用，在于以简明的方式将课程的内容、范围、研究方向等作成系统的规定。大纲同提纲的作用相同，性质也相同，但两者在习惯上也有区别，可以说：大纲和提纲的区别，在于提纲对主要问题的提出与结论有简要的说明和叙述，提纲比大纲能给予更多的便利。

大纲和提纲的编制，需要注意以下的原则：

1. 服从教育方针与教育计划的要求；

2. 严格地遵守马列主义的科学的立场；

3. 体系上，须使历史的叙述同论理的说明之间，保持有机的、辩证的联系；

4. 体裁上，应力求简明、生动，而又给学生以独立思考的机会。刻板的、枯燥的、独断的文句，使学生读起来脑痛头昏。

参考材料的内容、范围与分量，一般地依从于大纲或提纲的需要，这是自明的道理。但是，问题就在于能否恰好做到适合于大纲或提纲的需要，没有"剪裁"的材料，徒然把学生引入"茫茫大海"，找不着边际。

大纲、提纲和参考材料的编制与修改，一般地应通过教员的集体研究。而最后审定之权，则应属之校长或相关的领导机关。

（三）教学单位的编制

教学单位就是教育单位和学习单位。在学校中，"队"是教育单位，而队下的"班"则是学习单位。

依据过去的经验，同一教育单位的学生，应力求程度整齐。虽然整齐不是划一，而只是大致上有同等的水平，但决不可相差太远；相差太远时，教育作业要遇到许多的困难。

但在学习单位中，则要采用高低混合的原则，尤其要注意使每一个学习单位里有一个或一个以上的"高材生"，便可经过先进帮助落后，以保持教学进度的平衡（大致上的平衡）。

教育单位力求整齐，而学习单位则采用混合编制，在表面上来看，这似乎很矛盾，但在实际上，这正是辩证地处理了问题。

如果有两个程度相等的队同时组成，则"高材生"应当适当地分配于两个队中，理由如同学习单位的编制。

（四）教育计划的检查

教育计划在实施过程中，必须有检查。自流主义的态度，即使有好的教育计划也不会正确地实行。

教育计划的检查，基本上有两种形式：

1. 按教育单位的检查；

2. 按学科的检查。

一切其他形式的检查，都不出这两个基本范围。

按教育单位的检查，大致在三种情况下进行：①第一个月之末；②学期之末；③毕业时的总结。每个教育单位在第一个月末的检查，关系很重要。因为就教育计划本身而言，第一个月是试行性质的时期，而就学生而言，则是开始走上战场。所以，第一个月末的检查，是使一个新教育单位确定地走上轨道与正确地展开教育作业的关键。

学科的检查，可在各种情况下进行，但是重要的是，当每一学科教毕时，必须对该学科的质量、内容、形式以及进度等的正确性和妥当性，作一深刻而又周详的检查。

检查的目标，主要为下列各项：①教育作业与政治指导的一般状况；②课程、课（教）材、进度等的正确性与适合性；③教员履行职务的状况与教授法；④学习的组织、方法、纪律与积极性；⑤教学的成效；⑥其他与教育作业有关的条件，如物质保证、作息状况等等。

教育作业的目的是提高学生的水准，因此，教育作业之全部的和最终的考验，是学生学习的成效如何。学习成效，是检查教育计划时的最后的和最可靠的指标（怎样考查学习成效的问题留待下一部分论述）。

检查应当采用民主的方式。民主的检查方式大致有三个过程：①教育处规定检查计划，自上地传达下去，直到每一个学习小组；②自下的检查，回到教育处做总结；③再把总结传达下去。

三个过程的进行，都应尽量采用民主的方式，一切有关的教育工作者和教员都要亲身去参加这三个过程的进行，学生的队长、科（课）代表以及学生会代表也都要参加。三个过程，都须自上地和自下地发展讨论、辩论与自我批评。检查工作的深入，必须从检查方式的民主中获得。

四、教学过程

这部分说到以下六个问题：（一）教学过程的意义；（二）教员的品质；（三）教授法与教授态度；（四）学习方法与学习态度；（五）实习的重要性；（六）成绩考查。

（一）教学过程的意义

教学的意义：学生在教员的指导和帮助之下，学得革命的理论与实际的知识，由此，对于教学过程的意义，可作以下的了解：

1. 教学过程是教与学统一起来的斗争过程。

2. 在这过程中，教员、指导员同学生是处在同一的战线上，双方都应当主动地和自动地进入斗争。

3. 斗争的目的和方向之正确与否，起决定作用的是教员，而在有了正确的目的和方向以后，斗争的成绩如何，则主要地取决于学生自己。

教学过程的结局如何，即教学的成绩如何，首先取决于教员和指导员的指导是否正确，取决于学习者的自动性；其次，取决于教授方法和学习方法的适合性。

关于教学过程的意义，就是这样。

（二）教员的品质

"一切学校里边，最主要的是教课的思想、政治的方向。什么东西决定这种方向？完全和绝对由教员成分决定。同志们，你们都很了解，任何'监督'，任何'领导'，任何'课程大纲'和'规则'等等，所有这些东西同教员的成分比较起来，都是空话。无论怎样监督，无论哪种课程大纲，都绝对不能变更由教员的成分所决定的学习方向。在世界上，无论何时何地，无论哪个自重的团体、党团和小组，要是一个学校，其方向为教员成分所预先决定了，而这种方向是敌意的，则它决不肯替学校分担责任。"（列宁）

因此，不是随便什么人都可以担任教员和指导员，能够担任教员、指导员的，必须具备下面的条件：

1. 他必须是一个前进的革命战士。

2. 他必须忠实于马列主义的理论和方法。

3. 他必须富于革命警觉性，必须能识破细小的政治欺骗和对于马列主义的曲解。

4. 他必须以经常的自我学习的精神，不断增进自己关于马列主义理论的知识与革命实际的知识。

5. 他必须不把马列主义当作教条去教授他的学生，而必须把这个科学的实质，生动地传达给他的学生。

6. 他必须富于自我批评的精神，敢于承认自己的错误与缺点，勇于接受别人的批评与长处。

7. 他必须言行一致，以自己的行动去影响他的学生。

由此可见，轻视教员、指导员的事业，甚至随便拉人塞责，是极端错误的。

（三）教授法与教授态度

总结我们的经验，关于教授法与教授态度，可以说到三个问题：

1．准备——教员必须在课前有充分的准备。但是，准备不应限制在本讲的范围内（当然这是首先要准备的），同时还要注意本讲同本学科其他各讲间特别是过去各讲间的联系，还要注意本学科同其他学科的关系（一个教员必须参读其他各科的大纲或提纲），然后才能把本讲的内容和分量安置在一个适宜的限度上，而增进教授的效能。

2．每一课的教学进行，大致依下列的顺序较为合理：引言—预习—质疑—讲演—复习（或复习—讲演）。

顺序是每课讲演之前，由教员给学生指示本课的目的、主要研究的问题、教材的处理等。预习，即学生阅读材料。质疑，是集体进行（队的班的或几个班的）。复习，是个人自习，或是集体讨论。讲演，可在复习之后或前。学生质疑和争论的解答，由教员或指导员负责。

这个程序的优点，在于教员的指导、学生的自习、个人的研究以及集体的辩论，能够生动地有机地结合起来，而组成一个连续反复的由浅入深的教学过程。

3．教员的讲演，应该不是独断的注入、机械的背诵、抽象的片面的说教以及烦琐的陈述故事，而应该是生动的说明、多方的辩证、原则同实际的适当配合与联系。

4．为了达到教授与指导的一致、教与学的一致，教员必须经过种种方法去了解学生的程度、学习能力、他们的思想上政治上的倾向。教育处、指导员、课代表等，更须及时地将这类材料提供给教员，作为他进行教授和指导的根据。

5．教员必须有循循善诱、诲人不倦的精神。

6．不容易找到适当教员的时候，可给程度不太悬殊的队员采用上大课的办法。但每个教育单位的指导员必须负更多的责任，用他去代行教员所应该履行而又不及亲身履行的各种职务，才能收获预期的效果。

（四）学习方法与学习态度

在学习方法与学习态度方面，需要说到以下诸原则。

第一个原则是自习为主。

集体学习与个人学习孰为重要，这是实践中提出来的争论问题。我们的解答是自习为主。理由是：（1）革命理论是集体的，革命经验也是集体的，但要把它们变成个人的占有物，则必须经过个人的努力，取决于个人的努力；最好的教员只能起最好的指导作用。（2）集体辩论是一个重要的方式，因为它可以校正、展开和充实各人的思想，所以在我们的学校中需要采用这种方式。但集体的辩论，必须以个人的努力与准备作基础。

个人的努力与准备越是充分，则辩论越是有生气有收获；反之，则辩论越少收获，甚至徒有形式而无内容。

依此原则，学校中学习时间的支配，应尽可能使自习时间多于上课时间；而在自习时间的分配上，应使个人自习的时间多于集体自习（讨论会等）的时间。

第二个原则是从容前进。

学习不单靠眼和耳，主要的是靠脑，换句话说，不单靠看书和听课，主要的是靠思考。思考便只能从容地前进，"欲速则不达"。有些人喜欢"紧张的学习""学习突击""学习竞赛"这类名词和办法。结果怎样呢？就学习成绩而说，则"速度"快而质量差，形式热闹而内容薄弱。就学生精力而说，则一度"紧张"和一度"突击"之后，便疲乏不振，甚至于害起病来。

所以，我们要坚持从容前进的原则，废弃那些"紧张""突击"之类的办法。

第三个原则是民主态度。

民主是学习的主要态度。理由是：（1）学校是教育机关，而不是教堂；学习是自觉的活动，而不是盲目地追随。只有教堂，只有资产阶级的学校，因为他们那里教的是反动的复古的道理，如果不采用专制主义，就教不成功。而我们的学校里，教的是前进的科学的真理，"真金不怕火来烧"，真理不怕辩论。（2）学习是求得对于客观真理的认识，但真理是辩证的，主观认识同客观真理的一致，需要通过许多的矛盾和斗争，学习过程正是矛盾的不断提出和不断解决的过程。因此，怀疑、辩论对于学习是必要的，而错误则是难免的、无须害怕的。

因此，我们在学习中，要坚持独立地思考问题与敢于怀疑、敢于辩论的民主主义的作风，而反对强制服从与"戴大帽子"的办法。

第四个原则是预习与复习并重。

好比交朋友，一次相识是初交，二次三次相识才可能成为深交。读书也是如此，一读只能是浅读，反复多读才可能深入。在学校中虽不可能反复多读，但预习和复习则必须成为最低限度的规则。

第五个原则是学而不厌。

"学习的敌人是自己的满足，要认真学习一点东西，必须从不自满开始。"（毛泽东）

（五）实习的重要性

在教学过程中，列入实习这个阶段，才更为园〔圆〕满。实习是理论和知识的具体运用，教学过程中加入这个阶段，对于学生，对于教员，对于整个教育作业，都有很多的好处。可惜，由于种种原因，特别由于干部需要的迫切，我们至今没有能够采取这个制度。现在教育的期限延长了，我们须尽可能地采用这个制度。

实习应当适应教育的目的，教育工作者和教员应当轮流参加。

实习最好列在教育计划的末期。

（六）成绩考查

旧时学校中关于学习成绩的考查，是要学生死硬地背诵和记忆已学功课的若干公式。所谓考试制度，就是在严格监视之下来进行这种背诵和记忆。这种背诵和记忆，无异要使学生变成"字典"和"书架"；而"监考"制度，则在学生中造成侥幸心理与作伪习惯。这种制度，在我们学校里，自然不能不被抛弃。

在我们的学校里，成绩考查应当包含下面的目的和意义：第一，一方面为了测验学生的学习能力、学习积极性与了解程度，又一方面为了测验教育计划的适合性、教授的正确性与指导的积极性等等。第二，为了使学生对于已学的知识能够有温习、整理、综合与发展的机会。

因此，我们虽采用测验的方法，但我们学校里的测验应当依据以下的原则来进行：（1）在测验前，须使课程的前进停止一下，以便学生将所学过的和所研究过的一切东西进行一次有系统的温习与综合。（2）测验的题目应当是生动的能够使学生发展其思想能力的。（3）测验是在无监视的自由环境之下进行。（4）测验的结果由教员作一次公开的评判和总结。

除开测验的办法外，还可利用其他种种方式来考查学习成绩，例如讨论会、辩论会、问答晚会、学习笔记、学科展览会、学科的具体创作、实习的通讯、笔记等等。但对这些方式的采用，必须选择适当的时机，必须有一定的目的和计划，必须有充分的准备，把它当作教育作业来进行，才能获得理想的成效。

五、我们的校风

这里，把我们的作风，也就是校风，简单地说明一下。对这方面问题，前面已经提到了一些，这里是综合地来说。

我们的校风有哪些特点呢？

第一，我们学校不但要有明确的方针，而且要有明确的制度与方法。自然，这些东西不是一成不变的，但无论何时都不可缺少。明确的方针、明确的制度与方法，不但对一个学校是不可少的，对于无论哪一种团体和事业，都是不可少的。

第二，我们学校的生活是学习第一，这是由于我们的任务是学习，不只是学习一般的基本的知识，而同时十分注重时事政治的研究。这不仅因为我们的教育是政治的教育，不能脱离实际的政治，而且还因为我们要学习以马列主义的理论与方法去分析不断变化的环境，从那里得出战略的和策略的结论来。这种能力和习惯的养成，对于干部学校的学生特别重要，因为这样，才能够培养出有政治远见的人才。

我们校风的第三个特点，就是民主与自治。目的在于使学校的全部生活充满着活跃、愉快、前进的空气，在于发扬教职学员的积极性、自动性与创造性，在于自治能力与自觉纪律的养成，在于培养能够接近和深入工农大众的敢作敢为的人才。

我们校风的第四个特点，就是坚忍、切实、艰苦、朴素，换言之，就是实事求是的革命实际主义。这是每个前进战士必须具备的精神，需要贯彻在我们学校的实际生活中。

第五，最后一个特点，就是自我批评。这是一个革命学校、一个革命团体和一个革命战士，为要发现和改正自己的错误，为要使自己的知识和革命事业不断前进所绝对必需的一个武器。我们学校里的每一个学生和每一个教职员必须掌握这一个武器。

关于陕北公学的校风，就是这样。

六、共产党员在陕公

陕公的共产党员，也和其他场所里的共产党员一样，组织在他们自己的支部里。

陕公是中国共产党直接办理的学校，因而学校里共产党员的活动，同学校的宗旨、方针及其他领导是一致的；但领导陕公的，是中共中央及其所委派的党员，而不是共产党支部。

由于陕公办在边区，而且是在中共中央直接领导之下，所以陕公的共产党支部都有其合法地位；但由于共产党在全国还没有获得完全合法的地位，所以陕公支部的组织生活，也就不能完全公开。

陕公的共产党员，大多数是正在过着学习生活的新党员，只有少数是学校工作者。

陕公共产党支部的周围，有着大批非党青年，他们向共产党学习革命的理论与实际，他们希望加入共产党。

这些，就是陕公共产党员和共产党支部的特点。

从这些特点，得出陕公共产党支部和共产党员的任务来：

共产党支部的第一个任务,就是要团结党的和非党的人员,以保证学校全部教育计划和工作计划的实现。

共产党支部的第二个任务,是接收新党员并有计划地进行党内教育。

每个学习中的党员,他的基本任务是努力学习,是要力求比非党员同学学得更好。每个在职的党员,他的基本任务是努力工作,是要力求比非党员干部做得更好,同时又积极参加在职干部的学习,比非党员干部学得更好。

在学习中学得更好,而在工作中做得更好——这就是共产党员的先进作用和模范作用,就是他们的党性。

共产党员在学校生活中,没有什么特殊的权利,就权利来讲,他同非党同学一样。但因为他们是共产党员,都有特殊的义务和特殊的责任,那就是:共产党员必须坚持统一战线的纲领,坚持民主的原则,坚持忠诚团结的立场,诚心诚意地去帮助非党员干部(友党的和无党派的干部),又虚心乐意地向他们学习。在坚持抗日民族统一战线的立场之上,互相帮助、互相学习,应当成为我们学校里党员同非党员干部间相互关系的准则,而共产党员必须首先遵循这个准则。这就是共产党员的模范作用和先进作用,就是他们的党性。

关于陕公里面共产党员和共产党部的任务,就是这样。

【资料来源】

《中国文化》一卷四期,1931年6月。

甘肃省社会科学院历史研究所编:《陕甘宁革命根据地史料选辑》第四辑,甘肃人民出版社,1985年,第301—321页。

11. 巡回教师工作的检讨

吕 良

巡回教育是社会教育的一种形式。在抗战形势紧张的局面下，一切力量都为着抗战。宣传动员团结民众最有力的工具——教育——毫无疑问的也应该为着抗战。但从绥德来的巡回教师说，他们是以"民生教育"为主要宗旨，"国难教育""国防教育"只是次要的任务，这当然是忽视了"抗战高于一切"的原则，因此他们的实际工作，没有收到国防教育的效果。

他们从事调查矿山、水利、交通、地理、荒山、人口多寡贫富、经济状况、社会情形，一半以上的时间甚至全部时间都放在调查上面。如延安县巡回教师在延安三个月完全做了调查工作，且在报告中说："三个月的调查工作对于原定的八个月调查计划还没有完成二分之一。"但在巡回教师的书面上口头上的报告中，都是空洞的毫无可资参考的统计。对于他们原定最重要的矿山、贫富、地理、交通等的调查，在报告中更是一字不提。这，如果不是他们所调查的不愿公开，就是他们不能胜任这些工作。

他们除了负担繁重的矿山、水利、交通、贫富等的调查以外，设立苗圃、改良种子改良工具、医疗疾病、修治水利、提倡合作、造林种棉这类属于建设厅方面的工作，他们也要一手包办，当然这更是不可能的事。因为如医治疾病、调查矿山、改良工具等都要专门的技术，当然不是受过一二个月普通训练而又自谓缺乏实际工作经验的巡回教师们所能胜任的，即使个别有这种专门技术的，时间上也不容兼顾。在科学发达的今天，适当的分工是非常必要的。

巡回的区域又是非常辽阔，如延安县巡回教师在延安工作三个月，就跑了六个区；志丹县巡回教师在志丹工作四个月跑了五个区。这样走马观花地做教育工作，当然得不到成效。

因为巡回教师们对当前国难，对边区情形，对巡回教育理论，都没有正确的了解，再加之工作中的许多弱点，他们在边区转了半年，但统观这次巡回教师联席会议中的口头书面的报告，教育上的成绩实在太少，对于直接教育民众，如建立识字小组，教民众识字，更微乎其微，甚至于完全没有做这项工作。

边区对于教育工作是非常重视的，对于各种教育办法极为注意，但是，我们的接受是批判地接受。巡回教育我们也愿意划定一二个县份为试验区来试验。在试验期中应注意几点：

（一）规定巡回教育方针：我们的教育是国防教育，它的任务是提高民众的民族觉悟、胜利信心和增加抗战的知识技能，以动员广大民众参加抗战，训练千百万优良的抗战干部，培养将来独立自由幸福的新中国的建设者，争取中华民族的独立自由和解放。巡回教育应该成为实现这一目的的一种工具。

（二）规定巡回教师的工作：过去半年的经验告诉了我们，那些复杂繁重的工作并不是巡回教师们应负的，也不是他们所能胜任的。巡回教师的中心工作是什么呢？我们以为应该是消灭文盲的工作。因为：

1. 边区文化比较落后，文盲众多。给文盲们以获取抗战知识技能的工具（文字），提高他们的文化水平，是非常重大的一件工作。

2. 边区各种工作有适当的分工，如调查矿山、提倡合作等，是属于建设厅的范围，医治疾病是属于专门医生的任务。这些工作，都不必巡回教师来越俎代庖，而且也不是没有农业专门技术、没有医药专门技术、没有工程专门技术的巡回教师所能越俎代庖的。

3. 巡回教师们所专长的是教育工作，他们应做的工作，也应当是教育工作。因此，巡回教师的中心工作应该是消灭文盲。

有部分巡回教师在报告中提到：巡回教师应该检查帮助各地小学，设立学校，但我们以为巡回教师是流动的，于村庄上设立固定小学是不可能的。因此我们以为巡回教师的中心的工作应该是社会教育工作，对于各种教育的设施有何意见时，可向所在县第三科或直接地向边区教育厅建议。

（三）应规定工作计划、工作标准。在工作开始时应和当地政府会商，具体地定出工作步骤、工作路线、时间分配；每一次工作要做到什么程度、多少学问完成，都应该详细计划,然后根据计划去做。计划完成到何种程度,必须经常地向所在县第三科做书面报告。这样可以使边区教育厅了解他们的工作情形,并在行政上给他们指导和帮助。

总之,巡回教师们对边区教育的帮助,是我们所欢迎的,不过因对巡回教育本身没有正确的了解,且在工作中存在着好些弱点,致巡回教师之教育成绩低微。如果巡回教师们能克服这些弱点,根据这些原则去努力,以巡回教师的教育工作经验,在边区的行政系统上来推动社会教育,是可能获得相当成绩,而且也只有这样才能获得相当成绩。

【资料来源】

《新中华报》1938年6月10日第1版。

甘肃省社会科学院历史研究所编:《陕甘宁革命根据地史料选辑》第四辑,甘肃人民出版社,1985年,第79—81页。

后　记

这本书稿终于要交付出版了，回想多年来研究中国社会保障史的经历，个中滋味，一言难尽，深感跨学科研究的不易。2017年在中国人民大学清史研究所访学之际，我专门利用中国人民大学图书馆丰富的馆藏资源，详细查阅了延安时期以及其他革命根据地时期的教育与儿童保育方面的资料。2018年主持申报的教育部人文社科青年基金项目"延安时期党的领导与社会保障建设相统一的实践智慧及其当代意义研究"有幸获得立项资助（项目批准号：18XJC710010），作为延安时期社会保障的核心内容之一，教育与儿童保育相关文献就是在此基础上整理汇编的。延安时期的儿童保育工作是革命战争年代中国共产党领导下的新事物，主要解决中央领导、革命烈士、抗战将士的子女的保育和教育问题。

在资料的查阅过程中，中国人民大学图书馆副馆员胡菊芳老师给予我大力支持，访学期间导师夏明方教授也给予我各方面的指导，其深厚的学术功底和严谨求实的学术作风时时鞭策着我，在此深表感谢！师姐乔庆梅和李莹老师为我提供了住宿的便利条件，一并表示感谢！

延安时期教育与儿童保育的研究也离不开西北政法大学退役军人事务研究院的支持。在董玮院长的大力支持和宋文静、景晋、王志刚等多位老师的艰辛努力下，研究院不仅设立课题支持延安时期教育与儿童保育的研究，而且多方筹措资金解决出版费用。在此一并表示感谢！

在本书校对过程中，西北大学公共管理学院硕士研究生潘瑞玲协助改正错别字、查找史料的出处，西北政法大学法治学院硕士研究生蒲媛缘协助补录陇东地区的部分资料并处理表格。两位同学认真负责，一丝不苟，在此也表示深深的谢意。

从2016年资料的搜集开始到本书付梓之际，家人的关心是我开展相关研究的最大支持。东京大学访学期间，父母帮助照看小朋友，给予我莫大的支持。如今，小朋友已经独立，还成为一个"小助手"。访学期间周文豪对小朋友教育的付出，也使我能安心踏实工作。

多年来，导师郑功成教授开阔的学术视野、战略性的眼光以及放眼世界的学术理想一直激励着我对中国社会保障史的研究和思考，他对中国社会保障史研究的关注和支持给予了我莫大的鼓励！近年来我能克服各种困难一直坚持社会保障史的研究，和郑老师的勉励分不开。在此致以深深的谢意！

延安时期教育与儿童保育是中国近现代社会保障史的重要内容之一。本书是中国近现代社会保障史研究的系列成果之一，望各位读者不吝赐教，助其更加完善。

文姚丽

2022年6月11日